Beiträge zur Sozialen Arbeit an Schulen
Band 4

Herausgegeben von
Anke Spies, Carl von Ossietzky Universität Oldenburg, Deutschland
Nicole Pötter, Hochschule für angewandte Wissenschaften München, Deutschland

Mit der Reihe „Beiträge zur Sozialen Arbeit an Schulen" wollen die Herausgeberinnen den Diskurs bündeln und fachlich wie sachlich klärend vertiefen, damit sowohl die wissenschaftliche Aufarbeitung wie auch der Auseinandersetzungsbedarf der aktuellen und der künftigen Praxis systematischer bedient werden können.

Die „Beiträge zur Sozialen Arbeit an Schulen" tragen zur weiteren theoretischen Fundierung und zur Verortung im internationalen Diskurs bei, bereiten angehende PraktikerInnen auf ein anspruchsvolles und facettenreiches Handlungsfeld und die sozialisatorische und bildungsstrategische (Management)Rolle von Schulsozialarbeit für die Alltags- und Lebensbewältigung von Mädchen und Jungen vor, bilden aber auch die in diesem Kontext unerlässliche interdisziplinären Verbindungen zu den benachbarten „Kooperationsdisziplinen" ebenso wie den empirischen Forschungsstand ab und orientieren sich dabei jeweils an den drei zentralen Ebenen der intersektionalen Perspektive (Gender, Race, Class).

Angelika Iser · Nicole Kastirke
Gero Lipsmeier (Hrsg.)

Schulsozialarbeit steuern

Vorschläge für eine Statistik zur
Sozialen Arbeit an Schulen

Herausgeber
Prof. Dr. Angelika Iser
Hochschule München
Deutschland

Prof. Dr. Gero Lipsmeier
Fachhochschule Frankfurt am Main
Deutschland

Prof. Dr. Nicole Kastirke
Fachhochschule Dortmund
Deutschland

ISBN 978-3-658-01421-6   ISBN 978-3-658-01422-3 (eBook)
DOI 10.1007/978-3-658-01422-3

Die Deutsche Nationalbibliothek verzeichnet diese Publikation in der Deutschen Nationalbibliografie; detaillierte bibliografische Daten sind im Internet über http://dnb.d-nb.de abrufbar.

Springer VS
© Springer Fachmedien Wiesbaden 2013
Das Werk einschließlich aller seiner Teile ist urheberrechtlich geschützt. Jede Verwertung, die nicht ausdrücklich vom Urheberrechtsgesetz zugelassen ist, bedarf der vorherigen Zustimmung des Verlags. Das gilt insbesondere für Vervielfältigungen, Bearbeitungen, Übersetzungen, Mikroverfilmungen und die Einspeicherung und Verarbeitung in elektronischen Systemen.

Die Wiedergabe von Gebrauchsnamen, Handelsnamen, Warenbezeichnungen usw. in diesem Werk berechtigt auch ohne besondere Kennzeichnung nicht zu der Annahme, dass solche Namen im Sinne der Warenzeichen- und Markenschutz-Gesetzgebung als frei zu betrachten wären und daher von jedermann benutzt werden dürften.

Gedruckt auf säurefreiem und chlorfrei gebleichtem Papier

Springer VS ist eine Marke von Springer DE. Springer DE ist Teil der Fachverlagsgruppe Springer Science+Business Media.
www.springer-vs.de

Inhalt

1 Einleitung: Denn wir wissen nicht, was sie tun –
  Daten und Fakten als ein Schlüssel zur Qualitätsentwicklung
  und fachpolitischen Steuerung 9

Teil I
Zum Bedarf an Steuerung und Statistik
zur Sozialen Arbeit an Schulen 19

2 Schulsozialarbeit braucht Professionalisierung –
  Professionalisierung braucht Statistik 21
  Bernhard Eibeck

3 Die Bedeutung von Steuerungsinstrumenten
  für die Qualitätsentwicklung von Schulsozialarbeit
  am Beispiel der Stadt Dortmund 33
  Heike Niemeyer

4 Statistik der Schulsozialarbeit –
  Forschungsstand und Forschungsprojekt 47
  Angelika Iser

Teil II
Modellerhebungen in einem Verbundprojekt 59

5 Verschiedene Forschungszugänge zur Exploration
   von Schulsozialarbeit und Sozialer Arbeit an Schulen 61
   Angelika Iser, Nicole Kastirke, Sarah Maier,
   Regina Worm und Gero Lipsmeier

6 Soziale Arbeit an Schulen aus Sicht der Schulleitungen 83
   Laura Holtbrink

7 Sozialpädagogische Fachkräfte an Schulen –
   Daten zu den Personen und ihren Stellen 101
   Marylie Jahn, Stephanie Kulartz, Mathias Penger
   und Sandra Rezagholinia

8 Schulsozialarbeit als prekäres Handlungsfeld? 119
   Katharina Baal und Daniel Holbe

9 Angebote und Tätigkeiten der sozialpädagogischen Fachkräfte
   an Schulen im Landkreis und der Stadt München 129
   Stephanie Kulartz und Mathias Penger

10 Ein multiperspektivischer Blick auf Soziale Arbeit an Schulen.
   Schul-, Träger- und Personendaten im Vergleich 143
   Laura Holtbrink und Regina Worm

11 Schulsozialarbeit aus Sicht der Lehrkräfte.
   Ausgewählte Ergebnisse einer Online-Befragung 155
   Sandra Rezagholinia

12 Freizeitpräferenzen sozialpädagogischer Fachkräfte an Schulen –
   erste Ansätze einer Lebensstilanalyse 165
   Sarah Maier und Melanie Sittig

13 Empfehlungen für regionale Erhebungen zu Fachkräften
   der Sozialen Arbeit an Schulen 185
   Gero Lipsmeier, Regina Worm, Nicole Kastirke und Angelika Iser

Inhalt

Teil III
Soziale Arbeit an Schulen in fünf beforschten Bundesländern 199

14 Soziale Arbeit an Schulen in Bayern und München 203
   Angelika Iser

15 Soziale Arbeit an Schulen in Hessen
   und ausgewählten hessischen Standorten 235
   Susanne Hartmann-Hanff

16 Soziale Arbeit an Schulen in Nordrhein-Westfalen 247
   Nicole Kastirke, Heike Niemeyer und Claudia Streblow

17 Schulsozialarbeit in Niedersachsen: Ergebnisse
   einer ersten Erhebung in den Regionen Hannover,
   Hildesheim und Peine 257
   Maria Busche-Baumann

18 Schulsozialarbeit in Baden-Württemberg –
   Erhebung durch das Landesjugendamt 277
   Werner Miehle-Fregin

Teil IV
Schulsozialarbeit steuern – Vorschläge für eine Statistik
zur Sozialen Arbeit an Schulen 289

19 Vorschläge zur Realisierung einer „Statistik der Schulsozialarbeit" ... 291
   Angelika Iser

Anhang

Vorschlag eines Kernfragebogens für Befragungen
sozialpädagogischer Fachkräfte an Schulen 315
Vorschlag eines Kernfragebogens zur Befragung
von Schulleitungen zu sozialpädagogischen Fachkräften an Schulen ... 323
Abbildungsverzeichnis 327
Tabellenverzeichnis 331
Autorinnen und Autoren 335

1 Einleitung: Denn wir wissen nicht, was sie tun – Daten und Fakten als ein Schlüssel zur Qualitätsentwicklung und fachpolitischen Steuerung

Mit diesem Buch soll eine Grundlage dafür geschaffen werden, dass eine fachliche Steuerung Sozialer Arbeit an Schulen durch die Jugendhilfe möglich wird. Sie ist erforderlich, um Qualitätsstandards auszuhandeln und abzusichern, die eine wirksame lebensweltorientierte Soziale Arbeit am Ort der Schule für Kinder, Jugendliche, deren Familien und Schulen ermöglichen. Politische Steuerung und fachliche Qualitätsentwicklung setzen wiederum einen Überblick über das Feld, die Entwicklungen und die aktuellen Tendenzen voraus. Derzeit sind aber weder die Voraussetzungen für eine quantitative Erfassung von Sozialer Arbeit an Schulen noch für die fachpolitische Steuerung von Sozialer Arbeit an Schulen gegeben. Die Gründe dafür sind komplex. Einige davon möchten wir ausführen, nachdem wir unser Begriffsverständnis von „Steuerung" verdeutlicht haben. Anschließend werden wir auf das zentrale Anliegen dieses Buches eingehen, den Bedarf und die Möglichkeiten für eine quantitative Bestandsaufnahme der Schulsozialarbeit zu sondieren, und eine explorative Studie vorstellen, die wir mit diesem Ziel durchgeführt haben.

In diesem Band der Reihe „Beiträge zur Sozialen Arbeit an Schule" wird der Begriff der Schulsozialarbeit im engeren Sinn als Bezeichnung für die intensivste Form der Kooperation von Jugendhilfe und Schule am Ort der Schule mit einem Aufgabenspektrum, das mindestens die Einzelfallhilfe, Gruppenarbeit oder Projekte, Beratung und Elternarbeit umfasst, unterschieden vom weiteren Begriff der Sozialen Arbeit an Schulen. Dieser weitere Begriff beinhaltet sowohl die Schulsozialarbeit im engeren Sinne als auch sozialpädagogische Angebote im Kontext der Ganztagsschule, des Übergangs von der Schule in den Beruf oder von Jugendkulturangeboten. Der Ausgangspunkt für dieses Buch war der Bedarf einer Statistik für Schulsozialarbeit, nicht zuletzt, um (berufs-)politische Einflussnahme und Steuerung zu ermöglichen, mit dem Ziel, soziale Teilhabechancen und soziale Gerechtigkeit in unserer Gesellschaft zu erhöhen. Die Auseinandersetzung mit der Aufgabe, einen Weg zur Erfassung von Schulsozialarbeit zu explorieren, hat zum weiteren Rahmen geführt, nach Sozialer Arbeit an Schulen zu fragen (s. u. und Kap. 5).

Der Begriff der „Steuerung" ist spätestens seit der Einführung der „Neuen Steuerung" in der Kinder- und Jugendhilfe durch die Kommunale Gemeinschaftsstelle für Verwaltungsvereinfachung (KGSt) negativ besetzt. Mit dieser Verwaltungsreform haben Ökonomisierung, vermehrte Konkurrenzkultur und ein zunehmender Verwaltungsaufwand durch vielfältige Dokumentationsvorschriften Einzug gehalten. Das damit einhergehende betriebswirtschaftliche Vokabular hat sich in der Kinder- und Jugendhilfe ausgebreitet und assoziiert Machbarkeit (z. B. „Produkte", „Steuerung", „Output"). Die Orientierung an fachlichen Kriterien der Sozialen Arbeit, wie sie im Kinder- und Jugendhilfegesetz festgeschrieben sind, geraten dadurch leicht ins Hintertreffen. Zu diesen fachlichen Kriterien gehören die Verpflichtung zur Partizipation (und die kostet Zeit; viel Zeit), die Subsidiarität und Beteiligung als partnerschaftlich förderndes Verhältnis zwischen öffentlichen und freien Trägern (anstelle der Suche nach dem billigsten Anbieter und dessen Steuerung von oben) und ein individueller Hilfeanspruch der eine an der Person und ihrer Lebenslage orientierte Förderung und Unterstützung ermöglichen soll. Dies alles wird infrage gestellt, wenn die Einsparung von Geld im Vordergrund steht. Im betriebswirtschaftlichen Kontext assoziiert „Steuerung" eine mechanische Bedeutung, die lineare Kausalitätsbeziehungen beschreibt. Man muss nur am Lenkrad drehen, um klar die Richtung anzugeben.

Dieses Bild der Steuerung sehen wir kritisch und möchten es hier verlassen. Es scheint uns unrealistisch zu sein in einem Feld, in dem es um soziale Beziehungen und individuelle Entwicklung geht. Entsprechend war auch die Titelgestaltung für unser Buch ein langer Prozess und eine harte Diskussion. Wir haben uns dennoch für den Begriff des „Steuerns" entschieden, nachdem einige Differenzierungen erfolgt sind.

Aus unserer Sicht ist ausschlaggebend, auf welcher Ebene gehandelt wird, um aus fachlicher Sicht sinnvolle Rahmenbedingungen zu schaffen. Auf der politischen Ebene ist Steuerung sehr wohl möglich und v. a. notwendig. Sie ist erforderlich durch Entscheidungen, Finanzen und die Entwicklung von Vorgaben, Standards und Gesetzen. Auf dieser Ebene ist der Begriff der politischen *Steuerung* sinnvoll. Bezogen auf die politische Einflussnahme und Gestaltung von Seiten der Jugendhilfe schreiben wir im Folgenden von der *fachpolitischen Steuerung*. Sie ist erforderlich, um Rahmenbedingungen zu schaffen und abzusichern, die Partizipation, Subsidiarität und individuelle Hilfeansprüche erst realisierbar machen. Mit dieser Ebene, die auch für ein berufspolitisches Engagement zentral ist, befasst sich Eibeck in Kapitel 2.

Auf der konkreteren Ebene zwischen Jugendämtern, Trägern und Fachkräften hat der Begriff der Steuerung ebenfalls Einzug gehalten. Bereits hier würden wir differenzieren zwischen Bereichen, die einer Steuerung im engeren Sinne bedürfen und solchen, die eine partizipativ gestaltete Anleitung, Begleitung und Unterstützung erforderlich machen. Wir unterscheiden also Notwendigkeiten der Qualitätssicherung und Notwendigkeiten der Qualitätsentwicklung. Doch auch und gerade auf dieser Ebene hat der Begriff der „Steuerung" als Aufgaben- und Funktionsbezeichnung eine Heimat gefunden. Dies gab für uns den Ausschlag, den Begriff der Steuerung aufzugreifen und im Sinne des SGB VIII zu verwenden. Im Sinne einer partizipativ gestalteten Steuerung, bei der eine fachlich begründete Balance zwischen Qualitätssicherung und partizipativer Qualitätsentwicklung gefunden wird (vgl. dazu Iser 2012, S. 265 ff.; s. auch Iser 2007), schreiben wir hier von einer *fachlichen* oder auch *partizipativen Steuerung*. Der Beitrag von Niemeyer in Kapitel 3 befasst sich mit der Notwendigkeit fachlicher Steuerung auf kommunaler Ebene am Beispiel der Stadt Dortmund.

Warum ist Steuerung aber überhaupt erforderlich und wofür wird eine Statistik von Sozialer Arbeit an Schulen benötigt? Reicht es nicht, dass das Feld derzeit deutlichen Aufwind hat? Jahrzehntelang war der Versuch, Sozialarbeit und sozialpädagogische Kompetenz an Schulen zu bringen und dort für Kinder und Jugendliche wirksam werden zu lassen, ein mühsamer Überzeugungs- und Ressourcenkampf. Jetzt scheint zumindest im öffentlichen Bewusstsein ein Damm gebrochen zu sein. Der Begriff Schulsozialarbeit dringt ins Alltagsverständnis ein, wird zu einer Art Normalität an Schulen. Schulsozialarbeit und weitere Soziale Arbeit an Schulen breiten sich quantitativ sowie über die verschiedenen Schulformen hin langsam aber sicher aus.

Der Bedarf an einer fachpolitischen Steuerung von Sozialer Arbeit an Schulen wächst mit ihrem aktuellen Erfolg. Schulsozialarbeit ist ein anspruchsvolles Handlungsfeld und sicher eines der voraussetzungsvollsten Tätigkeitsfelder in der Sozialen Arbeit. Wenn Schulsozialarbeit derzeit als ‚Heilsbringer' gehandelt wird, um vielfältige Probleme von Schulen abzuwenden (wie die Gewalt von Kindern und Jugendlichen, Schulversagen, Schulabsentismus, Ausbildungslosigkeit oder auch Chancenungleichheiten, soziale Desintegration und andere Missstände des Schulsystems) steigt die Gefahr, dass der Erfolg eines wirksamen Handlungsfeldes in sein Gegenteil umschlägt. Die vielfältigen gesellschaftlichen Erwartungen, die seit Jahren auf die Schule projiziert werden und sich momentan in der Ganztagsschule als Schulform bündeln, werden zum Teil auf die Soziale Arbeit an Schulen verschoben. Nicht zuletzt, da mit den Erwartungen nicht in gleichem Maße Rahmenbedingungen für gute Arbeit geschaffen und Ressourcen zur Verfügung gestellt werden, besteht die Gefahr, Schulsozialarbeit zu überfordern und zu überfrachten.

Als zweites Problem kommt hinzu, dass der Ausbau von Sozialer Arbeit an Schulen unkontrolliert, uneinheitlich und häufig auch unsystematisch erfolgt. Die Chance zum Ausbau verleitet dazu, blind zu werden für die notwendige Einhaltung von Mindeststandards an Rahmenbedingungen, Qualifikationen und Stellenausstattungen. Der Erfolg der schnellen Expansion verführt dazu, Berufsanfängerinnen und -anfänger zum Aufbau von Schulsozialarbeit einzustellen, zu kleine Stellenanteile einzurichten, nicht dafür zu sorgen, dass möglichst mindestens zwei Fachkräfte unterschiedlichen Geschlechts je Standort eingesetzt werden, auf die fachliche und rechtliche Anbindung in der Jugendhilfe zu verzichten, nicht vorausschauend Freiräume und Ressourcen für die sozialpädagogische Rolle, Vorgehensweise und Fachlichkeit im Kontext des Schulsystems zu vereinbaren, sich nicht die Zeit zu nehmen, um unterschiedliche sozialpädagogische Angebote und Fachkräfte an einem Standort konzeptionell und personell aufeinander abzustimmen. Dies sind nur einige der Erfolgs- und Wirkungsfaktoren von Schulsozialarbeit, die in der Forschung und im Diskurs rund um Schulsozialarbeit in den letzten Jahrzehnten immer wieder auftauchen und als hilfreiche Voraussetzungen betont werden (vgl. z. B. Bolay 2004; Speck 2006; Speck und Olk 2010; Hollenstein und Nieslony 2012).

Die Entwicklung wider besseren Wissens deckt auf, dass fachliche Standards von Schulsozialarbeit bisher nicht gesetzlich verankert sind. Schulsozialarbeit ist i. d. R. eine Ausgestaltungsmöglichkeit von schulischer Jugendsozialarbeit nach dem § 13 SGB VIII und/oder der schulbezogenen Jugendarbeit nach dem § 11 SGB VIII. Ob und in welcher Qualität sie realisiert wird, ist den Ländern und den einzelnen Kommunen überlassen. Daneben gibt es Schulsozialarbeit, die durch Landesministerien für Bildung bzw. Kultus und Unterricht, durch den Schulsachaufwandsträger (Kommune, Gemeinde oder Landkreis) oder Fördervereine im Umfeld der Schule finanziert werden, oft verbunden mit der Dienst- und/oder Fachaufsicht bei der Schulleitung. Wie heterogen das Feld ist, und welche Gründe dafür bestehen, wird ausführlicher in den Kapiteln 2, 4 und 14 beschrieben.

Wie wichtig bereits der Diskurs um Qualitätsstandards, Rahmenbedingungen und fachliche Steuerung sind, zeigt ein Blick auf die neu entstehenden sozialpädagogischen Handlungsfelder an Schulen, für die dieser Diskurs noch kaum besteht. Im Rahmen der Diversifizierung von Sozialer Arbeit an Schule, v. a. durch die Ganztagsschulentwicklung entsteht ein neues und tendenziell prekäres Arbeitsfeld für Soziale Arbeit an Schulen. Den hohen Erwartungen an Ganztagsschulen stehen häufig minimale Finanzmittel gegenüber. Um ein fachliches Angebot zu ermöglichen, sucht Schule häufig sozialpädagogische Angebote und sozialpädagogisches Personal. Im Bermudadreieck von Schule, Kommune als Schulträger und Jugendhilfe als Anstellungsträger sozialpädagogischen Personals scheinen Erfahrungen um Mindestausstattung, fachliche Anbindung, Konzeptentwicklung und wechselseitig verbindliche Kooperationsgestaltung unversehens zu verschwinden. Im Verhältnis dazu bestehen bereits viele regional verankerte Konzepte und Fachstandards für Schulsozialarbeit.

Die bisherigen Ausführungen sollen deutlich machen, wie wichtig die fachliche Steuerung von Sozialer Arbeit an Schulen ist. Qualitätsstandards einzuhalten und Qualität vor Ort zu entwickeln, setzt politischen Einfluss und fachpolitische Steuerung voraus. Auch diese fachpolitische Steuerung von Schulsozialarbeit und mehr noch von Sozialer Arbeit an Schulen ist ausgesprochen voraussetzungsvoll. Durch die Sondersituation in Deutschland, dass soziale und Bildungsangelegenheiten in getrennten Ministerien und Zuständigkeiten liegen, kommt es auch bei der kommunalen Steuerung und Gestaltung der Kooperation von Jugendhilfe und Schule zu permanenten, strukturell angelegten Brüchen, Irritationen und Hindernissen. Um diese zu überwinden und trotz der strukturellen Spannung das Fundament für eine gelingende Kooperation von Jugendhilfe und Schule zu schaffen, müssen auf mehreren Ebenen Voraussetzungen geschaffen werden (vgl. Iser 2012).

Für die Tätigkeit der Steuerung und der Koordination von Sozialer Arbeit an Schulen ist eine gute Fachkompetenz rund um die (Gelingensbedingungen der) Kooperation von Jugendhilfe und Schule erforderlich, diplomatisches Geschick und die Kompetenz zur partizipativen Anleitung von Fachkräften. Aber auch der Überblick über den Bestand und die Ausstattung bestehender Sozialpädagogik an Schulen ist eine Voraussetzung für eine zielgerichtete und qualitätsorientierte Steuerung. Insbesondere für die Jugendhilfeplanung ist es wichtig, die finanziellen Folgen des Einsatzes und Ausbaus von Sozialer Arbeit an Schulen einschätzen zu können. Auch hierfür ist es notwendig, Transparenz im Feld zu schaffen, z. B. um finanzielle Mittel begründet von Dritten einfordern zu können. Oder um die i. d. R. zu knappen Mittel möglichst wirkungsvoll und gerecht zu verteilen. So hat selbst das Statistische Bundesamt einen sozialpolitischen Auftrag, der im § 1 des „Gesetzes über die Statistik für Bundeszwecke" formuliert wird: „Die Bundesstatistik ist Voraussetzung für eine am Sozialstaatsprinzip ausgerichtete Politik". D. h. es geht um die Erhebung von Daten, um Bereiche zu identifizieren, in denen ein sozialer Ausgleich angestrebt werden muss.

Doch auch für die Gestaltung von Studiengängen und Schwerpunkten an Hochschulen ist die Kenntnis von Zahlen und Fakten zur Entwicklung der Handlungsfelder in der Sozialen Arbeit eine wichtige Information, um adäquat und rechtzeitig zu reagieren (vgl. Kastirke 2011).

Die derzeitige Entwicklung von Schulsozialarbeit war auch für den GEW-Hauptvorstand der Anlass, nach statistischen Daten und einer statistischen Beobachtung des Feldes zu fragen[1]. Seine ersten Anfragen bei der Dortmunder Arbeitsstelle Kinder- und Jugendhilfestatistik brachten die Antwort, dass eine statistische Erfassung des Feldes Schulsozialarbeit nicht möglich sei, weil das Feld viel zu heterogen sei. Die GEW hat daraufhin eine doppelte Strategie eingeschlagen: Zum einen zu einem explorativen Forschungsprojekt aufzurufen, in dem die Wege zur quantitativen Erfassung von Schulsozialarbeit exemplarisch und eher qualitativ erkundet werden. Und zum zweiten einen jährlichen Erfahrungsaustausch zur „Statistik der Schulsozialarbeit" zu initiieren.

Auf den Aufruf zur Exploration möglicher Zugänge zur Erfassung von Schulsozialarbeit während einer Expertentagung zum Qualifikationsrahmen der Schulsozialarbeit im Mai 2009 haben die Herausgeberinnen dieses Buches reagiert. Während der sog. „Nikolaustagung" des Kooperationsverbundes für Schulsozialarbeit im Dezember 2009 wurde von uns eine erste kleine Vorsondierung unter den Teilnehmerinnen und Teilnehmern durchgeführt. Diese kleine Befragung hat mit dazu geführt, neben Bayern und Nordrhein-Westfalen Hessen als zu untersuchendes Bundesland auszuwählen.

Ein von der GEW initiierter erster Erfahrungsaustausch im August 2010 mit Vertreterinnen und Vertretern u. a. des Statistischen Bundesamtes, des Landkreistages, der Arbeitsstelle Kinder- und Jugendhilfestatistik an der Technischen Universität Dortmund, der Hochschule München, der Fachhochschule Dortmund, des Landesjugendamtes Baden-Württemberg und des Kooperationsverbundes Schulsozialarbeit hat bestätigt, dass das Arbeitsfeld der Schulsozialarbeit bisher statistisch-empirisch im Dunklen liegt. Der Erfahrungsaustausch endete mit der Verabredung, dass bis zum Sommer 2011 jeder nach seinen Möglichkeiten Vorarbeiten zu einer bundesweiten Statistik beginnt. Die GEW hat sich verpflichtet, eine Erhebung zu fördern. Eine Vorsondierung mit Experten für Schulsozialarbeit in München (vgl. Kap. 14) führte dazu, die Erhebung auf ausgewählte Standorte der drei Bundesländer einzugrenzen und sie sowohl (qualitativ) explorativ als auch als Vollerfassung anzulegen.

Die nächste „Nikolaustagung" des Kooperationsverbundes für Schulsozialarbeit im Dezember 2010 wurde damit zum Ort, um über den konkreten Gegenstand der explorativen Erhebung an zu reden und einen ersten Fragebogenentwurf zu diskutieren. Im Mittelpunkt der Diskussion stand ein Thema, das uns dauerhaft begleitet hat: die Frage nach der Begrifflichkeit für die Erhebung und nach dem Spektrum der Personengruppe, die bei der Erhebung erfasst werden soll. Sehr deutlich wurde bei der Diskussion, dass „Schulsozialarbeit" auch ein

---

[1] In erster Linie ist hier Bernhard Eibeck, Referent für Jugendhilfe und Sozialarbeit beim GEW Hauptvorstand, zu nennen, der sich seit Jahren intensiv für die Professionalisierung von Schulsozialarbeit einsetzt.

politisch besetzter Begriff ist. Nach jahrzehntelangen Bemühungen, in Deutschland Schulsozialarbeit einzuführen, zu etablieren und damit auch zu einer veränderten Pädagogik in Schulen beizutragen, ist die Problematik regelrecht fühlbar, die durch unterschiedliche Begriffe und eine diffuse Begriffswahl entsteht. Und klar war für die an der Diskussion Beteiligten, dass im Mittelpunkt des gemeinsamen Interesses die Schulsozialarbeit steht. Gleichzeitig war aber auch zunehmend deutlich, dass sich das Phänomen Schulsozialarbeit, verstanden als ein ausdifferenziertes sozialpädagogisches Berufsbild am Ort Schule nicht einfach mit dem Begriff der „Schulsozialarbeit" deckt. Alleine schon die Vielfalt der Begrifflichkeiten und Formen für das Phänomen Schulsozialarbeit in den drei vertretenen Bundesländern haben verhindert, eine gemeinsam geteilte Definition des Begriffes zu finden, die für die Erhebung heranziehbar gewesen wäre. Deutlich wurde, dass wenn wir Schulsozialarbeit im Gesamten erfassen wollen, es aufgrund der z. T. sehr unterschiedlichen Begriffsverwendungen erforderlich ist, den Fokus weiter zu wählen.

Aufgrund der vielfältigen Begriffsverwendungen rund um Schulsozialarbeit haben wir uns schließlich entschieden, bei der Erhebung nicht nur Schulsozialarbeit zu erfragen, sondern alle *bezahlten* sozialpädagogischen Tätigkeiten an Schulen, unabhängig von der Art der Finanzierung, dem Anstellungsträger und den rechtlichen Verankerungen. Einbezogen haben wir hier auch die Sozialpädagogik in der Sekundarstufe I und an beruflichen Schulen im sog. „Übergangssystem" gemäß dem SGB III. Klar ausgegrenzt wurden lediglich Angebote für Schulkinder gem. § 22 SGB VIII – Tageseinrichtungen für Kinder, die sog. „Schulhorte", da diese bereits über die Kinder- und Jugendhilfestatistik gut erfasst sind und sich eindeutig unterscheiden lassen. Um Schulsozialarbeit zu erfassen, wurde im Kreis der beteiligten Forscher/innen nach weiteren Diskussionen festgelegt, dass keine genaue Definition von Schulsozialarbeit im Vorfeld für die Fragebögen angelegt wird, sondern erst im Nachhinein aufbauend auf den Fragen nach der Aufgabenbezeichnung und den Tätigkeiten eine Einordnung der Fachkräfte in verschiedene Kategorien erfolgen soll. In der hier zu entwickelnden Systematik wird ein Kern des Forschungsziels gesehen (s. Kap. 19).

Die Forschung an den drei Hochschulen wurde jeweils im Rahmen einer Forschungswerkstatt mit Studierenden in Masterstudiengängen verankert. An der FH Dortmund waren dies Studierende von Nicole Kastirke und Claudia Streblow des Masterstudiengangs „Jugend in Theorie und Praxis der Sozialen Arbeit" sowie Laura Holtbrink als wissenschaftliche Hilfskraft. An der FH Frankfurt haben Studierende von Andreas Klocke und Gero Lipsmeier aus dem Masterstudiengang „Forschung in der Sozialen Arbeit" mitgewirkt. Inhaltlich unterstützt wurden sie von Susanne Hartmann-Hanff. An der Hochschule München waren Studierende von Angelika Iser aus dem Masterstudiengang „Angewandte Forschung in der Sozialen Arbeit" und Regina Worm als wissenschaftliche Mitarbeiterin am Projekt beteiligt. In München lag auch die Projektkoordination.

Die offizielle Projektlaufzeit, in der das Projekt finanziell durch die Max-Traeger-Stiftung unterstützt wurde, war vom April 2011 bis März 2012. Beim folgenden Erfahrungsaustausch für Expertinnen und Experten der Kinder- und Jugendhilfestatistik im Juli 2011 war es bereits möglich, die Forschungsinstrumente, die in den Bundesländern unterschiedlich gestalteten Forschungszugänge und die Rücklaufquoten vorzustellen und zu diskutieren (s. Kap. 5). Bei diesem Workshop kam auch Maria Busche-Baumann von der Hochschule Hildesheim als projekt-assoziierte Forscherin dazu. Sie konnte auf der Grundlage der von uns entwickelten Fragebögen eigene Erhebungen in Niedersachsen mit nochmals zwei weiteren Forschungszugängen umsetzen und explorieren. Da ihre Forschungen zeitlich versetzt gestartet sind, werden im vorliegenden Band die Daten wie auch die Forschungsmethodik der Erhebungen in Hildesheim gesondert vorgestellt und diskutiert (s. Kap. 17).

Bei drei internen Verbundtreffen der Standorte Dortmund, Frankfurt und München haben wir sowohl zentrale inhaltliche Forschungsergebnisse als auch das forschungsmethodische Vorgehen ausgetauscht und reflektiert. Der Hauptfokus der vorliegenden Veröffentlichung – die forschungsmethodische und methodologische Frage der Erhebungszugänge und Wege und unsere daraus folgende Empfehlung für eine Erweiterung und Ergänzung der amtlichen Kinder- und Jugendhilfestatistik (s. Kap. 19) – stand auch im Mittelpunkt eines dritten Expertenworkshops u. a. mit Vertreter/innen des Statistischen Bundesamtes, der Arbeitsstelle Kinder- und Jugendhilfestatistik an der Technischen Universität Dortmund, dem Deutschen Verein, kommunalen Spitzenverbänden und Wohlfahrtsverbänden, der im Juli 2012 den Abschluss des Forschungsprojektes gebildet hat. Neben unseren Beiträgen hat hier u. a. auch Werner Miehle-Fregin die aktuellen Entwicklungen zur Erfassung und Steuerung von Jugendsozialarbeit an Schulen/Schulsozialarbeit in Baden-Württemberg vorgestellt (s. Kap. 18).

Der vorliegende Band gliedert sich in vier Teile. Im ersten Teil werden mit einem berufspolitischen (Eibeck, Kap. 2), einem kommunalpolitischen (Niemeyer, Kap. 3) und einem wissenschaftlichen Beitrag (Iser, Kap. 4) der Bedarf der fachpolitischen Steuerung und der empirischen Erfassung von Sozialer Arbeit an Schulen aufgearbeitet.

Im zweiten Teil werden die Anlage des Verbundforschungsprojektes beschrieben (Kap. 5) und ausgewählte Ergebnisse aus den Daten der drei Fragebogenerhebungen vorgestellt (Kap. 7–12). Auf der Grundlage der Erfahrungen werden schließlich Empfehlungen für weitere regionale Erhebungen zur Sozialen Arbeit an Schulen gegeben (s. Kap. 13) und Kernfragebögen für solche Erhebungen entwickelt und bereitgestellt (s. Anhang).

Im dritten Teil des Buches werden der Stand und die Entwicklungen zur Schulsozialarbeit und weiteren Sozialen Arbeit an Schulen für fünf Bundesländer beschrieben. Für die drei Bundesländer der im Verbundprojekt erforschten Standorte in Bayern (s. Kap. 14), Hessen (s. Kap. 15) und Nordrhein-Westfalen (s. Kap. 16) wird mit der aktuellen Beschreibung zur Schulsozialarbeit und weiteren Sozialen Arbeit an Schulen auch ein fachlicher Hintergrund zu den Zahlen und Ergebnissen des zweiten Teils gegeben. Die zwei weiteren Beiträge zu Niedersachsen (s. Kap. 17) und Baden-Württemberg (s. Kap. 18) geben zugleich einen Einblick in die aktuellsten Bestandsforschungen der beiden Länder.

Im abschließenden vierten Teil werden Empfehlungen für die Ergänzung der Kinder- und Jugendhilfestatistik um den Bereich der Schulsozialarbeit und Sozialen Arbeit an Schulen ausgearbeitet und begründet (s. Kap. 19), bevor ein Ausblick das Buch abschließt.

Danken möchten wir an dieser Stelle der Max-Traeger-Stiftung für die finanzielle Unterstützung unseres Verbundforschungsprojekts und Bernhard Eibeck für die darüber hinausgehende fachliche Unterstützung; den Beteiligten an unseren regionalen Erhebungen für die Zeit und Mühe bei der Weiterleitung von Fragebögen und beim Beantworten von Fragen. Bedanken möchten wir uns auch bei unseren Kooperationspartnern in der Steuerung und Koordination der Schulsozialarbeit, die uns durch Begleitschreiben, Informationen und Hintergrundwissen bei der Durchführung der Studie und dem Buch unterstützt haben. Bedanken möchten wir uns bei den Ministerialbeauftragten für Begleitschreiben zu den Fragebögen. Ein Dank geht schließlich an die Reihenherausgeberin Nicole Pötter, die nicht nur das Manuskript lektoriert hat, sondern v. a. durch hartnäckiges Nachhaken dazu beigetragen hat, dass diese Buch mehr geworden ist als eine Forschungsstudie und sich auf die weiteren Ebenen der Steuerung und Gestaltung von Sozialer Arbeit an Schulen und die umfassende Beschreibung der ‚Schulsozialarbeit' ausgewählter Bundesländer begeben hat.

Literatur

Bolay, E. (2004). (Praxis)Forschung in der Kooperation von Jugendhilfe und Schule: Standort und Bedarfsbestimmung. In B. Hartnuß, S. Maykus (Hrsg.), *Handbuch Kooperation von Jugendhilfe und Schule* (S. 1007–1035). Berlin: Eigenverlag des Deutschen Vereins für öffentliche und private Fürsorge.

Hollenstein, E. & Nieslony, F. (Hrsg.) (2012). *Handlungsfeld Schulsozialarbeit. Profession und Qualität*. Baltmannsweiler: Schneider Verlag Hohengehren.

Iser, A. (2007). Supervision als partizipatives Instrument der Qualitätsentwicklung in der Sozialen Arbeit. Von der Dienstleistungsdebatte zur Entwicklung von Qualität. http://nbn-resolving.de/urn:nbn:de:bsz:21-opus-27705. Zugegriffen: 3. Januar 2013.

Iser, A. (2012). Handlungskompetenzen, Qualitätsstandards, Professionalisierung. In E. Hollenstein, F. Nieslony (Hrsg.), *Handlungsfeld Schulsozialarbeit. Profession und Qualität* (S. 257–271). Baltmannsweiler: Schneider Verlag Hohengehren.

Kastirke, N. (2011). *Schulsozialarbeit in der Hochschulausbildung – Chancen und Grenzen.* In: LWL Jugendhilfe aktuell (Münster). Heft 2/2011, S 42–47.

Speck, K. (2006). *Qualität und Evaluation in der Schulsozialarbeit. Konzepte, Rahmenbedingungen und Wirkungen.* Wiesbaden: VS Verlag für Sozialwissenschaften.

Speck, K. & Olk, T. (Hrsg.) (2010). *Forschung zur Schulsozialarbeit. Stand und Perspektiven.* Weinheim u. München: Juventa-Verlag.

# Teil I
Zum Bedarf an Steuerung und Statistik zur Sozialen Arbeit an Schulen

2 Schulsozialarbeit braucht Professionalisierung – Professionalisierung braucht Statistik

Bernhard Eibeck

Zur weiteren berufspolitischen Entwicklung und für die Entwicklung einer profilierten Profession braucht die Schulsozialarbeit verlässliche Daten. Deshalb hat die GEW im Sommer 2010 erstmals Sachverständige aus dem Statistischen Bundesamt, der Arbeitsstelle für Kinder- und Jugendhilfestatistik DJI/TU Dortmund, dem Deutschen Verein, den kommunalen Spitzenverbänden und Wohlfahrtsverbänden zu einem Fachgespräch zur „Statistik der Schulsozialarbeit" eingeladen. Einhellig wurde bemängelt, dass die amtlichen Statistiken zur Kinder- und Jugendhilfe in diesem Arbeitsbereich wenig aussagekräftig sind. Auch auf Landesebene gelingt es bis auf wenige Ausnahmen nicht, Schulsozialarbeit flächendeckend und trägerübergreifend empirisch zu erfassen. Der Grund dafür ist vor allem darin zu sehen, dass Schulsozialarbeit im SGB VIII nicht explizit genannt ist, sondern als Aufgabe der Jugendsozialarbeit beschrieben wird. Zudem gibt es keine fachpolitische Verständigung darüber, den Begriff „Schulsozialarbeit" als einheitliche Bezeichnung des Arbeitsfeldes und des Berufes zu verwenden. Dies führt zu einem diffusen Bild über das Handlungsfeld und mündet darin, dass in den Kinder- und Jugendhilfestatistiken nur unzureichende Angaben gemacht werden.

Ein Jahr später, im Sommer 2011, verständigte sich der Expertenkreis darauf, in einem Forschungsprojekt der Frage nachzugehen, wie es gelingen kann, regionale und bundesweit verlässliche Daten zu ermitteln. Die Max-Traeger-Stiftung der GEW erklärte sich bereit, dieses Forschungsprojekt zu finanzieren. Die Durchführung des Forschungsprojektes übernahmen die Hochschulen Frankfurt am Main, Dortmund und – federführend – München. Die zentralen Ergebnisse und Empfehlungen dieses Forschungsprojekts werden mit der hier vorliegenden Publikation einer breiteren Öffentlichkeit zugänglich gemacht.

Auf dem dritten Treffen wurden die Ergebnisse vorgestellt und Verabredungen darüber getroffen, wie die Statistik der Kinder- und Jugendhilfe auf Bundesebene zum nächsten Erhebungszeitpunkt am 31.12.2014 so verbessert und erweitert werden kann, so dass die Schulsozialarbeit möglichst umfassend quantitativ und qualitativ aussagekräftig abgebildet werden kann. Damit wurde ein wichtiges Ziel des Forschungsprojekts erreicht.

2.1 Schulsozialarbeit als Beruf

Als der Kooperationsverbund Schulsozialarbeit im Februar 2006 das „Berufsbild und Anforderungsprofil der Schulsozialarbeit" veröffentlichte, stellte er vier Leitsätze voran. Der erste Leitsatz markiert die berufspolitischen Intentionen:

„Der Kooperationsverbund Schulsozialarbeit hält es für erforderlich, den Beruf ‚Schulsozialarbeiter/Schulsozialarbeiterin' professionell zu etablieren."

Damit ist dreierlei gemeint:
Es reicht heute und für die Zukunft nicht mehr aus, Schulsozialarbeit als Aufgabe oder als Tätigkeit zu beschreiben. Schulsozialarbeit ist ein *Beruf*. Es bedarf einer dezidierten beruflichen Bezeichnung, die dem Beruf des Lehrers/der Lehrerin gegenüber tritt und Gleichwertigkeit signalisiert. Die „Verberuflichung" markiert einen eigenständigen Status. Mit der Berufsbezeichnung wird deutlich, dass es sich um eine fachlich versierte, akademisch qualifizierte und autonom handelnde Profession handelt.

Der Beruf soll *etabliert* werden. Das bedeutet, dass er systematisch, verlässlich und auf Dauer an jeder Schule vorfindbar sein muss. Die vielfach heute noch anzutreffende Konstruktion, bei der sozialpädagogische Unterstützung von Fall zu Fall, projekt- und zielgruppenbezogen eingesetzt wird, ist auf Dauer nicht haltbar. Wenn sozialpädagogische Arbeit an Schulen wirksam werden soll, braucht sie eine systematische Verankerung als Angebot der Jugendhilfe im System Schule, dauerhaft angelegte Strukturen und eine verbindliche institutionelle Absicherung.

Und schließlich geht es darum, *Professionalität* herzustellen und abzusichern. Dazu gehören entsprechende Qualifikationen und Arbeitsbedingungen. Zu nennen sind hier insbesondere die materielle, finanzielle und räumliche Ausstattung, eine spezifische, durch ein Hochschulstudium sowie Fort- und Weiterbildung erworbene, Qualifikation, eine Arbeitszeitstruktur, in der ein ausreichendes Kontingent der wöchentlichen Arbeitszeit als Vor- und Nachbereitungszeit, für Teamsitzungen und Besprechungen zur Verfügung steht und schließlich und nicht zuletzt abgesicherte Arbeitsverhältnisse mit unbefristeten Vollzeitstellen auf der Grundlage einschlägiger Tarifverträge.

2.2 Schulsozialarbeit – ein gemeinsamer Begriff

Zwanzig Jahre vor der Veröffentlichung des „Berufsbildes" hat Wilma Grossmann im Jahr 1987 in ihrem Buch „Aschenputtel im Schulalltag" historische Entwicklungen der Schulsozialarbeit nachgezeichnet und Perspektiven aufgezeigt. In der Einleitung schreibt sie, dass Schulsozialarbeit ein Begriff sei, der „in den achtziger Jahren aus dem Amerikanischen übernommen wurde und sich seither durchgesetzt" habe (Grossmann 1987, S. 9). Tatsächlich gibt es aber bis heute eine Vielzahl unterschiedlicher Bezeichnungen für das Handlungsfeld, aus ganz unterschiedlichen Gründen.

In einer Expertise für die GEW haben Tina Alicke und Marius Hilkert (2012) vom Institut für Sozialarbeit und Sozialpädagogik die jugendhilferechtlichen Regelungen zur Schul- und Jugendsozialarbeit und zur Kooperation von Jugendhilfe und Schule durchgesehen. Eine tabellarische Übersicht (s. Tab. 2.1) zeigt die im Landesrecht gebräuchlichen Begriffe.

Anke Spies und Nicole Pötter (2011) haben in ihrem Lehrbuch „Soziale Arbeit an Schulen" die fachpolitische Diskussion der letzten fünfzehn Jahre skizziert. Sie konstatieren, dass es eine, auch international gebräuchliche Begrifflichkeit „Schulsozialarbeit" gibt. Daneben seien weitere, mindestens zehn Varianten zu finden:

- Schulbegleitende Sozialarbeit,
- Schulbezogene Jugendarbeit,
- Schulbezogene Jugendsozialarbeit,
- Schulbezogene Jugendhilfe,
- Soziale Arbeit in der Schule,
- Soziale Arbeit an Schulen,
- Jugendsozialarbeit an Schulen,
- Schul-Soziale Arbeit,
- Schuljugendarbeit,
- School-Work.

Spies und Pötter wägen Vor- und Nachteile einer einheitlichen Begrifflichkeit ab. Zum einen schaffe ein einheitlicher Begriff für die Praxis, Wissenschaft und Politik Klarheit, andererseits würden damit fachliche Differenzierungen nivelliert (vgl. 2011).

„Schulsozialarbeit ist im engeren Sinne auch Jugendsozialarbeit, d. h. Jugendarbeit an Schule." Meinhard Schamotzki, Geschäftsführer des Diakonischen Werkes Emmendingen, des größten Trägers der Schulsozialarbeit im Landkreis, bringt im Film „Schulsozialarbeit – Momentaufnahmen" von Mario Kanzinger mit diesem

Tabelle 2.1   Begriffe im Landesrecht (Quelle: Alicke und Hilkert 2012, S. 10)

Bundesland	Begriffe
Baden-Württemberg	Jugendsozialarbeit, Jugendhilfe und Schule
Bayern	Jugendsozialarbeit an Schulen (JAS), Schulbezogene Jugendarbeit, Jugendarbeit
Berlin	Schulbezogene Jugendarbeit, Jugendsozialarbeit, Jugendhilfe und Schule
Brandenburg	Jugendhilfe und Schule
Bremen	Jugendhilfe und Schule
Hamburg	Jugendhilfe und Schule
Hessen	Jugendsozialarbeit, Sozialarbeit in Schulen, Jugendhilfe und Schule
Mecklenburg-Vorpommern	Jugendsozialarbeit, Schulsozialarbeit, Jugend- und Schulsozialarbeit
Niedersachen	Jugendhilfe und Schule
Nordrhein-Westfalen	Jugendhilfe und Schule, schulbezogene Jugendsozialarbeit, Schulsozialarbeit
Rheinland-Pfalz	Schulsozialarbeit, Jugendsozialarbeit
Saarland	Schulsozialarbeit
Sachsen	Schuljugendarbeit, Schulsozialarbeit
Sachsen-Anhalt	Schulsozialarbeit, Kooperation zwischen Jugendhilfe und Schule
Schleswig-Holstein	Jugendhilfe und Schule, schulbezogene Jugendarbeit
Thüringen	Schuljugendarbeit, schulbezogene Jugendhilfe, Schulsozialarbeit, Jugendarbeit an Schulen

Satz das ganze Dilemma der Schulsozialarbeit zum Ausdruck. Schulsozialarbeit ist einerseits *der* zentrale Begriff, braucht aber weitere Erklärungen, Einordnungen und Bezüge.

Im jugendhilferechtlichen Kontext wird Schulsozialarbeit als neben der Jugendberufshilfe wichtigstes Aufgabenfeld der Jugendsozialarbeit betrachtet (vgl. Wiesner 2006, S. 217 ff.). Der Auftrag gem. § 13 SGB VIII ist, „jungen Menschen, die zum Ausgleich sozialer Benachteiligungen oder zur Überwindung individueller Beeinträchtigungen in erhöhtem Maß auf Unterstützung angewiesen sind, … sozialpädagogische Hilfen" (Wiesner 2006, S. 219) anzubieten. Daneben gehört es zu den Aufgaben der Jugendarbeit, „arbeitswelt-, schul- und familienbezogene" Angebote zu machen (s. § 10 SGB VIII).

Karsten Speck plädiert ausdrücklich für die Verwendung des Begriffs „Schulsozialarbeit" und führt dafür vier Gründe an: Erstens sei die Bezeichnung in Deutschland historisch gewachsen und an die internationale Debatte anschlussfähig. Zweitens verknüpfe der Begriff Schule und Sozialarbeit und verbinde somit intervenierende und präventive Angebote. Drittens erkenne man aus dem Begriff die gemeinsame Verantwortung von Schule und Sozialarbeit für die „Gemeinschaftsaufgabe" im Interesse von Kindern und Jugendlichen und schließlich viertens, wirke man mit dem Begriff „Schulsozialarbeit" der Gefahr entgegen, diese ausschließlich dem Jugendhilferessort zuzuordnen (vgl. Speck 2006, S. 16 f.).

In einem Beitrag für das von Nicole Pötter und Gerhard Segel herausgegebene Buch „Profession Schulsozialarbeit" reflektiert Hermann Rademacker die Entwicklung und Herausbildung des Begriffs Schulsozialarbeit. Aus seiner fast vierzigjährigen Erfahrung stellt er fest: „Schulsozialarbeit umfasst alle Formen kontinuierlicher Zusammenarbeit von Jugendhilfe und Schule, die eine Tätigkeit von sozialpädagogischen Fachkräften am Ort Schule und die Zusammenarbeit mit Lehrkräften dort zur Wahrnehmung von Aufgaben der Kinder- und Jugendhilfe für die Schülerinnen und Schüler zum Ziel haben." Dabei sei die Trägerschaft – Schule oder Jugendhilfe – als Definitionsmerkmal nicht von Bedeutung (Rademacker 2009, S. 13).

Dort, wo Schulsozialarbeit fester Bestandteil des Schulprogramms ist, hat sich die Bezeichnung in der Praxis – mindestens umgangssprachlich – bewährt. Auch wenn es auf Bundes- und Landesebene und in den Kommunen eine große Zahl von Bezeichnungen gibt, so kann davon ausgegangen werden, dass bundesweit den Begriff „Schulsozialarbeit" nicht nur akzeptiert, sondern auch für aussagekräftig gehalten wird. Mit dem Begriff wird ein breiter fachlicher Ansatz sowohl hinsichtlich der Angebote und Methoden als auch der Zielgruppen und Aufgaben verbunden. So werden unter Schulsozialarbeit in Flensburg „sämtliche Aktivitäten und Ansätze einer dauerhaft vereinbarten gleichberechtigten Kooperation von Jugendhilfe und Schule" verstanden. Die Erwartung ist, an Schulen sozialpädagogische Fachkompetenz etablieren zu können, die zum einen präventive Förderung und Hilfe für Kinder und Jugendliche mit ihren Familien und ihrem Umfeld zur Aufgabe hat, die aber auch auf eine Öffnung von Schule und Erweiterung des nicht formellen Lernens zielt. Für unabdingbar wird gehalten, der Schulsozialarbeit in der Kooperation von Schule und Jugendhilfe die „Eigenständigkeit als Profession" zu garantieren.

Im Konzept zur Neuausrichtung der Sozialarbeit an städtischen Schulen in Bonn soll die Schulsozialarbeit systemisch und inklusiv ausgerichtet werden (vgl. Stadtrat Bonn 2011). Nachhaltige Schulsozialarbeit, die ein Angebot an alle Kinder und Jugendlichen an allen Schulformen ist, basiere auf einem sozialräumlich bezogenen Handlungskonzept im Rahmen einer integrierten Schulentwicklungs-, Jugendhilfe- und Sozialplanung.

Auch dort, wo durch Landesrichtlinien sozialpädagogische Arbeit an Schulen als „Jugendsozialarbeit an Schulen" bezeichnet wird, wie etwa in Bayern und Baden-Württemberg, wird der Begriff „Schulsozialarbeit" als Markenzeichen verwendet. So gibt es auch in diesen Bundesländern Landesarbeitsgemeinschaften oder Netzwerke, die als fach- und berufspolitische Lobby dezidiert den Begriff „Schulsozialarbeit" in ihrem Namen tragen.

2.3 Bundesstatistik – wichtige Hinweise, aber unzureichend

Auf Bundesebene ist es bislang nicht gelungen, eine „Statistik der Schulsozialarbeit" aufzubauen, die aussagekräftig und aktuell ist. Die amtliche Jugendhilfestatistik, die gemäß §§ 98 – 103 SGB VIII alle vier Jahre durchgeführt und vom Statistischen Bundesamt veröffentlicht wird, zeigt, wie sich die unzureichende gesetzliche Regelung und die begriffliche Unschärfe auswirken. Erhoben werden auf der Ebene der Einrichtungen nur diejenigen Träger, die schulische und berufsbezogene Jugendsozialarbeit gemäß § 13, Abs. 1 und 2 SGB VIII betreiben. Auf der Ebene der Personalangaben kann von Jugendämtern, den freien Trägern und Einrichtungen im Fragebogen in der Rubrik „Arbeitsbereich" „Schulsozialarbeit" eingetragen werden. Dabei ist nicht näher erläutert, wie der Begriff „Schulsozialarbeit" zu verstehen ist. Insofern ist es naheliegend zu vermuten, dass diejenigen Träger, die den Begriff „Schulsozialarbeit" – aus welchen Gründen auch immer – vermeiden und den Arbeitsbereich beispielsweise „Jugendsozialarbeit an Schulen" nennen, keine Einträge vornehmen. Sie haben dann die Möglichkeit, in der Nennung der Arbeitsbereiche die Rubrik „Ausbildungsbezogene Jugendsozialarbeit" zu wählen. In der Betrachtung der Angaben der letzten drei amtlichen Statistiken, lässt sich feststellen, dass die Einträge für den Arbeitsbereich „Schulsozialarbeit" von 437 Personen im Jahr 2002 über 531 Personen im Jahr 2006 auf 834 Personen im Jahr 2010 gestiegen sind. Leicht zurückgegangen sind die Einträge im Arbeitsbereich „Ausbildungsbezogene Jugendsozialarbeit" von 2 000 Personen im Jahr 2002 auf 1 854 Personen im Jahr 2010 (s. Tab. 2.2).

Neben der Jugendsozialarbeit wird Schulsozialarbeit auch in anderen Arbeitsfeldern erfasst (s. Tab. 2.3). Diese sind vor allem Jugendämter (725 Personen), Geschäftsstellen freier Träger (386 Personen), mobile Jugendarbeit (439 Personen) und Jugendzentren (219 Personen). Durch die weiteren Arbeitsfelder wächst die

Tabelle 2.2 Pädagogisches und Verwaltungspersonal in Einrichtungen der schulischen und berufsbezogenen Jugendsozialarbeit (§ 13 Abs. 1 und 2 SGB VIII)

Arbeitsbereich	2002	2006	2010
Jugendberatung § 11 SGB VIII	93	61	104
Ausbildungsbezogene Jugendsozialarbeit § 13 SGB VIII	2 000	1 881	1 854
Unterkunftsbezogene Jugendsozialarbeit § 13 SGB VIII	85	40	60
Schulsozialarbeit	437	531	843
Eingliederung Spätaussiedler	12	13	6
Betreuung behinderter junger Menschen	123	102	30
unterrichtliche/schulische Tätigkeiten	288	457	379
Supervision	6	12	11
Leitung, Geschäftsführung	115	130	116
Verwaltung	191	202	174
Wirtschaftlicher u. techn. Bereich	152	–	–
Insgesamt	3 502	3 429	3 577

Zusammengestellt aus: Statistisches Bundesamt: 2012a, Tab_78_§13 I II

Zahl des für den Arbeitsbereich „Schulsozialarbeit" genannten pädagogischen und Verwaltungspersonals in 2010 auf 3025 Personen an.

Hinsichtlich der Qualifikationen weist Schulsozialarbeit einen relativ hohen Akademisierungsgrad auf (s. Tab. 2.4). Im Jahr 2010 haben 362 Personen (12 Prozent) einen Universitätsabschluss als Diplompädagogen/Diplompädagoginnen, 1 882 Personen (62 Prozent) einen Fachhochschulabschluss als Sozialpädagogen/ Sozialpädagoginnen. Eine weitere relevante Berufsausbildung im Arbeitsbereich Schulsozialarbeit ist die zur Erzieherin mit 9 Prozent oder 271 registrierten Personen.

Während im größten Arbeitsfeld der Kinder- und Jugendhilfe, den Tageseinrichtungen für Kinder, zwei Drittel des Personals bei Einrichtungen in freier Trägerschaft beschäftigt sind, so sind es in Einrichtungen der Jugendsozialarbeit bzw. im Arbeitsbereich Schulsozialarbeit mit 1 750 registrierten Personen (von insgesamt 3 025 Personen) rund 58 Prozent. Besorgniserregend ist der starke Anstieg der teilzeitbeschäftigten Personen. Deren Zahl ist von 2006 bis 2010 um 88 Pro-

Tabelle 2.3 Schulsozialarbeit in Arbeitsfeldern der Jugendhilfe 2010

Jugendwohnen (§ 13 Abs. 3 SGB VIII)	32
Schulische und berufsbezogene Jugendsozialarbeit (§ 13 Abs. 1 und 2 SGB VIII)	843
Jugendzentren	219
Mobile Jugendarbeit	439
Erziehungs- und Familienberatung	79
Jugendberatungsstelle	200
Gemeinden ohne Jugendamt	59
Jugendämter	725
Geschäftsstelle freier Träger	386
Arbeitsgemeinschaften von Jugendhilfeträgern	34

Zusammengestellt aus: Statistisches Bundesamt 2012, S 51

zent gestiegen. Überproportional fällt die Steigerung bei Einrichtungen im Bereich des Paritätischen Wohlfahrtsverbandes mit 153 Prozent aus.

Diese Daten sind nach übereinstimmender Auffassung der statistischen Ämter, wissenschaftlicher Institute, Wohlfahrtsverbände und der GEW nur eingeschränkt aussagekräftig. Die Zahl der tatsächlich bundesweit im Arbeitsbereich Schulsozialarbeit tätigen Personen dürfte schätzungsweise um den Faktor drei höher liegen, so dass man insgesamt auf eine Zahl zwischen 8 000 und 10 000 Personen kommt. Die prozentuale Verteilung bei den qualitativen Merkmalen wie Berufsabschluss und Umfang der Beschäftigung, also der hohe Akademisierungsgrad und die starke Teilzeitbeschäftigung, dürften jedoch auch bei einer größeren Grundgesamtheit in etwa den tatsächlichen Verhältnissen entsprechen.

2.4 Statistik bewegt

Dass wir heute eine intensive fachliche und vor allem in der Öffentlichkeit geführte Diskussion über den Ausbau von Kindertageseinrichtungen für unter Dreijährige haben, ist nur denkbar, weil es eine Statistik hierzu gibt. Die Arbeitsstelle für Kinder- und Jugendhilfestatistik im Verbund von Deutschem Jugendinstitut (DJI) und TU Darmstadt veröffentlicht gemeinsam mit dem Statistischen Bundes-

Tabelle 2.4 Pädagogisches und Verwaltungspersonal im Arbeitsbereich Schulsozialarbeit

Berufsabschluss	2002	2006	2010
Diplompäd. (Uni)	125	193	362
Diplomsozialpäd./sozialarbeit (FH)	657	988	1 882
Heilpädagogen (FH und FS)	6	8	10
Erzieherin	246	212	271
Kinder-, Heilerziehungs-, Familienpflege, Sozialassistent	78	47	56
Psychologen, Therapeuten, Ärzte	13	13	38
Kinderkrankenpflege, -schwestern, Krankenpfleger, -schwestern	3	5	2
Lehrer	54	33	46
Sonstiger Hochschulabschluss	29	44	61
Sonstige ohne Hochschulabschluss	174	208	297
Insgesamt	1 385	1 751	3 025

Zusammengestellt aus: Statistisches Bundesamt 2012, S. 63–66 und Statistisches Bundesamt 2012a, Tab_80

amt in kurzen Abständen Berichte über den Ausbaustand und die mit den Vorhaben verbundenen Probleme, insbesondere den Fachkräftemangel. Die diesem Berichten zugrunde liegenden Daten werden jährlich zum 1. März erhoben. Während die Kinder- und Jugendhilfestatistik im Vier-Jahres-Rhythmus – zuletzt am 31. Dezember 2010 – erhoben wird, liegt für den Bereich der Tageseinrichtungen deutlich verbessertes Datenmaterial vor. Es zeichnet sich nicht nur durch seine Aktualität aus, sondern auch dadurch, dass die Anwesenheit eines jeden Kindes in Deutschland in einer Kindertageseinrichtung nach höchst differenzierten Merkmalen erfasst wird. Die Debatte über den Umfang der Kindertagesbetreuung und den Beruf der Erzieherin reicht zurück bis ins Jahr 1995. Mit finanzieller Unterstützung der Max-Traeger-Stiftung haben Thomas Rauschenbach, Karin Beher und Detlef Knauer erstmals die Ausbildung und den Arbeitsmarkt systematisch untersucht und in einem fast 500 Seiten starken Werk veröffentlicht (Rauschenbach et al. 1995). Auf dieses Grundlagenwerk wird auch heute in der aktuellen Diskussion über die Zukunft des Erzieher- und Erzieherinnenberufes immer wieder zurückgegriffen. Es ist quasi Ausgangspunkt der berufspolitischen Debatte. Was mit Statistik begann, ist heute Gesellschaftspolitik. In der Diskussion um öffentliche Dienstleistungen, insbesondere auch im Sozialwesen und im Bildungsbereich, wird allerdings immer häufiger die Frage gestellt, mit welchen Mitteln welche Ziele erreicht werden und ob die Angebote effektiv und sozial gerecht sind. Es wird beständig nach Transparenz und Evaluation verlangt.

Auch in der Schulsozialarbeit wird deutlich, dass Statistik und die Veröffentlichung von Erhebungen Bewegung bringen. Seit dem Jahr 2006 befragt der Kommunalverband für Jugend und Soziales Baden-Württemberg alle zwei Jahre die Landkreise und kreisfreien Städte danach, wie viel Schulsozialarbeit sie haben. Im Berichtszeitraum von 2006 – 2010 hat sich deren Zahl der Vollzeitäquivalente (vorhandene Stellen, umgerechnet in Vollzeitstellen) von 485 auf 835 erhöht. Besonders eindrucksvoll ist die Darstellung der Anzahl in der Schulsozialarbeit pro 1 000 sechs- bis achtzehnjährige Kinder und Jugendliche. Gab es im Jahr 2006 noch 0,26 Vollzeitäquivalente pro 1 000 Kinder und Jugendliche, so sind es im Jahr 2010 0,49 (vgl. Homepage KVJS; s. auch Kap. 18 in diesem Band). Die regelmäßige, stets aktuelle, Veröffentlichung der Ergebnisse im Internet hat starke Resonanz: Zufriedenheit, Erstaunen, Verärgerung und sie provoziert kommunalpolitische Debatten darüber, ob nicht mehr für Schulsozialarbeit getan werden müsse.

Fachpolitisch, und vor allem in der Praxis ist zu erkennen, dass bundesweit Schulsozialarbeit im Aufwind ist. Zahlreiche Kommunen haben Finanzmittel aus dem „Bildungs- und Teilhabepaket" genutzt und Hunderte von neuen Stellen eingerichtet. Die quantitative Expansion und die Ausweitung der Aufgabenpalette hängen im Wesentlichen damit zusammen, dass von Seiten der Schulen der Bedarf an sozialpädagogischer Unterstützung immer größer wird. Dieser Prozess muss nun durch die regelmäßige Erhebung verlässlicher Daten im Handlungsfeld weiter flankiert werden.

Literatur

Alicke, T. & Hilkert, M. (2012). *Schulsozialarbeit und die Kooperation von Jugendhilfe und Schule im Jugendhilferecht. Expertise im Auftrag der Max-Traeger-Stiftung (MTS) der GEW.* Frankfurt a. M.: ohne Verlag.
Deutscher Verein für öffentliche und private Fürsorge e. V. (Hrsg.) (2007). *Fachlexikon der sozialen Arbeit.* 6., völlig überarb. und aktualisierte Aufl. Baden-Baden: Nomos.
Grossmann, W. (1987). *Aschenputtel im Schulalltag.* Weinheim: Deutscher Studien Verlag.
Kanzinger, M. (2012). *Schulsozialarbeit – Momentaufnahmen.* (Film). http://www.netzwerk-schulsozialarbeit.de/cms/. Zugegriffen: 22. August 2012.

KVJS (2012). http://www.kvjs.de/jugend/jugendarbeit-jugendsozialarbeit/schulsozialarbeit.html Zugegriffen: 17. Juli 2012.

Otto, H.-U. & Thiersch, H. (Hrsg.) (2011). *Handbuch Soziale Arbeit*. 4., völlig neu bearbeitete Aufl. München: Reinhardt.

Pötter, N. & Segel, G. (Hrsg.) (2009). *Profession Schulsozialarbeit Beiträge zu Qualifikation und Praxis der sozialpädagogischen Arbeit an Schulen*. Wiesbaden: VS Verlag für Sozialwissenschaften.

Rademacker, H. (2009). Schulsozialarbeit – Begriff und Entwicklung. In: N. Pötter, & G. Segel, (Hrsg.), *Profession Schulsozialarbeit Beiträge zu Qualifikation und Praxis der sozialpädagogischen Arbeit an Schulen* (S. 13–32). Wiesbaden: VS Verlag für Sozialwissenschaften.

Rauschenbach, T., Beher, K. & Knauer, D. (1995). *Die Erzieherin. Ausbildung und Arbeitsmarkt*. Weinheim, München: Juventa.

Speck, K. (2006). *Qualität und Evaluation in der Schulsozialarbeit. Konzepte, Rahmenbedingungen und Wirkungen*. Wiesbaden: VS Verlag für Sozialwissenschaften.

Spies, A. & Pötter, N. (2011). *Soziale Arbeit an Schulen. Einführung in das Handlungsfeld Schulsozialarbeit*. Wiesbaden: VS Verlag für Sozialwissenschaften.

Stadtrat Bonn (2011). Neuausrichtung der Sozialarbeit an städtischen Schulen in Bonn – Umsetzung des Bildungs- und Teilhabepaketes (Beschluss vom 24.10.2011). http://www.bonn.de/familie_gesellschaft_bildung_soziales/inklusion/massnahmen_projekte/01489/index.html?lang=de. Zugegriffen: 22. August 2012.

Statistisches Bundesamt (2012). *Statistiken der Kinder- und Jugendhilfe, Einrichtungen und tätige Personen (ohne Tageseinrichtungen für Kinder)*. Wiesbaden: ohne Verlag. https://www.destatis.de/DE/Publikationen/Thematisch/Soziales/KinderJugendhilfe/SonstigeEinrichtungen5225403109004.pdf?__blob=publicationFile Zugegriffen am 14.8.2013.

Statistisches Bundesamt (2012a). *Statistiken der Kinder- und Jugendhilfe, Einrichtungen und tätige Personen (ohne Tageseinrichtungen für Kinder)*. Excel-Tabelle „Schulsozialarbeit_2002–2010. Unveröff. Material.

Wiesner, R. (2006). *SGB VIII Kinder- und Jugendhilfe-Kommentar*. 3., völlig überarb. Aufl. München: Beck.

3 Die Bedeutung von Steuerungsinstrumenten für die Qualitätsentwicklung von Schulsozialarbeit am Beispiel der Stadt Dortmund

Heike Niemeyer

> „Wer will, findet Lösungen – wer nicht will, findet Gründe"
> (Anonym)

Um den Bedarf und die Bedeutung von Steuerungsinstrumenten für die Qualitätsentwicklung der Schulsozialarbeit auf kommunaler Ebene herauszustellen, ist es hilfreich, zunächst einmal einige Hintergründe zur Perspektive der Autorin zu benennen, die als Koordinatorin für Schulsozialarbeit im Regionalen Bildungsbüro der Stadt Dortmund tätig ist und mit diesem Beitrag die Funktion ihrer trägerübergreifenden Stelle und deren Möglichkeiten zur Ermittlung von kommunalen Daten und Fakten zur Schulsozialarbeit vorstellen wird.

Seit mehr als 12 Jahren gibt es in der Stadt Dortmund die sogenannte *Bildungskommission,* ein Beratungsgremium, dem heute Persönlichkeiten aus fast allen Bereichen des gesellschaftlichen Lebens der Stadt angehören. In den vergangenen Jahren hat die Dortmunder Bildungskommission die kommunale Schulentwicklung analysiert, reflektiert und durch ihre Empfehlungen und Bildungsforen wesentlich mitgestaltet.

Der Ausbau der Schulsozialarbeit auf kommunaler Ebene zur Unterstützung von Kindern und Jugendlichen in einem ganzheitlichen Bildungsverständnis war und ist in diesem Kontext ein Baustein in der Weiterentwicklung der kommunalen Bildungslandschaft in Dortmund.

Die Bildungskommission Dortmund ist ein von politischen und administrativen Weisungen freies Beratungsgremium des Oberbürgermeisters und ergänzt in ihrer personellen Zusammensetzung die politisch mandatierten Gremien oder Verwaltungseinheiten um eine neue zivilgesellschaftliche Komponente.

Durch die Einrichtung des „Fachbereich Schule" – firmiert durch Schulverwaltungsamt und Schulaufsicht – als Verantwortungsgemeinschaft von Land, Stadt und Schulen wurde in Dortmund ein tragfähiger Ansatz gefunden, der die gemeinsame Identifikation der verschiedenen Akteure und Akteurinnen im Kontext Schule mit der Dortmunder Bildungsregion fördert. Die konsequente Zusammenarbeit von Land, Stadt und Schulen und vielen anderen Partnern hat die Gestaltung einer kommunalen Bildungslandschaft kontinuierlich vorangetrieben. Das Regionale Bildungsbüro im Fachbereich Schule fungiert als Geschäftsstelle der Dortmunder Bildungskommission. Es ist darüber hinaus kommunale Koordinierungs- und Geschäftsstelle von weiteren Gremien der lokalen Bildungslandschaft (Beirat „Regionales Übergangsmanagement Schule – Arbeitswelt", Schulkoordinierungskonferenz) und von „dortmunderschule", einer Initiative der Dortmunder Wirtschaft. Die Mitarbeiter/innen des Regionalen Bildungsbüros, aktuell über 30 Personen, werden über das Land, die Stadt und den „Verein zur Förderung innovativer Schulentwicklung" finanziert. Das Regionale Bildungsbüro nimmt die Impulse der oben genannten Bildungskommission auf und setzt diese um.

Im Regionalen Bildungsbüro gibt es seit 2009 die Koordinierungsstelle Schulsozialarbeit, mittlerweile mit zwei pädagogischen Fachkräften und einer Verwaltungsstelle. Schulsozialarbeit gilt hier als Querschnittsaufgabe analog der Bildungsbiographielinie der Menschen in Dortmund. Zur Verortung der Koordinierungsstelle Schulsozialarbeit im Regionalen Bildungsbüro s. Abb. 3.1.

Seit 2005 gibt es darüber hinaus, angeregt durch den im Regionalen Bildungsbüro verorteten „Lenkungskreis Schulsozialarbeit", ein Rahmenkonzept für die Schulsozialarbeit an Dortmunder Schulen und eine Evaluation aus dem Jahre 2008, die die Schulsozialarbeit in Dortmund positiv bewertet. Mit diesen beiden Instrumenten konnte die Weiterentwicklung der Schulsozialarbeit auf ein gutes Fundament gesetzt werden und die Wertschätzung der Schulsozialarbeit einen breiten Konsens auf allen Ebenen in Dortmund erlangen.

An vielen anderen Standorten sind bis heute trägerübergreifende Koordinierungsstellen für Schulsozialarbeit nicht selbstverständlich. Umfangreiche Datensammlungen zur trägerübergreifenden Schulsozialarbeit sind oftmals eine große Herausforderung für Mitarbeiter/innen in Koordinierungsstellen, kommunale Lenkungskreise für Schulsozialarbeit in vielen Städten und Gemeinden noch nicht als Steuerungsinstrumente installiert. Ohne koordinierende und vernetzende Stellen besteht allerdings die Gefahr, dass viel Energie in unterschiedlichen Spannungsfeldern verloren geht, Doppelstrukturen entstehen und somit die bereits begrenzten Ressourcen im Bildungssystem für gelingende, ganzheitliche Bildungslandschaften an uneffektiven Stellen verschlissen werden. Dies wurde beim 1. und 2. Fachtag des Landesjugendamtes Westfalen (LWL) für Koordinierungskräfte in Nordrhein-Westfalen im Jahre 2012 im kollegialen Austausch deutlich.

Hier wurde, wie schon im vorangegangenen Beitrag von Bernhard Eibeck, deutlich, dass es für eine gewinnbringende Qualitätsentwicklung absolut zwingend und notwendig ist, sowohl bundesweit als auch in den Ländern und Kom-

Die Bedeutung von Steuerungsinstrumenten für die Qualitätsentwicklung 35

Abbildung 3.1 Stadt Dortmund – Fachbereich Schule, Organigramm (Stand 05/2012)

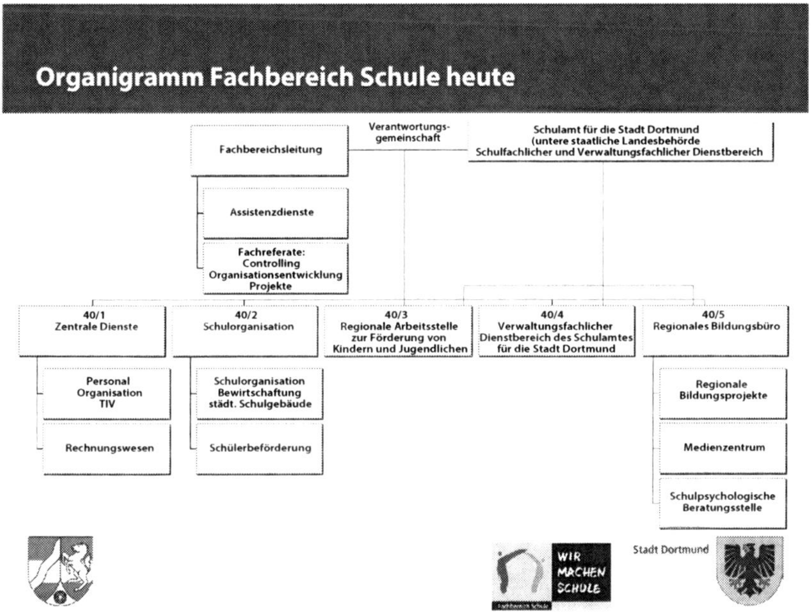

munen Instrumente zu entwickeln, die eine strukturierte Übersicht über das Arbeitsfeld Schulsozialarbeit ermöglichen. In der Stadt Dortmund wird derzeit in wissenschaftlicher Begleitung durch den Fachbereich für Angewandte Sozialwissenschaften der Fachhochschule Dortmund eine weitere umfassende Evaluation unter Beteiligung aller Schulsozialarbeiter/innen, Lehrkräfte sowie der Schüler/innen und Schulleitungen zur Ermittlung eben dieser gewünschten Daten durchgeführt. Sie soll die aktuelle Lage der Schulsozialarbeit aufzeigen, Anregungen zur Qualitätsentwicklung geben und Bedarfe und Spannungsfelder anzeigen, um diese lösungsorientiert zu bearbeiten. Das Know-How der Schulsozialarbeiter/innen, die Vorstellungen der Kinder, Jugendlichen, jungen Erwachsenen und der weiteren Kooperationspartner/innen fließen in die Datenerhebung ebenso ein und schaffen Möglichkeiten, die Schulsozialarbeit auf kommunaler Ebene zielgruppen- und zielorientiert weiter zu entwickeln.

3.1 Zum Auftrag der Qualitätsentwicklung in Dortmund

Seit vielen Jahren wird das Handlungsfeld Schulsozialarbeit in Dortmund kontinuierlich bedarfsgerecht ausgebaut und entwickelt sich zu einer bunten Landschaft, in der etliche Schulen aller Schulformen von Schulsozialarbeit profitieren können.

In der Verantwortungsgemeinschaft von Land, Stadt und freien Trägern unterstützt Schulsozialarbeit in Dortmund Kinder, Jugendliche und junge Erwachsene im System Schule bei der Verbesserung ihrer Lern- und Lebenssituationen und leistet somit einen aktiven Beitrag zur Chancengerechtigkeit. Schulsozialarbeit als ein Handlungsfeld von Jugendhilfe (§ 13 SGB VIII) ist vor diesem Hintergrund ein Angebot im System Schule, das die individuelle Förderung der Persönlichkeitsentwicklung sowie das soziale Miteinander als Aufgabe hat und zur Stärkung der erzieherischen Handlungskompetenz von Schule beiträgt. Schulsozialarbeit als „Bindeglied" zwischen Jugendhilfe und Schule unterstützt präventiv und intervenierend Kinder, Jugendliche und junge Erwachsene in einem ganzheitlichen Bildungsprozess – dies ist in Dortmund ein unumstrittenes Fazit einer kontinuierlichen Qualitätsentwicklung.

Heute, nach dem Ausbau der Schulsozialarbeit mit Mitteln aus dem Bildungs- und Teilhabepaket und somit weiteren 80 Stellen für Schulsozialarbeit, gibt es in Dortmund rund 150 Schulsozialarbeiter/innen an 93 städtischen Schulen aller Schulformen. Die Trägerlandschaft besteht weiterhin aus Land, Stadt und mittlerweile 12 freien Trägern der Wohlfahrtsverbände, die Kooperationsverträge mit der Stadt Dortmund und den Schulen geschlossen haben sowie einigen privaten Trägern von Schulsozialarbeit (s. Tab. 3.1).

3.2 Koordinieren und entwickeln

Die in Tab. 3.1 dargestellten Vernetzungsstrukturen der Akteur/innen und Institutionen der Schulsozialarbeit in Dortmund haben eine besondere Bedeutung auf sozialräumlicher Ebene. Sie sind eine wichtige Grundlage für eine gelingende Schulsozialarbeit und sollen daher ausführlicher erläutert werden.

Diese effektiven und effizienten Vernetzungen sind ebenso gundlegend für eine trägerübergreifende Qualitätsentwicklung wie ein fundierter Überblick zur Strukturqualität wie zum Beispiel Ausstattung der Arbeitsplätze (Raumsituation, Technikausstattung etc.) oder aktuelle Daten über die Fachkräfte für Schulsozialarbeit (Ausbildungsgrad, Finanzierung etc.).

Zentrale Bausteine der Koordination und Weiterentwicklung der Schulsozialarbeit in Dortmund sind der *Lenkungskreis Schulsozialarbeit*, die *Koordinierungs-*

Die Bedeutung von Steuerungsinstrumenten für die Qualitätsentwicklung

Tabelle 3.1 Verteilung Schulsozialarbeit an Dortmunder Schulen – Regionales Bildungsbüro/Koordinierungsstelle Schulsozialarbeit (Stand 12/2012)

Schulform:	Gesamtzahl der städtischen Schulen:	Davon mit Schulsozialarbeit ausgestattet:	Stellenanteile für Schulsozialarbeit:	Schulsozialarbeiter/innen (Teilzeitkräfte/Vollzeitkräfte)
Grundschulen	92	26	26,5	28
Förderschulen	15	14	20	24
Hauptschulen	13	13	24,5	25
			0,5 Schülerclub	1
Realschulen	14	10	12,75	13
Sekundarschulen	1	1	1	1
Gesamtschulen	9	9	19	19
Gymnasien	14	9	13	13
			0,5 Schülerclub	1
Berufskollegs	8	8	18	20
Weiterbildungskollegs	3	3	3	3
Gesamtzahlen	169	93	138,75	148 (plus Honorarkräfte)
Weitere Bildungseinrichtungen, die Schulsozialarbeit eingerichtet haben:				
Agricola Berufskolleg			1	1
CJD Dortmund-Berufskolleg			1	1
Evangelisches Bildungswerk (nachträgliche Schulabschlüsse)			0,5	1
Gesamtzahlen			2,5	3

stelle Schulsozialarbeit im Regionalen Bildungsbüro mit den institutionalisierten schulformbezogenen *Qualitätszirkeln* und die *Zusammenarbeit mit der Fachhochschule Dortmund* im Rahmen wissenschaftlicher Begleitungen und Ausbildung des schulsozialarbeiterischen Nachwuchses.

3.2.1 Lenkungskreis Schulsozialarbeit

Der Lenkungskreis Schulsozialarbeit hat die Aufgabe, die Qualitätsentwicklung von Schulsozialarbeit an Dortmunder Schulen mit den beteiligten Institutionen abzustimmen und mit ihnen gemeinsam Qualitätsstandards zu entwickeln. Ihm gehören Vertreter und Vertreterinnen der Freien Träger der Wohlfahrtsverbände, der Schulen, der Schulaufsicht, des Jugendamtes und des Fachbereichs Schule an. Gemeinsames Ziel ist eine gelingende Schulsozialarbeit, die die Persönlichkeitsentwicklung von Kindern und Jugendlichen in einem ganzheitlichen Bildungsverständnis unterstützt und Schulsozialarbeit als Teil einer präventiven Arbeitsmarkt-, Bildungs- und Sozialpolitik versteht, in der kein Kind zurückbleibt.

Die Geschäftsführung liegt seit 2009 bei der Koordinierungsstelle Schulsozialarbeit des Regionalen Bildungsbüros. Der Lenkungskreis Schulsozialarbeit hat beispielsweise im Jahr 2012 Frau Prof. Kastirke und Frau Prof. Streblow von der Fachhochschule Dortmund beauftragt, das „Rahmenkonzept für Schulsozialarbeit an Dortmunder Schulen" im dialogischen Verfahren mit einer breiten Basis von Akteuren und Akteurinnen sowie den fachlich Verantwortlichen für Schulsozialarbeit zu überarbeiten und neu zu entwickeln.

3.2.2 Koordinierungsstelle Schulsozialarbeit im Regionalen Bildungsbüro

Das Regionale Bildungsbüro wird gemeinsam getragen von der Stadt Dortmund, dem Land NRW und dem gemeinnützigen „Verein zur Förderung innovativer Schulentwicklung" (schulinndo e. V.). Im Regionalen Bildungsbüro werden seit zehn Jahren vielfältige Aktivitäten und Projekte für Schulen und ihre Partner koordiniert, Qualifizierungsmaßnahmen organisiert, innovative Schulkonzepte entwickelt und gemeinsam mit Schulen umgesetzt. Die Schaffung der trägerübergreifenden Koordinierungsstelle Schulsozialarbeit im Regionalen Bildungsbüro ist eine konsequente Weiterentwicklung der kommunalen Schulentwicklung in Dortmund. In bewährter Zusammenarbeit von Land, Stadt und freien Trägern der Wohlfahrtsverbände wurde und wird daran gearbeitet, Schulsozialarbeit weiter zu entwickeln und trägerübergreifende Qualitätsstandards zu schaffen.

Das Ministerium für Schule zählte 2012 in seiner Fachzeitschrift „Blickpunkt Schule NRW" die im Regionalen Bildungsbüro 2009 implementierte trägerübergreifende Koordinierungsstelle Schulsozialarbeit als „Beispiel guter Praxis auf dem Weg zu einem kommunalen Gesamtkonzept im Kontext Bildungslandschaft" (Hein 2012, S. 408) auf.

Die Koordinierungsstelle Schulsozialarbeit

- führt nach Schulformen gegliederte trägerübergreifende Qualitätszirkel durch,
- entwickelt Arbeitshilfen sowie Qualitätskriterien für die Praxis,
- koordiniert die Zusammenarbeit mit außerschulischen Partner/innen,
- ist für die Vernetzung vor Ort ebenso wie für die Umsetzung von Bildung und Teilhabe zuständig,
- bietet Fachberatung und Fortbildungsangebote für Schulsozialarbeiter/innen sowie für multiprofessionelle Teams (Lehrkräfte, Ganztagsmitarbeiter/innen) an,
- gestaltet Öffentlichkeitsarbeit,
- erarbeitet ein einheitliches Evaluations- und Berichtswesen (und)
- sorgt gemeinsam mit der Fachhochschule Dortmund und der Technischen Universität Dortmund für eine umfassende Qualitätsentwicklung, auch um Studierende praxisnah auszubilden.

Durch die trägerübergreifende Koordinierungsstelle werden Synergieeffekte optimal genutzt und Ressourcen gebündelt. Daten im Kontext Schulsozialarbeit, wie zum Beispiel die Anzahl der Schulsozialarbeiter/innen, Anstellungsträger, Anstellungszeiträume, Stellenanteile, Geschlechterverhältnis, Ausstattung der Schulsozialarbeit, Konzepte einzelner Schulen, fachliche Qualifikationen/Schwerpunkte von Schulsozialarbeiter/innen, Arbeitsschwerpunkte und Qualifizierungsangebote für Fachkräfte der Schulsozialarbeit werden hier systematisch erfasst und geben Impulse für die Arbeit.

Die Koordinierungsstelle Schulsozialarbeit entwickelt gemeinsam mit den Fachkräften in der Schulsozialarbeit Arbeitshilfen sowie Qualitätskriterien für die Praxis. Hierzu gehört beispielsweise die Arbeitshilfe „Beratungsnetzwerk an unserer Schule" (s. Abb. 3.2), die von Schulen als Vorlage genutzt werden kann.

Diese regt an, eine Übersicht der internen schulischen Beratungsangebote zu schaffen und ihnen einen festen Rahmen im schulischen Beratungskonzept zu sichern. Sie dient dazu, Überschneidungen zu ermitteln, Rollen zu klären, Ressourcen optimal zu nutzen und eine strukturierte Zusammenarbeit von Fachkräften für Schulsozialarbeit mit Beratungslehrkräften, Verbindungslehrkräften, Schüler/innenvertretungen, Studien- und Berufswahlkoordinator/innen und anderen be-

Abbildung 3.2 Vorlage für die Visualisierung eines Beratungsnetzwerkes

Beratungsnetzwerk an unserer Schule

Beratungs-lehrer/-in	Schulsozial-arbeiter/-in	Schulleitung	Ansprech-partnerin für Gleichstellungs-fragen	Verbindungs-lehrer/-in (im Kontext SV)

Name der Schule

Ansprech-partner/-in für Gewaltprä-vention und Krisenintervention	Ansprech-partner/-in für Schulische Suchtprävention	Ansprech-partner/-in für Kinderschutz		

Herausgeber: Stadt Dortmund, Fachbereich Schule, Regionales Bildungsbüro; Redaktion: Renate Tölle, Manfred Hagedorn (verantwortlich), Heike Niemeyer

Quelle: Tölle, R., Hagedorn, M., Niemeyer, H. (Hrsg.) 2011. Stadt Dortmund, Fachbereich Schule, Regionales Bildungsbüro

ratenden Fachkräften in Form eines fest installierten Gremiums (zum Beispiel ein im Schulprogramm verankertes Beratungsteam) zu schaffen. Verschiedene Professionen lernen sich durch diese Zusammenarbeit besser kennen, interne Beratungsangebote im Schulsystem werden abgestimmt und strukturiert. Nach einer Ist-Stand-Analyse kann ein gemeinsamer Handlungsrahmen erarbeitet werden. Zu Beginn ist mit einem erhöhten Arbeitsaufwand zu rechnen, der bei wachsender Routine in den festgelegten Abläufen zur Entlastung des Schulkollegiums führt, da Synergieeffekte genutzt werden.

Da Schulsozialarbeit die intensivste und engste Form der Kooperation von Jugendhilfe und Schule hinsichtlich des Einsatzortes, des zeitlichen Umfangs, der Zielgruppe und der Intensität der Zusammenarbeit sozialpädagogischer Fachkräfte und Lehrkräfte ist, arbeitet die Koordinierungsstelle Schulsozialarbeit aktiv in Netzwerken und Arbeitskreisen der Jugendhilfe mit. Ein Ergebnis dieser intensiven Kooperation ist der richtungsweisende „Blaue Kinderschutzordner"; er bietet Handlungsleitlinien und Arbeitshilfen zum Thema Kinderschutz in der Schule. Eine Kooperationsvereinbarung zwischen Jugendamt und Schulamt ist von allen städtischen Schulen in Dortmund unterschrieben worden und dient als Arbeitsgrundlage für die Handlungsleitlinien im „Blauen Kinderschutzordner". Der Ordner steht in jeder Schule und in jedem Büro der Schulsozialarbeit in Dortmunder Schulen, er wird stetig im Arbeitskreis „Kinderschutz in der Schule" weiterentwickelt und an immer mehr Netzwerkpartner/innen für eine gelingende Zusammenarbeit weitergegeben, zum Beispiel an die Offene Ganztagsbetreuung und Beratungsstellen.

Die Koordinierungsstelle Schulsozialarbeit arbeitet mit an der strukturellen Weiterentwicklung der Umsetzung des Bildungs- und Teilhabepaketes und unterstützt koordinierend in diesem Arbeitsfeld alle Dortmunder Schulen. Qualifizierungsmaßnahmen zum Antragsverfahren für die Schulsekretärinnen und die Schulsozialarbeit wurden zeitnah 2011 durchgeführt. Das Bildungs- und Teilhabepaket wird in Dortmund als „Handwerkszeug" der Schulsozialarbeit verstanden und kann den Ausbau der Beziehungsgestaltung zu Familien unterstützen und festigen.

Ebenso bietet die Koordinierungsstelle trägerübergreifende Fachberatungen für alle Dortmunder Schulen an. Darüber hinaus führt sie trägerübergreifende Qualifizierungsmaßnahmen für Schulsozialarbeiter/innen, Lehrkräfte und andere pädagogische Fachkräfte durch, um die multiprofessionelle Zusammenarbeit an den Schulen zu unterstützen. In den Qualitätszirkeln wird der Bedarf für Qualifizierungsangebote ermittelt und auch mit Kooperationspartnerinnen und -partnern umgesetzt. Hierzu gehören die Fachhochschule Dortmund, das Jugendamt, das Gesundheitsamt, freie Träger der Wohlfahrtsverbände, die Polizei NRW und andere.

Aktuell wird der über eine Abfrage festgestellte Bedarf nach strukturierter „Kollegialer Fallberatung" weiterentwickelt. So ist geplant, im Jahr 2013 mit einem erweiterten Konzept die „Kollegiale Fallberatung" qualitativ auszubauen. Hierzu werden zurzeit mehrere Schulsozialarbeiter/innen von der Bezirksregierung Arnsberg trägerübergreifend weiterqualifiziert. Kollegiale Fallberatung dient der Wissenserweiterung und der Selbstreflexion und ist für die Psychohygiene und somit im Rahmen der Burnout-Prophylaxe von großer Bedeutung; sie ersetzt allerdings keine Supervision.

Das aktuell erhobene Datenmaterial dient auch als fachliche Grundlage für die Öffentlichkeitsarbeit. Ziel ist es, das Berufsbild Schulsozialarbeit in der breiten Öffentlichkeit bekannter zu machen und in der Folge die immens wichtige Funktion innerhalb und außerhalb von Schule zu transportieren. Flyer mit Fotos der Schulsozialarbeiter/innen für die schulspezifische Öffentlichkeitsarbeit, Fachartikel, Vorträge auf Fachtagungen und Veröffentlichungen in Fachzeitschriften ergänzen das Spektrum. In einer Fortbildung zum Thema „Medienkompetenz" in Kooperation mit der Landesmedienanstalt entstand ein kleiner Film zum Thema „Schulsozialarbeit in Dortmund", der zu verschiedenen Anlässen bereits genutzt wurde.

3.2.3 Qualitätszirkel

In den regelmäßig stattfindenden schulformbezogenen Qualitätszirkeln treffen sich Schulsozialarbeiter/innen unter der Moderation der Koordinierungsstelle Schulsozialarbeit, um aktuelle Informationen rund um die Schulsozialarbeit auszutauschen. Daten werden abgefragt, Arbeitsschwerpunkte zusammengetragen und Bedarfe formuliert. Kooperationspartner stellen ihre Angebote für Schulen vor, wie zum Beispiel die Hilfen für Kinder alkoholkranker Eltern, der Arbeitskreis Sexualpädagogik, die Kooperationspartner Polizei NRW, der Dortmunder Jugendring, die DGB-Jugend mit Präventionsangeboten gegen Rechts, die Hilfen für Kinder psychisch kranker Eltern oder der Stadtsportbund/Sportjugend. Der Bedarf nach Vernetzung ist von beiden Seiten so groß, dass nicht alle Anfragen von Institutionen bedient werden können. Die aktuellen Bedarfe werden in den Qualitätszirkeln Schulsozialarbeit ermittelt und von der Koordinierungsstelle Schulsozialarbeit in der Planung berücksichtigt.

Erhöhte Fallzahlen von Kindern, Jugendlichen, jungen Erwachsenen und ihren Familienangehörigen wurden bereits von verschiedenen Kooperationspartner/innen bestätigt. Das heißt, Schulsozialarbeit baut verstärkt Brücken zu Hilfeangeboten und unterstützt somit den Auf- und Ausbau von Präventionsketten intern und extern im Schulsystem.

Außerdem bietet die Koordinierungsstelle Schulsozialarbeit den zwölf freien Trägern der Wohlfahrtsverbände, die Schulsozialarbeit in Dortmund umsetzen, drei- bis viermal im Schuljahr einen sogenannten „Runden Tisch" an, um die trägerübergreifende Qualitätsentwicklung weiter abzustimmen und Synergieeffekte zu nutzen. Die jeweiligen Kooperationsvereinbarungen mit den Trägern und der Stadt Dortmund beschreiben den Rahmen für diese Zusammenarbeit, das Miteinander ist geprägt von Transparenz und Wertschätzung.

3.2.4 Zusammenarbeit mit der Fachhochschule

Seit August 2009 gibt es mit der Fachhochschule Dortmund, Fachbereich Angewandte Sozialwissenschaften, eine Kooperationsvereinbarung zur praktischen und theoretischen Qualitätsentwicklung. Drei Fachtage zur Schulsozialarbeit wurden bereits gemeinsam durchgeführt. Das Einzugsgebiet der Teilnehmenden umfasst mittlerweile ganz NRW und die Referent/innen der Fachtage kommen aus wissenschaftlichen und praxisrelevanten Bereichen des Handlungsfeldes.

Die Rückmeldungen und große Nachfrage der Teilnehmenden bestätigten die Praxisrelevanz solcher Fachtage. Für Studierende der Fachhochschule Dortmund gibt es eine aktuelle Gesamtübersicht zur „Schulsozialarbeit an Dortmunder Schulen" zur Vermittlung geeigneter Praxisstellen. Bei besonderen Wünschen der Studierenden, wie zum Beispiel nach Praxisstellen mit Erfahrungen in der Jungenpädagogik oder anderen Schwerpunkten, steht die Koordinierungsstelle beratend zur Verfügung. Auch zur Unterstützung bei empirischen Abschlussarbeiten werden Kontakte gerne weitervermittelt. Die wissenschaftliche Begleitung der Erstellung eines neuen Rahmenkonzeptes sowie eine umfangreiche Evaluation der Schulsozialarbeit im Rahmen des Bildungs- und Teilhabepaket bilden weitere Bausteine dieser etablierten Kooperationsbeziehung.

3.3 Fazit

Die Stadt Dortmund und viele weitere Kommunen in Nordrhein-Westfalen blicken mit Sorge auf den 31.12.2013 und die damit verbundene Befristung der Finanzierung für die Stellen Schulsozialarbeit im Kontext des Bildungs- und Teilhabepaket. Die Arbeit der Schulsozialarbeiter/innen, die in Dortmund bereits heute von Schulleitungen, Lehrkräften, Eltern, Kindern, Jugendlichen und Kooperationspartner/innen in Gesprächen mit der Koordinierungsstelle als überaus gelungen beschrieben wird, kann nur weiter bestehen, wenn die Kommunen finanzielle Möglichkeiten bekommen, um die Stellen für Schulsozialarbeit zu sichern. Eine Schulleitung sagte erst kürzlich in einem Gespräch in der Koordinierungsstelle

> „Ich habe vorher, ohne Schulsozialarbeit, gar nicht gewusst, was uns gefehlt hat und jetzt kann ich mir nicht mehr vorstellen, wie wir ohne die Schulsozialarbeit wieder auskommen sollen."

Viele Methoden der Sozialen Arbeit, die dazu beitragen, dass sich das Schulklima einer Schule kontinuierlich positiv verändert, würden wieder wegfallen. Viele neue Zugänge zum Lebensort Schule, die für Eltern/Sorgeberechtigte wichtig und hilfreich sind (zum Beispiel Elterncafés oder Begleitung und Unterstützung bei schwierigen Themen des Familienlebens) können von Lehrkräften aufgrund von fehlenden Zeitressourcen und fehlendem Fachwissen nicht aufrechterhalten werden. Für die Kinder, Jugendlichen und jungen Erwachsenen in den verschiedenen

Schulformen, von der Grundschule bis zum Berufskolleg verschwinden wichtige Beziehungspartner/innen aus dem Lebensort Schule, die oftmals frühe Hilfen anbieten und zu gelingenden Präventionsketten beitragen. Schulsozialarbeit ist und bleibt Beziehungsarbeit. Sie gelingt dort, wo personelle Kontinuität an der Tagesordnung ist oder wie ein Vater kürzlich in der Koordinierungsstelle formulierte

> „… würdest du denn einem wildfremden Menschen erzählen, wie sehr du im Dreck steckst und wofür du dich schämst?".

Schulleitungen; Lehrkräfte, Elternvertretungen, die Bezirksschüler/innenvertretung und viele Kooperationspartner/innen formulieren bereits heute ihre Sorgen und Ängste über den drohenden Verlust der zusätzlichen Schulsozialarbeit im Kontext des Bildungs- und Teilhabepaketes.

Der Bedarf nach Schulsozialarbeit an jeder Schule und für jede Schulform wird immer deutlicher formuliert. Die finanziell prekäre Situation vieler Kommunen in Nordrhein-Westfalen und die großen Herausforderungen in den sozialen Fragen unserer Gesellschaft, die für viele Kinder von elementarer Bedeutung ist, machen die Schieflage besonders deutlich.

Für die Gestaltung der zukünftigen Bildungslandschaft in Deutschland muss es selbstverständlich sein, die Methodik und Didaktik der Sozialen Arbeit für die Schulentwicklung im Kontext „Lebensort Schule" sicherzustellen, um möglichst alle Kinder multiprofessionell, ganzheitlich und individuell auf ihrem Bildungsweg zu begleiten und bei Bedarf frühzeitig Hilfsangebote aufzuzeigen. Die Strukturen und die genannten Beispiele für Vernetzungen sind Rahmenbedingungen für eine gute Qualitätsentwicklung und zeigen, wie diese gelingen kann.

Literatur

Hein, A. (2012). Kein Kind zurücklassen. Schulsozialarbeit unterstützt präventive Bildungs- und Sozialpolitik. In: *Schule- NRW, Amtsblatt des Ministeriums für Schule und Weiterbildung 7/2012*, S 408.

Stadt Dortmund, Schulverwaltungsamt (Hrsg.) (2002). *Leitbild der Stadt Dortmund*. Dortmund: ohne Verlag. http://www.dortmund.de/media/downloads/pdf/schulverwaltungsamt/Leitbild_Schulstadt_Dortmund.pdf Zugegriffen: 22. Dezember 2012.

Stadt Dortmund, Fachbereich Schule/Regionales Bildungsbüro (Hrsg.) (2009). *10 Jahre systematische kommunale Schulentwicklung in Dortmund*. Dortmund: ohne Verlag. http://www.dortmund.de/media/downloads/pdf/schulverwaltungsamt/Auditorenbericht.pdf. Zugegriffen: 22. Dezember 2012.

Stadt Dortmund, Regionales Bildungsbüro (Hrsg.) (2012). *Das regionale Bildungsbüro.* Dortmund: homepage http://www.dortmund.de/de/leben_in_dortmund/bildungwissenschaft/regionales_bildungsbuero/start_rbb/index.html. Zugegriffen: 22. Dezember 2012.

Tölle, R., Hagedorn & M., Niemeyer, H. (Hrsg.) (2011). *Vorlage Beratungsnetzwerk Schulsozialarbeit.* Stadt Dortmund, Fachbereich Schule, Regionales Bildungsbüro.: ohne Verlag.

Statistik der Schulsozialarbeit – Forschungsstand und Forschungsprojekt 4

Angelika Iser

Schulsozialarbeit hat derzeit Konjunktur. Ebenso wie Kindertagesstätten ist Schulsozialarbeit und sind weitere Bereiche der schulbezogenen Jugendhilfe seit den heiß diskutierten PISA-Ergebnissen und weiterer internationaler Schulleistungsvergleiche in den Fokus der gesellschaftlichen und sozialpädagogischen Bildungsdiskussion gerückt. Während der Ausbau der Kindertagesstätten allerdings auf der Basis bundesweiter neuer Gesetzgebungen umgesetzt und seit Mitte der 2000er Jahre intensiv statistisch erfasst wird (vgl. z. B. Schilling und Kolvenbach 2011, S. 198) bleibt der Ausbau von Schulsozialarbeit in Deutschland föderalen und kommunalen Besonderheiten anheimgestellt. Schilling und Kolvenbach gehen trotz vorliegender erster Daten in der Kinder- und Jugendhilfestatistik (vgl. Statistisches Bundesamt Deutschland 2012) sogar soweit, zu monieren, dass „Maßnahmen gemäß § 13 SGB VIII, also alle Formen der Jugendsozialarbeit (Schulsozialarbeit, berufsbezogene Jugendsozialarbeit, unterbringungsbezogene Jugendsozialarbeit)" bislang statistisch „überhaupt nicht erfasst werden" (Schilling und Kolvenbach 2011, S. 196).

Schulsozialarbeit ist ein zugleich expandierendes wie heterogenes Tätigkeitsfeld mit hoch differenzierten Strukturen, Trägerschaften, Arbeitsfeldern und Bezeichnungen. Es gehört zwar zu den am intensivsten erforschten Bereichen der Kinder- und Jugendhilfe im Hinblick auf Begleitforschungsprojekte (vgl. Speck und Olk 2010, S. 7), zugleich fehlt aber jeglicher gesicherte bundesweite Überblick über den Bestand, die Entwicklungszahlen, Anstellungsverhältnisse und die jeweiligen Qualitätsstandards. So verweisen Speck und Olk nach dem Durcharbeiten des aktuellen Forschungsstandes u. a. auf das Forschungsdefizit „zur Verbreitung von Schulsozialarbeit unter Erfassung aller Schultypen, Fördermittelgeber, Bundesländer und Kommunen/Kantone"[1] (2010, S. 322). Während es noch Stu-

---

1 Bei dieser Aussage beziehen sie sich auf Deutschland, die Schweiz und Österreich.

dien und Übersichten zu einigen Landesprogrammen gibt, gibt es zur „Schulsozialarbeit in schulischer und kommunaler Trägerschaft (…) kaum Informationen und Forschungsbefunde" (ebd. S. 322 f.).

Die im Band von Speck und Olk durch Beiträge vorgestellten Studien für acht deutsche Bundesländer bestätigen diesen Befund. So werden hier, mit Ausnahme von Sachsen, durchgängig nur Landesprogramme oder Modellprojekte erfasst. Soziale Arbeit an Schulen wird also nicht umfassend erhoben. Die vorgestellte einmalige Befragung von 78 Schulsozialarbeiterinnen an Grund-, Mittel- und Förderschulen in Sachsen zu den Problemlagen von Schülerinnen und Schülern im Schuljahr 2005/2006 adressierte laut Lang und Vogel (2010, S. 63 f.) zwar *alle* sächsischen Schulsozialarbeiterinnen und -arbeiter. Allerdings findet hierbei keine Bestandsaufnahme der Schulsozialarbeit selbst statt. Für die Landesprogramme in Mecklenburg-Vorpommern, Sachsen-Anhalt und im Saarland liegen recht umfassende und mehrjährige Erhebungen vor. Im Saarland wird unter dem Landesprogramm „Schoolworker" und dessen vorwiegend summativer Evaluation ein klar umrissenes, sehr spezifisches Konzept von Schulsozialarbeit verstanden (vgl. Schäffer 2010, S. 89 f.). Demgegenüber umfasst die „Schulbezogene Jugendhilfe" in Mecklenburg-Vorpommern, traditionell als „Schulsozialarbeit" bezeichnet, sowohl die schulbezogene Jugendarbeit als auch die schulbezogene Jugendsozialarbeit (Prüß 2010, S. 49). Auch beim Landesprogramm zur „Zusammenarbeit von Jugendhilfe und Schule – Schulsozialarbeit in Schulen Sachsen-Anhalts" liegt ein weit gefasstes Begriffsverständnis von „Schulsozialarbeit" zugrunde (Olk und Speck 2010, S. 103). Dieses Programm teilt mit dem Landesförderprogramm in Baden-Württemberg das Schicksal, dass es trotz sehr erfolgreicher Evaluationen beendet wurde, was zu einem Abbau von Stellen und inzwischen neuen Programmen führte (zum aktuellen Stand in Baden-Württemberg s. auch Kap. 18 in diesem Band). Die weiteren Erhebungen von Landesprogrammen sind auf bestimmte Schulformen fokussiert. So konzentriert sich die Vollerhebung der landesgeförderten „Jugendsozialarbeit an Schulen" in Baden-Württemberg auf Hauptschulen und das BVJ (vgl. Ahmed et al. 2010, S. 23). Die Studie zum Landesprogramm Jugendsozialarbeit an Schulen der Bayerischen Staatregierung erfasst nur einen Teil der Standorte und nahezu nur Hauptschulen (vgl. Bassarak 2010, S. 141), die für Thüringen bezieht sich auf berufsbildende Schulen (vgl. Bauer 2010). Für Berlin wird eine Schülerbefragung an Grundschulen mit Schulstationen (vgl. Pudelko 2010), für Brandenburg eine Untersuchung der Rolle von Schulsozialarbeit für die Ganztagsschule an den im Jahr 2005/06 bestehenden 63 Ganztagsschulen der Sekundarstufe I mit Schulsozialarbeitsprojekt (vgl. Riedt 2010, S. 79) vorgestellt. Deutlich wird durch den Blick auf die Erhebungen, dass weder umfassende Daten vorliegen noch eine Vergleichbarkeit gegeben ist.

Die Probleme einer umfassenden und standortübergreifenden Erfassung sind vielfältig. Da Schulsozialarbeit nur eine Kann-Leistung im Kinder- und Jugendhilfegesetz darstellt, zugleich aber derzeit offensichtlich der Kern eines aktuellen gesellschaftlichen und schulischen Bedarfes ist, wächst dieses Tätigkeitsfeld unsystematisch und heterogen. Die Bildungshoheit der Länder und die damit verbundenen unterschiedlichen Schultypen, die momentan zudem verändert und entwickelt werden, verschärft diese Heterogenität weiter. Für Schulsozialarbeit besteht damit u. a. „das Problem möglicher unterschiedlicher Zuständigkeiten", weshalb Schilling und Kolvenbach zu dem Schluss kommen, dass „eine statistische Erhebung von Schulsozialarbeit nach dem SGB VIII parallel zu vergleichbaren Leistungen auf anderer gesetzlicher Grundlage an den Schulen durchgeführt werden" müsste (Schilling und Kolvenbach 2011, S. 196). Mit unterschiedlichen Zuständigkeiten ist gemeint, dass Schulsozialarbeit sowohl durch einen öffentlichen Jugendhilfeträger eingerichtet werden kann (und dies auf Landes- oder kommunaler Ebene) als auch durch einen freien Jugendhilfeträger, einen schulischen Träger[2], durch Vereine oder den Elternbeirat. Damit stellt sich bereits die Frage, wer sinnvoller Weise für eine Statistik der Schulsozialarbeit befragt werden kann und wie die Zuständigen überhaupt gefunden werden könnten.

Dieses Problem des Zugangs zu den Daten wird auch von Speck und Olk hervorgehoben: „Ausschlaggebend für das Forschungsdefizit in Form von Statistiken oder Forschungsbefunden sind die verschiedenen Fördermittelgeber und Verantwortlichkeiten, die geteilten Zuständigkeiten zwischen Jugendhilfe und Schule" (2010, S. 323). Mit diesen Schwierigkeiten geht auch einher, dass es unterschiedliche gesetzliche Grundlagen und Finanzierungswege für Schulsozialarbeit gibt. Als weitere Probleme führen Speck und Olk „die zeitliche Befristung von Projekten und Programmen zur Schulsozialarbeit sowie die unterschiedlichen Erfassungslogiken und methodischen Zugänge von Verwaltungen und Forschungsprojekten" an (ebd. S. 323). Ein erhobener Bestand ist somit schnell veraltet. Und bestehende Daten, z. B. aus den Verwaltungen lassen sich in der Regel nicht zusammenführen. Ein zentrales Problem liegt auch in den unterschiedlichen Bezeichnungen für Schulsozialarbeit (z. B. Jugendsozialarbeit an Schulen, Soziale Arbeit bzw. Sozialpädagogik an Schulen, schulbezogene Jugendhilfe, Schuljugendarbeit oder auch „Kooperation von Jugendhilfe und Schule" (vgl. z. B. Hartnuß und Maykus 2006, S. 32; Ahmed und Handloser 2004, S. 20 f.; s. auch Eibeck in diesem Band)), wodurch die Schwierigkeit entsteht, zu entscheiden, nach wel-

---

2 Als „schulische Träger" werden hier Landesministerien für Bildung bzw. Kultus und Unterricht, der Sachaufwandsträger (Kommune, Gemeinde oder Landkreis) oder Fördervereine im Umfeld der Schule verstanden, deren Trägerschaft zur Folge hat, dass die Dienst- und/oder Fachaufsicht für Schulsozialarbeit bei der Schulleitung liegt.

chem Begriff genau gefragt werden sollte. Dazu kommt schließlich das Problem, dass sich sehr divergente Tätigkeitszuschnitte der Schulsozialarbeit finden (z. B. eher präventive Ansätze, orientiert an § 11 SGB VIII, eher defizitorientierte Konzepte, orientiert an § 13 SGB VIII oder beide umfassende Herangehensweisen), so dass auch eine einfache Erhebung über die Kategorisierung der Tätigkeiten nicht möglich ist. Dieses Problem wird verschärft dadurch, dass in der Praxis teils auch die Sozialpädagoginnen und -pädagogen im derzeit stark expandierenden Ganztagsschulbereich als „Schulsozialarbeiter/innen" bezeichnet werden, obwohl sich ihr Handlungsfeld i. d. R. klar vom Tätigkeitszuschnitt der Schulsozialarbeit unterscheidet.[3]

Vor dem Hintergrund dieser Probleme erklärt sich, dass in der alle vier Jahre erhobenen Kinder- und Jugendhilfestatistik zu Einrichtungen und tägigen Personen die „Schulsozialarbeit" zwar erfragt wird (vgl. Statistisches Bundesamt Deutschland 2012, S. 51 ff.), dennoch aber nicht von einem gesicherten Stand der Datenübersicht zur Schulsozialarbeit ausgegangen werden kann (s. dazu auch Eibeck in diesem Band). Die in der Statistik für den 31. 12. 2010 angegebenen 3025 Schulsozialarbeiterinnen und Schulsozialarbeiter sind jene Personen, die bei einem Jugendhilfeträger angestellt sind, der einen Teil seines pädagogischen und Verwaltungspersonals der Kategorie „Schulsozialarbeit" zugeordnet hat. Die größte Gruppe darin sind 843 Personen des insgesamt 3577 umfassenden pädagogischen und Verwaltungspersonals in Einrichtungen der schulischen und berufsbezogenen Jugendsozialarbeit nach § 13, Abs. 1 und 2 SGB VIII. Nicht erfasst wurden jedoch die Personen, die aufgrund einer anderen Begriffsverwendung als der der „Schulsozialarbeit" bei dennoch vergleichbarer Tätigkeit an und in Kooperation mit Schulen der Kategorie „Ausbildungsbezogene Jugendsozialarbeit gemäß § 13 Abs. 1 und 2 SGB VIII", der „Jugendberatung gemäß § 11 Abs. 3 Nr. 6 SGB VIII" oder einer Form der Jugendarbeit zugeordnet wurden. Und ganz sicher fehlen alle Personen, die über einen anderen Träger als die Kinder- und Jugendhilfe in der Schulsozialarbeit tätig sind. So geht z. B. der Kooperationsverbund Jugendsozialarbeit mit Bezug auf Schätzungen der Dortmunder Arbeitsstelle Kinder- und Jugendhilfestatistik davon aus, „dass letztlich **ungefähr doppelt** so viele Personen an den Schulen als SchulsozialarbeiterInnen tätig" sind (Pingel 2010, S. 34,

---

3   Wobei natürlich auch die Tätigkeitszuschnitte im Ganztagsschulbereich je nach Bundesland teils sogar nach Kommune und Schule differieren. So bestehen z. B. hoch unterschiedliche Verständnisse darüber, ob und inwiefern Schulsozialarbeit für die Ganztagschulgestaltung mit zuständig sein soll, wie z. B. in Brandenburg (vgl. Riedt 2010, 77) oder dies explizit verweigern soll, wie dies aus Sicht der Bayerischen Staatsregierung der Fall ist (vgl. Kap. 14 in diesem Band).

Hervorhebungen im Original). Die GEW rechnet sogar mit der dreifachen Zahl (s. Kap. 2).[4]

Um zu genaueren Angaben über sozialpädagogische Fachkräfte an Schulen zu kommen, helfen derzeit auch die amtlichen Schulstatistiken nicht weiter. Hier wird sozialpädagogisches Personal nicht erfasst, ebenso wenig wie weitere, neben den Lehrerinnen und Lehrern tätige Professionen (vgl. Statistisches Bundesamt 2011). Auch der Blick in den aktuellen Bildungsbericht ist nicht weiterführend. In diesem wird zwar sozialpädagogisches Personal beschrieben, nicht jedoch für den Bereich der allgemeinbildenden und beruflichen Schulen, in dem nur Lehrkräfte angeführt werden: „Sonstiges nicht unterrichtendes pädagogisches Personal wird dabei nicht erfasst" (Autorengruppe Bildungsberichterstattung 2012, S. 85).

Weiterführender ist die Forschung zur Ganztagsschule. So wird in der StEG-Studie (Studie zur Entwicklung von Ganztagsschulen) auch das weitere pädagogisch tätige Personal im Bereich der Ganztagsschule neben den Lehrkräften befragt, ebenso wie die externen Kooperationspartner und damit die Träger des weiteren pädagogischen Personals. Es wird z. B. nach den Qualifikationen, dem Beschäftigungs- und Anstellungsverhältnis, Stundenumfang, dem Status im Ganztag, Fortbildungen und fachlichen Begleitungsangeboten gefragt, neben vielfältigen Einschätzungsfragen, die der Evaluation der Ganztagsschulentwicklung dienen.[5] So waren z. B. in der ersten Erhebungswelle im Jahr 2005 10,4 % der weiterhin im Ganztag pädagogisch tätigen Personen Sozialpädagoginnen und -pädagogen (FH) und 22,9 % Erzieherinnen und Erzieher (vgl. Höhmann et al. 2008, S. 83). Erhoben wird in der bundesweiten, repräsentativen Längsschnittstudie allerdings nur das im Ganztagsschulbereich tätige Personal. D. h. Schulsozialarbeiter und -pädagoginnen, die vielleicht an derselben Schule tätig aber nicht für die Ganztagsschule mit zuständig sind, werden nicht erfasst. Sozialpädagogisch tätige Fachkräfte außerhalb von Ganztagsschulen werden gar nicht erfasst, da nur Ganztagsschulen in der Studie befragt werden (vgl. Quellenberg et al. 2008, S. 57).

Damit stellt sich die zentrale Frage, über welchen Zugang eine Statistik der Schulsozialarbeit überhaupt möglich ist. Der Frage geht die knifflige Herausforderung voraus, wie bei der gegebenen Vielfalt Schulsozialarbeit definiert werden kann. Schließlich muss geklärt werden, ob explorative Modellerhebungen hilf-

---

4 Auch unsere Erhebung weist in diese Richtung. So werden in der amtlichen Statistik z. B. 351 in der Schulsozialarbeit tätigen Personen für Bayern genannt. Unseren Recherchen zufolge gibt es bereits in der Stadt München 180 Vollzeitäquivalente (mehrheitlich als Teilzeitstellen eingerichtet) und weitere 125 Personen, die in der Schulsozialarbeit im Landkreis München eingestellt sind (s. Kap. 14 in diesem Band).

5 Die Fragen der ersten Erhebungswelle der StEG-Studie können im Internet eingesehen werden unter: http://daqs.fachportal-paedagogik.de/search/show/survey/6 (zugegriffen am 3. September 2012).

reich sein könnten, um die Aussagekraft des bestehenden Datenmaterials zu diskutieren und einzuschätzen. Auf diese Fragen sind wir mit der in diesem Buch vorgestellten Modellerhebung an ausgewählten Standorten eingegangen.

4.1 Der Bedarf an Daten zur Steuerung von Schulsozialarbeit

Die bisherigen Ausführungen machen deutlich, dass bisher weder für die Schulsozialarbeit noch für weitere Soziale Arbeit an Schulen gesicherte statistische Daten vorliegen, und dass vielfältige Schwierigkeiten bestehen, dieses Handlungsfeld umfassend zu erheben. Damit verbunden machen die bisherigen Ausführungen auch deutlich, dass derzeit weder eine umfassende politische Steuerung noch eine politisch gewollte und fachlich gestaltete Qualitätssicherung im Feld von Sozialer Arbeit an Schulen möglich sind.

Bereits auf kommunaler Ebene kollidiert der Wunsch z. B. des jeweiligen Jugendamtes nach einer fachpolitischen Steuerung der Sozialen Arbeit an Schulen mit den unterschiedlichen Zuständigkeiten für die sozialpädagogischen Handlungsfelder an den Schulen. So kann auf der Ebene des Jugendamts zwar darüber entschieden werden, Schulsozialarbeit mit den kommunalen Mitteln auf der Basis der Paragraphen 11 und/oder 13 SGB VIII für bestimmte Schulen zu fördern. Dies kann und sollte mit Qualitätsstandards wie der Aushandlung von Kooperationsverträgen, einer Mindestausstattung, regelmäßigen Qualitätszirkeln usw. verknüpft werden (vgl. hierzu auch Iser 2012, S. 267 f.). An denselben Schulen wird aber möglicher Weise ohne Einschaltung des Jugendamtes von der Agentur für Arbeit jemand für die Berufseinstiegsbegleitung eingesetzt und vielleicht werden sogar zusätzlich sozialpädagogische Fachkräfte bei der Schulleitung angestellt, um die Arbeit in der Ganztagsschule zu unterstützen (vgl. z. B. in Kap. 14). Weder die sozialpädagogischen Handlungsfelder noch die hier eingestellten Personen sind dann aufeinander abgestimmt. Die fachlich geforderte „interne Integriertheit" (Zipperle und Bolay 2009, S. 188; vgl. Merchel 2005) der sozialpädagogischen Angebote, Personen und Institutionen ist damit nicht zu gewährleisten. Sie kann hier bestenfalls durch persönliches Engagement und etwas Glück von den vor Ort beteiligten Personen mühsam hergestellt werden. Ausgehend vom Qualitätsanspruch und Auftrag einer lebensweltorientierten Kinder- und Jugendhilfe, die Kinder und Jugendlichen in ihrer Eigenheit und jeweiligen Situation als Ausgangspunkt für jede einzelne Hilfemaßnahme zu nehmen, ihnen in ihrer Ganzheit zu begegnen und Hilfen aus einer Hand anzubieten, wird das Problem der fehlenden Integriertheit sozialpädagogischer Angebote und Personen augenfällig. Es ist ein Problem, das auf der Ebene einer zugleich strategisch langfristig angelegten wie auch partizipativ mit Betroffenen und beteiligten Institutionen gestalteten fachpolitischen Steuerung angegangen werden muss. Wie eine solche partizipative fachpolitische Steuerung konkretisiert werden kann, wurde an anderer Stelle bereits ausgeführt (vgl. Iser 2012, S. 265 ff.; Hollenstein, Iser und Nieslony 2012, S 284 ff.).

Eine Voraussetzung für fachliche Steuerung ist die Kenntnis des schon existierenden Bestands an Angeboten und Maßnahmen, Fachkräften und an Trägern im Feld und Umfeld der Sozialen Arbeit an Schulen. Jugendhilfeplanung und -steuerung setzt die Bestandsaufnahme und Bedarfsanalyse als zentralen Teil voraus. Die Frage nach regionalen und bundesweiten Zugängen und Möglichkeiten der Erhebung von Sozialer Arbeit an Schulen stellt damit eine zentrale Frage für die fachpolitische Steuerung und Qualitätsentwicklung des Feldes dar.

4.2 Projektanliegen, Fragestellung und Erhebungsrahmen

Trotz des derzeit fehlenden Überblicks über Soziale Arbeit an Schulen entwickelt sich das Feld weiter und expandiert zunehmend. Die Sorge, dass Schulsozialarbeit bei aller Popularität zu einem prekären und fachlich minderwertigen Berufsfeld geriert, war der Anlass für den GEW-Hauptvorstand, nach statistischen Daten und einer statistischen Beobachtung des Feldes zu fragen. „Prekär" meint an dieser Stelle die Gefahr mangelhafter Rahmenbedingungen gesetzlicher, finanzieller, räumlicher und personeller Art ebenso wie die einer schulischen Indienstnahme sozialpädagogischer Personen und Ressourcen oder die befristeter, unterbezahlter Anstellungsverhältnisse. Um eine statistische Beobachtung des Feldes zu ermöglichen, wurde eine explorative Studie initiiert und finanziell unterstützt. Sie fand im Rahmen eines Verbundforschungsprojekts der Hochschulen München, Dortmund und Frankfurt statt.

Das zentrale Anliegen des im Folgenden und im Teil II vorgestellten Lehr-Lern-Forschungs-Verbundprojektes war es, mögliche Zugänge und Wege für eine zukünftige, belastbare Statistik der Schulsozialarbeit in Deutschland zu erkunden und Empfehlungen dazu auszuarbeiten. Die Forschung an den drei Hochschulen wurde jeweils im Rahmen einer Forschungswerkstatt verankert. Für die Erkundung haben wir an drei Modellstandorten mit jeweils einer Großstadt und ein bis zwei Landkreisen je Bundesland Vollerhebungen mittels Fragebögen durchgeführt. In je einem eigens entwickelten Fragebogen wurden mit dem sog. „Schulfragebogen" die Schulleitungen aller allgemeinbildenden und beruflichen Schulen, mit dem „Personenfragebogen" soweit erreichbar alle sozialpädagogischen Fachkräfte und mit dem „Trägerfragebogen" die öffentlichen und freien Jugendhilfe-

Träger der sozialpädagogischen Fachkräfte an Schulen darum gebeten, Angaben zu allen Formen von bezahlten sozialpädagogischen Tätigkeiten an allgemeinbildenden Schulen zu machen.

Aufgrund der vielfältigen Begriffsverwendungen rund um Schulsozialarbeit haben wir uns entschieden, bei der Erhebung nicht nur „Schulsozialarbeit" zu erfragen, sondern alle *bezahlten* sozialpädagogischen Fachkräfte an Schulen, unabhängig von der Art der Finanzierung, dem Anstellungsträger und den rechtlichen Verankerungen. Einbezogen haben wir hier auch die Sozialpädagogik in der Sekundarstufe I und an beruflichen Schulen im sog. „Übergangssystem" gemäß dem SGB III. Klar ausgegrenzt wurden lediglich Angebote für Schulkinder gem. § 22 SGB VIII – Tageseinrichtungen für Kinder, die sog. „Schulhorte", da diese bereits über die Kinder- und Jugendhilfestatistik gut erfasst sind und sich eindeutig unterscheiden lassen. Um das Phänomen Schulsozialarbeit zu erfassen, wurde im Kreis der beteiligten Forscherinnen und Forscher nach weiteren Diskussionen festgelegt, dass keine genaue Definition von Schulsozialarbeit im Vorfeld für die Fragebögen angelegt wird, sondern erst im Nachhinein anhand der Antworten zu den Fragen nach der Funktionsbezeichnung und den Tätigkeiten eine Einordnung der Fachkräfte in verschiedene Kategorien erfolgen soll. In der hier zu entwickelnden Systematik wurde ein Kern des Forschungsziels gesehen.

Für die explorative Studie haben wir die folgenden Orte ausgewählt:

Bayern: Stadt München, Landkreis München
Hessen: Stadt Darmstadt, Landkreis Darmstadt-Dieburg, Landkreis Waldeck-Frankenberg
Nordrhein-Westfalen: Stadt Dortmund, Landkreis Unna

In den drei Fragebögen an die Schulleitungen, die sozialpädagogischen Fachkräfte und die Träger der Fachkräfte dieser Standorte wurden neben weiteren v. a. Daten erhoben zu:

- Schulformen, Trägerschaft, rechtlichen Grundlagen
- Anzahl der Stellen, Stellenumfang und arbeitsvertragliche Situation
- Art und Inhalt des Angebots
- Finanzierung
- Qualifikation der Fachkräfte, Supervision und Weiterbildung
- Soziodemographische Daten

Der Erhebungszeitraum war von Juni bis Oktober 2011. Er war infolge der unterschiedlichen Schulferien in den verschiedenen Bundesländern zeitlich zueinander verschoben und fand nicht, wie dies sonst für (amtliche) statistische Erhebungen üblich ist, zu einem bestimmten Stichtag statt. Dem Charakter der explorativen Studie entsprechend wurden außerdem unterschiedliche Zugänge zu den Befragungspartnerinnen und -partnern gewählt, je nach den vor Ort bestehenden Hypothesen über den besten Zugang und nach den bestehenden Kontakten und Ressourcen.[6]

Insgesamt hat die vorliegende Studie somit drei Ziele auf unterschiedlichen Ebenen: Im Zentrum steht das Anliegen, den Weg zu sondieren und zu bahnen, um Schulsozialarbeit sowie alle weiteren bezahlten sozialpädagogischen Tätigkeiten an Schulen (z. B. für die Ganztagsschulgestaltung und den Übergang Schule-Beruf) empirisch genau und auf Dauer zuverlässig erheben zu können. Hierfür sollen belastbare Zugangswege, -formen und Erhebungsfragen herausgearbeitet werden. Der „ideale" Erhebungsweg oder genauer die Empfehlungen für seine Ausgestaltung sollen am Ende des Forschungsprojektes skizzierbar sein. Sie werden im Kapitel 13 für zukünftige regional begrenzte Befragungen gegeben und diskutiert sowie im Kapitel 19 für die amtliche Statistik ausgearbeitet und vorgestellt.

Statistiken und Bestandserhebungen existieren nicht um ihrer selbst willen. Daher ist aufbauende auf der ersten auf einer zweiten Ebene das Ziel, fachliche politische Steuerung und Qualitätsentwicklung zu ermöglichen. Erst eine valide Bestandsaufnahme kann bestehende Lücken und Probleme aufdecken helfen und zum Ausgangspunkt für gezielte Entwicklungen und Verbesserungen werden. Sie bietet Argumente für das Einfordern notwendiger Ressourcen auf der politischen Ebene und ermöglicht, an den richtigen Stellen anzusetzen, um den fachlichen Austausch anzuregen und um gute Praxis zu unterstützen.

Auf der dritten und konkretesten Ebene ist das Ziel der Studie und des vorgelegten Buchs, inhaltliche Erkenntnisse und Ergebnisse für die ausgewählten Standorte zusammenzutragen. Sie stehen im Zentrum der v. a. studentischen Auswertungen des Datenmaterials, die sich in den Aufsätzen im zweiten Teil des Buches finden. Nach einer ausführlichen Beschreibung der von uns gewählten explorativen Zugänge (Kap. 5) wird hier zunächst Anhand der Auswertung des sog. Schulfragebogens eine Übersicht zur Sozialen Arbeit an Schulen aus der Sicht der Schulleitungen gegeben (s. Kap. 6). Mithilfe der Antworten aus dem Personenfragebogen können Fragen zum sozialpädagogischen Personal an den Schulen, dessen Tätigkeitzuschnitten und zu dessen Rahmenbedingungen beantwortet werden (s. Kap. 7, 8 und 9). Ein Abgleich zwischen den Angaben aus den drei verschiedenen Fragebögen wird vorgenommen (s. Kap. 10). Daran schließt sich eine Auswertung von Vertiefungsfragen zur Schulsozialarbeit aus der Perspektive der Lehrerinnen und Lehrer (s. Kap. 11) sowie zu Lebensstilen der sozialpädagogischen Fachkräfte an Schulen (s. Kap. 12) an.

---

6 Eine genauere Beschreibung des Forschungsvorgehens findet sich im folgenden Kapitel 5.

Im dritten Teil der Veröffentlichung wird anhand der vorliegenden Daten sowie v. a. weiterer Recherchen eine Beschreibung der Schulsozialarbeit in den Regionen der drei ausgewählten Bundesländer Bayern, Hessen und NRW gegeben. Hier wird der aktuelle Stand von Schulsozialarbeit sowie weiterer Sozialer Arbeit an Schulen beschrieben und der Hintergrund zu den ausgewerteten Daten ausgeleuchtet. Ergänzt werden diese drei Beiträge darüber hinaus durch jeweils einen Gastbeitrag zu Niedersachsen sowie zu Baden-Württemberg, in denen neben der Situation von Sozialer Arbeit an Schulen auch die je aktuellsten Erhebungen beschrieben und erläutert werden.

Literatur

Ahmed, S., Gutbrod, H. & Bolay E. (2010). Schulsozialarbeit an Hauptschulen in Baden-Württemberg. In K. Speck, T. Olk (Hrsg.), *Forschung zur Schulsozialarbeit. Stand und Perspektiven* (S. 21–35). Weinheim u. München: Juventa-Verlag.

Ahmed, S. & Handloser, H. (2004). Schulsozialarbeit im Berufsvorbereitungsjahr. Eine systematische Annäherung aus der Perspektive einer adressatInnenorientierten Jugendhilfe. Tübingen: tobias-lib.uni-tuebingen.de/volltexte/2005/1790/pdf/schulsozialarbeit_im_bvj.pdf. Zugegriffen: 14. Juni 2012.

Autorengruppe Bildungsberichterstattung (Hrsg.) (2012). *Bildung in Deutschland 2012: Ein indikatorengestützter Bericht mit einer Analyse zur kulturellen/musisch-ästhetischen Bildung im Lebenslauf.* Bielefeld: W. Bertelsmann Verlag

Bassarak, H. (2010). Schulsozialarbeit in Bayern, Berlin und Sachsen im Vergleich. In K. Speck, T. Olk (Hrsg.), *Forschung zur Schulsozialarbeit. Stand und Perspektiven* (S. 135–154). Weinheim u. München: Juventa-Verlag.

Bauer, P. (2010). Schulsozialarbeit an berufsbildenden Schulen in Thüringen. In K. Speck, T. Olk (Hrsg.), *Forschung zur Schulsozialarbeit. Stand und Perspektiven* (S. 119–134). Weinheim u. München: Juventa-Verlag.

Hartnuß, B. & Maykus, S. (2006). Mitbestimmen, mitmachen, mitgestalten. Entwurf einer bürgerschaftlichen und sozialpädagogischen Begründung von Chancen der Partizipations- und Engagementförderung in ganztägigen Lernarrangements. Berlin: http://blk-demokratie.de/fileadmin/public/dokumente/Hartnu___Maykus.pdf. Zugegriffen: 14. Juni 2012.

Höhmann, K., Bergmann, K. & Gebauer, M. (2008). Das Personal. In H.G. Holtappels, E. Klieme, T. Rauschenbach, L. Stecher (Hrsg): *Ganztagsschule in Deutschland. Ergebnisse der Ausgangserhebung der „Studie zur Entwicklung von Ganztagsschulen" (StEG)* (S. 77–85). Weinheim und München: Juventa-Verlag.

Hollenstein, E., Iser, A. & Nieslony, F. (2012). Neue Entwicklungen im Schulsystem als Herausforderung für die Praxis der Schulsozialarbeit. In E. Hollenstein, F. Nieslony (Hrsg.), *Handlungsfeld Schulsozialarbeit. Profession und Qualität* (S. 272–294). Baltmannsweiler: Schneider Verlag Hohengehren.

Iser, A. (2012). Handlungskompetenzen, Qualitätsstandards, Professionalisierung. In E. Hollenstein, F. Nieslony (Hrsg.), *Handlungsfeld Schulsozialarbeit. Profession und Qualität* (S. 257–271). Baltmannsweiler: Schneider Verlag Hohengehren.

Lang, S. & Vogel, J. (2010). Schulsozialarbeit in Sachsen. In K. Speck, T. Olk (Hrsg.), *Forschung zur Schulsozialarbeit. Stand und Perspektiven* (S. 63–75). Weinheim u. München: Juventa-Verlag.

Merchel, J. (2005). Strukturveränderungen in der Kinder- und Jugendhilfe durch die Ausweitung von Ganztagsangeboten für Schulkinder, in: T. Olk, S. Beutel, J. Merchel, H.-P. Füssel, J. Münder (Hrsg), *Kooperation zwischen Jugendhilfe und Schule* (S. 169–237). München: DJI Verlag.

Pingel, A. (2010). Jugendsozialarbeit §13 SGB VIII als Aufgabe der Jugendhilfe?! Informationen zur aktuellen Datenlage, bundesweiten Entwicklungen und fachlichem Hintergrund der Diskussion um die Umsetzung der Jugendsozialarbeit durch die (kommunale) Jugendhilfe. Arbeitspapier der Stabstelle des Kooperationsverbundes. Berlin. http://ebookbrowse.com/jsa-als-kommunale-aufgabe-jugendhilfe-pdf-d88653514. Zugegriffen: 23. Juli 2012.

Prüß, F. (2010). Landesinitiative Jugend- und Schulsozialarbeit in Mecklenburg-Vorpommern. In K. Speck, T. Olk (Hrsg.), *Forschung zur Schulsozialarbeit. Stand und Perspektiven* (S. 49–62). Weinheim u. München: Juventa-Verlag.

Pudelko, T. (2010). Schulstationen in Berlin. In K. Speck, T. Olk (Hrsg.), *Forschung zur Schulsozialarbeit. Stand und Perspektiven* (S. 37–48). Weinheim u. München: Juventa-Verlag.

Riedt, R. (2010). Schulsozialarbeit an Ganztagsschulen in Brandenburg. In K. Speck, T. Olk (Hrsg.), *Forschung zur Schulsozialarbeit. Stand und Perspektiven* (S. 77–88). Weinheim u. München: Juventa-Verlag.

Schäffer, E. (2010). Schoolworker im Saarland. In K. Speck, T. Olk (Hrsg.), *Forschung zur Schulsozialarbeit. Stand und Perspektiven* (S. 89–101). Weinheim u. München: Juventa-Verlag.

Schilling, M. & Kolvenbach, F.-J. (2011). Dynamische Stabilität. Zur Systematik der KJH-Statistik und ihrer Weiterentwicklung. In T. Rauschenbach, M. Schilling (Hrsg.), *Kinder- und Jugendhilfereport 3. Bilanz der empirischen Wende* (S. 191–210). Weinheim und München: Juventa-Verlag.

Speck, K. & Olk, T. (Hrsg.) (2010). *Forschung zur Schulsozialarbeit. Stand und Perspektiven*. Weinheim u. München. Juventa-Verlag.

Statistisches Bundesamt (2011). Bildung und Kultur. Allgemeinbildende Schulen. Schuljahr 2010/2011. Fachserie 11 Reihe 1. Wiesbaden. In: https://www.destatis.de/DE/Publikationen/Thematisch/BildungForschungKultur/Schulen/AllgemeinbildendeSchulen.html. Zugegriffen: 16. Juni 2012.

Statistisches Bundesamt Deutschland (2012). *Statistiken der Kinder- und Jugendhilfe. Einrichtungen und tätige Personen (ohne Tageseinrichtungen für Kinder). 2010.* Wiesbaden: Statistisches Bundesamt.

Quellenberg, H., Carstens, R. & Stecher, L. (2008). Hintergrund, Design und Stichprobe. In H. G. Holtappels, E. Klieme, T. Rauschenbach, L. Stecher (Hrsg): *Ganztagsschule in Deutschland. Ergebnisse der Ausgangserhebung der „Studie zur*

Entwicklung von Ganztagsschulen" *(StEG)* (S. 51–68). Weinheim und München: Juventa-Verlag.

Zipperle, M. & Bolay, E. (2009). Jugendhilfe in der Ganztagsschulentwicklung. Analyse der Jugendhilfeentwicklung in einem Kooperationsprojekt. In *Nachrichtendienst des Deutschen Vereins für öffentliche und private Fürsorge*, 89. Jg., Heft 5, S. 185–191.

Teil II
Modellerhebungen in einem Verbundprojekt

5 Verschiedene Forschungszugänge zur Exploration von Schulsozialarbeit und Sozialer Arbeit an Schulen

Angelika Iser, Nicole Kastirke, Sarah Maier, Regina Worm und Gero Lipsmeier

Im Zentrum der standortübergreifenden Pilotstudie steht das Anliegen, mittel- bis langfristig eine bundesweite Statistik der Schulsozialarbeit auf explorativem Weg vorzubereiten und zu ermöglichen. Dem Charakter einer explorativen Studie entsprechend verlief der Forschungsprozess hierfür teils, indem die Wege diskursiv entwickelt wurden und beim Gehen entstanden. Sehr früh stand fest, dass die Exploration im Rahmen eines Verbundforschungsprojektes von drei Fachhochschulen, jeweils im Kontext von Forschungswerkstätten, durchgeführt werden sollte. Zunächst war eine umfassendere Erhebung geplant. Nach einigem Vorsondieren, u. a. durch ein Expertengespräch in München (vgl. Kap. 14), fiel dann die Entscheidung, dass jeweils eine Stadt und (mindestens) ein Landkreis in exemplarischer Absicht ausgewählt und durch eine Vollerhebung erfasst werden sollte. Somit gab es je einen Projektstandort in Bayern, Hessen und Nordrhein-Westfalen. Ausgewählt wurden – in erster Linie aus Praktikabilitätsgründen – München Stadt und der Landkreis München für Bayern, die Stadt Darmstadt und die Landkreise Darmstadt-Dieburg und Waldeck-Frankenberg für Hessen sowie die Stadt Dortmund und der Kreis Unna für Nordrhein-Westfalen.

5.1 Die Entwicklung der drei Fragebögen

Die Fragebogenentwicklung begann mit einem Fragebogen für Schulleiterinnen und Schulleiter. Bei der ersten Diskussion des Fragebogens wurden zwei Probleme des gesamten Vorhabens deutlich, die das weitere Vorgehen bestimmten. Zum einen zeigte sich, wie schon in Kap. 2 von Eibeck ausgeführt, die Problematik, dass das Phänomen Schulsozialarbeit sich nicht über eine einfache Abfrage des Begriffes „Schulsozialarbeit" erfassen lässt. Nach einer eingehenden Diskussion um das Begriffsverständnis von Schulsozialarbeit, wurde entschieden, alle bezahlten sozialpädagogischen Fachkräfte an Schulen zu erheben. Klar ausgegrenzt wurden ausschließlich die Fachkräfte an Horten nach § 22 SGB VIII. Durch die Betonung der Bezahlung sollten die Ehrenamtlichen ausgeschlossen, alle anderen sozialpädagogisch Tätigen aber in die Erhebung mit einbezogen werden. Der Fokus der Befragung richtete sich also auf die bezahlten sozialpädagogischen Fachkräfte am Ort der Schule. Dass dies dennoch eine unscharfe Definition und Begriffsbestimmung war, zeigte sich im Verlauf der Erhebung und der Auswertungen. Hierauf werden wir im Kapitel 13 und im dritten Teil des Bandes zurückkommen.

Zum zweiten wurde in der Diskussion aber auch die Vermutung laut, dass die Schulleitungen nicht alle Fragen zu Finanzierung, Trägerschaft, Anstellungsverhältnissen und rechtlichen Grundlagen beantworten werden können. So wurde der Fragebogen zunächst in zwei Teile getrennt – einen Fragebogen an die Schulleiterinnen und Schulleiter, der im weiteren als „Schulfragebogen" bezeichnet wird, und einen Fragebogen an die sozialpädagogischen Fachkräfte an Schulen, der hier als „Fachkräftebogen" benannt wird. Diese ersten Fragebogenentwürfe wurden bis März 2011 weiter bearbeitet, indem sie in den Forschungswerkstätten und zum Teil mit Praktiker/innen vor Ort diskutiert und die auftauchenden Fragen und Vorschläge online miteinander ausgetauscht wurden.

Im März 2011 wurden die beiden Fragebögen noch einmal intensiv im Fokus des Erkenntnisinteresses diskutiert und überarbeitet. Neu hinzu kam ein Fragebogen für die Träger der sozialpädagogischen Fachkräfte, da vermutet wurde, dass Fachkräfte oft nicht genau wissen, wie die Finanzierung ihrer Stelle ermöglicht wird und Schulleitungen über Finanzierung, Trägerschaft und rechtliche Grundlagen i. d. R. nur dann Auskunft geben können, wenn die Schule bzw. das Kultusministerium Träger der sozialpädagogischen Fachkräfte ist. Da davon auszugehen war, dass sehr viele sozialpädagogische Fachkräfte bei Trägern der Kinder- und Jugendhilfe angestellt sind, wurde entschieden, den Schulleiter-Fragebogen für eine Befragung der Träger sozialpädagogischer Fachkräfte zu modifizieren. An allen drei Projektstandorten wurden Pretests der Schul-, Fachkräfte- und Trägerfragebögen durchgeführt. In der anschließend vorgelegten Version der Fragebögen bestanden diese aus 15 Fragen (Schulfragebogen), 28 Fragen (Fachkräftebogen) und 15 Fragen (Trägerfragebogen).[1] Diese drei Fragebögen stellen den gemeinsamen Kern der Erhebung in allen drei Modellregionen mit sieben Standorten dar. Ergänzungen zu diesen Kernfragebögen waren den Forschungswerkstätten an den Projektstandorten freigestellt. Insbesondere die Gruppe aus Hessen hat davon auch Gebrauch gemacht und den Fachkräftebogen um einige Fragen erweitert.

---

1   Die ursprünglich eingesetzten Fragebögen sind auf Nachfrage bei den Herausgeberinnen/ dem Herausgeber einsehbar.

In den drei Fragebögen wurden die Schulleitung, die sozialpädagogischen Fachkräfte und die Träger der Fachkräfte darum gebeten, Angaben zu all den Personen zu machen, die einer bezahlten sozialpädagogischen Tätigkeit an allgemeinbildenden Schulen nachgehen. Dazu zählen alle bezahlt sozialpädagogisch Tätigen, unabhängig von der Art der Finanzierung, dem Anstellungsträger und den rechtlichen Verankerungen. Von Interesse war auch die Sozialpädagogik in der Sekundarstufe I und an beruflichen Schulen im sog. „Übergangssystem" gemäß dem SGB III.

Inhaltliches Interesse der Erhebung war es zum einen, zu erfahren, wer die sozialpädagogisch Tätigen an Schulen sind und was diese genau tun. Also herauszufinden, wie viele Personen mit welchen Qualifikationen und Stellenumfängen und institutionellen Verortungen welche sozialpädagogischen Aufgaben und Funktionen an den Schulen übernehmen. Weiterhin interessierten die Arbeitsbedingungen vor dem Hintergrund der Hypothese, dass sich hier ein prekäres Arbeitsfeld entwickeln könnte. Aufgrund dieser Forschungsinteressen wurden Daten zur Finanzierung, den rechtlichen Grundlagen, Schulformen, Trägerschaften, Arten und Inhalten von Angeboten, Arbeitsverträgen, Stellenumfängen sowie die Anzahl der Stellen, die Qualifikationen der Fachkräfte und ihre soziodemographischen Hintergründe erhoben. Die Fragebogengestaltung wird hier am Beispiel des umfangreichen Fachkräftebogens erläutert. Bei der Entwicklung des Fragebogens wurden gängige methodische Standards der Fragebogenentwicklung (vgl. u. a. Porst 2009, Häder 2010) berücksichtigt. Hierzu zählte unter anderem die Beachtung der Aufmerksamkeitsentwicklung während einer Befragung (Spannungsbogen) und die besondere Bedeutung der Eröffnungsfragen für die Entwicklung einer positiven, auskunftsbereiten Haltung der befragten Personen. So wurden z. B. leicht zu beantwortende Fragen, die aber dennoch durch ihren klaren Bezug zum Forschungsthema das Interesse der Befragten wecken, an den Anfang gestellt. Im Fachkräftefragebogen waren das Fragen nach der Dauer der sozialpädagogischen Tätigkeit an der jeweiligen Schule und nach dem Anstellungsträger. Daran schließen sich Fragen nach dem Vorgesetzten, den ggf. ausgeübten Leitungsfunktionen, den erreichten Schülerinnen und Schülern sowie Fragen zu Supervision und Fortbildungsangeboten an. Zusammenfassend also ein Block von Fragen, der die generellen Arbeitsbedingungen und die institutionelle Verankerung der Fachkräfte zum Thema hat.

Ein zentrales Erkenntnisinteresse der Erhebung ist es, darzustellen, unter welchen (Dienst)Bezeichnungen sozialpädagogische Fachkräfte arbeiten und welche Tätigkeiten und Funktionen sich dahinter jeweils verbergen. Dies herauszufinden ist hilfreich, um diese in folgenden Erhebungen präziser ansprechen und fragen zu können. Da im Forschungsteam bekannt war, dass es Fachkräfte gibt, die mehrere sozialpädagogische Funktionen teils auf mehreren Stellen ausüben, wurde sowohl nach der Dienstbezeichnung als auch nach möglichen Funktionen gefragt. Zum Beispiel gibt es Fachkräfte, die auf einer halben Stelle Schulsozialarbeit ausüben sowie mit einer weiteren halben Stelle im Bereich Übergang Schule-Beruf tätig sind. Der mittlere Teil des Fragebogens wurde deshalb so konzipiert, dass zunächst nach verschiedenen Funktionen gefragt wurde. Der daran anschließende Teil des Fragebogens zu differenzierten Merkmalen der ausgeübten Funktion wurde dann für ggf. genannte weitere ausgeübte Funktionen wiederholt, um diese Informationen für jede der ausgeübten Funktionen erheben zu können[2]. Inhaltlich wurden Fragen zum Beschäftigungsverhältnis gestellt, danach folgten Fragen zu rechtlichen Grundlagen, Kooperationsvereinbarungen und einem Konzept. Als wichtigster Teil des gesamten Fragebogens folgte dann – ebenfalls funktionsspezifisch abgefragt – die Frage nach den Angeboten und Tätigkeiten und ihrem jeweiligen Ausprägungsgrad sowie eine Frage zu den Zielgruppen der Arbeit.

Nach der Wiederholung der neun funktionsabhängigen Fragen für eine evtl. zweite sozialpädagogische Funktion an einer Schule wurden zum Abschluss des Fragebogens einige soziodemographische Merkmale der Befragten erhoben

5.2 Gemeinsamkeiten und Unterschiede der drei Modellstandorte

Der *Erhebungszeitraum* war von Juni bis Oktober 2011. Durch die unterschiedlichen zeitlichen Verläufe der Forschungswerkstätten an den drei Hochschulen und durch die unterschiedlichen Schulferien in den verschiedenen Bundesländern waren die regionalen Erhebungsphasen zeitlich zueinander verschoben. Dies weicht durchaus vom verbreiteten Vorgehen bei quantitativen Querschnittserhebungen ab, bei denen meistens ein Stichtag für die Erhebung gewählt wird. Es hat andererseits aber auch ermöglicht, Hinweise für bessere und schlechtere Erhebungszeiträume zu finden.

Da der Zugang zu zuverlässigen Daten über sozialpädagogische Fachkräfte an Schulen ein Kernproblem für die zu entwickelnde Statistik der Schulsozialarbeit darstellt (s. Kap. 4), wurden im Verbundprojekt unterschiedliche Zugangswege erprobt. Damit war das zentrale Ziel verbunden, aus der vergleichenden Evaluation dieser Zugangswege Erkenntnisse für eine empirisch fundierte Empfehlung über

---

2 Im gedruckten Fragebogen war dieser Teil für zwei Funktionen vorgesehen. Für die (theoretisch möglichen) Fälle mit mehr als zwei Funktionen war die Bitte formuliert, diesen Teil ggf. zu kopieren und dem Fragebogen beizulegen. Um ein Ergebnis der Auswertung vorweg zu nehmen: Das hat nicht funktioniert. Von dieser Möglichkeit hat lediglich eine einzige Person (von mehr als 500) Gebrauch gemacht.

geeignete Zugangswege zu gewinnen. Im Folgenden werden regionale Ausgangssituationen zur Vereinfachung grob umrissen, die dann im Kapitel 5.3 detaillierter ausgeführt werden.

Die Forscherinnen in Dortmund wählten den Zugang über die Schulen und Schulleitungen. Hier stand die Hypothese im Hintergrund, dass nur so *alle* sozialpädagogischen Fachkräfte an Schulen erfasst werden können, weil deren durchgängige Gemeinsamkeit der Arbeitsort Schule ist. Ebenso bestanden auch von Anfang an sehr gute Beziehungen zu den Schulämtern und dem Regionalen Bildungsbüro in Dortmund. Demgegenüber hatte in München eine kleine Vorerhebung im Rahmen einer Expertenrunde mit Zuständigen für die Steuerung bzw. Koordination von Schulsozialarbeit in der Kinder- und Jugendhilfe stattgefunden, in der deutlich wurde, dass diese einen guten Überblick über die sozialpädagogischen Fachkräfte an Schulen haben und über Hintergrundwissen zu Konzepten und Rahmenbedingungen verfügen, was eine umfassendere Erhebung erleichterte. Deutlich wurde auch das Engagement dieses Personenkreises für die Entwicklung des Feldes der Schulsozialarbeit. So bestand hier die Vermutung, dass sozialpädagogische Fachkräfte über die Träger zuverlässiger erreicht und erhoben werden können. Gute Beziehungen zu den großen Trägern von Schulsozialarbeit waren ein weiterer Grund dafür, den Zugang zu den Fachkräften über die Träger zu testen. An der Fachhochschule Frankfurt wurde die Forschungswerkstatt von zwei Experten für quantitative Forschung geleitet, wodurch die Kriterien einer standardisierten Fragebogenerhebung stärker im Vordergrund standen. Hier wurde der rein postalische Versand der Bögen gewählt, um Fremdeinflüsse auf die Erhebung zu vermeiden.

Im Rahmen des *konkreten Vorgehens* haben die Studierenden der Forschungswerkstatt in Dortmund mit allen Schulen telefonisch und/oder persönlich Kontakt aufgenommen. Die Bögen wurden zum Teil im Gespräch mit Studierenden aus der Forschungswerkstatt gemeinsam ausgefüllt. Demgegenüber hat sich die Forschungswerkstatt der Fachhochschule Frankfurt am Main auf eine intensive Recherche der anzuschreibenden Schulen und die Abwicklung der postalischen Befragung konzentriert. In der Hochschule München wurde der Versand der Bögen durch Telefonate mit den Trägern und durch Begleitschreiben der Jugendämter sowie eines Teils der Schulämter flankiert. Weiterhin wurden die Schulleitungen der Schulen telefonisch kontaktiert, bei denen eine höhere Zahl an Sozialpädagog/innen erwartbar war.

Weitere *Variationen* zwischen den Standorten entstanden in der konkreten Ausgestaltung *der Fragebögen*. Nachdem, wie oben beschrieben, drei Kernfragebögen miteinander entwickelt und vereinbart waren, wurde allen Standorten ermöglicht, Ergänzungen oder Spezifikationen zu entwickeln, soweit sie den gemeinsamen einheitlichen Kern nicht betrafen. Diese Möglichkeit wurde eingeräumt, damit die Forschungswerkstätten ihrer Funktion gerecht werden konnten, als Orte der Methodenentwicklung und Reflexion zu dienen. Die Kernfragebögen waren ja weitgehend bereits entstanden, bevor die Werkstätten begonnen hatten bzw. hier ein arbeitsfähiger Zusammenhang entstanden war.

An den Standorten *München* und Dortmund wurden die Fragebögen vorcodiert, so dass die Fachkräfte- und Trägerfragebögen mindestens dem jeweiligen Erhebungsraum (Stadt oder Landkreis) zugeordnet werden konnten. In München wurde der Personenfragebogen weiterhin durch die Bitte um die Angabe eines persönlichen Codes[3] ergänzt, um evtl. spätere Längsschnitterhebungen zu ermöglichen. Auch wurde (als „freiwillige Angabe") nach dem Schulnamen gefragt, in der Hoffnung, die Daten der Fachkräfte und der Schule im Bezug zueinander auswerten zu können. Weiter wurde in München die Frage nach dem Namen des Trägers im Trägerfragebogen ergänzt. Dahinter stand die Vermutung, dass für die Träger bei den vorliegenden Fragen kein Anonymitätsbedarf besteht, nicht zuletzt, da ohnehin zu jedem Träger direkt telefonisch Kontakt aufgenommen wurde und eine Vorbefragung stattfand.

Dies wurde vom *Frankfurter* Team anders gehandhabt, da für dieses die Anonymität zentral war. Von der Frankfurter Forschungswerkstatt wurde der Fragebogen um weitere Fragen ergänzt: Im Fachkräftefragebogen waren es Fragen nach den Problemlagen der Schülerinnen und Schüler, der Anerkennung der Schulsozialarbeit bzw. sozialpädagogischen Fachkraft bei diesen, den Lehrkräften sowie den Eltern und nach dem monatlichen Nettoeinkommen. Ebenso wurden Fragen nach persönlichen Merkmalen wie Musikgeschmack, Freizeitbeschäftigung und Fernsehvorlieben gestellt (s. hierzu Kap. 12). Dieser Teil wird in der vorliegenden Studie als „Frankfurt-spezifischer Teil" benannt. Bei den Schulfragebögen wurden Fragen eingefügt, wie z. B., ob „Schulsozialarbeit" angeboten wird, seit wann und wie sie bewertet wird. Im Rahmen einer Masterarbeit wurde an der Fachhochschule Frankfurt außerdem eine zusätzliche quantitative Vertiefung in Form einer Online-Befragung zur Einschätzung der Schulsozialarbeit aus Sicht von Lehrerinnen und Lehrern durchgeführt (s. Kap. 11).

Die Studentinnen in *Dortmund* haben sich neben der Mitarbeit bei der quantitativen Erhebung jeweils einen qualitativen Schwerpunkt gesetzt.

---

3   Bei diesem anonymen Code handelt es sich um eine Kombination aus Buchstaben und Zahlen, die nur den Befragten bekannt ist und wieder leicht herzuleiten ist.

5.3 Erhebungsphase und Zugangswege an den drei Modellstandorten

In den folgenden drei Unterkapiteln wird der Verlauf der Erhebungsphase an den drei Modellstandorten nacheinander vorgestellt, indem der jeweilige Zugangsweg, wichtige Informationsquellen, die Frage der Genehmigungsverfahren, der Zeitpunkt der Erhebung, Nachfassaktionen, der Rücklauf sowie Probleme und Erfahrungen thematisiert werden.

5.3.1 Projektstandort Fachhochschule Dortmund

Das Dortmunder Team entschied sich für einen persönlichen Zugangsweg, was bedeutet, dass eine individuelle Kontaktaufnahme zu jeder Schule stattfand. Die Entscheidung für diesen Zugangsweg begründete sich darin, dass ein höherer Rücklauf erhofft wurde.

Angeleitet von Nicole Kastirke und Claudia Streblow wurde die Erhebungsphase im März 2011 zunächst im Landkreis Unna begonnen. Die Erhebung in Dortmund schloss sich dann im September 2011 (kurz nach den Sommerferien in NRW) an. Das Forschungsteam war mit Visitenkarten ausgestattet und konnte jederzeit von den Teilnehmerinnen und Teilnehmern der Befragung kontaktiert werden. Innerhalb des Erhebungszeitraumes fand auch der „2. Fachtag Schulsozialarbeit" an der Fachhochschule Dortmund statt, an dem ebenfalls Fragebögen an die anwesenden Schulsozialarbeiterinnen und Schulsozialarbeiter verteilt wurden.

Die Erhebungsreihenfolge resultierte zum einen aus den begrenzten Ressourcen, die es nicht zuließen, beide Erhebungsstandorte gleichzeitig zu besuchen. Zum anderen wurde mit Unna begonnen, da für Dortmund ein Zugang über die „Qualitätszirkel Schulsozialarbeit", koordiniert vom Regionalen Bildungsbüro der Stadt Dortmund[4], geplant war. Die Qualitätszirkel werden von den Beteiligten so gut angenommen, dass zu erwarten war, dass hierüber alle Dortmunder Schulsozialarbeiter erreicht werden können. Die Fragebögen sollten innerhalb der Qualitätszirkel verteilt und vor Ort auch direkt wieder eingesammelt werden. Leider fanden innerhalb des insgesamt sehr kurzen Erhebungszeitraumes keine Qualitätszirkel-Sitzungen in Dortmund mehr statt, so dass auf diesen Zugang zum Feld verzichtet werden musste.

---

4 Eine ausführliche Vorstellung des Regionalen Bildungsbüros findet sich in den Kapiteln 3 und 16.

Das studentische Team teilte sich die Stadtbezirke Dortmunds und des Landkreises Unna auf und stellte Kontakt zu den jeweiligen Schulen her. Hierbei gab es zwei unterschiedliche Vorgehensweisen: Entweder erfolgte eine telefonische Terminabsprache mit der Schulleitung und den sozialpädagogisch Tätigen oder die Studierenden versuchten, ohne vorherige Terminabsprache mit den jeweiligen Personen in Kontakt zu kommen.

Der Vorteil der telefonischen Absprache lag darin, dass so sichergestellt wurde, dass die entsprechenden Personen zum ausgemachten Zeitpunkt anwesend waren und sich Zeit für ein informierendes Gespräch über das Forschungsprojekt nahmen. Allerdings war es an vielen Schulen nicht einfach, einen Termin mit der Schulleitung und den sozialpädagogisch Tätigen zu erhalten. Vor allem in Dortmund konnte dieses Vorgehen, aufgrund des sehr kurzen Erhebungszeitraumes nicht oder nur sehr selten umgesetzt werden. Zudem war festzustellen, dass die Bereitschaft zur Teilnahme an der Befragung am Telefon deutlich häufiger verwehrt wurde. Oftmals geschah dies hierbei bereits durch die Sekretärin. Eine persönliche Kontaktaufnahme zur Schulleitung oder zu den pädagogisch Tätigen war somit nicht mehr möglich. Daher gingen viele der Studierenden nach kurzer Zeit dazu über, ohne Termin zu den Schulen zu fahren, um dort direkt in Kontakt mit den sozialpädagogischen Fachkräften und Schulleitungen zu treten. Hierbei mussten sie sich jedoch anderen Problemen stellen. Nicht selten begann dies schon damit an, sich Zutritt zu den Schulen zu verschaffen.[5] Doch auch nachdem diese Hürde genommen war, erfolgte nicht in jedem Fall ein Gespräch mit der gewünschten Zielgruppe. Schulleitungen sowie sozialpädagogisch Tätige waren zu dem ausgewählten Zeitpunkt nicht immer anwesend oder hatten andere Termine. In derartigen Fällen wurden in der Regel die Fragebögen zusammen mit einer Visitenkarte im Sekretariat hinterlegt. Hierbei entfiel jedoch das Informationsgespräch mit der Zielgruppe, so dass inhaltliche Rückfragen nur telefonisch geklärt werden konnten.

Die Bereitschaft zum Ausfüllen der Fragebögen stieg deutlich an, wenn ein persönliches Gespräch mit der Schulleitung und den sozialpädagogischen Fachkräften stattfand. Dabei konnten die Erheberinnen Fragen bei Verständnisproblemen zu einzelnen Fragen beantworten und bei Fragen, die die Personen nur ungern oder gar nicht beantworten wollten, motivierend einwirken. Des Weiteren konnte mit der Zielgruppe darüber gesprochen werden, über welchen Zugangsweg (online, persönlich, per Post) sie sich am meisten angesprochen fühlten. Im-

---

5 Besonders an Grundschulen ist das Sekretariat nicht an allen Tagen besetzt und somit folgte teilweise auf das vergebliche Klingeln eine lange Wartezeit, die erst mit der Schulpause beendet wurde.

mer wieder positiv erwähnt wurde vor allem, dass eine Visitenkarte für eventuelle Rückfragen hinterlassen wurde. Eine persönliche Ansprechpartnerin war vielen der Befragten demnach wichtig. Die Studentinnen wurden von den Befragten oftmals um weitere Informationen über die Verwendung der Daten, die Anonymität und die Veröffentlichung der Ergebnisse gebeten. Durch den persönlichen Zugang zu den Befragten wurden Einblicke in die Gründe für das Antwortverhalten, wie beispielsweise eine hohe Antwortverweigerung bei der Angabe zum Einkommen, möglich. In den persönlichen Gesprächen stellte sich weiterhin heraus, dass eine Angabe zum Tarif ohne eine Genehmigung durch den Träger teilweise, nicht erfolgen durfte. Gerade solche Zusatzinformationen sind bei einer Studie, deren zentrales Ziel die Verbesserung des Informationsstandes über geeignete Erhebungsmethoden in diesem spezifischen Feld ist, besonders wertvoll und wären bei einer rein postalischen Befragung so nicht zu gewinnen.

Zusammenfassend lässt sich festhalten, dass die vorherige telefonische Kontaktaufnahme mit den Schulen zu einer erheblichen Zeitersparnis führte, da die Schulen ohne sozialpädagogische Fachkräfte nicht angefahren werden mussten. Inhaltliche Fragen bezüglich des Bogens konnten bei persönlicher Anwesenheit der Forscherinnen direkt geklärt werden, was zu einer höheren Verlässlichkeit der Daten führt. Allerdings sollte im Falle von Folgeerhebungen auch über die Schulen ohne sozialpädagogische Fachkräfte Buch geführt werden, um verlässliche Zahlen über Schulen mit und ohne sozialpädagogische Fachkräfte zu erheben.

In den Nachfassaktionen nach den Ferien wurden weitere Telefonate mit den Schulen geführt, Besuche zum Einsammeln der letzten Fragebögen durchgeführt sowie per E-Mail und Post zurückgesandte Fragebögen angenommen. Der gesamte Forschungsverbund einigte sich auf einen Stichtag, zu dem dann keine weiteren Bögen mehr angenommen werden durften.

Von den Befragten wurden mehrfach Fragen zur Verwendung der Daten und der Veröffentlichung gestellt, die zu diesem Zeitpunkt nicht hinreichend beantwortet werden konnten. Deutlich wurde dabei, dass noch klarer vorab überlegt werden muss, wie die Ergebnisse der Befragungen den Beteiligten zur Verfügung gestellt werden können.

Der Begriff „sozialpädagogische Fachkraft" sorgte insgesamt für viel Irritation. Die Befragten fühlten sich entweder gar nicht oder nicht ausreichend angesprochen. So wollten sich Schulsozialarbeiterinnen -sozialarbeiter dem Begriff nicht gerne unterordnen lassen und die Beschäftigten in den offenen Ganztagsschulen fühlten sich ebenfalls nicht immer angesprochen.

Gleichzeitig waren kurzfristige Terminvergaben mit den Schulen nicht immer möglich, so dass eine gute und effiziente Terminplanung folgen musste. Ebenso konnte zum Teil bereits am Telefon die Teilnahme an der Erhebung verweigert werden.

Insgesamt kann festgestellt werden, dass die persönlichen Zugänge in Dortmund zwar zu einem vertiefenden Verständnis der Problemlagen in den Zielgruppen geführt hat,[6] der Zeitaufwand und der Ertrag allerdings in keinem sinnvollen Verhältnis standen.

5.3.2 Projektstandort Fachhochschule Frankfurt am Main

Das Frankfurter Forschungsteam erprobte die Durchführung als postalische Befragung. Hierfür waren mehrere Gründe ausschlaggebend:

Zunächst stand die Übertragbarkeit des zu prüfenden Feldzuganges auf eine bundesweite Erhebung im Mittelpunkt der Überlegungen. Unter personellen, finanziellen sowie organisatorischen Aspekten wurde angenommen, dass eine postalische Befragung für eine „Statistik der Schulsozialarbeit" am ehesten in Frage käme. Obwohl diese Überlegungen auch für eine Online-Befragung sprechen würden, wurde von dieser Variante Abstand genommen, da die Frage einer zuverlässigen Ermittlung von E-Mail-Adressen der sozialpädagogischen Fachkräfte nicht abschließend geklärt werden konnte. Der Zugang über eine persönliche Kontaktaufnahme wurde für den Standort Frankfurt ausgeschlossen, da die personellen Kapazitäten für die Erhebungsgebiete nicht vorhanden waren und dieser Zugangsweg darüber hinaus ja bereits vom Dortmunder Team erprobt wurde.

Zur endgültigen Entscheidung für den postalischen Weg trugen schließlich auch die zeitlichen Zwänge des Forschungsvorhabens bei: Der Beginn der hessischen Schulferien am 22. Juni 2011 und der Studienverlauf der Studierenden der Frankfurter Forschungswerkstatt forderten einen Feldzugang, der in einem relativ kurzen Erhebungszeitraum alle Schulen, Träger und Fachkräfte in den Landkreisen Waldeck-Frankenberg und Darmstadt-Dieburg sowie der Stadt Darmstadt erreichen konnte. Diese Bedingungen sah die Forschungsgruppe am ehesten in der postalischen Befragung erfüllt.

Um die Grundgesamtheit zu bestimmen und den Fragebogenversand vorzubereiten, ermittelte die Frankfurter Forschungsgruppe, die Adressen der Träger, Schulen und sozialpädagogischen Fachkräfte über frei zugängliche Internetportale wie die der Schulämter, Jugendhilfeträger oder der Landeskreise. Daran anschließend wurden auch zahlreiche Telefon- und E-Mail-Kontakte aufgebaut.

---

6   Schulleitungen, die teilweise mit zahlreichen Erhebungen „belästigt" werden, Angestellte bei Trägern, die sich nicht zuständig fühlen, Fachkräfte, die mit den verwendeten Begriffen Schwierigkeiten haben etc.

Die Recherche der Schuladressen innerhalb der drei hessischen Erhebungsgebiete gestaltete sich zwar zeitaufwendig, aber unkompliziert. Über die Internetportale der Schulämter sowie über die Internetseiten der Landkreise und des Bildungsserver Hessens wurden zunächst Anzahl und Postadressen aller Schulen ermittelt.[7]

Zusätzlich wurden die 203 ermittelten Schulen telefonisch kontaktiert, um herauszufinden, ob und wie viele sozialpädagogische Fachkräfte an der jeweiligen Schule tätig sind. Nicht immer waren diese Telefonate erfolgreich, da die Kontaktpersonen entsprechende Auskünfte nicht mitteilen konnten. Gerade die Angaben, die über Schulsozialarbeiterinnen und -sozialarbeiter im engeren Sinne hinausgingen, konnten oftmals nicht eindeutig beantwortet werden.

Ergänzend hierzu wurden weitere Recherchen über die Internetauftritte der Schulen angestellt, die allerdings lediglich Informationen über „klassische" Schulsozialarbeiter/innen, nicht aber über andere sozialpädagogische Fachkräfte bereithielten.

Da sich sehr schnell herausstellte, dass es für keine der drei hessischen Regionen vollständige Angaben oder gar Listen über die sozialpädagogischen Fachkräfte an Schulen gibt und weder über die Fachaufsicht des Jugendamtes, die Schulämter noch durch weiterführende Internetrecherchen über die Schulen (s. o.) ausreichende Informationen eingeholt werden konnten, wurde die Recherche zu den Kontaktdaten der Fachkräfte eingestellt.

Stattdessen entschied man sich für einen alternativen Weg, um die sozialpädagogischen Fachkräfte zu erreichen: Diese sollten zum einen über die Schulen und zum anderen über die Träger angeschrieben werden, indem dem jeweiligen Fragebogen an Schulleiter oder Träger weitere Fachkräftebögen mit der Bitte um Weiterreichung angefügt wurden.

Aufgrund einer fehlenden übergeordneten oder koordinierenden Einrichtung analog der des Schulamtes für die Schulen, gestaltete sich die Suche nach Informationen über die Träger ebenfalls schwierig.

Ein Telefonat mit dem Fachdienst Jugend brachte eine Besonderheit des Landkreises Waldeck-Frankenberg hervor: Nach Angaben der Kreisverwaltung gäbe es insgesamt 13 Stellen für Schulsozialarbeit, die ausnahmslos durch den öffentlichen Jugendhilfeträger unterhalten werden. Hier gäbe es regelmäßige Arbeitszirkel. So konnten diese 13 Schulsozialarbeiter über den Fachdienst Jugend kontaktiert und zur Teilnahme an der Befragung motiviert werden.

Da die Pilotstudie sich explizit auch mit sozialpädagogisch Tätigen befasst, die außerhalb der engeren begrifflichen Grenze von Schulsozialarbeit liegen, wurden

---

7 Siehe http://www.schulamt-frankfurt.hessen.de/, http://www.landkreis-waldeck-frankenberg.de bzw. http://dms-region.bildung.hessen.de. Zugegriffen: 15. April 2011.

darüber hinaus manuell, d. h. über Onlinerecherchen, weitere Träger ermittelt, deren Angebotsspektrum sozialpädagogische Tätigkeiten an Schulen umfasst. So wurden für den Landkreis Waldeck-Frankenberg, inklusive des öffentlichen Trägers, insgesamt 33 Träger ermittelt.

Die Träger im Landkreis Darmstadt-Dieburg und der Stadt Darmstadt wurden ebenfalls über eine Onlinerecherche ermittelt. Darüber hinaus wurden auch in diesen Regionen wichtige Schnittstellen telefonisch kontaktiert, um weitere Informationen über die Träger von sozialpädagogischen Fachkräften an Schulen zu ermitteln.

Über die Onlinerecherche sowie durch die Mithilfe des Jugendamtes Darmstadt konnten für die Stadt Darmstadt 18 Träger ermittelt werden, von denen sechs Träger vorab bestätigten, tatsächlich auch Schulsozialarbeiterinnen und -sozialarbeiter zu beschäftigen.

Für den Landkreis Darmstadt-Dieburg wurden, inklusive des öffentlichen Trägers, zehn Träger ermittelt. Der öffentliche Träger gab an, 24 Schulsozialarbeiterinnen und -sozialarbeiter zu beschäftigen, sieben weitere Träger bestätigten dies bereits im Vorfeld. Zusätzlich wurden in einem Telefonat mit der Koordinationsstelle *Jugendsozialarbeit für Schulen* im Landkreis Darmstadt-Dieburg Kontaktdaten zu Schulen mit – wiederum lediglich „klassischer" – Schulsozialarbeit sowie ihrer Träger erhalten.

Grundsätzlich lässt sich hinsichtlich der Recherchearbeiten festhalten, dass es in keinem der drei hessischen Erhebungsgebiete gelang, über die Fachaufsicht des Jugendamtes eine vollständige Liste der Jugendhilfeträger, die sozialpädagogische Fachkräfte an Schulen beschäftigen, zu erhalten. Insgesamt bleibt folglich offen, wie viele Träger nicht ermittelt werden konnten. Insbesondere die Trägerzahl von insgesamt 28 für die Stadt und den Landkreis Darmstadt-Dieburg erscheint doch sehr gering.

Die Erhebung der hessischen Standorte erfolgte mit Ausnahme der vorgezogenen Befragung der Träger in Waldeck-Frankenberg einheitlich am 24. Mai 2011. Den 203 Schulen und 61 Trägern wurden die Fragebögen mit frankierten Rücksendeumschlägen zugeschickt. Ergänzend wurden jedem Träger- und Schulfragebogen zwei, in einzelnen Fällen – wenn bspw. ein Träger mit vielen sozialpädagogisch Tätigen an Schulen ermittelt wurde – bis zu 13 Fachkräftefragebögen sowie die entsprechende Anzahl frankierter Rücksendeumschläge beigefügt.

Zur leichteren Orientierung und Vermeidung falscher Weiterleitungen wurden die drei verschiedenen Fragebögen auf jeweils andersfarbigem Papier gedruckt. In einem Begleitschreiben wurden die Träger, respektive Schulen, über die Studie informiert und um Mithilfe bzgl. der Weiterleitung der Fachkräftefragebögen an die entsprechenden Personen gebeten. Ein separates Begleitschreiben an die Fachkräfte wurde ebenfalls aufgesetzt, welches zusammen mit den Fragebögen weitergeleitet werden sollte.

Nach einem zunächst dürftigen Rücklauf der Träger-, Schul- und auch Fachkräftefragebögen, brachte eine Nachfassaktion am 10. Juni 2011 eine recht gute Resonanz. Der *Reminder*, der sowohl einen Dank für die Teilnahme und die Unterstützung als auch eine Erinnerung enthielt, wurde wiederum an alle Schulen und Träger postalisch verschickt. Von den 203 angeschriebenen Schulen nahmen so insgesamt 92 an der Befragung teil. Dies entspricht einer Rücklaufquote von 45 Prozent (siehe Tabelle 5.1). Insgesamt haben zehn Träger und 75 sozialpädagogische Fachkräfte an der Befragung teilgenommen. Für diese lässt sich aufgrund der unbekannten Grundgesamtheit keine Rücklaufquote benennen.

Eine Erklärung für den guten Rücklauf der Schulfragebögen ist möglicherweise in der gewährleisteten Anonymität zu sehen. Es wurde weder nach dem Namen der Schule oder des Trägers noch nach der Zugehörigkeit zur Stadt Darmstadt oder zum Landkreis Darmstadt-Dieburg gefragt. Letzteres bedeutet allerdings für die Auswertung, dass Stadt-Land-Vergleiche nur bedingt möglich sind. Da am Standort Frankfurt zusätzlich auf eine Identifizierungsnummer der Fragebögen verzichtet wurde, war eine Zuordnung zur Stadt oder zum Landkreis nur noch über den Poststempel möglich. Für weitere Untersuchungen wird zugunsten der Anonymität vorgeschlagen, auf die Frage nach dem Schul- oder Trägernamen weiterhin zu verzichten, die Unterscheidung nach Stadt oder Land aber aufzunehmen.

Insgesamt kann konstatiert werden, dass die Befragung der Fachkräfte via Kontakt zur Schule gegenüber dem Weg über die Träger als erfolgsversprechender einzustufen ist. Dadurch, dass die Grundgesamtheit der Schulen bestimmbar ist, ist die Option gegeben, prinzipiell alle sozialpädagogischen Fachkräfte zu erreichen. Problematisch bleibt jedoch, die konkrete Zahl nicht nur der „klassischen" Schulsozialarbeiter/innen, sondern auch die der sozialpädagogischen Fachkräfte an den jeweiligen Schulen zu bestimmen und zu gewährleisten, dass die Fragebögen die zu Befragenden tatsächlich erreichen. Eine Lösung sieht die Frankfurter Forschungsgruppe in den Schulen selber. Unter den gegebenen Umständen – Fehlen von Listen oder Dachorganisationen aller sozialpädagogischen Fachkräfte an Schulen – kann momentan nur durch die schulische Kooperation ein Zugang zu den Fachkräften gewährleistet werden.

5.3.3 Projektstandort Hochschule München

Das Forschungsteam in München umfasste neben Angelika Iser als Projektleiterin drei weitere Personen: die wissenschaftliche Mitarbeiterin Regina Worm und

Stephanie Kulartz sowie Mathias Penger als Studierende aus der Forschungswerkstatt im Master.[8] Die Münchner Forschungsgruppe wählte für die Stadt und den Landkreis München unterschiedliche Herangehensweisen für den Zugang, die im Folgenden gesondert erläutert werden.

Der Zugang zu den Fachkräften im *Landkreis München* wurde primär über die Träger gewählt, da hier zu einem Träger, der einen Großteil der Projekte im Landkreis abdeckt (s. Kap. 14), gute Kontakte von Seiten der Hochschule bestehen. Erst an zweiter Stelle erfolgte der Zugang über die Schulen. Die erste Etappe war ein Treffen mit diesem größten Träger im Landkreis, dem Kreisjugendring München-Land (kjr), im Mai 2011. Dort wurde, verbunden mit einem Pretest, die erste Datenerhebung durchgeführt. Der kjr bot bei diesem Treffen an, die Fragebögen an seine rund 140 Fachkräfte an Schulen weiterzuleiten und diese aufzufordern, sich bei der Erhebung zu beteiligen. Zudem erklärte der Träger sich bereit, die Fragebögen gebündelt an die Hochschule München zurück zu leiten.

Ferner erhielt das Forschungsteam bei dieser Zusammenkunft eine Liste mit allen Trägern aus dem Landkreis München. Die zehn hier benannten Träger des Landkreises München wurden telefonisch kontaktiert, über die Erhebung aufgeklärt und um Teilnahme und Weiterleitung der Fragebögen an die Fachkräfte gebeten. Darüber hinaus wurden bei weiteren Recherchen noch vier weitere Jugendhilfeträger gefunden, mit denen gleich verfahren wurde. Mehrere Träger sagten uns beim Telefonat zu, alle Fachkräfte zu erreichen und den vollständigen Satz ausgefüllter Fragebögen gebündelt an uns zurück zu senden. Dies konnte, wie sich später gezeigt hat, jedoch von keinem der Träger eingehalten werden. Nach den Telefonaten wurden Anfang Juni 2011 die Träger- und die Fachkräftefragebögen an die Träger und über die Träger an deren ca. 50 Fachkräfte, die an ungefähr 60 Schulen tätig sind, verschickt.

Da dem Team aus München nur 14 Träger bekannt waren, aber nicht sicher war, ob über diese Träger alle Fachkräfte an Schulen abgedeckt werden konnten, wurden dem Versand der Schulfragebögen Fragebögen für Fachkräfte beigelegt, verbunden mit der Bitte an die Schulleitungen, diese an sozialpädagogische Fachkräfte weiterzugeben, die wahrscheinlich noch nicht über deren Träger erfasst werden konnten. Vorab wurden die Schulen im Landkreis sowie deren Jugendhilfeangebote wie beispielsweise Jugendsozialarbeit, berufsbegleitende Maßnahmen sowie Ganztagsschulen recherchiert. Um die Schulen anschreiben zu können

---

8   Die Studierenden haben für ihre Masterarbeit die regionalen Besonderheiten im Landkreis und der Stadt München mittels Clusteranalyse untersucht und die typischen Tätigkeitsfelder bzw. -gruppen der sozialpädagogischen Fachkräfte analysiert (s. Kap. 9). In Kapitel 14 werden zudem rechtliche und konzeptionelle Hintergründe und Besonderheiten der Sozialen Arbeit an Schulen in Bayern und v. a. München ausgeführt.

musste eine Genehmigung für die Durchführung der Erhebung eingeholt werden (s. u.).

Die Erhebung für die *Stadt München* erfolgte erst im Anschluss an die Erhebung im Landkreis. Dafür wurden zunächst Schulen und Träger recherchiert. Eine Internetabfrage beim Bayerischen Staatsministerium für Unterricht und Kultus (BStUK) ergab eine Gesamtzahl von 484 Schulen für das Münchner Stadtgebiet.[9] Abzüglich der Akademien und Berufsfachschulen bleiben 387 allgemeinbildende und Berufsschulen, die für unsere Abfrage relevant sind. Die Ermittlung der Träger sozialpädagogischer Fachkräfte an Schulen in der Stadt München gestaltete sich schwieriger. Über das Stadtjugendamt konnten nur diejenigen Träger ermittelt werden, die von diesem bezuschusst werden. Ebenso kennt das Bayerische Landesjugendamt nur diejenigen Träger, die über dessen Landesprogramm gefördert werden. Die so ermittelten Träger wurden noch durch einige uns bekannte Träger von sozialpädagogischen Ganztagsangeboten ergänzt. Insgesamt wurden so für die Stadt München 27 Träger ermittelt.

Da wir in unserer Forschungsgruppe vermuten, dass weitaus mehr Träger sozialpädagogische Fachkräfte an Schulen in München beschäftigen, beispielsweise kleine schulinterne Fördervereine, entschieden wir uns hier – im Gegensatz zur Befragung im Landkreis – gegen einen Zugang über die Träger zu den Fachkräften zu Gunsten eines Zugangs über die Schulen, um dem zugrunde liegenden Anspruch einer Vollerhebung gerecht werden zu können. Da alle Schulen im Erhebungsgebiet bekannt sind, können über diese grundsätzlich alle Fachkräfte, die dort tätig sind, erreicht werden. Bestärkt wurde die Entscheidung weiterhin durch die Erfahrung der Erhebung im Landkreis, die uns letztlich in die Gefahr einer potentiellen Doppelerhebung von Fachkräften geführt hat, indem wir nach der Erhebung über die Träger einen weiteren Kontaktversuch über die Schulleitungen initiieren mussten.

Dem Vorteil der Bekanntheit aller Schulen steht allerdings eine andere Hürde entgegen: Die *Genehmigungspflicht der Befragung* an Schulen in Bayern durch das Staatsministerium für Unterricht und Kultus (StMUK). Eine solche Genehmigung einzuholen dauert u. U. mehrere Wochen, je nach den Tagungszeiten des zuständigen Ausschusses. Zudem besteht aufgrund der Flut von Anfragen nicht immer Aussicht auf eine Genehmigung. Bei diesem langwierigen und unsicheren Genehmigungsverfahren sahen wir eine Realisierung der Erhebung vor den Sommerferien gefährdet. Das Kultusministerium gab jedoch den Hinweis, dass unsere Studie evtl. im Sinne der Jugendhilfeplanung gemäß § 80 SGB VIII über die Ko-

---

9   Vgl. Bayerisches Staatsministerium für Unterricht und Kultus (StMUK) (2011): Alle Orte, alle Schulen. München. http://www.km.bayern.de/eltern/schulsuche.html. Zugegriffen: 21. August 2011.

operationsverpflichtung von Schulämtern/Schulen über das BayEUG nach Art. 31 Abs. 1 durchgeführt werden könnte. Schulen sind aufgrund dieser gesetzlichen Bestimmungen dazu verpflichtet, an der Jugendhilfeplanung mitzuwirken. Von uns daraufhin angefragt, formulierten sowohl das Stadt- und als auch das Kreisjugendamt Begleitschreiben mit einem Hinweis, dass die Erhebung im Sinne der Jugendhilfeplanung stattfindet und sie um Beteiligung bitten. Auch die von uns angefragten Ministerialbeauftragten der verschiedenen Schulformen unterstützten die Erhebung durch Begleitschreiben mit Bitte um Teilnahme an der Erhebung, nachdem wir ihnen vorab das Schreiben des StMUK vorgelegt hatten.

So begannen wir in der *Stadt München* am 7. Juli und gut drei Wochen vor Beginn der Sommerferien mit dem Versand der Fragebögen. Jede Schule erhielt ein Kuvert mit einem Anschreiben, den benannten Begleitschreiben der Jugendhilfeplanung, der Ministerialbeauftragten und vom StMUK, einem farblich kenntlich gemachten Fragebogen für die Schulleitung, Fragebögen für die Fachkräfte, sowie einem frankierten Rückumschlag. Sofern aus den Vorrecherchen bekannt war, dass an einer Schule mehrere Fachkräfte tätig sind, wurden entsprechend mehr Fragebögen an diese versandt. Insgesamt wurden so 387 Schulen angeschrieben und über diese knapp 1300 Fragebögen für Fachkräfte verteilt.

In der Folgewoche wurden die uns bekannten 27 Träger sozialpädagogisch Tätiger an Schulen im Münchner Stadtgebiet angeschrieben. Parallel hierzu führte die Forschungsgruppe mit den zuständigen Mitarbeiterinnen und Mitarbeitern bei den Trägern persönliche Telefonate, um ihnen das berufspolitische Interesse der Erhebung zu erläutern und sie zur Teilnahme an der Befragung zu motivieren. Sie wurden weiterhin gebeten, ihre Fachkräfte über die Erhebung zu informieren und sie zur Teilnahme aufzufordern. Dies wurde von den meisten zugesagt und nur von einem Träger mit dem Hinweis auf zu viele Erhebungen rundweg abgelehnt.

Die entsprechenden Telefonate mit den Schulleitungen (N = 387) konnten bei nur vier Personen in unserem Forschungsteam nicht flächendeckend geführt werden. Daher wählten wir rund 50 Schulen aus, von denen wir wussten bzw. annahmen, dass dort mehrere Sozialpädagogen tätig sind, um sie persönlich über die Erhebung zu informieren und um Teilnahme zu bitten.

Da die Erhebung zeitlich sehr nah an die Sommerferien gerückt war, wurde die *Nachfassaktion zur Erhebung* erst nach den ersten Schulwochen im Oktober durchgeführt, parallel zur beginnenden Dateneingabe. Diesmal wurden alle Träger, von denen noch kein Bogen vorlag, angerufen. Ebenso wurden die Schulen an die Erhebung erinnert. Dies lief z. T. über Erinnerungsmails, die von einzelnen Ministerialbeauftragten über deren Verteiler weitergeleitet wurden, und zum Teil über Telefonate. Allerdings konnten nur wenige Schulen nochmals erreicht werden. Eine umfassende postalische Erinnerung konnte nicht aus den vorhandenen Projektmitteln finanziert werden.

Als *Rücklauf* (s. Tab. 5.1) kann verzeichnet werden, dass im *Landkreis München* von 14 an Träger verschickte Fragebögen acht zurückkamen, wobei vier der Träger bei den Telefonaten vorab mitteilten, dass bei ihnen keine sozialpädagogische Fachkraft an Schulen (mehr) angestellt sei. Von den 83 Schulen im Landkreis wurden 33 Fragebögen zurückgesandt, was einem Rücklauf von 39,8 % entspricht. Für die 96 zurückgesandten Fachkräftefragebögen kann kein Rücklauf ermittelt werden, da die Grundgesamtheit der Fachkräfte nicht bekannt ist.

In der *Stadt München* haben von den 387 angeschriebenen Schulen 130 und damit 33,6 % einen ausgefüllten Bogen zurückgeschickt. Von den Fragebögen für sozialpädagogische Fachkräfte an Schulen kamen 144 ausgefüllt wieder zurück. Schließlich haben wir 17 ausgefüllte Bögen von den 27 uns bekannten, angeschriebenen und angerufenen Trägern zurückerhalten, wobei vermutlich weitere, uns unbekannte Träger existieren.

Ein *Problem* zum Rücklauf wurde uns nachträglich bewusst: Während der Erhebungsphase kamen von mehreren Schulen im Landkreis wie auch der Stadt E-Mails mit dem Hinweis, dass an der Schule keine sozialpädagogische Fachkraft arbeite und es wurde z. T. nachgefragt, ob die Rücksendung dennoch erforderlich sei. Aus Rücksicht auf die Ressourcen der Schulleitungen haben wir auf eine Zusendung des Bogens verzichtet. Allerdings fehlten uns dadurch auch alle weiteren Angaben zu den Schulen, so dass wir diese 15 Schulen nicht mit auswerten konnten. Hierfür müsste bei einer erneuten Erhebung ein besserer Weg gefunden werden. Eine weitere Rückmeldung mancher Schulen war, dass sie zu viele Erhebungen bekamen und die Teilnahme daher verweigerten.

Während die Träger die Frage nach dem Trägernamen durchgängig ohne Kommentar beantworteten, kamen von mehreren Schulleitungen kritische Rückfragen dazu, dass auf den Fachkräftebögen nach dem Schulnamen gefragt wurde, wodurch keine richtige Anonymität gewährleistet sei. Dem stimmen wir rückwirkend zu und würden zukünftig auf eine Vergleichsauswertung zwischen Schule und den zugehörigen Fachkräften verzichten. Anstelle der Frage nach dem Schulnamen würden wir nur noch nach der Schulform fragen.

Ein weiteres Problem bestand im späten Erhebungszeitpunkt kurz vor den Sommerferien. Die Verzögerung war v. a. durch das unerwartete und aufwändige Genehmigungsverfahren entstanden, weiterhin aber auch durch logistische Probleme, die der umfangreiche Druck und Versand von 387 Schul- und mehr als 1300 Fachkräftebögen jeweils mit frankierten Rückumschlägen und diversen Begleitschreiben auslöste. Der späte Versand führte wiederum zu einem zeitverzögerten Rücklauf, so dass die letzten Bögen im Oktober bei uns eingingen.

Rückwirkend hat sich der erste Versuch, alle sozialpädagogischen Fachkräfte über deren Träger zu erreichen, als problematisch herausgestellt, weil es niemanden gibt, der alle schulischen, Jugendhilfe- und sonstigen Träger von sozialpädagogischen Fachkräften an Schulen kennt. So bleibt trotz sorgfältiger Vorrecherche auf diesem Wege immer eine potentielle Dunkelziffer. Die Vorgehensweise, Fachkräfte zusätzlich über die Schulleitungen anzuschreiben, führt zur (wenn auch eher unwahrscheinlichen) Gefahr, dass einzelne Fachkräfte den Fragebogen doppelt ausfüllen und zurücksenden könnten. Um zukünftig unbekannte Träger von sozialpädagogischen Fachkräften an Schulen zu ermitteln, könnte in den Fachkräftebögen, ggf. im Rahmen einer freiwilligen Angabe, nach dem Namen des Trägers gefragt werden. Allerdings wäre damit bei kleinen Trägern die Anonymität für die Fachkräfte nicht wirklich gewährleistet.

5.4 Der Rücklauf an den drei Modellstandorten im Überblick

In der Tabelle 5.1 wird eine Übersicht über den Rücklauf der Standorte mit den je drei befragten Gruppen gegeben. Da nur für die Befragung der Schulleitungen Rücklaufquoten genannt werden können, werden für die beiden anderen Zielgruppen absolute Zahlen angegeben.

Der Rücklauf der drei Fragebögen fällt an den einzelnen Erhebungsorten sehr unterschiedlich aus. So ist die Rücklaufquote der *Schulleitungen* in Nordrhein-Westfalen deutlich geringer als an den beiden anderen Erhebungsstandorten. Dies ist unter anderem damit zu erklären, dass durch die persönliche Befragung der Schulen nur die Schulleitungen einen Fragebogen ausgefüllt haben, die auch mindestens eine sozialpädagogische Fachkraft beschäftigen. Allerdings wurde in den telefonischen Terminabsprachen teilweise auch nur nach dem Vorhandensein von Schulsozialarbeiter/innen gefragt und die „anderen sozialpädagogisch Tätigen" ausgelassen. Diese Rücklaufquote ist demnach mit Vorsicht zu interpretieren, da die Ausgangsgröße hier nicht wirklich zuverlässig bekannt ist.

An den Erhebungsstandorten in Bayern und Hessen haben häufig auch die Schulleitungen den Fragebogen (wenn auch nicht vollständig) ausgefüllt, bei denen keine sozialpädagogische Fachkraft arbeitet. Während die prozentualen Rücklaufquoten der Schulleitungen an den beiden Erhebungsstandorten in Hessen am höchsten sind, liegen die absoluten Zahlen der Erhebungsstandorte in Bayern deutlich vor Hessen.

Auch bei den zurückgesandten Bögen von *sozialpädagogischen Fachkräften* ist die Zahl am Erhebungsstandort Bayern mit insgesamt 240 am höchsten, gefolgt von 206 erhaltenen Fragebögen der Standorte in Nordrhein-Westfalen und 75 Fra-

Tabelle 5.1 Rücklauf der Fragebögen im Vergleich

Standorte	Rücklauf				
	Fachkräfte	Träger	Schulen	Gesamtanzahl der Schulen	Rücklaufquote Schulen
Stadt München	144	17	130	387	33,6 %
Landkreis München	96	8	33	83	39,8 %
Bayern gesamt	240	25	163	470	34,7 %
Stadt Darmstadt und LK Darmstadt-Dieburg	52	9	56	135	41,5 %
Landkreis Waldeck-Frankenberg	17	1	36	68	52,9 %
Hessen gesamt	75	10	92	203	45,3 %
Stadt Dortmund	83	6	34	176	19,3 %
Landkreis Unna	119	11	44	128	34,4 %
NRW gesamt	206	17	78	304	25,7 %
Gesamt	521	52	333	977	34,1 %

gebögen aus den Standorten in Hessen. Diese Reihenfolge liegt auch bei den zurückgesandten Trägerfragebögen vor. Die deutlich niedrigere Zahl der in Hessen erhaltenen Fragebögen muss allerdings auch in Relation zur niedrigeren Anzahl der Schulen an den hessischen Standorten gesetzt werden (s. Tab. 5.1).

5.5 Hinweise zu den folgenden Auswertungen und der Empfehlung für Erhebungen

Aus methodischer Sicht ist es wichtig zu betonen, dass die Ergebnisse durchaus gravierenden Einschränkungen in Bezug auf die Verallgemeinerbarkeit und Belastbarkeit unterliegen. Es wäre wissenschaftlich nicht angemessen, von diesen Ergebnissen Schlüsse z. B. über die Verbreitung bestimmter Tätigkeitsformen oder auch bestimmter Anstellungsverhältnisse abzuleiten, die über die jeweilige Befragungsregion hinaus reichen. Auch innerhalb einzelner Befragungsregionen sind die Fallzahlen teilweise (insbesondere bei den Ergebnissen des Trägerfragebogens und zum Teil auch beim Schulfragebogen) so gering, dass die berichteten Ergebnisse größeren Zufallsschwankungen unterliegen und mit der entsprechenden Vorsicht zu interpretieren sind.

Ein wichtiger Aspekt für die Belastbarkeit von Ergebnissen ist die erreichte Rücklaufquote. Diese schwankte je nach eingesetzter Methode erheblich. Wie beschrieben wurden z. B. bei den Schulfragebögen – wo zumindest die Größe der Grundgesamtheit bekannt ist – Rücklaufquoten zwischen knapp 20 % und 45 % erzielt. Inwiefern die Schulen, die sich dann tatsächlich beteiligt haben, nun repräsentativ für alle Schulen in der jeweiligen Region sind, ist anhand der erhobenen Daten nicht ohne weiteres zu überprüfen. Eine zusätzliche Schwierigkeit ist, dass bezogen auf die Fachkräfte an Schulen bereits der Umfang der Grundgesamtheit nicht bekannt ist. Hier können somit auch keine Ausschöpfungsquoten angegeben werden. Da der Zugang zu den Fachkräften vorwiegend über die Schulen erfolgte, ist eine niedrige Beteiligung der Schulen auch ein potentielles Problem für die Verallgemeinerbarkeit von Ergebnissen der Fachkräftebefragung. Ähnliche Probleme treten – neben der für diesen Befragungsteil besonders deutlichen Fallzahlprobleme – bei der Befragung der Träger hervor. Auch die genaue Trägerstruktur ist nicht immer bekannt. Darüber hinaus sind die Träger sehr heterogen, es gibt einerseits sehr kleine Träger, andererseits sehr große, teils fast monopolistische Träger (Waldeck-Frankenberg). Daher ist eine Einschätzung der Verallgemeinerbarkeit von Trägerergebnissen ebenfalls kaum möglich.

Ein weiterer Interpretationshinweis betrifft die nur eingeschränkte Vergleichbarkeit der Ergebnisse zwischen den Regionen. Zum einen wurden teilweise unterschiedliche Methoden des Feldzugangs verwendet, deren mögliche Auswirkungen auf das Antwortverhalten und die Beteiligung an der Befragung berücksichtigt werden müssen (s. o.). Dieser Methodenmix war allerdings kein Versehen, sondern wurde bewusst entschieden, um den Rücklauf für unterschiedliche Zugänge zu überprüfen.

Zum anderen sind die ausgewählten Regionen durch recht ausgeprägte regionale – u. a. politische – Besonderheiten gekennzeichnet, die bei der Interpretation berücksichtigt werden müssen. Um diese für die Interpretation der Daten zugänglich zu machen, werden im dritten Teil des Buches die regionalspezifischen Besonderheiten der Sozialen Arbeit an Schulen für die Standorte und ihre Bundesländer ausgeführt und aufgearbeitet (s. Kap. 14, 15 und 16).

Die folgenden Auswertungen sind im Rahmen von Forschungswerkstätten der drei beteiligten Hochschulen entstanden und v. a. von Studierenden verfasst worden. Die je unterschiedlichen Zugänge bei den Auswertungen sind bewusst beibehalten worden, um den Charakter der Forschungsexploration zu gewährleisten.

Vor diesem Hintergrund werden im Folgenden zunächst Ergebnisse aus dem Fragebogen an Schulleitungen vorgestellt (Schulfragebogen) (s. Kap. 6). Mit der Auswertung der Fachkräftefragebögen hat sich ein standortübergreifendes Team befasst, das ausgewählte Ergebnisse zu den Personen, ihren Qualifikationen, Dienstbezeichnungen, Zielgruppen und dem Beschäftigungsumfang ausführt (s. Kap. 7). Auf den gleichen Daten beruht der folgende Artikel, in dem anhand der Eingruppierung, Qualifikation, Supervisions- und Fortbildungssituation danach gefragt wird, ob die Soziale Arbeit an Schulen Merkmale eines prekären Handlungsfelds aufweist (s. Kap. 8). Nur auf Daten aus der Stadt und dem Landkreis München bezieht sich eine darauf folgende detaillierte Analyse der von den Fachkräften benannten Angebote und Tätigkeiten. Die Analyse soll einen Einblick geben, inwiefern sich empirisch unterschiedliche Profile im Sinne von Tätigkeitszuschnitten bei den verschiedenen sozialpädagogischen Fachkräften an Schulen finden lassen (s. Kap. 9). Den Abschluss der drei gemeinsamen Fragebogenteile bildet ein Beitrag, in dem die Antworten zu sechs der erfragten Themenbereiche aus den Daten der Schulleitungen, Jugendhilfeträger und Fachkräfte gegenüberstellend vorgestellt und diskutiert werden (s. Kap. 10).

Hieran schließen sich zwei Vertiefungsstudien aus der Forschungswerkstatt in Frankfurt an. Zum einen eine Onlinebefragung von Lehrerinnen und Lehrern zu ihrem Kenntnisstand und der Nutzungsweise von Schulsozialarbeit (s. Kap. 11). Und schließlich eine Analyse von Freizeitpräferenzen sozialpädagogischer Fachkräfte an Schulen, durch die Auswertung eines Fragebogenteils, der in Frankfurt entwickelt und nur dort eingesetzt wurde (s. Kap. 12).

Da ein zentrales Ziel dieser Veröffentlichung ist, Empfehlungen für weitere Erhebungen zu entwickeln, wird der zweite Teil des Buches mit Empfehlungen für zukünftige Erhebungen auf kommunaler und Landesebene abgeschlossen (s. Kap. 13). In diesem Kapitel greifen wir die bisherige Methodenreflexion und Kritik wieder auf und entwickeln daraus weiterführende Vorgehensweisen sowie zwei Kernfragebögen zur Befragung von Fachkräften und von Schulleitungen (s. Anhang). Die Empfehlungen für die Kinder- und Jugendhilfestatistik ist in einem eigenen Kapitel am Schluss des Buches ausgearbeitet (s. Kap. 19).

Literatur

Häder, Michael (2010). *Empirische Sozialforschung. Eine Einführung.* 2. Aufl. Wiesbaden: VS Verlag für Sozialwissenschaften (GWV).

Porst (2009). *Fragebogen. Ein Arbeitsbuch.* 2. Aufl. Wiesbaden: VS Verl. für Sozialwissenschaften (GWV).

Soziale Arbeit an Schulen aus Sicht der Schulleitungen

Laura Holtbrink

Der vorliegende Beitrag bietet einen Überblick über die regionenübergreifende Auswertung des Schulfragebogens, der im Rahmen des Projektes „Auf dem Weg zu einer Statistik der Sozialen Arbeit an Schulen" entstanden ist. Der Fragebogen wurde von der jeweiligen Schulleitung der befragten Schulen ausgefüllt. Insgesamt wurden in der Studie drei verschiedene Personengruppen befragt: die Schulleitungen, die sozialpädagogisch Tätigen sowie die Träger sozialpädagogisch tätiger Personen an Schulen. Die Schulleitungen wurden zum einen befragt, um Rahmenbedingungen wie die Anzahl der Schüler und Schülerinnen und die Anzahl der sozialpädagogisch Tätigen zu ermitteln. Zum anderen sollten so Informationen über die Arbeitsschwerpunkte etc. aus einer anderen Perspektive eingeholt werden. Wie bereits mehrfach in diesem Band erwähnt, sind die Daten nicht repräsentativ, daher werden nur erste erkennbare Trends aufgezeigt. Eine bundesweite Verallgemeinerung der Daten ist an dieser Stelle nicht möglich und war nicht das Ziel des Forschungsprojektes. Ziel war es vielmehr, einen „optimalen" Zugangsweg für eine zukünftige Statistik zu eruieren und einen guten Fragebogen bzw. ergänzende Fragen für die Kinder- und Jugendhilfestatistik zu entwickeln. Aus diesem Grund folgt in diesem Baitrag nach der Datenauswertung eine Methodenkritik bzw. Methodenreflexion, in der sowohl der Zugang als auch die Fragen des Schulfragebogens kritisch analysiert werden. In Abbildung 6.1 wird die Verteilung der auswertbaren Fragebögen auf die Erhebungsstandorte dargestellt.

Mit 36 % wurden die meisten auswertbaren Fragebögen von Schulleitungen aus der Stadt München zurück gesandt. Eine Betrachtung der prozentualen Rücklaufquote bezogen auf die Anzahl der je Standort existierenden Schulen zeigt jedoch, dass die Stadt München mit einer Rücklaufquote von 33,6 % (N = 387) nur auf dem vierten Platz liegt. Die Standorte in Bayern liegen mit einer Gesamtrücklaufquote von 34,7 % (N = 470) auf Platz zwei. Die hessischen Standorte weisen insgesamt eine Rücklaufquote von 45,3 % (N = 203) auf und liegen damit auf Platz

Abbildung 6.1 Verteilung der auswertbaren Fragebögen auf die Erhebungsstandorte

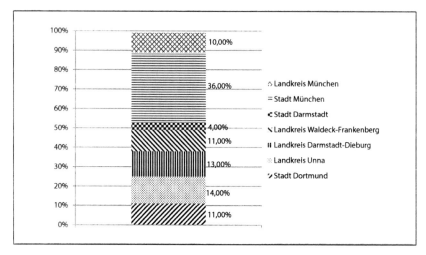

Anmerkung: Angaben in Prozent, Quelle: Schulfragebogen, n = 318

eins. In Nordrhein-Westfalen beträgt die Rücklaufquote 25,7 % (N = 304). Hier unterscheidet sich die Quote in Unna (39,8 %) deutlich von der in Dortmund (19,8 %). Dieser erhebliche Unterschied ist auf die Erhebungsmethode und die damit verbundenen Schwierigkeiten zurückzuführen, denn in Nordrhein-Westfalen wurden die Fragebögen im Gegensatz zu den anderen beiden Bundesländern im persönlichen Kontakt übergeben und ausgefüllt. Hierbei zeigte sich vor allem, dass es sehr schwierig war, Termine mit den Schulleitungen zu vereinbaren. Eine ausführliche Beschreibung des jeweiligen regionalen Vorgehens und der Rücklaufquoten findet sich in Kap. 5.

Für die Umfragebeteiligung bezogen, auf die verschiedenen Schulformen, ergibt sich eine Übersicht laut Tab. 6.1.

Im Vergleich zu den Zahlen des Statistischen Bundesamtes für das Schuljahr 2010/2011 (destatis 2011a, S. 16; destatis 2011c, S. 20) ist festzustellen, dass die Verteilung der Schulformen in der Erhebung in weiten Teilen mit der Verteilung der Schulformen in Deutschland übereinstimmt. Da die Schulformen Volksschule, sowie additive Gesamtschule in der Statistik des Bundes und der Länder nicht aufgeführt werden, liegen hierfür auch keine Zahlen vor. Auffällig ist jedoch, dass die berufliche Schule in unserer Erhebung deutlich unterrepräsentiert ist. Auch bei einem Vergleich mit dem Anteil der Schulformen der speziell an den Erhebungsstandorten besteht, wird die starke Abweichung bei den beruflichen Schulen noch

Tabelle 6.1 Umfragebeteiligung der Schulleitungen nach Schulformen

Schulform	Häufigkeit	Prozent	Anteil der Schulform an den Erhebungsstandorten*
Grundschule	120	38%	41%
Hauptschule	28	9%	12%
Grund und Hauptschule (Volksschule)	3	1%	–
Realschule	25	8%	10%
Additive Gesamtschule	6	2%	–
Integrierte Gesamtschule	12	4%	2%
Sonder-/Förderschule	39	12%	9%
Gymnasium	27	9%	11%
Berufliche Schule/Berufsschulzentrum	34	11%	25%
Andere Schule	24	8%	
Gesamt	318	100%	100%

* Die Grundlage für diese Berechnung liefern die Zahlen der Statistischen Ämter des Bundes und Landes (Statistische Ämter des Bundes und der Länder 2012). Die Schulformen „Volksschule" sowie „Additive Gesamtschule" werden in der genannten Statistik nicht geführt.

Anmerkung: Quelle Schulfragebogen, n = 318

einmal deutlich. Für die weitere Betrachtung der Daten ist daher besonders zu beachten, dass der Anteil für die beruflichen Schulen deutlich niedriger ausfällt als dies an den Standorten tatsächlich der Fall ist. Bei den antwortenden Schulen handelte es sich zum größten Teil (92,4 %) um öffentliche Schulen. Ergänzungsschulen waren nur mit 1,6 % vertreten und Ersatzschulen mit 6 %. Da der Anteil der Privatschulen in Deutschland im Jahr 2010 bei 12,5 % lag (destatis 2011b, S. 12), sind die privaten Schulen innerhalb dieser Studie unterrepräsentiert. Dies könnte jedoch z. T. auch darauf zurückzuführen sein, dass die Bergriffe Ergänzungs- und Ersatzschule[1] innerhalb des Fragebogens nicht erklärt worden sind und es sich dabei nicht unbedingt um allgemein bekannte Begriffe handelt.

---

1 Ersatzschulen sind Privatschulen im allgemeinbildenden Zweig, die zur Erfüllung der Schulpflicht dienen. Ergänzungsschulen zielen häufig auf eine berufliche Weiterbildung ab.

6.1 Soziale Arbeit an Schulen aus Sicht der Schulleitungen

Erste interessante Ergebnisse finden sich bei der Auswertung der Frage nach einem Schulprofil. Ein Schulprofil unterscheidet sich von einem Schulprogramm insofern, dass ein Schulprogramm weiter gefasst ist und einen Ausdruck planvoller pädagogischer Schulgestaltung darstellt, während das Schulprofil nur ein Teil hiervon ist. Mit dem Schulprofil werden bestimmte Aktivitäten, Verhaltensweisen und Gegebenheiten der Schule hervorgehoben. Somit verfügen sehr viele Schulen über ein eigenes Profil, auch dann, wenn sich die Schulleitungen dessen nicht bewusst sind (vgl. Philipp und Rolff 1999, S. 17). Die Schulleitungen konnten somit angeben, ob und welches spezifische Profil (z. B. Schule ohne Rassismus, internationale Schule, integrative Schule etc.) ihre Schule hat.

Hierbei fällt auf, dass sich die Ergebnisse an den verschiedenen Standorten deutlich unterscheiden. In Dortmund und Unna (NRW) gaben 68 % der befragten Schulen an, ein Schulprofil zu haben. Auch in München (Bayern) ist der Anteil der Schulen mit einem spezifischen Profil mit 51 % relativ hoch. Bei den hessischen Standorten bejahen hingegen nur 37 % die Frage. Diese Angaben könnten in Zusammenhang mit der Anzahl der Ganztagschulen in den einzelnen Bundesländern stehen, denn Schulen, die Fördermittel aus dem Investitionsprogramm des Bundes „Zukunft Bildung und Betreuung" (IZBB) beantragten, müssen ein Schulprofil haben. In der Auswertung wird deutlich, dass die Schulen an den Standorten im Bundesland Nordrhein-Westfalen, welche am häufigsten angeben ein Schulprofil zu haben, auch am häufigsten angeben eine Ganztagsschule zu sein. Der starke Unterschied zwischen den Standorten in Hessen und Bayern kann hierdurch jedoch nicht erklärt werden. Inhaltlich, also in der Angabe des genauen Profils, grenzen sich die Antworten der Bundesländer hingegen nicht deutlich voneinander ab. Insgesamt ist es kaum möglich, die vielen und sehr unterschiedlichen Angaben zu kategorisieren. Unter anderem wurden folgende Profile genannt:

- bewegte Schule,
- integrative/inklusive Schule,
- Umweltschule,
- Helfen, stützen, fördern, begleiten,
- kleine Schule große Gemeinschaft,
- Schule ohne Rassismus etc.

Forschungsmethodisch ist zu überlegen, ob die Frage nach dem Schulprofil für

Abbildung 6.2 Anteil der Ganztagsschulen am Rücklauf der Schulfragebögen

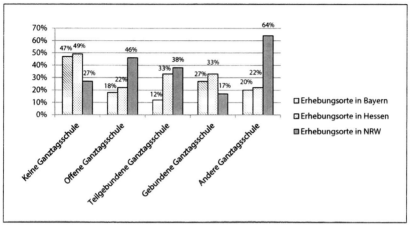

Anmerkung: Angaben in Prozent, gültige n = 315, n = 318 Quelle: Schulfragebogen

künftige Erhebungen wichtig ist. Da aufgrund der Vielzahl der Angaben kaum eine Kategorisierung möglich ist, können auch keine Zusammenhänge zwischen dem Schulprofil und anderen Variablen aufgedeckt werden. Es wäre daher sinnvoll, diese Frage entweder abzuschaffen oder aber bestimmte Kategorien, wie beispielsweise ein Sprachprofil, ein sozialpädagogisches Profil oder ähnliches vorzugeben. Allein über den Namen eines Profils können hierzu keine eindeutigen Rückschlüsse gezogen werden.

Bezüglich der Anzahl der beteiligten Ganztagsschulen können deutliche Unterschiede zwischen den Erhebungsstandorten festgestellt werden. Diese werden in Abbildung 6.2 dargestellt.

Der Anteil der antwortenden Ganztagsschulen der Standorte in NRW ist deutlich höher als der in Bayern und Hessen. Werden alle Ganztagsschulformen zusammengerechnet, sind in NRW 73 % aller antwortenden Schulen eine Ganztagsschule. In München sind es 53 % und die hessischen Standorte folgen mit 51 %. Diese Unterschiede zwischen den Bundesländern werden durch den Mittelfluss aus dem Investitionsprogramm des Bundes IZBB bestätigt. Bis zum Jahr 2009 stellte der Bund 4 Milliarden Euro für den Auf- und Ausbau von Ganztagsschulen zur Verfügung. Bei der Umsetzung in den Bundesländern liegt Nordrhein-Westfalen mit 3 668 (60 %) geförderten Schulen weit vor allen anderen. Bayern folgt mit 913 geförderten Schulen (19 %) an zweiter Stelle. Hessen liegt mit 382 geförderten Schulen (13%)[2] im Mittelfeld (Bundesministerium für Bildung und Forschung 2012).

Näher an unseren Werten liegen die Angaben zu Ganztagsschulen im Bildungsbericht (Bundesministerium für Bildung und Forschung 2010). In Bayern sind demnach insgesamt 51% aller Schulen eine Ganztagsschule, in Nordrhein-Westfalen 64%. Für das Bundesland Hessen liegen im Bildungsbericht keine Zahlen für die Ganztagsschulen in freier Trägerschaft vor. Daher kann hier der Gesamtanteil der Ganztagsschulen nicht ermittelt werden.

Betrachtet man die Zahl der sozialpädagogisch Tätigen an *allen* befragten Schulen, so ist zunächst auffällig, dass in Hessen sowie in Bayern bei der Frage: „Wie viele sozialpädagogische Fachkräfte[3] waren im letzten Schulhalbjahr (2. Schulhalbjahr 2010/2011) an Ihrer Schule tätig?" eine hohe Zahl fehlender Werte vorliegt. In Hessen gibt es 51% fehlende Werte, in Bayern 40%. In Nordrhein-Westfalen gibt es keine fehlenden Werte bei dieser Frage, da hier die Bögen ja weitgehend im Gespräch vor Ort ausgefüllt wurden. Weiterhin ist festzustellen, dass fast alle Befragten, die hier keine Antwort gegeben haben, auch den weiteren Fragebogen nicht ausgefüllt haben. Da im Anschluss an diese Frage fast nur noch Fragen folgen, die sich explizit auf sozialpädagogisch Tätige beziehen, liegt die Vermutung nahe, dass es an den betreffenden Schulen keine sozialpädagogisch Tätigen gibt. Hieraus würde sich ergeben, dass es – inklusive derjenigen die hier „0" angegeben haben – in Hessen an 52%, in München an 40% und in NRW an 9% der antwortenden Schulen keine sozialpädagogisch Tätigen gibt. Die deutlich niedrigere Zahl der Schulen ohne sozialpädagogisch Tätige in NRW erklärt sich durch den persönlichen Zugangsweg, bei dem schon im Vorfeld Schulen ohne sozialpädagogisch tätige Person aussortiert wurden. Insgesamt haben also 64% (204) der antwortenden Schulleitungen mindestens eine sozialpädagogisch tätige Person eingetragen.

Abbildung 6.3 zeigt, bei wie viel Prozent der jeweiligen Schulform mindestens eine sozialpädagogisch tätige Person angegeben wurde.[4]

Bei der Interpretation der Grafik muss berücksichtigt werden, dass die verschiedenen Schulformen sehr unterschiedliche Rücklaufzahlen aufweisen. Wäh-

---

2 Die Prozentzahlen ergeben sich aus den absoluten Zahlen geteilt durch die Zahl der Allgemeinbildenden Schulen, die in „Bildung und Kultur – Allgemeinbildende Schulen" angegeben sind (destatis 2011a, S. 13 f.).
3 Im Gegensatz zu den anderen Fragen im Fragebogen wurde hier tatsächlich der Begriff der „sozialpädagogischen Fachkraft" genutzt, wobei dieser während des Forschungsprojektes und innerhalb des Fragebogens synonym zu „sozialpädagogisch Tätigen" gebraucht wurde und somit nicht impliziert, dass die Personen einen Hochschulabschluss besitzen müssen
4 Eine fehlende Angabe wurde, aus bereits beschriebenen Gründen so interpretiert, dass keine sozialpädagogische Fachkraft vorhanden ist.

Soziale Arbeit an Schulen aus Sicht der Schulleitungen

Abbildung 6.3 Anteil der Schulen in Prozent, die mindestens eine sozialpädagogisch tätige Person angegeben haben

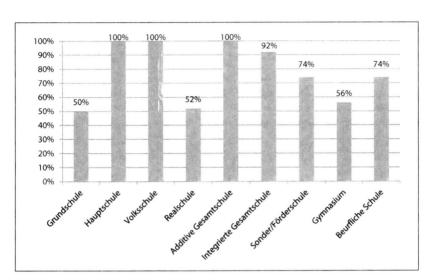

Anmerkung: Quelle: Schulfragebogen, n = 318

rend bei der Grundschule 120 bzw. 27 % der Schulen geantwortet haben, sind es bei der integrierten Gesamtschule zwar nur 12 Schulen, dies entspricht allerdings 48 % der vorhandenen Gesamtschulen. Dennoch ist klar erkennbar, dass an den Gymnasien, Realschulen und Grundschulen deutlich seltener eine sozialpädagogisch tätige Person angestellt ist.

Die durchschnittliche Anzahl der sozialpädagogisch Tätigen insgesamt liegt, nach Filterung der Extremwerte[5] bei 1,75 wobei die Stadt Darmstadt mit einem Mittelwert von 2,37 die meisten sozialpädagogisch Tätigen je Schule hat. Aus den Zahlen kann geschlossen werden dass es üblich ist, dass Schulen sich mitunter mehrere sozialpädagogisch tätige Personen „teilen" und diese Personen an

---

5   Extremwerte wurden durch eine Entfernung größer als den 1,5fachen Quartilsabstand vom oberen bzw. unteren Quartil definiert. Da die Verteilung sehr schief ist, werden die Mittelwerte durch die einzelnen sehr hohen Werte stark beeinflusst. Durch die Filterung der Extremwerte kann dem entgegengewirkt werden. Für die sozialpädagogisch Tätigen ergibt sich hierdurch, dass alle Fälle mit Werten die größer als 6 sind aus den Berechnungen ausgeschlossen wurden. Ohne eine Filterung der Extremwerte ergibt sich ein Mittelwert von 2,28 mit einer Standardabweichung von 2,49. Nach der Filterung der Extremwerte reduziert sich die Standardabweichung auf 1,24.

mehreren Standorten Verantwortlichkeiten haben. Doch wovon hängt die Anzahl der sozialpädagogisch Tätigen noch ab? Eine Korrelationsmatrix zwischen der Schüler/innenzahl, der Anzahl der sozialpädagogisch Tätigen und der Anzahl der Lehrkräfte zeigt, dass es neben den Schüler/innenzahlen und der Anzahl der Lehrkräfte noch weitere Einflussfaktoren geben muss. Denn der Korrelations-Koeffizient nach Pearson liegt mit einem Wert von −0,114 für das Verhältnis der Schüler/innenzahl zur Anzahl der sozialpädagogisch Tätigen sogar leicht im negativen Bereich. Der Wert für das Verhältnis zwischen der Anzahl der Lehrkräfte und der Anzahl der sozialpädagogisch Tätigen liegt mit 0,008 ebenfalls fast bei null. Es kann also davon ausgegangen werden, dass es in dieser Stichprobe keinen Zusammenhang zwischen diesen Variablen gibt. Die Anzahl der sozialpädagogisch Tätigen scheint daher nicht mit der Anzahl der Lehrkräfte oder der der Schüler und Schülerinnen zusammenzuhängen, sondern v. a. mit anderen Kriterien. Ein solches Kriterium ist die Schulform. Dies ist gut zu erkennen, wenn die Anzahl der sozialpädagogisch Tätigen den Schulformen zugeordnet wird. Auch hier wurden die Extremwerte, der in der Tabelle enthaltenen Variablen herausgefiltert. Außerdem wurden nur Datensätze berücksichtigt, in denen mindestens eine sozialpädagogisch tätige Person angegeben wurde. Es haben insgesamt 204 Schulen mindestens eine entsprechende Person angegeben (s. Tab. 6.2).

Bei einem Vergleich der beiden Verteilungen fällt auf, dass sie sich eher entgegengesetzt verhalten. Je mehr Schüler und Schülerinnen eine Schule hat, umso weniger sozialpädagogisch Tätige je Schüler bzw. Schülerin werden angegeben. Die Schulform mit den geringsten Schüler/innenzahlen, die Sonder-/Förderschule, liegt bei der Zahl der sozialpädagogisch Tätigen auf dem dritte Rang. Auch die Volks-, Grund- und Hauptschulen, die jeweils nur sehr geringe Schüler/innenzahlen aufweisen, haben „viele" sozialpädagogisch Tätige. Das Gymnasium hingegen, welches mit einer durchschnittlichen Schüler/innenzahl von 1001 hierbei auf Rang eins liegt, verfügt im Durchschnitt „nur" über 1,33 sozialpädagogisch Tätige und liegt somit auf dem drittletzten Rang. Das heißt, die Schulform ist ausschlaggebender dafür, wie viele sozialpädagogische Mitarbeiter und Mitarbeiterinnen existieren als die Anzahl der Schüler und Schülerinnen oder die Anzahl der Lehrkräfte. Allerdings wird im Zusammenspiel der in der Tabelle 6.2 angegeben Mittelwerte und der Abbildung 6.3 deutlich, dass Grundschulen und Realschulen zwar insgesamt seltener (50 % bzw. 52 %) eine sozialpädagogisch tätige Person beschäftigen als z. B. berufliche Schulen (74 %). Wenn jedoch sozialpädagogisch Tätige an der Schule vorhanden sind, so haben diese Schulformen durchschnittlich mehr Personen angestellt als die beruflichen Schulen.

Dieser erste Überblick darüber, wie viele sozialpädagogisch Tätige an den jeweiligen Schulen sind, sagt jedoch noch nichts darüber aus, was die Mitarbeiter und Mitarbeiterinnen während ihrer Arbeitszeit tun. Tabelle 6.3 gibt Aufschluss

Tabelle 6.2 Verteilung der Schüler/innenzahlen insgesamt, der Anzahl der betreuten Schüler und Schülerinnen sowie die Anzahl der sozialpädagogisch Tätigen nach Schulform

		Schüler/innenanzahl insgesamt		Anzahl betreuter Schüler/Schülerinnen		Anzahl sozialpäd. Tätige je Schule	
		Mittelwert	Gültige N	Mittelwert	Gültige N	Mittelwert	Gültige N
Schulform	Grundschule	249	55	168	53	1,89	55
	Hauptschule	270	26	247	26	2,24	27
	Grund und Hauptschule (Volksschule)	394	3	394	3	2,67	3
	Realschule	575	12	448	12	1,92	12
	Additive Gesamtschule	707	6	736	5	1,83	6
	Integrierte Gesamtschule	972	10	910	9	1,80	10
	Sonder-/Förderschule	174	25	134	22	2,12	25
	Gymnasium	1001	15	833	15	1,33	15
	Berufliche Schule/Berufsschulzentrum	943	8	929	8	1,13	8
	Andere Schule	512	10	402	10	1,20	10

Anmerkung: Quelle: Schulfragebogen

darüber, welche Funktionsbereiche die sozialpädagogisch Tätigen ausfüllen. Bei dieser Frage waren Mehrfachnennungen möglich und es wurden nur Fälle berücksichtigt bei denen mindestens eine sozialpädagogisch tätige Person angegeben wurde.

Hierbei wird deutlich, dass von den meisten Schulleitungen Schulsozialarbeit bzw. Jugendsozialarbeit an Schulen als Funktionsbereich der Mitarbeiter und Mitarbeiterinnen angegeben wurde. An zweiter Stelle folgt die Gestaltung der offenen Ganztagsschule. Hierbei stellt sich jedoch die Frage, was die antwortenden Personen unter „Gestaltung" verstanden haben. Trägt eine Person, die das Mittagessen ausgibt oder die Hausaufgabenzeit betreut zur Gestaltung bei oder wird

Tabelle 6.3 Häufigkeiten der Funktionen nach Standorten

Häufigkeiten von Funktionen

Funktionen	N	Prozent der Fälle	Standorte in Bayern	Standorte in Hessen	Standorte in NRW
Schulsozialarbeit/Jugendsozialarbeit an Schulen	132	83 %	99 %	80,0 %	62 %
Gestaltung der offenen Ganztagsschule	47	30 %	27 %	17 %	40 %
Thematische Projekte in der Unterrichtszeit (außerhalb der anderen genannten Bereiche)	44	28 %	23 %	33 %	31 %
Jugendberufsbegleitung/Jugendberufsorientierung	40	25 %	26 %	23 %	25 %
Mitwirkung im Unterricht	39	25 %	17 %	30 %	33 %
Freizeitangebote (außerhalb der anderen gen. Bereiche)	22	14 %	14 %	10 %	15 %
Gestaltung der gebundenen Ganztagsschule	18	11 %	12 %	10 %	12 %
Jugendarbeit/Jugendkulturarbeit	13	8 %	9 %	3 %	10 %
Gesamt Gültige Fälle = 159	355				

Anmerkung: Mehrfachnennungen möglich , Quelle: Schulfragebogen, n = 204

die Gestaltung der offenen Ganztagsschule nur durch eine leitende Person durchgeführt? An dritter Stelle folgen thematische Projekte in der Unterrichtszeit, soweit sie außerhalb der anderen abgefragten Bereiche erfolgen. Nur knapp dahinter liegt die Mitwirkung im Unterricht. Beim Vergleich der Angaben von Schulleitungen und den sozialpädagogisch Tätigen (vgl. Kap. 10) zeigt sich, dass hierunter vermutlich je nach Funktion Unterschiedliches verstanden werden kann. Anhand der Daten wird deutlich, dass hier evtl. keine genaue Abgrenzung zu thematischen Projekten in der Unterrichtszeit möglich ist. Diese beiden Funktionsbereiche vermischen sich daher evtl. miteinander und können nicht ohne weiteres voneinander abgegrenzt werden. Für eine weitere Befragung sollten diese beiden Antwortkategorien daher genauer definiert werden. Die Jugendberufsbegleitung liegt mit der Mitwirkung im Unterricht gleichauf. Dieser Bereich ist inhaltlich deutlich besser zu interpretieren. Von 14 % der Schulleitungen wurden Freizeitangebote als Funktionsbereich der sozialpädagogisch tätigen Personen angegeben. Erfragt wurden dabei Freizeitangebote, die außerhalb der anderen genannten Antwortmöglichkeiten angeboten werden.

An vorletzter Stelle folgt die Gestaltung der gebundenen Ganztagsschule. Da insgesamt nur 20 der befragten Schulleitungen angeben, eine gebundene Ganztagsschule zu leiten, ist die niedrige Zahl hier nicht verwunderlich. An letzter Stelle folgt die Jugendarbeit bzw. die Jugendkulturarbeit, bei der nur 8 % der Befragten angeben, dass sozialpädagogisch Tätige an ihrer Schule diese Funktion ausüben.

Bei dem Vergleich der Angaben nach Bundesländern wird noch einmal deutlich, dass die Ganztagsschulentwicklung auch einen hohen Einfluss auf die Tätigkeitsbereiche der sozialpädagogisch tätigen Personen hat. Denn in der Gestaltung der offenen Ganztagsschule liegen die Standorte in Nordrhein-Westfalen mit 40 % deutlich höher als die anderen. Die Mitwirkung im Unterricht ist in München deutlich seltener als Tätigkeitsbereich angegeben als in den anderen beiden Bundesländern. Schulsozialarbeit/Jugendsozialarbeit an Schulen geben hingegen in München 99 % der Schulleitungen als Tätigkeitsfeld an. Damit liegen sie deutlich über den Werten der Standorte in Hessen und Nordrhein-Westfalen[6]. Bei den anderen Tätigkeitsbereichen gibt es keine starken Abweichungen zwischen den Standorten der Bundesländer.

Die Unterschiedlichkeit der Tätigkeitsbereiche spiegelt sich auch in den angegebenen Zielgruppen wider: Da auch hier eine Unterscheidung der Daten nach den Standorten in den Bundesländern ertragreich war, werden die Zahlen statt nach Standorten sortiert nach Bundesländern angegeben (s. Abb. 6.4)

Je nachdem, wie die Arbeit inhaltlich ausgerichtet ist, rücken bestimmte Zielgruppen näher in den Fokus und andere weiter weg. Die Kategorien wurden durch die offenen Antworten, die die Schulleitung zur Frage der Zielgruppe eingetragen haben, gebildet. Von vielen Schulleitungen wurden mehrere Antworten gegeben, so dass die Frage wie eine Frage mit Mehrfachantwortmöglichkeit ausgewertet wurde. Hierbei ist es auffällig, dass oftmals keine genaue Zielgruppe, sondern eher ein Arbeitsbereich angegeben wurde, wie z. B. Nachmittagsbetreuung. Aus diesem lässt sich jedoch in den meisten Fällen eine Zielgruppe ableiten.

Bei der Gegenüberstellung ist vor allem auffällig, dass in München deutlich häufiger alle Schülerinnen und Schüler als Zielgruppe angegeben werden als an den Standorten in Hessen und Nordrhein-Westfalen. Dementsprechend werden Kinder mit (sonderpädagogischem) Förderbedarf bzw. „schwierige/benachtei-

---

6 Eine Erklärung dafür findet sich im offensiven Ausbau von offenen Ganztagsschulen in NRW. Genaueres dazu wird in Kap. 16 ausgeführt.

Abbildung 6.4 Zielgruppen der sozialpädagogisch Tätigen aus Sicht der Schulleitungen

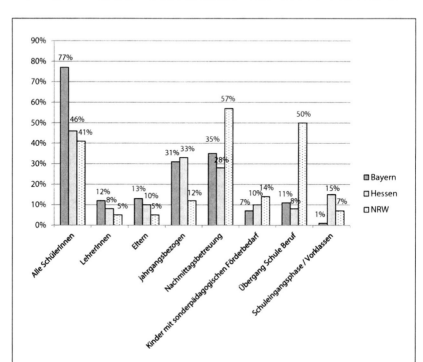

Anmerkungen: Angaben in Prozent, Mehrfachnennungen möglich
Quelle: Schulfragebogen, gültige Fälle: Standort Bayern: 85, Standort Hessen: 39, Standort NRW = 58, n = 204

ligte Kinder" in München und dem Münchner Landkreis am seltensten als Zielgruppe angegeben, während Nordrhein-Westfalen hier mit 14% die höchsten Werte aufweist. Die Angabe der Zielgruppen zeigt erneut, dass Nordrhein-Westfalen stark durch den offenen Ganztag geprägt ist. Hier werden die Nachmittagsbetreuung bzw. die Kinder in der Nachmittagsbetreuung fast doppelt so oft als Zielgruppe angegeben wie in München. Demgegenüber sind die Angaben von Eltern, Lehrern und Lehrerinnen als Zielgruppen der Standorte in Nordrhein-Westfalen sehr gering. Auch dass das jahrgangsbezogene Arbeiten an den Standorten in Nordrhein-Westfalen deutlich seltener angegeben wird, kann vermutlich darauf zurückgeführt werden, dass die Ganztagsangebote in den meisten Fällen jahrgangsübergreifend angeboten werden. Die Schuleingangsphase bzw. Vorklassen, werden vor allem von den Standorten in Hessen als Zielgruppe genannt. Hierbei müssen jedoch auch die unterschiedlichen Regelungen zur Schuleingangsphase, Schulkindergärten oder Vorklassen der Bundesländer beachtet werden (hierzu finden sich Ausführungen im Kap. 15).

Nicht nur die inhaltliche Ausrichtung der sozialpädagogisch Tätigen unterscheidet sich nach den Bundesländern, sondern auch die Art der Anstellung. Die Tabelle 6.4 zeigt die Verteilung der sozialpädagogisch Tätigen auf die verschiedenen Anstellungsträger. Auch hier wurden nur Schulen berücksichtigt, die mindestens eine sozialpädagogisch tätige Person angegeben haben. Bei dieser Frage waren Mehrfachantworten möglich.[7]

Während die sozialpädagogisch Tätigen der Standorte in Hessen und Bayern hauptsächlich bei einem öffentlichen oder freien Träger der Jugendhilfe angestellt sind, sind diese in Unna und Dortmund (NRW) hauptsächlich beim „Schulministerium"[8] sowie ebenfalls bei den freien Trägern der Jugendhilfe beschäftigt. In München konzentriert sich die Beschäftigung jedoch am stärksten auf die freien Träger, die Kategorie „Anstellungsträger" ist hier weniger breit gefächert als in den beiden anderen Bundesländern. Als sonstige Anstellungsträger werden oftmals kirchliche Träger oder das Land genannt. Zum Teil handelt es sich hierbei jedoch auch um freie Träger der Jugendhilfe.

Bei der Finanzierung der sozialpädagogisch Tätigen gibt es zum Teil ebenfalls große Unterschiede zwischen den Standorten, unterschieden nach Bundesländern. Es wurden auch hier nur Fälle berücksichtigt, bei denen mindestens eine sozialpädagogisch tätige Person vorhanden ist. Außerdem waren Mehrfachnennungen möglich (s. Tab. 6.5).

Das Schulministerium taucht hier insgesamt öfter auf als bei der Frage nach dem Anstellungsträger. Doch auch hier liegen die Standorte in Nordrhein-Westfalen mit 64 % deutlich über den Werten der anderen Länder. Demgegenüber fällt hier eine Finanzierung durch öffentliche Jugendhilfeträger mit 15 % besonders gering aus, die in den Standorten in Bayern mit 52 % deutlich überwiegt. In Hessen hält sich die Finanzierung durch öffentliche Jugendhilfeträger sowie durch das Schulministerium mit jeweils 46 % die Waage. Der Schulträger steht bei der Nennung der Finanzierung aus Schulleitersicht an dritter Stelle vor dem freien Jugendhilfeträger. Der Europäische Sozialfonds spielt eine geringe Rolle und wird am ehesten von den Standorten in Hessen als Geldgeber genannt. Lotterien und

---

7   Bei der Frage nach dem Anstellungsträger der sozialpädagogisch Tätigen waren Mehrfachnennungen möglich, da an einer Schule möglicherweise mehrere Fachkräfte mit unterschiedlichen Anstellungsträgern arbeiten können.
8   NRW: Ministerium für Schule und Weiterbildung, Hessen: Hessisches Kultusministerium, Bayern: Bayrisches Staatsministerium für Unterricht und Kultus

Tabelle 6.4 Verteilung der sozialpädagogisch Tätigen auf Anstellungsträger nach Standorten in den Bundesländern

	Standorte in Bayern (Prozent der Fälle)	Standorte in Hessen (Prozent der Fälle)	Standorte in NRW (Prozent d. Fälle)	Gesamt
Freier Träger der Jugendhilfe	52 %	43 %	38 %	46 %
Öffentlicher Träger der Jugendhilfe	22 %	41 %	6 %	20 %
Schulministerium	8 %	24 %	43 %	23 %
Schulträger	8 %	19 %	16 %	13 %
Schule (Förderverein)	5 %	12 %	6 %	7 %
Ministerium für Arbeit, Integration und Soziales	–	–	2 %	1 %
Privatrechtliche, Gewerbliche Träger	3 %	–	3 %	3 %
Sonstige	16 %	2 %	18 %	14 %
Nicht bekannt	–	–	–	
Gesamtzahl der Nennungen (absolut) Gültige Fälle = 198	100	59	89	248

Anmerkungen: Mehrfachnennungen möglich, Quelle: Schulfragebogen, gültige Fälle = 198, n = 204

Bußgelder werden nach Aussage der Schulleitungen in keinem Bundesland zur Finanzierung genutzt und auch der Elternbeirat wurde nur in Nordrhein-Westfalen von 2 % der Befragten angegeben. Unter der Angabe „Sonstige" wurden Mischfinanzierungen, die Agentur für Arbeit, kirchliche oder private Träger sowie das Bundesland (NRW und Hessen) genannt (s. Abb. 6.5).

Zuletzt wurde im Schulfragebogen nach den rechtlichen Grundlagen gefragt, nach denen die sozialpädagogisch Tätigen arbeiten. Dies ist ebenfalls von Bundesland zu Bundesland sehr verschieden (s. Abb. 6.5).

An den Standorten in Bayern wird demnach überwiegend nach dem SGB VIII gearbeitet und an den Standorten in Nordrhein-Westfalen vorwiegend nach dem Schulgesetz. An den Standorten in Hessen ist die Tendenz nicht so deutlich, son-

Tabelle 6.5 Finanzierung der sozialpädagogisch Tätigen nach Standorten in den Bundesländern

	Standorte in Bayern	Standorte in Hessen	Standorte in NRW
Öffentlicher Träger der Jugendhilfe	52%	46%	15%
Freier Träger der Jugendhilfe	24%	15%	18%
Schulministerium	24%	46%	64%
Schulträger	30%	37%	22%
Europäischer Sozialfonds	–	15%	5%
Ministerium für Arbeit, Integration und Soziales	3%	–	5%
Elternbeirat	–	–	2%
Förderverein	1%	7%	6%
Spenden/Sponsoring	6%	5%	–
Teilnahmebeiträge	2%	–	9%
Sonstige	17%	5%	8%
Nicht bekannt	–	5%	–
Gesamt Gültige Fälle =195	139	74	102

Anmerkungen: Mehrfachnennungen möglich, Quelle: Schulfragebogen, gültige Fälle = 195, n = 204

dern es verteilt sich relativ gleichmäßig auf das SGB VIII und das Schulgesetz. Das SGB III wird in allen drei Bundesländern nur selten angegeben, in Hessen sogar von niemandem. Beachtlich ist jedoch, dass jeweils 24 bis 26 % der befragten Schulleitungen angibt, nicht zu wissen, durch welche rechtliche Grundlage die sozialpädagogischen Tätigkeiten begründet werden. Die offenen Antworten zur Angabe „andere" beinhalten vor allem Erlasse oder Stadtratsbeschlüsse. Die Heterogenität der Arbeit der sozialpädagogisch Tätigen wird auch hierdurch noch einmal bestätigt.

Abbildung 6.5 Rechtliche Grundlagen nach Standorten

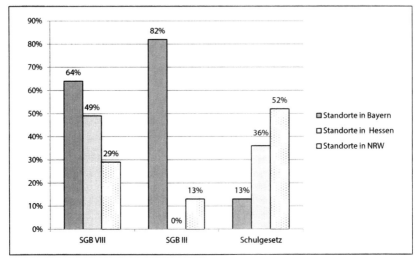

Anmerkung: Angaben in Prozent, Mehrfachnennungen möglich, Quelle: Schulfragebogen: gültige Fälle Standort Bayern: 85, Standort Hessen: 39, Standort NRW: 62, n = 204

6.2 Methodenkritik und Reflexion

Ein besonderes Problem bei der Befragung der Schulleitungen stellte die Interpretation der Begrifflichkeit „bezahlt sozialpädagogisch Tätige" dar. Innerhalb der Forschungsgruppe wählten wir diesen Begriff, um alle Personen zu erfassen, die an einer Schule eine bezahlte, sozialpädagogische Tätigkeit durchführen. Beabsichtigt war damit, sowohl die Personen mit einer sozialpädagogischen Ausbildung als auch diejenigen zu erfassen, die zwar keine sozialpädagogische Ausbildung haben, aber (z. B. als Lehrkräfte oder Erzieherinnen) Schulsozialarbeit oder ähnliches erbringen. Allerdings konnten wir im persönlichen Kontakt mit den Schulleitungen, sowie im Antwortverhalten feststellen, dass uns dieses Vorhaben nur zum Teil geglückt ist. Nicht immer war klar, welche Personen durch die Schulleitung im Fragebogen angegeben wurden und welche nicht. Einige erfassten tatsächlich alle sozialpädagogisch Tätigen, bei anderen liegt die Vermutung nahe, dass lediglich Personen mit einer entsprechenden Ausbildung im Bereich der Sozialpädagogik erfasst wurden. Dies wurde vor allem dadurch begünstigt, dass im Fragebogen die Begriffe „sozialpädagogisch Tätige" und „sozialpädagogische Fachkraft" synonym verwendet wurden. Für eine weitere Befragung sollte daher darauf geachtet werden, eine deutlich klarere Beschreibung der Zielgruppe beizufügen. Zur besseren Interpretation der Ergebnisse sollte zudem darüber nachgedacht werden, die Zielgruppe einzuengen. Denn ohne genaue Vorstellung davon, ob es sich bei den Personen um „klassische" Schulsozialarbeiter bzw. Schulsozialarbeiterinnen, Mitarbeiter bzw. Mitarbeiterinnen im offenen Ganztag, Kräfte für den Bereich Übergang Schule-Beruf oder ähnliches handelt, ist eine Interpretation sehr schwierig (s. dazu Kap. 19). Aus dem erhobenen Datensatz ist eine klare Abgrenzung nicht immer möglich. Es hat sich allerdings gezeigt, dass die Schulleitungen gute Ansprechpartner sind, um allgemeine Informationen über die Schule und deren Struktur zu bekommen. Weniger gute Informationen konnten die Schulleitungen zu den rechtlichen Grundlagen nach denen die sozialpädagogisch Tätigen arbeiten, liefern (vgl. Abb. 6.5). Daher müssen für Fragen, die sich stark auf die Arbeit der sozialpädagogisch Tätigen beziehen, andere Quellen hinzugezogen werden. Hierdurch wird auch die Datenqualität deutlich erhöht. Weitere Empfehlungen zur optimierten Gestaltung des Fragebogens finden sich in Kapitel 13.

6.3 Zusammenfassung

Die standortübergreifende Auswertung der Schulfragebögen ergab insgesamt ein sehr heterogenes Bild der aktuellen Lage von Sozialer Arbeit an Schulen. Positiv lässt sich herausstellen, dass insgesamt 64 % der antwortenden Schulen mindestens eine sozialpädagogisch tätige Person an ihrer Schule haben. Allerdings ist davon auszugehen, dass Schulleitungen ohne Sozialpädagogen oder explizit sozialpädagogisch tätige Personen sich deutlich seltener an der Erhebung beteiligt haben als Schulleitungen mit dem genannten Personenkreis. In NRW wurden darüber hinaus bei der Befragung die Schulen ohne sozialpädagogisch tätige Personen nach telefonischer Vorsondierung von vorne herein ausgespart, da die persönlich begleitete Erhebung vor Ort sonst zu aufwändig geworden wäre (vgl. Kap. 5.3.1), wodurch dieser ‚bias' verstärkt wird. Die Aussagefähigkeit der folgenden Daten liegt somit vorwiegend im Vergleich der Schulen, die sozialpädagogisch tätige Personen beschäftigen.

Bezogen auf die vorliegenden Daten sind die Grundschulen, Gymnasien und Realschulen am schlechtesten ausgestattet. Etwa 50 % der antwortenden Schulen dieser Schulformen verfügen über eine entsprechende Fachkraft. Dadurch wird deutlich, dass die Anzahl der sozialpädagogisch Tätigen stark von der jeweiligen Schulform abhängt und weniger bis gar nicht von der entsprechenden Schulgröße. Der Schwerpunkt der benannten Funktionsbereiche der sozialpädagogisch Tätigen liegt im Bereich der Schulsozialarbeit bzw. Jugendsozialarbeit an Schulen. Bei den Standorten in Nordrhein-Westfalen bildet daneben die Gestaltung der offenen Ganztagsschule einen deutlichen Schwerpunkt. Insgesamt kann für die beiden Standorte in Nordrhein-Westfalen festgestellt werden, dass der sich derzeit stark im Ausbau befindliche Ganztagsbereich einen großen Teil der Befragten ausmacht. Dies spiegelt sich auch in den durch die Schulleitung angegebenen Zielgruppen der sozialpädagogisch Tätigen wider, denn hier stehen, v. a. bei den Standorten in Bayern, *alle* Schülerinnen und Schüler im Fokus. In Nordrhein-Westfalen werden demgegenüber sehr häufig die Schülerinnen und Schüler des offenen Ganztagsangebotes genannt. Die rechtliche Grundlage liegt, nach Aussage der Schulleitungen, für die Standorte in Hessen und Bayern vor allem im SGB VIII und für NRW vorwiegend im Schulgesetz.

Literatur

Bundesministerium für Bildung und Forschung (2012). Zukunft, Bildung und Betreuung. http://www.ganztagsschulen.org/1108.php. Zugegriffen: 20. Juli 2012.

Bundesministerium für Bildung und Forschung (2010). Bildung in Deutschland 2010. http://www.bildungsbericht.de/daten2010/bb_2010.pdf. Zugegriffen: 20. Juli 2012.

Destatis; Statistisches Bundesamt (2011a). Bildung und Kultur; Allgemeinbildende Schulen; Fachserie 11, Reihe 1. https://www.destatis.de/DE/Publikationen/Thematisch/BildungForschungKultur/Schulen/AllgemeinbildendeSchulen2110100117004.pdf. Zugegriffen: 20.Juli 2012.

Destatis; Statistisches Bundesamt (2011b). Bildung und Kultur; Private Schulen; Fachserie 11, Reihe 1.1; Wiesbaden. https://www.destatis.de/DE/Publikationen/Thematisch/BildungForschungKultur/Schulen/PrivateSchulen2110110117004.pdf. Zugegriffen: 20. Juli 2012.

Destatis; Statistisches Bundesamt (2011c). Bildung und Kultur; Berufliche Schulen; Fachserie 11, Reihe 2; Wiesbaden. https://www.destatis.de/DE/Publikationen/Thematisch/BildungForschungKultur/Schulen/BeruflicheSchulen2110200117004.pdf?__blob=publicationFile. Zugegriffen: 20. Juli 2012.

Philipp, E. & Rolff, H. (1999). *Schulprogramme und Leitbilder entwickeln – Ein Arbeitsbuch*. 3. Auflage. Weinheim und Basel: Beltz Verlag.

Statistische Ämter des Bundes und der Länder (2012). Statistik der allgemein bildenden Schulen, Statistik der beruflichen Schulen: https://www.regionalstatistik.de/genesis/online/. Zugegriffen: 20. Juli 2012.

Sozialpädagogische Fachkräfte an Schulen – Daten zu den Personen und ihren Stellen

Marylie Jahn, Stephanie Kulartz, Mathias Penger und Sandra Rezagholinia

Der vorliegende Aufsatz stellt eine gemeinsame Zusammenfassung zweier Arbeiten von Studierendengruppen dar, die an den Modellstandorten Frankfurt und München bei dem Forschungsprojekt „Entwicklung einer Statistik zur Sozialen Arbeit an Schulen" mitgearbeitet haben. Beide Studierendengruppen haben mit den Daten der Fachkräftefragebögen aller drei Modellstandorte gearbeitet und sich mit unterschiedlichen Herangehensweisen und Schwerpunktsetzungen beschäftigt, die eine genauere Beschreibung der sozialpädagogisch tätigen Fachkräfte ermöglicht. Von den Unterschieden, aber auch von den Gemeinsamkeiten unserer Arbeiten haben wir in den Diskussionen, die bei gemeinsamen Arbeitstreffen geführt wurden, profitiert. Daher möchten wir im folgenden Text diejenigen Ergebnisse, die von uns in der Diskussion als zentral bewertet wurden, knapp umreißen und gemeinsam kommentieren.

An dieser Stelle möchten wir auch darauf hinweisen, dass zur Belastbarkeit der vorliegenden Daten keine weiteren Aussagen getroffen werden können. Dieses Forschungsprojekt hatte zum Ziel ein bundesweit einsetzbares Erhebungsinstrument für eine Statistik der Schulsozialarbeit zu entwickeln und Zugangswege zu explorieren. Die vorliegenden Daten sind der positive Nebeneffekt dieses Projektes und erheben keinen Anspruch auf Allgemeingültigkeit. Daher sollten die nachfolgenden Ergebnisse und Diskussionen als Beschreibung von Trends und möglichen Tendenzen verstanden werden.

7.1 Anzahl der Fachkräfte

Zunächst möchten wir einen Überblick über die Anzahl und die regionale Verteilung der sozialpädagogischen Fachkräfte an den Schulen geben, die den Fachkräftefragebogen ausgefüllt und zurück gesendet haben:

Abbildung 7.1 Verteilung der sozialpädagogischen Fachkräfte nach Region

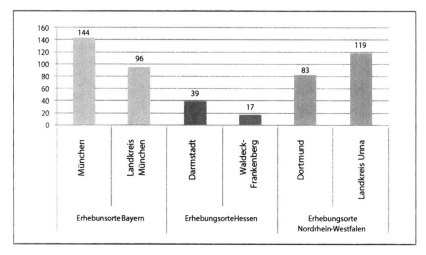

Anmerkung: Auswertung des Personenfragebogens (n = 521). Um die Abbildung übersichtlicher zu gestalten, wurden die fehlenden Werte von n = 23 nicht in der Abbildung verzeichnet.

Aus der Abbildung 7.1 geht hervor, dass die höchste Beteiligung an der Studie mit 144 Personen in der Stadt München zu verzeichnen ist. Auch aus dem Landkreis München kamen knapp 100 Fragebögen zurück. Damit bringt das Münchner Forschungsteam einen Anteil von 46 % der Fragebögen in das Forschungsprojekt ein. Etwa 40 % der Fragebögen stammen aus dem Dortmunder Erhebungsgebiet. Aus Darmstadt (Darmstadt und Landkreis Darmstadt-Dieburg) liegen knapp 40 Fragebögen zur Auswertung vor, aus dem Landkreis Waldeck-Frankenberg sind es 17. Weitere 18 Fragebögen stammen aus dem Erhebungsgebiet der Fachhochschule Frankfurt, können aber keiner Region zugeordnet werden, da der Poststempel auf den eingehenden Unterlagen fehlte. Mit knapp 15 % Anteil an den Fragebögen in der Gesamtstudie ist im Frankfurter Raum der kleinste Rücklauf innerhalb des Forschungsprojektes zu verzeichnen.

Eine zentrale Erklärung für die unterschiedlichen Zahlen der auswertbaren Fragebögen an den Erhebungsorten ist in der jeweiligen Anzahl der Schulen an den jeweiligen Standorten zu sehen. Die Stadt München hat mit 494 Schulen deutlich mehr, als die Stadt Dortmund mit 235 Schulen oder die Stadt Darmstadt mit 93 Schulen. Im Kreis Unna können 163 Schulen gezählt werden, während es im Landkreis München lediglich 94 sind. Im Landkreis Darmstadt-Dieburg sind

151 Schulen vorhanden und in Waldeck-Frankenberg sind es 118 Schulen[1] (vgl. Statistische Ämter des Bundes und der Länder 2010).

Zu bedenken ist zudem, dass der Erhebungszeitraum in Frankfurt deutlich kürzer war als dies bei den untersuchten Orten der Hochschule München und der Fachhochschule Dortmund der Fall war.

Ursächlich für die geringen Rücklaufzahlen könnte schließlich auch eine geringere Verbreitung von Schulsozialarbeit im Frankfurter Erhebungsgebiet sein. Da die Grundgesamtheit sozialpädagogischer Fachkräfte an Schulen bisher unbekannt ist, erlauben die Daten jedoch keine direkten Rückschlüsse auf die tatsächliche Anzahl von Fachkräften an Schulen in den einzelnen Regionen oder gar darüber hinaus.

7.2 Soziodemografische Daten

Im Folgenden geben wir einen Überblick zu den allgemeinen soziodemografischen Daten der sozialpädagogischen Fachkräfte am Ort Schule. Dazu haben wir die Daten zu den Fachkräften hinsichtlich des Alters, des Geschlechts und des Migrationshintergrunds untersucht. Anschließend werden die Antworten auf die Frage nach der Qualifikation bzw. nach der Ausbildung näher betrachtet.

7.2.1 Alter der Fachkräfte

Die jüngste sozialpädagogische Kraft im Sample ist 19 Jahre alt und die älteste 62 Jahre. Daraus ergibt sich eine Spannweite von 43 Jahren. Das Durchschnittsalter der sozialpädagogisch Tätigen am Ort Schule, der arithmetische Mittelwert, liegt bei 40,6 Jahren, also aufgerundet bei 41 Jahren. Anhand der Altersverteilung wird nun eine Aufteilung in fünf Altersgruppen vorgenommen, deren prozentuale Verteilung in Abbildung 7.2 verdeutlicht wird.

Die Abbildung 7.2 zeigt, dass ein Drittel der sozialpädagogischen Fachkräfte an Schulen zwischen 41 und 50 Jahren alt ist. Die zweitgrößte Gruppe stellen mit 29 % die 31- bis 40-jährigen Personen dar. Dass vier Fünftel der Befragten jünger als 51 Jahre alt sind, ist zunächst auffällig. Die Ergebnisse des Statistischen Bundesamtes weisen aber eine ähnliche Verteilung auf: Insgesamt waren laut der Kin-

---

[1] Hierzu wurden die Zahlen aus den Angaben der Regionalstatistik der statistischen Ämter des Bundes und der Länder für das Jahr 2010 zu den allgemeinbildenden Schulen und den beruflichen Schulen zusammengefasst.

Abbildung 7.2 Altersgruppen

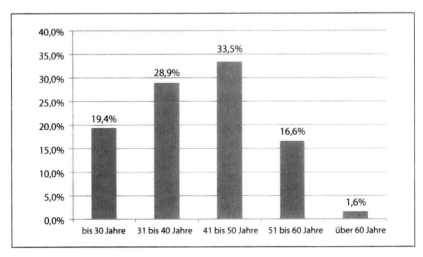

Anmerkung: Auswertung des Personenfragebogens (n = 521). Um die Abbildung übersichtlicher zu gestalten, wurden die fehlenden Werte von n = 16 nicht in der Abbildung verzeichnet.

der- und Jugendhilfestatistik[2] im Jahr 2010 für den Arbeitsbereich Schulsozialarbeit 78 % der Fachkräfte unter 51 Jahre alt und rund 19 % waren jünger als 31 Jahre. Circa 28 % waren zwischen 30 und 41 Jahren und ungefähr 31 % zwischen 40 und 51 Jahren (vgl. Statistisches Bundesamt 2012, S. 57 f.). Dies könnte daran liegen, dass die Schulsozialarbeit ein noch junges Arbeitsfeld der Sozialen Arbeit ist. Laut Speck (2009) etablierte sich dieses Arbeitsfeld erst im Jahr 1970 und zog viele Diskussionen, unter anderem auch über die Begrifflichkeiten, die noch bis heute anhalten, nach sich (vgl. ebd., S. 9 ff.).

7.2.2 Geschlecht

Die Häufigkeitsangaben in der Abbildung 7.3 zeigen, dass unter den Befragten weit mehr Frauen als Männer sind. Rund 78 % der sozialpädagogischen Fachkräfte an Schulen sind Frauen, 22 % sind Männer. Demnach sind etwa vier Fünftel der befragten Personengruppe weiblich und ein Fünftel ist männlich.

---

2 In der Kinder- und Jugendhilfestatistik werden die Altersgruppierungen im Abstand von fünf Jahren gebildet. Zur besseren Vergleichbarkeit wurden sie hier aufeinander gerechnet.

Abbildung 7.3 Geschlecht

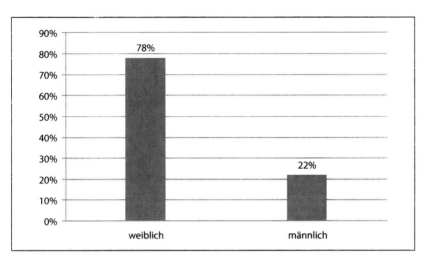

Anmerkung: Auswertung des Personenfragebogens (n = 521). Um die Abbildung übersichtlicher zu gestalten wurden die fehlenden Werte von n = 10 nicht in der Abbildung verzeichnet.

Die Kinder- und Jugendhilfestatistik weist für den Arbeitsbereich „Schulsozialarbeit" mit 73 % Frauen und 27 % Männern eine ähnliche Verteilung aus (vgl. Statistisches Bundesamt 2012, S. 59 ff.). Dass der Frauenanteil in unserer Studie noch etwas höher liegt, könnte daran liegen, dass bei unserer Erhebung über den Bereich der Schulsozialarbeit hinaus auch Personen befragt wurden, die im Kontext der Ganztagsschulgestaltung sozialpädagogisch tätig sind. Die Gesamttendenz der Verteilung der Geschlechter zeigt insofern keine Besonderheit auf, weil in allen sozialen Berufen ein sehr großer Frauenanteil vorhanden ist (vgl. Statistisches Bundesamt 2010a, o. S.).

Im 12. Kinder- und Jugendhilfebericht wird darauf aufmerksam gemacht, dass die Arbeit in gemischtgeschlechtlichen Teams ein wesentliches Qualitätsmerkmal für schulbezogene Jugendsozialarbeit ist (vgl. Bundesministerium für Familie, Senioren, Frauen und Jugend 2005, S. 268). Demnach könnte sich die laut der Daten vorliegende Geschlechterverteilung als schwierig erweisen, weil dieser Qualitätsstandard für die sozialpädagogisch Tätigen an Schulen nicht durchgängig gegeben ist.

Obwohl, wie bereits beschrieben, in der Regel deutlich mehr Frauen als Männer in sozialen Berufen tätig sind, haben trotzdem in der Sozialen Arbeit deutlich mehr Männer als Frauen eine Führungsposition inne (vgl. Brückner 2007, S. 1 f.).

Tabelle 7.1 Leitungsfunktion nach Geschlecht

	Weiblich	Männlich	Gesamt
Leitungsfunktion	128	29	157
	32 %	26 %	31 %
Keine Leitungsfunktion	267	83	350
	68 %	74 %	69 %
gültige Fälle	395	112	507

Cramers V = 0,058

Anmerkung: Auswertung des Personenfragebogens (n = 521). Um die Tabelle übersichtlicher zu gestalten, wurden die fehlenden Werte von n = 14 nicht in der Tabelle verzeichnet.

Daher haben wir auch für unsere Daten den Zusammenhang von Geschlecht und Leitungsfunktion überprüft.

In der Tabelle 7.1 zeichnet sich hierzu folgendes Bild ab: 32 % der befragten weiblichen Fachkräfte üben Leitungsfunktionen aus. Die sozialpädagogisch tätigen Männer haben zu circa 26 % Leitungsfunktionen inne. Entgegen der Annahme ist hier der Anteil derjenigen, die eine Leitungsfunktion innehaben, bei den weiblichen Fachkräften höher als bei den männlichen.

Bemerkenswert ist die Häufigkeit von Leitungsfunktionen auf Seiten der Frauen insbesondere auch unter dem Aspekt, dass die Frauen deutlich häufiger in Teilzeitverhältnissen arbeiten (vgl. hierzu Abbildung 7.7). Der statistische Zusammenhang der beiden Variablen Geschlecht und Leitungsfunktion ist allerdings als sehr schwach zu bewerten (Cramers V = 0,06). Zudem möchten wir an dieser Stelle darauf hinweisen, dass die Ergebnisse zu der Frage nach der Leitungsfunktion aufgrund der Fragestellung durchaus kritisch zu betrachten sind. Sozialpädagogische Fachkräfte arbeiten häufig alleine an einer Schule. Für diesen Personenkreis ist die Angabe einer Leitungsfunktion nicht in jedem Falle mit einer Leitungsstelle gleich zu setzen. Für manche besteht auch in diesem Falle eine Leitungsfunktion im engeren Sinne, weil sie Teamleiterinnen oder Teamleiter von Regionalteams sind, deren Mitarbeiter über verschiedene Institutionen (z. B. Schulen und Jugendhäuser) verteilt sind. Dennoch gibt es auch Personen, die sich bei unserer Befragung selbst der Kategorie „Leitung" zugeordnet haben, ohne eine Leitungsposition im eigentlichen Sinne zu bekleiden. Dies zeigte sich daran, dass bei der offenen Frage nach der konkreten Form der Leitungsfunktion häufig „Anleitung von Praktikanten" und Ähnliches genannt wurde. Für künftige Befragungen würden wir daher die Frage konkreter formulieren und z. B. nach „Fach- und Dienstaufsicht" über Mitarbeiter fragen.

Ein beachtlicher Teil der befragten sozialpädagogisch Tätigen ist in der Offenen Ganztagsschule (OGS) aktiv. Eine größere Zahl der angegebenen Leitungsfunktionen wird deshalb durch die OGS Leiterinnen und Leiter zu erklären sein.

7.2.3 Migrationshintergrund

In Deutschland leben nach Angaben des Statistischen Bundesamts (2010b) ca. 15,7 Millionen Menschen mit Migrationshintergrund. Das sind etwa 19 % der Gesamtbevölkerung Deutschlands. Von den 521 von uns Befragten geben etwa 12 % einen Migrationshintergrund an (vgl. Tabelle 7.2). Damit sind die Menschen mit Migrationshintergrund in der vorliegenden Studie im Vergleich zur Gesamtbevölkerung unterrepräsentiert. In diesem Zusammenhang möchten wir darauf verweisen, dass u. E. zum Erlernen und Erfahren eines kultursensiblen Miteinanders mehr Fachkräfte mit Migrationshintergrund an den Schulen arbeiten sollten.

Tabelle 7.3 zeigt den Migrationshintergrund (d. h. mindestens ein Elternteil nicht-deutscher Herkunft) der Fachkräfte aufgeteilt nach Städten und ländlichen Regionen. Das Erhebungsgebiet der Stadt Darmstadt beinhaltet auch den Kreis Darmstadt-Dieburg. Da bei der Erfassung der Fragebögen eine eindeutige Zuordnung zu Darmstadt als Stadt bzw. zum Kreis Darmstadt-Dieburg nicht möglich war, werden diese Fragebögen auf Grund der hohen Bevölkerungsdichte im Landkreis im Item Darmstadt Stadt zusammengefasst.[3]

Tabelle 7.2 Migrationshintergrund der sozialpädagogischen Fachkräfte im Gesamterhebungsgebiet

	Häufigkeiten	Gültige Prozente
Ja	62	12,2 %
Nein	447	87,8 %
gültige Fälle	509	100 %

Anmerkungen: Auswertungen des Personenfragebogens (n = 509).

---

3   Die Bevölkerungsdichte im Landkreis Darmstadt-Dieburg betrug im Jahr 2010 439 Einwohner je Quadratkilometer. Im Vergleich dazu zählt die „Wissenschaftsstadt Darmstadt" 1 183 Einwohner je Quadratkilometer. Der Landkreis Waldeck-Frankenberg hingegen verfügt über eine Bevölkerungsdichte von 88 Einwohnern pro qkm (vgl. Hessisches Statistisches Landesamt 2010, S. 8, 12, 43).

Tabelle 7.3 Migrationshintergrund der sozialpädagogischen Fachkräfte im Vergleich von ländlicher Region und Stadt

	Stadt	Ländliche Regionen	Gesamt
Migrationshintergrund	20 9 %	40 15 %	60 12 %
Kein Migrationshintergrund	204 91 %	223 85 %	427 88 %
gültige Fälle	224	263	487

Anmerkungen: Auswertungen des Personenfragebogens (n = 521). Um die Tabelle übersichtlicher zu gestalten, wurden die fehlenden Werte von n = 34 nicht in der Tabelle verzeichnet.

Diese Vorgehensweise führt jedoch in der Auswertung zu einer gewissen Unschärfe.

In der Gegenüberstellung zeigt sich, dass in den Städten mit 15 % annähernd doppelt so viele Fachkräfte mit Migrationshintergrund tätig sind wie in den ländlichen Regionen (mit 8 %).

7.2.4 Ausbildung

Aus der Abbildung 7.4 sind vier Gruppen hervorzuheben. Ersichtlich ist, dass 58 % der sozialpädagogischen Fachkräfte an den Schulen einen Studienabschluss im Bereich der Sozialen Arbeit bzw. der Sozialpädagogik erworben haben. Hierzu zählen wir die Abschlüsse „Diplom-Sozialarbeiter/in (FH)/Diplom-Sozialpädagogin (FH)", „BA Soziale Arbeit" und „MA Soziale Arbeit". Rund 14 % der Befragten sind ausgebildete Erzieherinnen und Erzieher. Weitere 13 % fallen unter die Kategorie „Sonstige". Diese Personen befinden sich beispielsweise im Anerkennungsjahr oder haben eine andere Qualifikation, die über die Kategorien des Fragebogens nicht abgedeckt wurde. Außerdem haben 7 % der befragten Personen keinen pädagogischen oder psychologischen Abschluss. Darüber hinaus sind ca. 6 % der Personen an den Schulen sozialpädagogisch tätig, die ein Pädagogik-, Lehramtsoder Psychologiestudium absolviert haben.

Dass mehr als die Hälfte der Personen, die an Schulen sozialpädagogisch tätig sind, einen Studienabschluss im Bereich der Sozialen Arbeit vorweisen kann, könnte unserer Meinung nach als Hinweis dafür gewertet werden, dass in diesem Tätigkeitsfeld ein hoher Anspruch an die fachliche Qualität der Arbeit gestellt wird. Gleichzeitig sind aber auch relativ viele Erzieherinnen und Erzieher

Abbildung 7.4 Qualifikationsgruppen

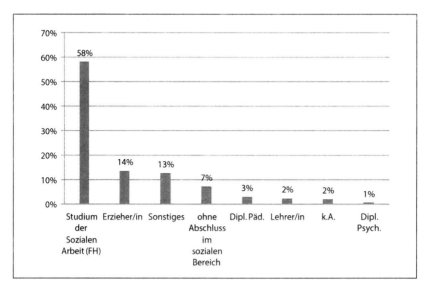

Anmerkung: Auswertung des Personenfragebogens (n = 521).

und Personen ohne pädagogischen oder psychologischen Abschluss sozialpädagogisch an Schulen tätig. Geht man allerdings davon aus, dass diese Personen unter fachlicher sozialpädagogischer Anleitung ergänzend, z.B. im Ganztagsbereich, arbeiten, kann sicherlich von einer wichtigen Unterstützung ausgegangen werden. Inwieweit diese Vermutung zutreffend ist, sollte in weiteren Erhebungen überprüft werden.

An dieser Stelle möchten wir die Kategorien zur Frage nach der Ausbildung selbstkritisch betrachten. Uns ist bei der Datenauswertung aufgefallen, dass sich viele der befragten Fachkräfte nicht eindeutig zuordnen konnten. Zukünftig würden wir die Kategorien zum Studium der Sozialen Arbeit zusammenfassen zu einer gemeinsamen Kategorie „absolviertes Studium der Sozialen Arbeit". Vorher wurden drei Kategorien im Fragebogen aufgeführt, die aber hinterher wieder zusammengefasst wurden, um möglichst aussagekräftige Ergebnisse zu erhalten. Von der Kategorie zur Sozialen Arbeit würden wir u.a. die Kategorie „absolviertes Pädagogik-Studium ohne Schwerpunkt auf der Sozialen Arbeit" unterscheiden.

Hier können sich auch die Pädagoginnen und Pädagogen mit Magisterabschluss eintragen, die bei der bisherigen Befragung ihre Qualifikation in die Kategorie „Andere, und zwar" eingetragen mussten. Zudem ist u. E. fraglich, wie zweckmäßig die Kategorie „Zusatzausbildung" ist, da eine Zusatzqualifikation kein Ersatz für eine grundständige sozialpädagogische Ausbildung sein kann.

Im Folgenden wollen wir der Frage nach dem Zusammenhang zwischen Qualifikation und Leitungsfunktion nachgehen. Dass ein Diplom der Sozialen Arbeit nicht zwangsläufig eine Leitungsfunktion nach sich zieht, zeigt Tabelle 7.4: Die Prozentzahlen zeigen, dass in der vorliegenden Studie die Diplom-Sozialarbeiterinnen und Diplom-Sozialarbeiter (FH) seltener Leitungsfunktionen ausführten als Erzieherinnen und Erzieher.

Nun könnte die Vermutung nahe liegen, dass eine Qualifikationskombination von „Erzieherin" bzw. „Erzieher" und einem Diplom in der Sozialen Arbeit beste Voraussetzungen bietet, um im Bereich der Sozialen Arbeit an Schulen eine Leitungsfunktion zu übernehmen. Die prozentualen Häufigkeiten dieser Studie weisen bemerkenswerterweise genau gegenteilige Tendenzen aus: Über drei Viertel der Fachkräfte, die diese berufliche Doppelausbildung angeben, haben keine Leitungsfunktion inne.

Wie bereits beschrieben, sollte die Frage nach der Leitungsfunktion unserer Meinung für folgende Erhebungen präzisiert werden. Daher wollen wir an dieser Stelle davor warnen, die Aussagekraft der Ergebnisse zu stark zu gewichten. Dennoch kann und muss bei diesem relativ hohen Anteil von Erzieherinnen und Erziehern mit Leitungsfunktion berücksichtigt werden, dass im Ganztagsbereich viele Erzieherinnen und Erzieher in verantwortlicher Position arbeiten. Ein Bereich, der nicht unbedingt sozialpädagogische Qualifikationen erfordert.

Tabelle 7.4 Leitungsfunktion nach Ausbildung

	Dipl. Sozialarbeiter/-in	Erzieher/-in	Dipl. Sozialarbeiter/-in & Erzieherin	Gesamt
Leitungsfunktion	79 33 %	34 44 %	6 22 %	119 35 %
Keine Leitungsfunktion	162 67 %	43 56 %	21 78 %	226 65 %
Gültige Fälle	241	77	27	345

Cramers V = 0,124

Anmerkung: Auswertung des Personenfragebogens (n = 521). Um die Tabelle übersichtlicher zu gestalten, wurden die fehlenden Werte von n = 176 nicht in der Tabelle verzeichnet. Unter Dipl. Sozialarbeiter/-in sind Dipl.-Soz.arb. (FH)/Dipl.-Soz.päd. (FH)/Dipl.-Soz.päd/Soz.arb. (FH) zusammengefasst.

7.3 Arbeitsfeld

Nachdem die soziodemografischen Daten einen grundlegenden Überblick darüber geliefert haben, wer die sozialpädagogisch Tätigen am Ort Schule sind, wird im Folgenden der Frage nachgegangen, wie sich deren Tätigkeitsfeld an der Schule darstellt.

7.3.1 Dienstbezeichnung

Im Fragebogen war eine offene Frage nach der Bezeichnung der sozialpädagogischen Tätigkeit bzw. nach der Dienstbezeichnung der Fachkräfte enthalten. Aus der Auswertung der Antworten erhofften wir uns einen ersten Überblick über die Tätigkeiten der Fachkräfte an den Schulen. Bei 503 Antworten auf diese Frage verblieben nach einer ersten Bereinigung, durch Zusammenfassen der fast gleichen Begrifflichkeiten, noch 43 verschiedene Angaben. Wir haben versucht, diese zu sechs Gruppen zusammenzufassen. Die nachfolgende Abbildung 7.5 zeigt die anteilige Verteilung der sechs neu gebildeten Kategorien.

Die größte Gruppe mit 34 % ist die der Schulsozialarbeiterinnen und Schulsozialarbeiter, gefolgt von der von uns zusammengestellten Kategorie der „päd-

Abbildung 7.5 Dienstbezeichnung/Bezeichnung der sozialpädagogischen Tätigkeit

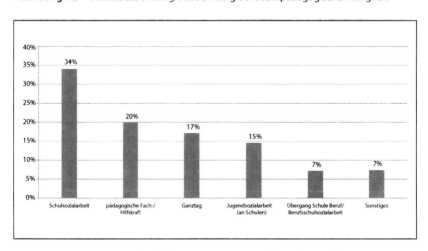

Anmerkung: Auswertung des Fachkräftefragebogens (n = 521). Um die Grafik übersichtlicher zu gestalten wurden die fehlenden Werte von n = 18 nicht in der Abbildung verzeichnet.

agogischen Fach- und Hilfskräfte" mit knapp 20 %. Als „Fach- und Hilfskräfte" wurden relativ unspezifische Nennungen, wie z. B. Betreuerin, Ergänzungsfachkraft oder Praktikant, zusammengefasst, die keinem konkreten Tätigkeitsfeld zuzuordnen waren. Die mit etwa 17 % nächstgrößere Gruppe sind Personen, die sozialpädagogisch im Ganztag tätig sind. Wir haben sie unter dem Begriff „Ganztag" gebündelt. Dahinter folgt die Jugendsozialarbeit (an Schulen) mit fast 15 %. Die Gruppe sozialpädagogisch Tätiger, die zur Unterstützung des Übergangs von der Schule in den Beruf an Schulen aktiv sind, hält einen Anteil von gut 7 % an den gesamten Nennungen zur Dienstbezeichnung. Alle übrigen Nennungen, die inhaltlich zu keiner annähernd homogenen Gruppe vereint werden konnten, befinden sich in der Kategorie „Sonstiges", die ebenfalls rund sieben Prozent ausmacht.

Anmerken möchten wir, dass es sich bei unserer Gruppierung der unterschiedlichen Dienst- bzw. Tätigkeitsbezeichnungen lediglich um einen Vorschlag handelt. Diese Gruppierung ist aufgrund der Datenlage leider nicht trennscharf. So vermuten wir, dass ein Großteil der pädagogischen Fach- bzw. Hilfskräfte im Ganztagsbereich beschäftigt ist. Aber bereits ohne die Zuordnung dieser Gruppe zum Ganztag, kann dessen große Bedeutung nicht von der Hand gewiesen werden, die sich in den Tätigkeits- und Dienstbezeichnungen der befragten Personen widerspiegelt.

7.3.2 Arbeitszeit

Im Folgenden soll der Frage nachgegangen werden, mit welchem Wochenstundenumfang[4] die befragten Personen sozialpädagogisch an Schulen tätig sind (Abbildung 7.6). Zur besseren Übersichtlichkeit haben wir hierzu vier Gruppen gebildet. Ausgehend von einer Vollzeitstelle mit 38,5 oder mehr Wochenstunden wurden weiterhin drei Teilzeitgruppen gebildet.

In 38 % aller Nennungen arbeiten die sozialpädagogischen Fachkräfte zwischen 14 und 26 Stunden pro Woche. Insgesamt 24 % der Befragten sind mit mehr als 38,5 Stunden pro Woche und damit in Vollzeit beschäftigt. Ungefähr ein Viertel der Teilnehmenden arbeitet zwischen 27 und 38,5 Stunden pro Woche. In 14 % der Nennungen wird mit einem Stundenumfang von unter 14 Stunden pro Woche gearbeitet.

---

4   Im Personenfragebogen wurde nach möglicherweise vorliegenden Mehrfachfunktionen an der jeweiligen Schule gefragt. Dabei wurde pro Funktion der Wochenstundenumfang separat ermittelt. Um nun den gesamten Wochenstundenumfang der sozialpädagogisch tätigen Personen zu ermitteln, wurden hier die Stundenangaben aus den Funktionen addiert.

Sozialpädagogische Fachkräfte an Schulen

Abbildung 7.6 Beschäftigungsumfang der Tätigkeit/Arbeitszeit (in Stunden pro Woche)

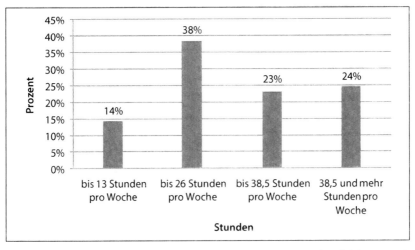

Anmerkung: Auswertung des Personenfragebogens (n = 521). Um die Abbildung übersichtlicher zu gestalten, wurden die fehlenden Werte von n = 51 nicht in der Abbildung verzeichnet

In der Abbildung 7.7 wird die prozentuale Verteilung der Frauen und Männer auf den jeweiligen Wochenstundenumfang dargestellt.

Daraus lässt sich ablesen, dass die weiblichen sozialpädagogischen Fachkräfte zu fast 60 % unter 27 Stunden in der Woche arbeiten. Bei den männlichen sozialpädagogisch Tätigen arbeiten hingegen ca. 70 % zwischen 27 und mehr Stunden pro Woche.

Im Durchschnitt haben also bei der vorliegenden Befragung Frauen einen deutlich geringeren Wochenstundenumfang als Männer. Dies könnte daran liegen, dass diese Frauen stärker in die Familienarbeit (Kinderbetreuung, Pflege von Angehörigen etc.) eingebunden sind als männliche Kollegen, was dem Erwerbs- und Betreuungsverhalten in der Gesamtbevölkerung entspricht. Laut einer Studie der Europäischen Gemeinschaften arbeiten Frauen im Alter von 20 bis 49 Jahren mit Kindern unter 12 Jahren wesentlich weniger als Männer. In der Erwerbstätigkeit bei Männern mit und ohne Kinder(n) wird kein nennenswerter Unterschied festgestellt (vgl. Aliaga 2005, S. 1 f.). In der Kinder- und Jugendhilfestatistik wird die Erwerbstätigkeit der Fachkräfte aus dem Bereich „Schulsozialarbeit" nicht nach Geschlecht unterschieden. Nach dieser Statistik arbeiten ungefähr 34 % in Vollzeit, ca. 58 % in Teilzeit und weitere 8 % sind nebenberuflich im Arbeitsbereich „Schulsozialarbeit" tätig (vgl. Statistisches Bundesamt 2012, S. 71 ff.). Dass unsere

Abbildung 7.7 Arbeitszeit und Geschlecht

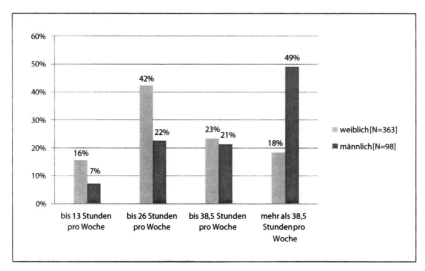

Anmerkung: Auswertung des Personenfragebogens (n = 521). Um die Grafik übersichtlicher zu gestalten, wurden die fehlenden Werte von n = 60 nicht in der Abbildung verzeichnet

Daten einen noch höheren Anteil an Teilzeit aufweisen, könnte an den sozialpädagogisch Tätigen im Ganztag liegen, die bei der Kinder- und Jugendhilfestatistik nicht miterfasst wurden.

7.3.3 Zielgruppen

Die sozialpädagogischen Fachkräfte wurden gefragt, an welche Zielgruppen sich ihre Arbeit an den Schulen richtet. Der folgende Abschnitt beschäftigt sich mit den Antworten auf diese Frage.

Die Tabelle 7.5 zeigt, wie häufig hier die einzelnen Antwortkategorien angekreuzt wurden: 54 % der befragten Fachkräfte haben angegeben, dass sich ihre Arbeit an alle Schülerinnen und Schüler ihrer Schule richtete. Lehrerinnen und Lehrer sind sogar bei 59 % die Adressatinnen und Adressaten der Arbeit. Den höchsten Wert erreichen die Eltern, an die 65 % der Fachkräfte ihre Arbeit richten.

Tabelle 7.5 Prozentuale Verteilung der Mehrfachantworten zur Frage nach den Zielgruppen

Zielgruppe	Häufigkeit	Prozente	Gültige Nennungen
Alle Schüler/innen	275	54 %	509
Nur best. Schulart	64	12 %	521
Nur best. Klassenstufen	101	19 %	521
Schüler/innen, Ganztagsbereich	146	29 %	508
belastete/benacht. Schüler/innen	39	8 %	508
Schüler/innen, freiwillig	47	9 %	508
Lehrer/innen	299	59 %	509
Eltern	333	65 %	509
sonstige	46	9 %	506

Anmerkung: Auswertungen des Personenfragebogens (n = 521). Mit der Kategorie „Schüler/innen freiwillig" sind diejenigen Schülerinnen und Schüler gemeint, die nach Aussagen der sozialpädagogischen Fachkräfte an Schulen freiwillig an deren Angeboten teilnehmen.

Die Werte für Lehrerinnen und Lehrer und Eltern liegen wohl deshalb höher als die für Schülerinnen und Schüler, weil bei letzteren eine breite Differenzierung an Antwortmöglichkeiten bestand. Mit 29 % hat nahezu ein Drittel u. a. nur die Schülerinnen und Schüler im Ganztagsbereich als Zielgruppe.

Da die oben genannten Werte aufgrund der Möglichkeit der Mehrfachnennungen keine Aussagen dahingehend treffen, welche Kombination am häufigsten an den Schulen vorkommt, soll dies im Folgenden untersucht werden (s. Tabelle 7.6):

Weil hier eine Vielzahl an Kombinationen möglich war, ist die Auswertung sehr zeitaufwendig. Deshalb wurden nur die ersten gut 70 % ausgewertet, da bis zu dieser Grenze Gruppen mit mindestens zehn Personen möglich sind.

Die größte Gruppe mit 30 % sind diejenigen Fachkräfte, die ihre Arbeit an alle Schülerinnen und Schüler, an die Lehrerinnen und Lehrer und an die Eltern richten. Auf diese folgen bereits die 10 %, die mit ihrer Arbeit ausschließlich die Schülerinnen und Schüler des Ganztagsbereichs erreichen wollen. Gut 7 % zielen

Tabelle 7.6 Zielgruppen (Kombinationen von Nennungen)

	Häufigkeit	Prozent
alle Schüler/innen, Lehrer, Eltern	149	29,7 %
alle Schüler/innen GT, Lehrer, Eltern	51	10,2 %
alle Schüler/innen	37	7,4 %
alle Schüler/innen, Lehrer/innen, Eltern, Sonstige	26	5,2 %
Schüler/innen GT, Eltern	23	4,6 %
best. Klassenstufen	18	3,4 %
best. Klassenstufen, Lehrer/innen, Eltern	17	2,8 %
alle Schülerinnen freiwillig, Lehrer/innen, Eltern	10	2,0 %
gültige Fälle	502	100 %

Anmerkung: Auswertungen des Personenfragebogens (n = 521). Um die Tabelle übersichtlicher zu gestalten, wurden die fehlenden Werte von n = 19 nicht in dieser Tabelle verzeichnet.

mit ihrer Arbeit ausschließlich auf alle Schülerinnen und Schüler. 5 % nennen die Schülerinnen und Schüler im Ganztagsbereich, Lehrerinnen und Lehrer, sowie die Eltern als ihre Zielgruppe.

Hinweisen möchten wir darauf, dass lediglich rund 2 % der Befragten ihre Arbeit an alle Schülerinnen und Schüler, die freiwillig teilnehmen, die Lehrerinnen und Lehrer und die Eltern richten. Insgesamt haben 9 % „Schüler/innen, freiwillig" angekreuzt.

Der geringe Anteil der Fachkräfte, die eine freiwillige Teilnahme der Schülerinnen und Schüler an ihren Maßnahmen bzw. Angeboten für obligatorisch erachten ist u. E. insofern erstaunlich, da die Freiwilligkeit der Teilnahme laut Speck (2009, S. 67) aber auch anderen Fachexperten (z. B. Spies und Pötter 2011) ein Grundprinzip in der Schulsozialarbeit sein sollte.

Diesen geringen Anteil könnte man sich – zumindest teilweise – dahingehend erklären, dass nicht nur Schulsozialarbeiterinnen und Schulsozialarbeiter befragt wurden. Die Zielgruppe wurde in der vorliegenden Befragung bewusst auf die „sozialpädagogisch Tätigen" erweitert. So werden etwa Fachkräfte im Ganztagsbereich häufig mit der Betreuung einer festen Gruppe betraut. Hier ist schon allein aufgrund der Aufsichtspflicht eine rein freiwillige Teilnahme der Schülerinnen und Schüler nicht möglich. Sicherlich gibt es ähnliche Beispiele, die Freiwilligkeit als Grundprinzip per se ausschließen. Da aber der Großteil der Befragten Schulsozialarbeit als Dienstbezeichnung angegeben hat, gibt die untergeordnete Rolle der Freiwilligkeit Anlass zur Sorge und sollte bei weiteren Untersuchungen beachtet werden. Einschränkend muss an dieser Stelle aber auch methodenkritisch angemerkt werden, dass bei weiteren Erhebungen die Frage nach dem Verpflichtungs- oder Freiwilligkeitsgrad des Angebots von der Frage nach der Zielgruppe entkoppelt werden sollte. So würde es möglich, der aus unserer Sicht zentralen Kategorie der Freiwilligkeit von Kindern und Jugendlichem im Zugang zu sozialpädagogischen Angeboten an Schulen mehr Gewicht und eine bessere Datengrundlage zu verschaffen.

Literatur

Aliaga, C. (2005). *Bevölkerung und Lebensbedingungen.* In: Europäische Gemeinschaften. (Hrsg.), Statistik kurz gefasst. Bevölkerung und soziale Bedingungen. http://www.eds-destatis.de/de/downloads/sif/nk_05 _04.pdf. Zugegriffen: 24. Februar 2012.
Brückner, M. (2007). *Zur Bedeutung der Genderforschung für die Soziale Arbeit: „De"- und „Re"-Gendering als theoretische und praktische Aufgabe.* Resource document. http://www.bibliothek-khsa.de/2007_brueckner.pdf. Zugegriffen: 28. Januar 2012.
Budde, J. (2009). *Männer und Soziale Arbeit.* Resource document. http://aim-gender.ruendal.de/__oneclick_uploads/2009/03/budde.pdf. Zugegriffen: 06. Januar 2012.
Bundesministerium für Familie, Senioren, Frauen und Jugend (BMFSFJ) (Hrsg.). (2005). *Zwölfter Kinder- und Jugendbericht. Bericht über die Lebenssituation junger Menschen und die Leistungen der Kinder- und Jugendhilfe in Deutschland.* Berlin: BMFSFJ.
Hessisches Statistisches Landesamt (2010). *Statistische Berichte. Die Bevölkerung der hessischen Gemeinden.* Resource document. AI2_AII_AIII_AV_10-1hj_pdf.zip. Zugegriffen: 15. Januar 2012.
Speck, K. (2009). *Schulsozialarbeit. Eine Einführung.* München: 2. Aufl. Ernst Reinhardt Verlag.
Spies, A. & Pötter, N. (2011). *Soziale Arbeit an Schulen. Einführung in das Handlungsfeld Schulsozialarbeit.* Wiesbaden: VS Verlag für Sozialwissenschaften.
Statistische Ämter des Bundes und der Länder (2010): *Regionaldatenbank.* https://www.regionalstatistik.de/genesis/online/logon. Zugegriffen: 27. Dezember 2012.
Statistisches Bundesamt Deutschland (2010a). *Berufe von Frauen und Männern: Weiter in getrennten Welten?* Resource document: http://www.destatis.de/jetspeed/portal/cms/Sites/destatis/Internet/DE/Content/Statistiken/Arbeitsmarkt/content75/BerufeMaennerFrauen.psml. Zugegriffen: 24. Februar 2012.
Statistisches Bundesamt Deutschland (2010b). Pressemitteilung Nr.033 vom 26.01.2010. *Anteil der Einwohner mit Migrationshintergrund leicht gestiegen.* http://www.de-

statis.de/jetspeed/portal/cms/Sites/destatis/Internet/DE/Presse/pm/2010/01/
PD10__ 033__122,templateId=renderPrint.psml. Zugegriffen: 24. Februar 2012.

Statistisches Bundesamt Deutschland (2012). *Statistiken der Kinder- und Jugendhilfe. Einrichtungen und tätige Personen (ohne Tageseinrichtungen für Kinder). 2010.* Wiesbaden: Statistisches Bundesamt.

Schulsozialarbeit als prekäres Handlungsfeld?

Katharina Baal und Daniel Holbe

„Es ist deutlich geworden, dass Prekarität heutzutage allgegenwärtig ist. Im privaten, aber auch im öffentlichen Sektor, wo sich die Zahl der befristeten Beschäftigungsverhältnisse und Teilzeitstellen vervielfacht hat […] [auch im] Bildungswesen […] Prekarität hat bei dem, der sie erleidet, tiefgreifende Auswirkungen" (Bourdieu 2004, 107 ff.). Bourdieus Vortrag in der Schweiz fokussierte das Prekariat als ein Problem von Arbeiterinnen und Arbeitern der Unterschicht, deren Zukunfts- und Existenzängste durch unsichere Zeitverträge und Entlohnungsmodelle unterhalb der existenzsichernden Grenzen bestimmt sind. Seine arbeitsmarktpolitischen Forderungen sind jedoch kompatibel zu allgemeinen gewerkschaftlichen Forderungen, die auch für die Tätigkeit im Feld der Sozialen Arbeit an Schulen gelten.

In diesem Sinne ist hier der Begriff der Prekarität zunächst vor allem auf *Personen* bezogen, die im Bereich der Schule sozialarbeiterisch/sozialpädagogisch *tätig* sind und zielt auf eine Beschreibung und Analyse ihrer Arbeitsbedingungen und ihrer sozialen Absicherung. Das Thema Arbeitsbedingungen und Prekarisierung ist für das gesamte Arbeitsfeld der Sozialen Arbeit ein aktuelles Thema – vgl. z. B. den kürzlich erschienenen Sammelband zu diesem Thema (Stolz-Willig, Christoforidis 2011). Es wird demnach im Folgenden versucht, anhand von Angaben der befragten Fachkräfte einen ersten Einblick in diese Aspekte der sozialpädagogischen Tätigkeiten an den Schulen zu gewinnen. Neben der Frage der Befristung von Beschäftigungsverhältnissen spielt deren im Verhältnis zu vergleichbar anspruchsvollen Tätigkeiten häufig niedrige Bezahlung eine wichtige Rolle. Das gilt insbesondere vor dem Hintergrund des an den Schulen auf der Hand liegenden Vergleichs mit den üblicherweise besser bezahlten Lehrkräften.

Darüber hinaus kann ‚prekär' jedoch auch im Sinne von ‚problematisch' oder ‚heikel' *für das Berufsfeld* der Schulsozialarbeit analysiert werden, z. B. wenn pädagogische und soziale Tätigkeiten von nicht qualifizierten und unterbezahlten Personen ausgeführt werden, denen zudem weder eine fachliche Begleitung noch Weiterbildungen zuteil werden.

Der Schwerpunkt dieses Beitrages liegt auf der ersten – fachkraftbezogenen – Fragestellung. Aspekte der zweiten Sichtweise, wie z. B. die Qualifikation der Fachkräfte und deren Tätigkeitsschwerpunkte wurden im vorangegangenen Beitrag dieses Bandes bereits ausführlicher beleuchtet (vgl. Kap. 7). Den Aspekt der Qualifikation greifen wir hier dennoch kurz erneut auf (8.4), da er u. E. zusammen mit Merkmalen des Anstellungsverhältnisses (8.1) und Fragen der Verfügbarkeit von fachlicher Begleitung (8.2) sowie Fortbildung (8.3) ein wichtiger Indikator für die professionelle Verankerung dieses Arbeitsfeldes ist und somit Hinweise auf den Umfang von perkariatsverdächtigen Beschäftigungsverhältnissen liefern kann. Aus diesem Grund werden hier in einem ersten Schritt im Vergleich zwischen den drei Erhebungsregionen die angesprochenen Merkmale der Beschäftigungsverhältnisse beleuchtet. Im Anschluss werden diese Merkmale zu einer Typenbildung von Beschäftigungsverhältnissen verwendet, um einen ersten – aufgrund der nicht repräsentativen Anlage dieser Befragung tentativen – Eindruck vom Umfang eventuell prekärer Beschäftigungsformen in der Schulsozialarbeit zu gewinnen und diese Analysestrategie mit Blick auf eventuelle Folgeuntersuchungen zu bewerten.

8.1 Anstellungsverhältnisse

Im Folgenden wird untersucht, welcher Art die Anstellungsverhältnisse sind. Dabei geht es insbesondere um die Frage der Bezahlung und der eventuellen Befristung der Beschäftigungsverhältnisse. Um eine Differenzierung zwischen festen Beschäftigungsverhältnissen, Honorarverträgen und ehrenamtlichen Tätigkeiten zu ermöglichen, waren diese drei Rubriken vorgegebene Oberkategorien einer entsprechenden Frage an die Fachkräfte. Bei der Wahl einer dieser Möglichkeiten sollten differenziertere Angaben zur Form der Bezahlung (Tarifgruppe, Stundensatz, Höhe der Aufwandsentschädigung) gemacht werden.

Insgesamt 475 Personen machten Angaben zur Form der Bezahlung und ordneten sich in sehr hohem Maße einem festen, nicht honorargüteten oder ehrenamtlichen (ggf. mit Aufwandsentschädigung) Beschäftigungsverhältnis zu. In den Erhebungsorten in Bayern traf das auf 96,1 %, in Hessen auf 87,9 % und in Nordrhein-Westfalen auf 91 % der auswertbaren Bögen zu. Von diesen insgesamt 452 Personen gaben knapp 75 % an, dass ihre Bezahlung nach einer tariflichen Regelung erfolge. Dabei ist jedoch eine erhebliche Streuung zwischen den Erhebungsregionen zu beobachten (vgl. Tabelle 8.1).

Tabelle 8.1 Tarifbezahlung und Anstellungsverhältnis nach Befragungsregion (Spaltenprozente)

		Erhebungsorte in Bayern		Erhebungsorte in Hessen			Erhebungsorte in NRW			Alle
		München	LK München	Darmstadt	LK Waldeck-Frankenberg	keine Regionsangabe	Dortmund	LK Unna	keine Regionsangabe	
Bezahlung nach Tarif	ja	75,4%	85,4%	77,1%	83,3%	73,7%	91,5%	50%	100%	74,8%
	nein	24,6%	14,6%	22,9%	16,7%	26,3%	8,5%	50%	0%	25,2%
gültige Fälle		134	96	35	12	19	59	94	3	452
Unbefristeter Arbeitsvertrag	ja	59,1%	47,9%	66,7%	28,6%	57,9%	51,3%	36,6%	75%	49,6%
	nein	40,9%	52,1%	33,3%	71,4%	42,1%	48,7%	63,4%	35%	
gültige Fälle		137	94	36	14	19	76	112	4	492

Anmerkung: Auswertungen des Fachkräftefragebogens (n = 521).

Positiv fällt auf, dass an allen drei Standorten jeweils über zwei Drittel der Beschäftigten nach Tarif bezahlt werden; insbesondere in München Stadt und Landkreis ist der Anteil mit 79,6 % besonders hoch. Allerdings ist damit nicht automatisch gesagt, dass die Tarifbezahlung auch angemessen bezüglich der Qualifikation erfolgt. So ist z. B. durchaus denkbar, dass sozialarbeiterisch oder -pädagogisch mit einem (Fach-)Hochschulabschluss qualifizierte Personen auf Erzieher- oder ErzieherinnenStellen mit der entsprechenden Eingruppierung beschäftigt sind. Das lässt sich mit dem hier verfolgten Erhebungskonzept jedoch nicht aufklären.

Regional getrennt betrachtet, liegt die Stadt Dortmund an der Spitze der tariflichen Bezahlung, der Landkreis Unna hingegen auf dem untersten Rang. Die Hälfte aller Befragten wird dort nicht nach Tarif bezahlt.

Die Frage, ob ein unbefristetes Anstellungsverhältnis vorliegt, beantworteten insgesamt 492 Personen, also 94,4 % gegenüber nur 21 Personen, die hierzu keine Angabe machten. Im Gegensatz zur Tarifbezahlung gibt es hier keine Spitzenwerte oberhalb von zwei Dritteln. Die einzige Ausnahme macht die Region Darmstadt (Stadt und LK): Hier bejahten 24 Personen (66,7 %) gegenüber 12 Personen die Frage, ob sie im Rahmen eines unbefristeten Anstellungsverhältnisses tätig sind. Die restlichen Nennungen aus Hessen liegen deutlich darunter, jedoch erschweren die geringen Fallzahlen eine gesicherte Analyse. Erneut fällt ein Missverhältnis der Nennungen der Stadt Dortmund und des Landkreises Unna (zu dessen Ungunsten) auf, was zu der Vermutung Anlass gibt, dass dort eine besondere Gruppe von Beschäftigten (mit untertariflich bezahlten Fristverträgen) an der Befragung teilgenommen hat. Ob das eine Eigenschaft des Landkreises Unna ist oder auf das Auswahlverfahren zurückzuführen ist, muss an dieser Stelle unbeantwortet bleiben. In Bayern weist die Stadt München gegenüber dem Landkreis einen höheren Wert auf, in der Tarifbezahlung war dieses Verhältnis andersherum.

8.2 Supervision

Zu einer professionellen sozialpädagogischen Tätigkeit gehören Supervision, Fallbesprechungen, kollegialer Austausch und regelmäßige Fort- und Weiterbildungen, um eine hohe fachliche Qualität zu ermöglichen und abzusichern sowie die Gesundheit der Fachkräfte zu schützen. Dies geschieht dort, wo Fachkräfte (-Teams) ortsgebunden in Einrichtungen arbeiten, in der Regel flächendeckend und in vielen Formen. Sozialpädagogisch Tätige an der Schule arbeiten hingegen aus Jugendhilfesicht am Ort der Schule ‚extern', nicht zwingend mit eigenem Büro und oft sogar als einzige sozialpädagogische Fachkraft in dieser Institution. Das macht Supervision zur Vermeidung prekärer Arbeitssituationen umso wichtiger. Gefragt wurde, ob Supervision über den Arbeitgeber oder die Schule finanziert wird. Parallel dazu konnten die Fachkräfte angeben, ob sie das Angebot nutzen oder sich ggf. eigene Beratungen organisieren. Zur besseren Übersicht wurden in der Tabelle 8.2 die positiven Nennungen gruppiert.

Zunächst fällt auf, dass sich die Nennungen in Hessen jeweils zu etwa gleichen Teilen einer Kategorie zuordnen lassen. Keine Supervision („Nein") und selbst organisierte Beratung („kollegiale Beratung") betreffen hier mit 49 Personen rund zwei Drittel der Befragten. In Dortmund und Unna liegt dieser Anteil ohne eine

Schulsozialarbeit als prekäres Handlungsfeld?

Tabelle 8.2 Finanzierung von Supervision nach Befragungsregion (Spaltenprozente)

		Erhebungs-orte in Bayern	Erhebungs-orte in Hessen	Erhebungs-orte in NRW	Alle
Finanzierung von Supervision	Nein	15,6 %	37,8 %	54,3 %	33,9 %
	kollegiale Beratung	4,6 %	28,4 %	17,6 %	13,1 %
	ja, bis zu 4 mal im Jahr	17,3 %	10,8 %	0,5 %	9,8 %
	ja, bis zu 8 mal im Jahr	25,3 %	10,8 %	6,5 %	15,9 %
	ja, so oft ich es benötige	11,8 %	8,1 %	4 %	8,1 %
	ja, wird z. Zt. nicht in Anspruch genommen	25,3 %	4,1 %	17,1 %	19,2 %
	Nennungen „ja" gruppiert (ohne kollegiale Beratung)	79,8 %	33,8 %	28,1 %	52,9 %
gültige Fälle		237	74	199	510

Anmerkungen: Auswertungen des Fachkräftefragebogens (n = 521).

Finanzierung von Supervision mit 143 Betroffenen sogar bei 71,9 % gegenüber 56 Fachkräften (28,1 %), die Supervision finanziert bekommen.

Im Kontrast hierzu steht München, wo 79,8 % der Befragten (189 Personen) angaben, Supervision finanziert zu bekommen. Bei immerhin 88 Personen wird diese bis zu acht Mal pro Jahr finanziert oder so oft, wie die Fachkraft es benötigt.

Da Schulsozialarbeit häufig außerhalb einer Teamstruktur stattfindet, wodurch die Möglichkeiten eines informellen sowie kollegialen Austausches nicht oder nur teilweise gegeben sind, wiegt die strukturelle Gewährleistung eines regelmäßigen, zeitlich angemessenen fachlichen Austausches umso höher.

8.3 Fortbildung

Der nächste Blick richtet sich auf die Frage nach Fortbildungsangeboten. Hier konnten die Befragten angeben, ob sie durch zeitliche und/oder finanzielle Zuschüsse, jeweils anteilig oder vollständig gefördert werden. Eine gruppierte Nennung aus allen Angaben, die eine Förderung erhalten, ergibt folgendes Bild:
Bei 511 gültigen Nennungen gaben 459 Personen an, in irgendeiner Form Fortbildungsförderung zu erhalten. Das entspricht etwa 90 %. Betrachtet man die Standorte, ist Bayern diesbezüglich Spitzenreiter. Wie aber lassen sich die Anteile von Förderungen aufschlüsseln?

Deutlich fällt dabei auf, dass eine vollständige zeitliche Freistellung generell in höherem Maße vertreten ist als finanzielle Zuschüsse und zwar unabhängig von deren Anteil. Die Verhältnisse der Nennungen, ob es Bezuschussung in vollem Umfang oder anteilig ist, gehen bereits innerhalb eines Standortes weit auseinander. So unterscheiden sich in Hessen noch kaum, in den Landkreisen München und Unna hingegen überwiegen deutlich die Nennungen bei vollständiger finanzieller Förderung.

Gruppiert in eine neue Kategorie wurden anschließend Fachkräfte, die sowohl bei zeitlicher Freistellung als auch bei finanziellem Zuschuss angaben, vollständige Förderung zu erhalten. Eine vollständige Förderung in beiden Bereichen wird den Fachkräften der Standorte in Hessen nur zu 27,7 % zuteil. Spitzenreiter bleibt München (Stadt und Kreis) mit 48,7 %, dicht gefolgt von den Standorten in Nordrhein-Westfalen mit 46 %.

8.4 Ausbildung und Qualifikation

Ein Merkmal von nicht prekären Beschäftigungsverhältnissen im zweiten Sinne (aus Sicht der Profession) wäre die ausschließliche oder vorherrschende Beschäftigung von pädagogischen bzw. sozialpädagogischen Fachkräften in diesem Arbeitsfeld. Sozialpädagogen, Erzieher, Lehrer, Berufspraktikanten sowie Hochschulabsolventen verschiedenster Studiengänge sind in dieser Funktion tätig. Oft werden in (sozial)pädagogischen Laufbahnen zudem Zusatzqualifikationen erworben oder eingebracht. Dieser Abschnitt soll einen ersten Überblick über die mannigfaltigen Qualifikationen bieten, welche von den sozialpädagogischen Fachkräften an Schulen der drei untersuchten Standorte eingebracht werden.

Die Frage nach der Ausbildung und beruflichen Qualifikation beantworteten mit 511 Personen (98,1 %) beinahe alle Befragten. Tabelle 8.3 stellt die prozentualen Häufigkeiten der Nennungen dar, hierbei ist zu beachten, dass Mehrfachnen-

Tabelle 8.3 Qualifikation der sozialpädagogisch an Schulen tätigen Personen nach Befragungsregion (Spaltenprozente)

	Erhebungsorte in Bayern	Erhebungsorte in Hessen	Erhebungsorte in NRW	Alle
Sozialpädagogik/Sozialarbeit (FH, Diplom)	60,9 %	68,9 %	37,2 %	52,8 %
Soziale Arbeit (B. A.)	5,0 %	2,7 %	1,5 %	3,3 %
Soziale Arbeit (M. A.)	1,7 %	1,4 %	0,0 %	1,0 %
Diplompädagogik (Schwerpunkt Soz.Päd.)	1,7 %	5,4 %	4,0 %	3,1 %
Diplompädagogik (anderer Schwerpunkt)	3,8 %	2,7 %	2,5 %	3,1 %
Diplompsychologie	0,8 %	1,4 %	0,0 %	0,6 %
Sozialpädagogik (Erzieher/in, FS)	12,2 %	24,3 %	29,1 %	20,5 %
im Anerkennungsjahr	5,5 %	1,4 %	12,1 %	7,4 %
Lehrkraft/Staatsexamen Lehramt	2,9 %	0,0 %	4,0 %	2,9 %
kein pädagogischer oder psychologischer Abschluss	0,0 %	0,0 %	2,0 %	0,8 %
Zusatzausbildung	80,7 %	73,0 %	85,9 %	81,6 %
andere Qualifikationen	76,5 %	82,4 %	82,9 %	79,8 %
gültige Fälle	238	74	199	511

Anmerkungen: Auswertungen des Fachkräftefragebogens (n = 521). Die Summe der Prozentwerte pro Region kann größer als 100 % sein weil Mehrfachnennungen möglich waren.

nungen möglich waren. Doppelnennungen, besonders in den Feldern Zusatzausbildung und Qualifikation, waren keine Seltenheit.

Weiterhin gibt es eine Häufung von Fällen, bei denen einer Fachschulausbildung zur Erzieherin bzw. zum Erzieher ein weiterführendes Studium folgte.

417 der befragten Personen gaben an, mindestens eine zusätzliche Ausbildung erworben zu haben und 408 Personen gaben an, darüber hinaus weitere Qualifi-

kationen zu besitzen. Hier wurden die unterschiedlichsten Nennungen gemacht, vom Erwerb des Abiturs über (z. T. nicht abgeschlossene) weitere Studiengänge bis hin zu heilpädagogischen oder systemischen Fort- und Weiterbildungen.

Insgesamt ist festzuhalten, dass sich insbesondere für die Erhebungsstandorte in Hessen und Bayern eine erfreulich hohe Quote von einschlägig qualifizierten Personen finden lässt. Die deutliche Mehrzahl der Beschäftigten verfügt dort über einschlägige akademische Bildungsabschlüsse im Feld der Sozialen Arbeit.

8.5 Einordnung in Typen

Da Prekarität ein vielschichtiges Konstrukt ist, das durch singuläre Indikatoren nur unzureichend abgebildet werden kann, bietet sich die Zusammenfassung mehrerer Indikatoren in Form einer Typenbildung an. Für den hier verfolgten explorativen Zweck wird hierzu ein aufgrund der geringen Falzahlen und des unsystematischen Auswahlverfahrens u. E. angemessener pragmatischerer Ansatz verwendet. Die hier verfolgte Strategie zielt auf eine Einteilung der Fachkräfte in drei hierarchische „Prekaritätsgruppen" anhand der oben beschriebenen Merkmale. Dabei wird die Idee verfolgt, eine Kumulation von nachteiligen Bedingungen in allen vier beschriebenen Indikatoren bei einer Fachkraft als Hinweis auf besonders schlechte (prekäre) Arbeitsbedingungen zu verstehen und im Kontrast dazu das gemeinsame Auftreten von positiven Aspekten eben als Hinweis auf eher gesicherte und professionelle (nicht prekäre) Arbeitsbedingungen zu werten. Zusammen mit einer Mittelfeldkategorie ergeben sich mit dieser Strategie drei Typen, deren Bildung und Auswertung im Folgenden thematisiert wird:

Typ A: Schulsozialarbeit wird vornehmlich von ungenügend bis überhaupt nicht qualifizierten Personen geleistet. Entsprechend schlecht ist auch ihre Entlohnung. Supervision und Fortbildung wird nicht angeboten.

Typ B: Schulsozialarbeit wird von ausreichend qualifizierten Personen durchgeführt, jedoch vornehmlich unter Tarif bezahlt. Supervision und Fortbildung wird nur in begrenztem Maße umgesetzt.

Typ C: Schulsozialarbeit wird von gut qualifizierten Fachkräften geleistet, deren Anstellungsverträge vornehmlich unbefristet sind und deren Bezahlung vornehmlich nach Tarif erfolgt. Supervision ist selbstverständlich und Fortbildungsangebote werden durch zeitliche und finanzielle Förderungen ermöglicht.

Untersucht werden also die Faktoren Qualifikation, Vertrag, Bezahlung sowie Supervision/Fortbildung. Nur Personen, die einen Hochschulabschluss haben, fest und unbefristet angestellt sind, nach Tarif bezahlt werden und regelmäßig Supervision sowie Fortbildungen finanziert bekommen, sind demnach Fachkräfte des Typs C.

Immerhin 194 Fachkräfte gaben an, sowohl über eine unbefristete Festanstellung mit tariflicher Bezahlung zu verfügen, in deren Rahmen regelmäßig Supervision stattfindet und Fortbildungsangebote zeitlich und/oder finanziell unterstützt werden. 175 davon sind qualifizierte Fachkräfte mit mindestens einem Studienabschluss. Obgleich hiermit die Anforderungen des Typs C bereits erfüllt sind, wird an dieser Stelle eine weitere Variable hinzugezogen: die Berufserfahrung. 145 der 175 Personen bringen bereits mindestens ein Jahr Berufserfahrung mit. Damit gehören noch 33,6 % der befragten Fachkräfte zum Typ C.

Den Blick zurück auf die 175 ermittelten Fachkräfte des Typs C gerichtet, ist folgende Verteilung festzustellen (s. Tab. 8.4). In Hessen waren dies 16 Personen, was 21,6 % der am Standort Befragten (75) entspricht, in Bayern 136 (56,7 % von 240) und in Nordrhein-Westfalen 23 (11,2 % von 257).

Aufgeschlüsselt nach Regionen fällt zunächst auf, dass keine Nennungen aus dem hessischen Landkreis Waldeck-Frankenberg kamen.

Dem Standort Bayern kann des Weiteren bescheinigt werden, mit rund 57 % aller vor Ort befragten Fachkräfte einen außerordentlich hohen Anteil von Fachkräften des Typs C zu haben. Von allen Fachkräften, die die Erfordernisse des Typs C erfüllen, verteilen sich mit 136 Personen immerhin 77,7 % auf diesen Standort.

Mit einem standortbezogenen Anteil von 21,6 % bzw. 11,2 % der vor Ort Befragten werden weder in Hessen noch in Nordrhein-Westfalen annähernde Werte erreicht. In NRW lässt sich das z. T. auf den hohen Anteil an Antwortenden aus dem Ganztagsschulbereich zurückführen.

Die verbleibenden 346 Personen der 521 Befragten, also immerhin zwei Drittel, gehören nicht dem Typ C an.

Tabelle 8.4 Verteilung von Fachkraft Typ C nach Region und Standort

	Erhebungsorte in Bayern		Erhebungsorte in Hessen				Erhebungsorte in NRW		Alle
	München	LK München	Darmstadt	LK Waldeck-Frankenberg	keine Regionsangabe		Dortmund	LK Unna	
gültige Fälle	64	72	9	0		7	11	12	175
Anteil am Standort in %		56,7 %			21,6 %			11,2 %	

Anmerkungen: Auswertungen des Fachkräftefragebogens (n = 521).

8.6 Fazit

In allen Bereichen konnten wir keine Hinweise finden, die zu dem Schluss berechtigen würden, dass die von uns untersuchten sozialpädagogischen Fachkräfte in einem grundsätzlich prekären Handlungsfeld tätig sind. Auf der anderen Seite konnten wir jedoch auch ‚nur' für 33,6 % der Fachkräfte im Rahmen einer Typenbildung Bedingungen nachweisen, die mit hoher Wahrscheinlichkeit *nicht prekäre* Arbeitsbedingungen ausdrücken. Dem stehen zwei Drittel unserer Befragten (66,4 %) gegenüber, für die die Anforderungen an eine solche Zuordnung teils oder sogar in hohem Umfang nicht entsprechen. Weiterhin zeigen sich durch die großen regionalen Unterschiede Handlungsbedarfe für die Bereiche von Qualifikation, Bezahlung und fachlicher Unterstützung. Es gibt an allen Standorten Lücken. Bereiche also, die nur unzureichend abgedeckt werden und deren differenzierte Untersuchung den Bedarf an einer flächendeckenden statistisch, abgesicherten Analyse der Arbeitsbedingungen unterstreicht. Weiterhin muss davon ausgegangen werden, dass es zusätzlich zu den erfassten Fachkräften einen nicht unerheblichen Anteil weniger qualifizierter, geringfügig beschäftigter Personen in diesem Betätigungsfeld gibt, der in unserer Stichprobe wahrscheinlich nicht abgebildet ist.

Literatur

Bourdieu, P. (2004). Prekarität ist überall. In: Ders.: *Gegenfeuer*. Mit einem Vorwort von Franz Schultheis. (S. 107–113). Konstanz: UVK Verlagsgesellschaft.

Stolz-Willig, B. & Christoforidis, J. (Hrsg.) (2011). *Hauptsache billig? Prekarisierung der Arbeit in den sozialen Berufen*. Münster: Westfälisches Dampfboot.

9 Angebote und Tätigkeiten der sozialpädagogischen Fachkräfte an Schulen im Landkreis und der Stadt München

Stephanie Kulartz und Mathias Penger

Im Rahmen unserer Masterarbeit (vgl. Kulartz und Penger 2012) haben wir uns mit den Daten der Fachkräftebögen für den Landkreis und die Stadt München aus dem Verbundforschungsprojekt beschäftigt. Unser Anliegen war es, neben einer Bestandsaufnahme Unterschiede und Gemeinsamkeiten der beiden Regionen herauszuarbeiten. Allein schon bei den Rahmenbedingungen bestehen zwischen den beiden räumlich verbundenen Standorten große Unterschiede, die sich in den Konzepten der örtlichen Träger der Jugendhilfe zeigen.[1] So gab es während des Erhebungszeitraums in Verantwortung des Stadtjugendamts der Landeshauptstadt München an etwa 11 % der Grundschulen, 80 % der Hauptschulen, 94 % der Förderschulen und 65 % der Berufs- und Wirtschaftsschulen in München Schulsozialarbeit. Daneben wurde mit „JADE" (Jugendliche an die Hand nehmen und begleiten) ein Programm installiert, das den Übergang von der Schule in den Beruf begleiten soll (vgl. Landeshauptstadt München 2012, S. 47 ff.).

Im Landkreis München wurde an fast allen Schulen Jugendsozialarbeit an Schulen nach einem Rahmenkonzept des Kreisjugendamts München eingerichtet (vgl. Staatliches Schulamt im Landkreis München/Kreisjugendamt 2011, S. 3).

Wir wollen im Folgenden mit einer Analyse der Angebote und Tätigkeiten der Fachkräfte aber der Frage nachgehen, inwieweit sich die Tätigkeiten an den Schulen trotz unterschiedlicher Rahmenbedingungen und Konzepte tatsächlich voneinander unterscheiden. Wir wollen herausfinden, welche Angebots- und Tätigkeitsprofile von sozialpädagogischen Fachkräften für die Schülerinnen und Schüler speziell und welche Gruppen von Tätigkeiten nach Zielgruppen an den Schulen existieren.

---

1 Ein Hintergrund und Überblick zur Sozialen Arbeit an Schulen in der Stadt sowie im Landkreis München wird von Angelika Iser im Kapitel 14 dieses Buches gegeben.

9.1 Tätigkeitsschwerpunkte

Für die folgenden Auswertungen werden insgesamt 240 Bögen herangezogen. Davon sind 144 aus der Stadt München und 96 aus dem Landkreis München. In zwei aufeinanderfolgenden Fragen des Personenfragebogens wurden die sozialpädagogischen Fachkräfte an den Schulen nach den Angeboten und Tätigkeiten ihrer Arbeit gefragt. Dabei konnten sie zunächst in der ersten der beiden Fragen aus einer Auswahl an Angeboten und Tätigkeiten, unterteilt nach den Zielgruppen Schülerinnen und Schüler, Eltern, Lehrerinnen und Lehrer, Schulleitung und Gemeinwesen, den jeweiligen Ausprägungsgrad auf einer Skala von „1 = nie" bis „6 = ausschließlich" angeben.[2] In der nächsten Frage sollten dann bis zu fünf Schwerpunkte aus den 23 zuvor genannten Angeboten und Tätigkeiten genannt werden. Hier konnten in einer offenen Benennung in der Reihenfolge der Bedeutung für die Arbeit bis zu fünf Tätigkeiten hervorgehoben werden, die den Schwerpunkt der Arbeit bilden, unabhängig davon, auf welche Zielgruppe dieser Schwerpunkt jeweils zielt.

Um einen ersten Überblick zu geben, möchten wir zunächst einen Blick auf diese Schwerpunkte werfen. Dazu wurden alle 760 Nennungen aus den 240 Fragebögen aufaddiert. Die Tabelle 9.1 zeigt, welche Schwerpunkte – unabhängig von der Priorisierung – in den Erhebungsgebieten Stadt und Landkreis München am häufigsten genannt wurden.

Demnach haben die meisten Fachkräfte die Beratung und Begleitung einzelner Schülerinnen und Schüler als Schwerpunkt angegeben. Verglichen mit den Antwortkategorien fällt auf, dass auf die vorderen Plätze hauptsächlich Angebote und Tätigkeiten entfallen, die sich an Schülerinnen und Schüler richten.

Im Folgenden möchten wir die Schwerpunkte nach Regionen differenziert betrachten. Allerdings wurden hier der besseren Übersichtlichkeit halber nur jeweils die fünf Schwerpunkte ausgewählt, auf die die meisten Nennungen entfielen.

Wie die Tabelle 9.2 zeigt, sind die fünf meistgenannten Tätigkeits- bzw. Angebotsschwerpunkte beider Regionen auch solche, die sich an Schülerinnen und Schüler richten. Auch hier ist der häufigste Schwerpunkt wiederum die Einzelfallhilfe. Auch ansonsten ähneln sich die Angaben sehr. So wurden in beiden Regionen die Mediation und Streitschlichtung, die sozialpädagogische Gruppenarbeit und offene Gesprächs-, Kontakt- und Freizeitangebote sehr häufig genannt. Jedoch ist der zweithäufigste Schwerpunkt in der Tätigkeit von Fachkräften an Schulen im Münchner Stadtgebiet die Berufsorientierung. Bei den Fachkräften im Landkreis München landet dieses Tätigkeitsgebiet nicht unter den fünf meist-

---

2 Diese Frage findet sich in leicht überarbeiteter Form als Frage 17 im sog. „Vorschlag eines Kernfragebogens für sozialpädagogische Fachkräfte an Schulen" (s. Anhang).

Angebote und Tätigkeiten der sozialpädagogischen Fachkräfte

Tabelle 9.1 Schwerpunkte der Angebote und Tätigkeiten

Angebot bzw. Tätigkeit	Anzahl der Nennungen	Prozent der Nennungen
Beratung und Begleitung von einzelnen Schüler/innen/Einzelfallhilfe	149	19,6 %
Offene Gesprächs-, Kontakt- und Freizeitangebote (z. B. Schülercafé)	71	9,3 %
Mediation; Streitschlichtung	62	8,2 %
Sozialpädagogische Gruppenarbeit	57	7,5 %
Unterrichtsbezogene Hilfen (z. B. Hausaufgabenbetreuung)	52	6,8 %
Arbeit mit Eltern und Personensorgeberechtigten	51	6,7 %
Soziales Lernen	50	6,6 %
Berufsorientierung und Übergang von der Schule in die Berufswelt	48	6,3 %
Kooperation bei Konflikten mit Lehrer/innen	35	4,6 %
Ganztagsschulgestaltung für die Schulleitung bzw. die Schule als System	29	3,8 %
Beratung bei pädagogischen Fragen von Lehrer/innen	28	3,7 %
Präventives Angebot (z. B. Anti-Gewalt-Training)	27	3,6 %
Kooperation bei Projekten (z. B. Klassenprojekte) mit Lehrer/innen	25	3,3 %
Jugend(kultur)arbeit/Freizeitangebote für feste Gruppen	16	2,1 %
Vermittlung und Kontaktpflege zum ASD/zur BSA	11	1,4 %
Kooperation im Unterricht (z. B. Teamteaching, Unterrichtsbesuche)	8	1,1 %
Vermittlung und Kontaktpflege zu außerschulischen Hilfen	8	1,1 %
Weitere Vernetzung ins Gemeinwesen	8	1,1 %
Mitwirkung an Schulprogrammen und an der Schulentwicklung	5	0,7 %
Kontaktpflege zu anderen Schulsozialarbeiter/innen	4	0,5 %
Kooperation bei Klassenfahrten	3	0,4 %
Konfliktbewältigung/Mediation als Schulangebot	3	0,4 %
Teilnahme oder Mitwirkung in schulischen Gremien	3	0,4 %
Sonstige	7	0,9 %
Gesamt	760	100,0 %

Anmerkung: Auswertung des Personenfragebogens vom Standort München (N = 240, insgesamt 760 Nennungen)

Tabelle 9.2 Schwerpunkte der Angebote und Tätigkeiten nach Region

Region	Angebot bzw. Tätigkeit	Anzahl der Nennungen	Prozent der Nennungen
Stadt München	Beratung und Begleitung von einzelnen Schüler/innen/Einzelfallhilfe	95	22,0 %
	Berufsorientierung und Übergang von der Schule in die Berufswelt	42	9,7 %
	Mediation; Streitschlichtung	34	7,9 %
	Sozialpädagogische Gruppenarbeit	32	7,4 %
	Offene Gesprächs-, Kontakt- und Freizeitangebote	31	7,2 %
Landkreis München	Beratung und Begleitung von einzelnen Schüler/innen/Einzelfallhilfe	54	16,4 %
	Offene Gesprächs-, Kontakt- und Freizeitangebote	40	12,2 %
	Unterrichtsbezogene Hilfen (z. B. Hausaufgabenbetreuung)	29	8,8 %
	Mediation; Streitschlichtung	28	8,5 %
	Sozialpädagogische Gruppenarbeit	25	7,6 %

Anmerkung: Auswertung des Personenfragebogens vom Standort München (N = 144 in der Stadt München, N = 96 im Landkreis München, insgesamt 234 Nennungen in der Stadt München und 173 Nennungen im Landkreis München)

genannten Schwerpunkten. Hier tauchen jedoch die unterrichtsbezogenen Hilfen, wie z. B. Hausaufgabenbetreuung auf, die dort häufiger Schwerpunkt sind als in der Stadt München.

Dieser Befund lässt sich u. E. mit den bereits genannten unterschiedlichen Konzepten für sozialpädagogische Tätigkeiten an Schulen erklären. Da das Stadtjugendamt mit dem JADE-Programm, als Ergänzung zur Schulsozialarbeit, den Fokus explizit auf die Begleitung beim Übergang von der Schule ins Berufsleben legt, verwundert es nicht, dass dieser nun in der Stadt München auch als Schwerpunkt bei unserer Befragung häufig genannt wurde.

9.2 Vorgehen zur Ermittlung von Tätigkeitsprofilen mit der Clusteranalyse

Da die bisherigen Betrachtungen nur einen groben Überblick über die Schwerpunkte gegeben haben, wollen wir in den folgenden Berechnungen – im Rahmen von Clusteranalysen – nicht nur die Tätigkeiten und Angebote mit einbeziehen, die häufig genannt wurden, sondern auch diejenigen, die in der Arbeit der sozialpädagogischen Fachkräfte kaum eine Rolle spielen.

Um Typen von Tätigkeiten bzw. von Angeboten herauszuarbeiten, ist die Clusteranalyse eine geeignete Methode. Darunter werden verschiedene Verfahren zusammengefasst, die mittels multivariater Analysen Gruppen – sogenannte Cluster – bilden, die in sich möglichst ähnlich bzw. homogen sind und sich dabei gleichzeitig voneinander möglichst stark nach außen voneinander unterscheiden (vgl. Backhaus et al. 2011, S. 397). Diese Verfahren werden hauptsächlich in zwei Gruppen eingeteilt. In hierarchische und partitionierende Verfahren (vgl. ebd., S. 418).

Für die nachfolgenden Berechnungen wurde ein Verfahren der hierarchischen-agglomerativen Clusteranalyse angewendet. Bei den hierarchischen Verfahren ist zu Beginn der Berechnungen jeder Fall ein eigenes Cluster. Im nächsten Schritt werden die Cluster, die sich am ähnlichsten sind bzw. die Cluster die für ein Homogenitätsmaß den günstigsten Wert annehmen, vereinigt. Das beschriebene Vorgehen kann in sogenannten Fusionsschritten so lange vollzogen werden, bis es nur noch ein Cluster gibt. Als Proximitätsmaß wurde die quadrierte euklidische Distanz verwendet, welche die Distanz von zwei Merkmalen über alle Merkmale berechnet (vgl. ebd., S. 398 ff.). Beim Fusionierungsalgorithmus fiel die Wahl auf das Ward-Verfahren. Dabei werden nicht die beiden Cluster zusammengefasst, die die geringste Distanz zueinander haben, sondern diejenigen, deren Fusion die geringste Auswirkung auf die gesamte Heterogenität hat (vgl. Backhaus et al. 2011, S. 426 f.).

9.3 Gruppen von Tätigkeiten für Schülerinnen und Schüler

Wir haben gezeigt, dass besonders die Angebote und Tätigkeiten, die sich an die Schülerinnen und Schüler richten, für die Fachkräfte die tragende Rolle spielen. Daher haben wir nun mit einer Clusteranalyse versucht, Typen von Tätigkeiten in diesem Segment herauszuarbeiten. D. h. für die folgende Berechnung ziehen wir nur die Antworten aus der Frage heran, die sich um Tätigkeiten drehen, die Schülerinnen und Schüler als Zielgruppe haben.

Abbildung 9.1 Cluster von Angeboten und Tätigkeiten für Schülerinnen und Schüler

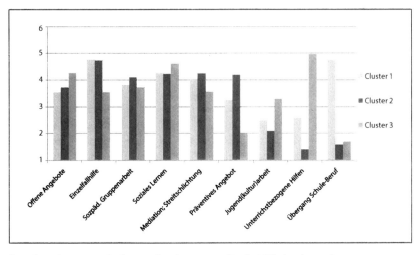

Anmerkung: Auswertung des Personenfragebogens vom Standort München (n = 230)

Die Abbildung 9.1 zeigt, wie stark der Ausprägungsgrad einzelner Angebote und Tätigkeiten in den jeweiligen Gruppen durchschnittlich ist. Besonders auffällig sind hier die Bereiche, in denen nur einzelne Cluster hohe Ausprägungen erreichen. Für das Cluster 1 sind das der Übergang Schule-Beruf, für das Cluster 2 die präventiven Angebote und für das Cluster 3 die unterrichtsbezogenen Hilfen. Dies weist darauf hin, dass die Cluster in sich homogen aber voneinander unterschiedlich sind. Daher schlagen wir vor, diese Gruppen auch so zu benennen und im Folgenden die eher geringeren Unterschiede je Tätigkeit und Angebot für die drei Cluster Übergang Schule-Beruf, Präventive Angebote und Unterrichtsbezogene Hilfen genauer zu betrachten.

Die Gruppe „Übergang Schule-Beruf" erreicht bei Einzelfallhilfe, Sozialem Lernen und Mediation bzw. Streitschlichtung im Durchschnitt Werte über vier. Das bedeutet, dass diese Angebote und Tätigkeiten für diese hierin gebündelte Personengruppe „eher häufig" bis „häufig" zur Arbeit gehören. Eher niedrige Werte wurden für die offenen und präventiven Angebote, die Jugendkulturarbeit und die unterrichtsbezogenen Hilfen angegeben, was bedeutet, dass diese Bereiche nur selten Teil der Arbeit dieser Personengruppe sind. Unseres Erachtens ist nach diesen Befunden die Bezeichnung „Übergang Schule-Beruf" für dieses Cluster durchaus passend. So findet die Hilfe beim Übergang von der Schule in die Berufswelt sicherlich meistens als Einzelfallhilfe statt. Da für einen erfolgreichen Einstieg in den Beruf auch soziale Kompetenzen entscheidend sind, ist für Fachkräfte der Gruppe „Übergang Schule-Beruf" das Soziale Lernen gewiss eine passende Methode. Die hohen Werte bei Mediation bzw. Streitschlichtung mögen zwar zunächst überraschen, könnten jedoch dahingehend erklärbar sein, dass für eine erfolgreiche berufliche Orientierung aktuelle Konflikte geklärt werden müssen. Da die berufliche Orientierung den Schwerpunkt der Arbeit darstellt, sind eher lose offene und präventive Angebote und Jugendkulturarbeit wohl nur selten Teil der Arbeit dieser Fachkräfte. Die Betrachtung der Dienstbezeichnung (Tabelle 9.3) bestätigt, dass gut zwei Drittel der Personen die berufsbezogen arbeiten, der Gruppe „Übergang Schule-Beruf" zuzuordnen sind. Darunter fallen z. B. die Personen die als Dienstbezeichnungen JADE, Berufseinstiegsbegleitung und Berufsschulsozialarbeit angegeben haben.

Die Fachkräfte des Clusters „Präventive Angebote" geben an, dass Einzelfallhilfe, Soziales Lernen und Mediation bzw. Streitschlichtung häufig Teil ihrer Arbeit sind. Dafür beschäftigen sie sich eher wenig mit Jugendkulturarbeit, unterrichtsbezogenen Hilfen und Berufsorientierung. Dieses Profil weist Eigenschaften der Jugendhilfe auf, wonach der Abbau von Benachteiligung sowie das Recht von Kindern und Jugendlichen auf die Förderung von Entwicklung und Erziehung im Fokus stehen. Da dieses Cluster „präventive Angebote" heißt, wonach häufig präventiv gearbeitet wird, liegt die Vermutung nahe, dass viele Fachkräfte aus Grundschulen in diese Gruppe fallen. Die Einsicht in die Verteilung der Schulformen hinsichtlich der drei gebildeten Cluster bestätigt diese Annahme. Ungefähr drei Viertel der Fachkräfte die an Grundschulen bzw. Grund- und Hauptschulen (sog. Volksschulen) tätig sind, fallen in das Cluster der „präventiven Angebote".

Die Gruppe „Unterrichtsbezogene Hilfen" hat daneben den Schwerpunkt besonders auf Sozialem Lernen und offenen Angeboten. Darüber hinaus liegt hier auch der höchste Wert bei der Jugendkulturarbeit. Gleichzeitig spielen Berufsorientierung und präventive Angebote scheinbar kaum eine Rolle in der Arbeit dieser Fachkräfte. Ein derartiges Tätigkeitsprofil könnte unserer Meinung nach auf eine Beschäftigung der Fachkräfte im Ganztagsschulbereich hinweisen. Neben unterrichtsbezogenen Hilfen, wie etwa Hausaufgabenbetreuung ist dort die Betreuung der Schülerinnen und Schüler nach dem Unterricht die Kernaufgabe. Hier könnten Angebote der Jugendkulturarbeit und zum Sozialen Lernen zum Einsatz kommen. Gleichzeitig sind sicherlich auch offene Angebote denkbar. Die Betrachtung der Dienstbezeichnung (Tabelle 9.3) bestätigt diese Annahme: Mehr als drei Viertel der Fachkräfte, deren Tätigkeitsbezeichnung dem Ganztagsbereich zuzuordnen war, gehören dem Cluster „Unterrichtsbezogene Hilfen" an.

In der folgenden Tabelle 9.3 wird aufgezeigt, wie sich die jeweiligen Dienstbezeichnungen auf die Cluster aufteilen.

Tabelle 9.3 Verteilung der Dienstbezeichnungen auf die Cluster von Angeboten

		Cluster			
		Übergang Schule Beruf	präventive Angebote	unterrichts-bezogene Hilfen	Gesamt
Dienstbezeichnungen	Sonstiges	0	5	8	13
	päd. Mitarbeiter/innen	4	4	14	22
	Ganztag	3	3	21	27
	Berufsbezogen	16	8	0	24
	Jugendsozialarbeit (an Schulen)	17	41	2	60
	Schulsozialarbeit	37	17	11	65
Gesamt		77	78	56	211

Anmerkung: Auswertung des Personenfragebogens vom Standort München (n = 211). Der Tabelle ist die Verteilung der Dienstbezeichnungen auf die Cluster in absoluten Zahlen zu entnehmen.

Aus der folgenden Abbildung 9.2 lässt sich ablesen, dass das Cluster 1 „Übergang Schule-Beruf" mit 48,8 % in der Stadt München vertreten ist. Im Gegensatz dazu sind das im Landkreis München 18,2 %. Bei den beiden anderen Clustern kehrt sich die Verteilung um. Hier überwiegen mit 46,6 % die präventiven Angebote im Landkreis München im Gegensatz zu 29,5 % in der Stadt München. Mit 35,2 % werden im Landkreis München wesentlich häufiger unterrichtsbezogene Hilfen angeboten als dies in der Stadt München mit 21,7 % der Fall ist.

Dass das Cluster 1 in der Stadt München gegenüber dem Landkreis überwiegt, könnte eine Auswirkung des JADE-Projekts sein, das bereits an vielen Schulen im Stadtgebiet etabliert ist und den Fokus auf die Begleitung beim Übergang von der Schule in den Beruf legt. Dagegen überwiegt das Cluster 2 im Landkreis München. Dies könnte man sich so erklären, dass dort besonders viele Fachkräfte an Grundschulen tätig sind. Hier dürften präventive Angebote häufig Teil der Arbeit sein. Dass das Cluster 3 auch im Landkreis überwiegt, könnte daran liegen, dass dort der Ganztagsschulbereich eine größere Rolle spielt.

Angebote und Tätigkeiten der sozialpädagogischen Fachkräfte

Abbildung 9.2 Verteilung der Cluster nach Stadt und Landkreis München

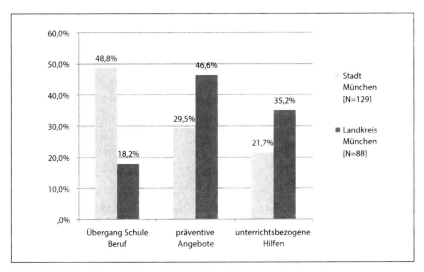

Anmerkung: Auswertung des Personenfragebogens vom Standort München (n = 217)

9.4 Gruppen von Tätigkeiten nach Zielgruppen

Die drei oben beschriebenen Cluster wurden nur über die Angebote und Tätigkeiten gebildet, die für Schülerinnen und Schüler vorgehalten werden. Im folgenden wollen wir den Blick erweitern und auf alle Zielgruppen lenken und der Frage nachgehen, ob aus diesen Nennungen Gruppen identifiziert werden können, die in ihren Angeboten und Tätigkeiten auch bzgl. der Zielgruppen Schwerpunkte setzen. Dazu haben wir die Tätigkeiten in den jeweiligen Kategorien der fünf Zielgruppenbereiche zusammengefasst und dafür einen Index gebildet. Der folgenden Abbildung 9.3 sind die verschiedenen Cluster mit den jeweiligen Ausprägungsgraden zu entnehmen.

Beim Cluster 1 liegen die Schwerpunkte der Zusammenarbeit mit fast allen Zielgruppen „eher häufig" vor. Lediglich die Zusammenarbeit mit der Schulleitung kommt „eher selten" vor. Die sozialpädagogisch Tätigen aus Cluster 2 legen ihre Schwerpunkte im Verhältnis zu den anderen Zielgruppen mehr auf die Zusammenarbeit mit Schülerinnen und Schülern sowie auf die Kooperation mit den Eltern. Die Schulleitung, die Lehrerinnen und Lehrer und die Vernetzung ins Gemeinwesen spielt hierbei eine eher untergeordnete Rolle. Die Fachkräfte von

Abbildung 9.3 Cluster von Angeboten und Tätigkeiten für unterschiedliche Zielgruppen

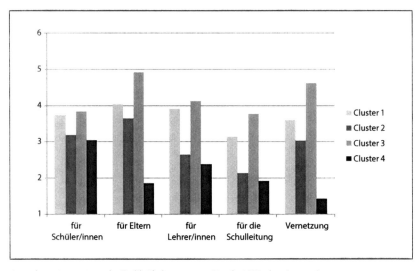

Anmerkung: Auswertung des Fachkräftebogens vom Standort München (n = 230)

Cluster 3 arbeiten primär mit Eltern und sind stark vernetzt und gemeinwesenorientiert. Im Verhältnis zu den anderen Schwerpunkten innerhalb dieses Clusters, wird mit Schülerinnen und Schülern sowie mit der Schulleitung und mit Lehrerinnen und Lehrern dieses Clusters „eher selten" zusammengearbeitet. Dennoch berät die/der sozialpädagogisch Tätige auch einzelne Schülerinnen und Schüler, vorrangig aber Eltern und vermittelt an verschiedene Hilfsangebote weiter, begleitet oder informiert über diverse Ansprechpartner. Die sozialpädagogisch Tätigen aus Cluster 4 legen ihre Schwerpunkte vor allem auf die Arbeit mit Schülerinnen und Schülern. Die anderen Zielgruppen scheinen bei diesem Cluster kaum Beachtung zu finden.

In Tabelle 9.4 sind die Dienstbezeichnungen mit den gebildeten Clustern nach Zielgruppen gekreuzt. Diese Tabelle zeigt, dass von den Personen, die als Schulsozialarbeiter/innen tätig sind, 50 % im Cluster 1 vertreten sind. Von den Personen die „Jugendsozialarbeit (an Schulen)" betreiben sind ebenfalls 50 % im Cluster 1 enthalten. Die „Schulsozialarbeiter/innen" arbeiten mit allen Schülerinnen und Schülern und die sozialpädagogischen Fachkräfte, die mit der Dienstbezeichnung „Jugendsozialarbeit an Schulen" tätig sind, arbeiten mit besonders benachteiligten Schülerinnen und Schülern zusammen, weshalb der Aspekt der Vernetzung hier ebenfalls von Bedeutung ist. Die Tabelle 9.4 macht außerdem deutlich, dass knapp

Angebote und Tätigkeiten der sozialpädagogischen Fachkräfte 139

Tabelle 9.4 Verteilung der Dienstbezeichnungen auf die Cluster von Zielgruppen

		Cluster zu den Zielgruppen				
		Cluster 1	Cluster 2	Cluster 3	Cluster 4	
		Schüler/innen, Eltern, Lehrer/innen, Vernetzung	Schüler/innen und Eltern	Eltern und Vernetzung	nur Schüler/innen	Gesamt
Dienstbezeichnungen	Sonstiges	6	9	3	0	18
		33,3 %	50,0 %	16,7 %	,0 %	100,0 %
	päd. Mitarbeiter	7	7	1	6	21
		33,3 %	33,3 %	4,8 %	28,6 %	100,0 %
	Ganztag	6	8	3	13	30
		20,0 %	26,7 %	10,0 %	43,3 %	100,0 %
	Berufsbezogen	8	15	2	0	25
		32,0 %	60,0 %	8,0 %	,0 %	100,0 %
	Jugendsozialarbeit (an Schulen)	31	11	20	1	63
		49,2 %	17,5 %	31,7 %	1,6 %	100,0 %
	Schulsozialarbeit	33	9	23	1	66
		50,0 %	13,6 %	34,8 %	1,5 %	100,0 %
Gesamt		91	59	52	21	223
		40,8 %	26,5 %	23,3 %	9,4 %	100,0 %

Anmerkung: Auswertung des Personenfragebogens vom Standort München (n = 223). Der Tabelle ist die Verteilung der Dienstbezeichnungen auf die Cluster in absoluten Zahlen und in Prozent zu entnehmen.

43 % der Personen, die im Ganztag tätig sind in das Cluster 4 fallen, dessen Hauptzielgruppe die Schülerinnen und Schüler sind.

Die Abbildung 9.4 zeigt die Verteilung auf die vier gebildeten Cluster nach Stadt und Landkreis München.

Beim Cluster 1 und beim Cluster 4 zeigen sich deutliche Unterschiede (Abbildung 9.4). Dass mehr Fachkräfte an Schulen im Landkreis dem Cluster 4 zuzuordnen sind, liegt unserer Meinung nach daran, dass hier der Ganztagsschulbereich eine höhere Bedeutung hat. In der Stadt München hingegen ist der Anteil an

Abbildung 9.4 Verteilung der Cluster von Angeboten und Zielgruppen nach Stadt und Landkreis München

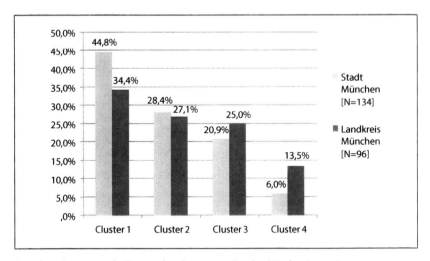

Anmerkung: Auswertung des Personenfragebogens vom Standort München (n = 230)

Fachkräften im Cluster 1 höher. Eine mögliche Erklärung dafür könnte sein, dass dort die Schulsozialarbeit schon seit längerer Zeit etabliert ist. Demzufolge wäre es denkbar, dass sich die Fachkräfte im Lauf der Zeit an ihren Schulen eine gewisse Akzeptanz erarbeiten konnten und ihre Angebote nun tendenziell von allen Zielgruppen angenommen und nachgefragt werden.

9.5 Zusammenfassung

In diesem Artikel fand eine differenzierte Betrachtung der Erhebungsstandorte des Landkreises und der Stadt München statt. Dabei wurden die Angebote und Tätigkeiten der sozialpädagogischen Fachkräfte an Schulen beider Regionen genauer betrachtet. Durch eine Clusteranalyse zweier Fragen nach den Tätigkeitsbereichen und Schwerpunkten der befragten sozialpädagogischen Fachkräfte wurden standortspezifische Tätigkeitsprofile herausgearbeitet und verglichen. Auch wenn die Erhebung nicht repräsentativ gestaltet werden konnte, da die Grundgesamtheit sozialpädagogisch tätiger Personen an Schulen bisher unbekannt ist, können die berechneten Angebots- und Tätigkeitsschwerpunkte Trends und Tendenzen aufweisen.

Literatur

Backhaus, K., Erichson, B., Plinke, W. & Weiber, R. (2011). *Multivariate Analysemethoden. Eine anwendungsorientierte Einführung*. 13. Aufl. Berlin: Springer.

Flick, U. (1991). *Stationen des qualitativen Forschungsprozesses*. In: Flick, U., Kardorff v., E., Keupp, H., v. Rosenstiel L. & Wolff, S. (Hrsg.), *Handbuch qualitative Sozialforschung. Grundlagen, Konzepte, Methoden und Anwendungen* (S. 148–173). München: Psychologie Verlags Union.

Kulartz, S. & Penger, M. (2012). *Schulsozialarbeit und weitere sozialpädagogische Tätigkeiten an Schulen im Landkreis und der Stadt München. Ausgewählte empirische Befunde aus dem Verbundprojekt „Auf dem Weg zu einer Statistik der Schulsozialarbeit"*. München (unveröff. Masterarbeit).

Landeshauptstadt München, Sozialreferat, Stadtjugendamt (2012). Kinder- und Jugendhilfereport 2010. Stadtjugendamt. München. Resource document: http://www.ris-muenchen.de/RII2/RII/DOK/SITZUNGSVORLAGE/2550516.pdf. Zugegriffen: 19. Juli 2012.

Staatliches Schulamt im Landkreis München, Kreisjugendamt (2011). *Handreichungen zu Jugendsozialarbeit an Schulen im Landkreis München*. München: Qualitätszirkel „Jugendsozialarbeit an Schulen". Resource document: http://www.schulamt.landkreis-muenchen.de/html/downloads/handout.pdf. Zugegriffen: 19. Juli 2012.

10 Ein multiperspektivischer Blick auf Soziale Arbeit an Schulen
Schul-, Träger- und Personendaten im Vergleich

Laura Holtbrink und Regina Worm

Im vorliegenden Beitrag werden die Antworten zu sechs Fragebereichen dargestellt, die in den im Forschungsprojekt durchgeführten drei Teilbefragungen bei Schulleitungen, sozialpädagogischen Fachkräften an Schulen und bei Anstellungsträgern sozialpädagogischer Tätigkeiten an Schulen erhoben wurden. Aus der Vielzahl der Fragen in den drei Fragebögen wurden sechs Themenbereiche ausgewählt, die vergleichbar erscheinen: die Funktionsbereiche der sozialpädagogischen Fachkräfte an Schulen, die Zielgruppen der sozialpädagogischen Tätigkeiten, der Stellenumfang der Fachkräfte, deren Anstellungsträger und die Finanzierung der Tätigkeiten sowie die rechtlichen Grundlagen der sozialpädagogischen Tätigkeiten. Der Fokus dieser Auswertungen liegt dabei in den Gemeinsamkeiten und Unterschieden der Antworten.

Zu beachten sind bei den Auswertungen die unterschiedlichen Zugänge zu den befragten Gruppen und zusätzlich auch die sehr unterschiedlichen Rückläufe (siehe Kapitel 5). Die Zugänge sind wie folgt zu beschreiben: Nur über den Fachkräftebogen wurden die Daten einzelner Personen erhoben. Die Schulleitungen haben für alle sozialpädagogischen Fachkräfte an ihrer Schule insgesamt einen Bogen ausgefüllt, ohne dass hierin eine Differenzierung für jede einzelne sozialpädagogisch tägige Person oder Stelle möglich war. Die Antworten der Schulleitungen können sich unter Umständen auf nur eine Fachkraft beziehen, es können aber auch mehr als zehn Personen in unterschiedlichen Handlungsfeldern sein (wie Schulsozialarbeit, Mitwirkung im Ganztag, Berufsorientierung usw.). Die Träger haben wiederum einen Bogen für all jene ihrer Fachkräfte ausgefüllt, die in Schulen tätig sind. In der Regel geht es dabei um mehrere Fachkräfte, die darüber hinaus an verschiedenen Schulen und oft auch in verschiedenen Handlungsfeldern tätig sind. So kommt es, dass oft Mehrfachnennungen erforderlich waren, die zu einer Art Unschärfe der Antworten führen. Mehr noch ist es aber so, dass nicht ein Datensatz der einen Teilerhebung dem Datensatz einer der anderen Teilerhebung gegenüber gestellt werden kann, weil je für unterschiedlich viele Fachkräfte geantwortet wurde.

Unter diesem Vorbehalt soll dennoch im Folgenden eine vorsichtige Gegenüberstellung von Ergebnissen der drei Teilbefragungen versucht werden, um dadurch zu den ausgewählten Themenfeldern einen Überblick über den Wissenstand der Befragten zu erhalten und abschätzen zu können, wer die besten Ansprechpartner für welche Fragen dieser Art von Datenerfassung sind.

Eine Aufsplittung der Antworten nach den Projektstandorten findet an dieser Stelle nicht statt, da es sich zum Teil um zu kleine Datensätze handelt; jedoch liegt in den drei Projektstandorten zum Teil auch eine sehr wichtige Quelle für die gefundenen Unterschiede. Grundlage für die Auswertungen bilden die Antwortbögen der Befragtengruppen: 521 Fachkräfte, 54 Träger und 204 Schulen mit mindestens einer sozialpädagogischen Fachkraft (von insgesamt 318 Schulen, die geantwortet haben).

10.1 Funktionsbereiche der sozialpädagogischen Fachkräfte an Schulen

Sowohl von den befragten Jugendhilfeträgern als auch von den Schulleitungen wurden die Funktionsbereiche der beschäftigten sozialpädagogischen Fachkräfte erfragt, hierbei waren Mehrfachnennungen möglich. Bei einem Vergleich der Antworten dieser beiden Gruppen fällt auf, dass sich die Angaben zu einigen Bereichen stark überschneiden, andere jedoch weit voneinander entfernt sind. Hierbei muss jedoch beachtet werden, dass nicht sichergestellt ist, dass die befragten Schulen und die Träger der dort angestellten Fachkräfte übereinstimmen. Wir waren der Annahme, dass wir von den Schulleitungen ausreichend Informationen (nur) über Fachkräfte in schulischer Dienst und Fachaufsicht erhalten, während Informationen über die Ausstattung der in der Jugendhilfe verorteten Stellen wiederum von den dortigen Trägern erhofft wurden. Außerdem ist zu beachten, dass die Antworten einer Schulleitung sich auf die Fachkräfte an einer, maximal zwei Schulen beziehen, also auf eine Person oder bis zu maximal 16 Personen. Demgegenüber beziehen sich die Aussagen in den Trägerfragebögen in der Regel auf (mehrere) Fachkräfte an mehreren Schulen. Hier war die Spanne von einer Fachkraft bis zu maximal 124 Personen. Insgesamt stehen so die Angaben von Schulleitungen für 484 sozialpädagogische Fachkräfte an 204 Schulen denen für 762 Fachkräfte an 258 Schulen in den Bögen der Träger gegenüber. Das heißt, dass eine schulische Nennung nicht einfach mit einer Trägernennung ins Verhältnis gesetzt werden kann. Wenn wir dies trotzdem tun, versuchen wir, diese Unterschiede bei der Interpretation stets präsent zu halten.

Tabelle 10.1 Funktionsbereiche der sozialpädagogischen Fachkräfte im Vergleich (Spaltenprozente) – Mehrfachnennungen möglich

	Schulleitung	Träger
Schulsozialarbeit/Jugendsozialarbeit an Schulen	83,0 %	79,2 %
Gestaltung der offenen Ganztagsschule	29,6 %	43,4 %
Gestaltung der gebundenen Ganztagsschule	11,3 %	20,8 %
Jugendberufsbegleitung/Jugendberufsorientierung	25,2 %	41,5 %
Jugendarbeit/Jugendkulturarbeit	8,2 %	13,2 %
Mitwirkung im Unterricht	24,5 %	11,3 %
Freizeitangebote	13,8 %	28,3 %
Thematische Projekte in der Unterrichtszeit	27,7 %	37,7 %
Sonstige		28,3 %
Gültige Fälle	159	53

Quelle: Auswertungen des Schulfragebogens (n = 204) und des Trägerfragebogens (n = 54)

Tabelle 10.1 zeigt, dass der Funktionsbereich Schulsozialarbeit für die sozialpädagogischen Fachkräfte von Schulleitungen wie auch den Jugendhilfeträgern am häufigsten angegeben wurde (83,0 % bzw. 79,2 %). Das heißt, dass 83 % der Schulen mit sozialpädagogisch Tätigen Schulsozialarbeit bzw. Jugendsozialarbeit an Schulen haben. Und dass rund 80 % der Jugendhilfeträger mit Fachkräften am Ort der Schule ebenfalls für Schulsozialarbeit oder Jugendsozialarbeit an Schulen zuständig sind. Je etwa 20 % haben demnach diesen Bereich nicht.

Einzeln wurde vor allem der Funktionsbereich der Gestaltung des Offenen Ganztags von einer größeren Zahl der Schulen und Träger benannt (29,6 % bzw. 43,4 %) – insgesamt betrachtet wurden von etwa einem Drittel der Schulen (38 %) und knapp der Hälfte der Jugendhilfeträger (45 %) der Funktionsbereich Ganztagsschule (offen oder gebunden) als sozialpädagogisches Tätigkeitsfeld angegeben.

Die Jugendberufsbegleitung an Schulen wird von 41,5 % der Träger betrieben, während nur ein Viertel der antwortenden Schulleitungen dieses sozialpädagogische Angebot nutzen (können).

Die Mitwirkung im Unterricht durch sozialpädagigische Fachkräfte hingegen wird durch die Schulleitungen häufiger angegeben. Dies könnte zum Teil eventuell daran liegen, dass die von den Trägern nicht erfassten sozialpädagogischen Fachkräfte in schulischer Trägerschaft häufiger im Unterricht mitwirken. Weiterhin könnte auch das Verständnis von „Mitwirkung im Unterricht" ausschlaggebend sein. Eine Mitwirkung im Unterricht kann als kooperatives Zusammenarbeiten von sozialpädagogischen Fachkräften und Lehrkräften angesehen werden. Die sozialpädagogische Fachkraft kann beispielsweise dabei behilflich sein, schwierige Situationen während des Unterrichts zu klären oder einzelnen Schülerinnen und Schülern bei der Integration zu unterstützen. Aber die Mitwirkung im Unterricht kann auch bedeuten, dass sozialpädagogische Fachkräfte Lehrkräfte vertreten, um Unterrichtsausfall zu vermeiden. Letzteres wird von den Trägern vermutlich nicht als Aufgabenbereich ihrer angestellten Fachkräfte angesehen, könnte aber von den Schulleitungen als Aufgabenfeld angegeben werden. Schließlich ist es möglich, dass Träger unterrichtsbezogene Angebote ihrer Fachkräfte zum sozialen Lernen eher der Kategorie „Thematische Projekte in der Unterrichtszeit" statt der „Mitwirkung im Unterricht" zuordnen, da sie es eventuell sonst als Form einer „Hilfslehrerschaft" durch die Fachkräfte verstehen. Während Schulleitungen dieselben unterrichtsbezogenen Angebote als „Mitwirkung im Unterricht" bezeichnen und auch einige thematische Projekte in der Unterrichtszeit darunter subsumiert haben, weil es aus ihrer Sicht zum täglichen Unterrichtsgeschehen dazu gehört. Dies wäre auch eine mögliche Erklärung für den höheren Anteil der Trägerantworten in der Kategorie „Thematische Projekte in der Unterrichtszeit". Möglicherweise gibt es auch weitere Erklärungen für diese Abweichungen.

Der Bereich Freizeitangebote, also ein Themenkomplex der eher weit vom „Unterrichtsalltag" entfernt ist, wurde von prozentual weniger Schulleitungen angegeben als von Trägern. Die Erklärung hierfür könnte eben diese „Unterrichtsferne" sein, wodurch ein solches Aufgabengebiet nicht so stark im Blickfeld einer Schulleitung liegen könnte. Das heißt, dass rund 30 % der Träger hierfür Angebote begleiten, während aus Sicht der Schulleitung nur an knapp 14 % der Schulen deren sozialpädagogischen Fachkräfte in diesem Bereich aktiv sind.

10.2 Zielgruppen der sozialpädagogischen Fachkräfte an Schulen

Bei einem Vergleich der Angaben zu den Zielgruppen wird schnell deutlich, dass sich die Aussagen der Fachkräfte erheblich von denen der Schulleitungen unterscheiden (die Träger wurden hierzu nicht befragt). Allerdings muss bei der Interpretation beachtet werden, dass die Fachkräfte eine Frage mit Mehrfachantworten vorliegen hatten, wohingegen die Ergebnisse der Schulleitung aus einer offenen Frage stammen (ebenfalls mit Mehrfachantworten ausgewertet). Daher ist es möglich, dass sich die Antworten bei gleicher Fragekonstruktion nicht so erheblich voneinander unterscheiden würden.

Sichtbar ist in Abbildung 10.1, dass vor allem die Zielgruppe der Lehrkräfte und Eltern von den sozialpädagogischen Fachkräften deutlich häufiger angegeben wurde. Allerdings ist hierbei nun fraglich, ob die Schulleitungen diese Zielgruppen einfach „vergessen" haben, da sie nicht wie die Fachkräfte vorgegebene Antwortkategorien zur Verfügung hatten; oder ob sie die Lehrkräfte und Eltern tatsächlich nicht oder nur selten als Zielgruppe definieren. Wenn wir davon ausgehen, dass sie die Personengruppen nicht vergessen, sondern bewusst nicht genannt haben, kann sich dies unter Umständen deutlich auf den Arbeitsalltag der sozialpädagogischen Fachkräfte auswirken. Denn in diesem Fall könnte dies dazu führen, dass die sozialpädagogische Fachkraft bei der Arbeit mit dem Lehrerkollegium sowie bei der Kontaktaufnahme mit den Eltern keine Unterstützung durch die Schulleitung erfährt oder von der Schulleitung bei dieser Arbeit bewusst oder unbewusst behindert bzw. eingeschränkt wird.

Abbildung 10.1   Zielgruppen der sozialpädagogisch Fachkräfte im Vergleich

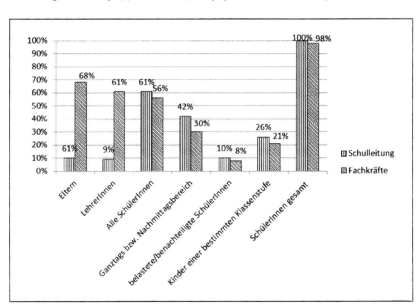

Quelle: Auswertungen des Schulfragebogens (gültige Fälle = 176, n = 204) und des Fachkräftefragebogens (gültige Fälle = 493, n = 521) (Mehrfachnennungen möglich)

Irritierend ist auf den ersten Blick andererseits, dass die Fachkräfte häufiger Lehrkräfte und Eltern als Zielgruppe angeben als „alle SchülerInnen". Dies erklärt sich jedoch dadurch, dass hier eine Differenzierung zwischen „allen" oder verschiedenen Gruppierungen der Schülerinnen und Schüler möglich war. Daher gibt die Kategorie „SchülerInnen gesamt" die zusammengerechneten Werte der Kategorien an.

10.3 Stellenumfang der sozialpädagogischen Fachkräfte an Schulen

Die Frage nach dem Anstellungsumfang wurde den sozialpädagogischen Fachkräften selbst sowie den Trägern gestellt. Die Fachkräfte haben angegeben, ob sie in Vollzeit oder Teilzeit tätig sind und mit wie vielen Stunden (hier wird nur die Angabe nach Voll- und Teilzeit erfasst; eine genauere Auswertung findet sich in Kap. 7). Die Träger wiederum haben für alle bei ihnen angesiedelten Stellen mit sozialpädagogischen Fachkräften angegeben, ob es sich um Voll- oder Teilzeitstellen handelt, so dass von 51 Trägern insgesamt 747 Stellen benannt wurden.

Bei der Auswertung in Tabelle 10.2 zeigt sich die gleiche Tendenz bei den Fachkräften wie bei den Angaben der Träger: Mindestens Dreiviertel der Stellen im Bereich der sozialpädagogischen Tätigkeiten an Schulen wird im Rahmen von Teilzeitstellen erbracht (75,4 % der Fachkräfte, für die Angaben vorliegen, bzw. 77,2 % der von Trägern benannten Stellen). Hierbei ist zu vermuten, dass Fachkräfte mit Minijobs und geringfügigen Beschäftigungen aber auch Ehrenamtliche, Freiberufler, Praktikanten oder Honorarkräfte den Fragebogen in der Regel nicht ausgefüllt haben bzw. sich unter der Angabe Teilzeitbeschäftigung zuordnen – Träger hingegen haben diese Beschäftigungen mit angegeben. Diese sind unter dem Punkt „Andere" zu finden. Hätten auch diese sozialpädagogischen Fachkräfte geantwortet, würde der Anteil der Vollzeitbeschäftigten wohl noch kleiner sein. Dennoch kann der Anteil von 24,5 % vollzeitbeschäftigten Fachkräften auch ein Hinweis darauf sein, dass es sich dabei um Fachkräfte handelt, die beim Schulträger oder beim Kultusministerium angestellt sind und häufiger in vollen Stellen arbeiten. Dies müsste in Folgeuntersuchungen überprüft werden.

Tabelle 10.2 Stellenanteile der sozialpädagogischen Fachkräfte an Schulen im Vergleich (Spaltenprozente)

	Fachkräfte			Träger	
	n	Anteil	Anteil der bekannten Stellen	n	Anteil
Vollzeit	111	21,3 %	24,5 %	102	13,6 %
Teilzeit	341	65,5 %	75,4 %	577	77,2 %
Unbekannt	69	13,2 %			
Andere				68	9,1 %
Summe	521			747	
Gültige Fälle	521			51	

Quelle: Auswertungen des Fachkräftefragebogens (n = 521) und des Trägerfragebogens (n = 54)

10.4 Anstellungsträger der sozialpädagogischen Fachkräfte an Schulen

Die sozialpädagogischen Fachkräfte wurden gefragt, wer ihre Anstellungsträger sind, ebenso wurden die Schulen gefragt, wer die Anstellungsträger der an ihrer Schule tätigen sozialpädagogischen Fachkräfte sind. Lediglich 12 Fachkräfte haben je zwei Anstellungsträger genannt, alle übrigen sozialpädagogischen Fachkräfte haben nur einen Anstellungsträger. Dadurch, dass an den Schulen oftmals mehr als eine Person tätig ist und mehr als eine sozialpädagogische Funktion erfüllt wird, wird nachvollziehbar, dass demgegenüber ca. ein Viertel der Schulen mehr als einen Anstellungsträger benannt hat.

Wie in Tabelle 10.3 zu sehen ist, wurden die Träger der freien Jugendhilfe als Anstellungsträger der sozialpädagogischen Fachkräfte anteilsmäßig gleich häufig genannt (45,5 %), als zweithäufigste Antwort haben jeweils ca. 20 % der Fachkräfte bzw. der Schulen einen Träger der öffentlichen Jugendhilfe angegeben. Wesentlich häufiger als die Fachkräfte haben die Schulen das jeweilige Kultusministerium benannt (23,2 %), ebenso wurde von den Schulen häufiger der Schulträger als Anstellungsträger angegeben (13,1 %). Bei der Gegenüberstellung der Prozentangaben muss jedoch beachtet werden, dass aufgrund der stark unterschiedlichen Gesamtzahlen, eine Betrachtung der Absolutzahlen die scheinbar große Diskrepanz abschwächt. Bei der Angabe des Kultusministeriums stehen beispielsweise 46 Schulen 53 Fachkräften gegenüberstehen. Allerding muss hierbei beachtet werden, das

Tabelle 10.3 Anstellungsträger der sozialpädagogischen Fachkräfte an Schulen im Vergleich (Spaltenprozente) – Mehrfachnennungen möglich

	Fachkräfte	Schulen
Träger der freien Jugendhilfe	45,5 %	45,5 %
Träger der öffentlichen Jugendhilfe	20,5 %	20,2 %
Kultusministerium	10,3 %	23,2 %
Schulträger	4,7 %	13,1 %
Schule (Förderverein)	4,5 %	6,6 %
Privatrechtliche, Gewerbliche Träger	6,0 %	2,5 %
Sozialministerium	0,0 %	0,5 %
Andere/Sonstige	10,9 %	13,6 %
Gültige Fälle	**516**	**198**

Quelle: Auswertungen des Schulfragebogens (n = 204) und des Fachkräftefragebogens (n = 521)

eine Schulnennung sich auf bis zu 16 Fachkräfte beziehen kann. Als „Andere/Sonstige" wurden von den Fachkräften wie auch von den Schulen zum Beispiel kirchliche Träger, gemeinnützige GmbHs oder überörtliche Träger der Jugendhilfe genannt.

10.5 Finanzierung der sozialpädagogischen Tätigkeiten an Schulen

Schulen wie auch Träger haben die Frage beantwortet, wie die sozialpädagogischen Tätigkeiten finanziert werden. Beide Gruppen haben von der Möglichkeit Gebrauch gemacht, mehr als eine Antwort anzugeben, jedoch haben die Träger dies wesentlich häufiger getan. Dies kann möglicherweise darauf zurückzuführen sein, dass die Träger sehr genau wissen müssen, wie die Tätigkeiten finanziert werden und dass sie eine Vielzahl von Fachkräften mit unterschiedlichen Finanzierungsmodellen, vermutlich auch mit Hilfe von Mischfinanzierungen beschäftigen.

Schulen haben, wie in Tabelle 10.4 zu erkennen, am häufigsten angegeben, dass die sozialpädagogischen Tätigkeiten vom jeweiligen Kultusministerium fi-

Ein multiperspektivischer Blick auf Soziale Arbeit an Schulen

Tabelle 10.4 Finanzierungsquellen der sozialpädagogischen Tätigkeiten an Schulen im Vergleich (Spaltenprozente) – Mehrfachnennungen möglich

	Schulen	Träger
Träger der öffentlichen Jugendhilfe	37,9 %	75,0 %
Kultusministerium	42,6 %	34,6 %
Schulträger	28,7 %	40,4 %
Spenden/Sponsoring	3,6 %	23,1 %
Träger der freien Jugendhilfe	20 %	11,5 %
Sozialministerium	3,1 %	15,4 %
Teilnahmebeiträge	4,1 %	13,5 %
Europäischer Sozialfonds	4,6 %	11,5 %
Förderverein	4,1 %	3,8 %
Elternbeiträge	0,5 %	3,8 %
Projektförderung		9,6 %
Zweckverband		5,8 %
Lotterien		1,9 %
Bußgelder		1,9 %
Sonstige	11,3 %	9,6 %
Nicht bekannt	1 %	
Gültige Fälle	**195**	**52**

Quelle: Auswertungen des Schulfragebogens (n = 204) und des Trägerfragebogens (n = 54)

nanziert werden (42,6 %), am zweithäufigsten vom Träger der öffentlichen Jugendhilfe (37,9 %) und an dritter Stelle wurde der jeweilige Schulträger genannt (28,7 %). Was hier erstaunt ist die Diskrepanz zu den gerade ausgeführten Zahlen für die Trägerschaft – die ja in der Regel mit der Finanzierung zusammenhängt. Dies lässt sich vermutlich zum Teil darüber erklären, dass der Schulträger zusätzlich als Finanzier angegeben wurde, weil er die räumliche und sächliche Ausstattung an Schulen tragen muss – also auch die Ausstattung für sozialpädagogische Fachkräfte. Die hohe Nennung des Kultusministeriums könnte über Gelder für die Gestaltung des Ganztagsangebots erklärt werden, die wiederum von den Einzelschulen an schulexterne Träger vergeben werden können. Bezüglich der Finanzierung durch die Jugendhilfe fehlen den Schulleitungen möglicherweise Informationen.

Die Antworten der Träger sind sehr unterschiedlich zu denen der Schulen: Ein Großteil hat den Träger der öffentlichen Jugendhilfe angeben (75,0 %). 40,4 % haben den Schulträger genannt und ein Drittel der Träger hat das jeweilige Kultusministerium als eine Finanzierungsquelle angegeben (34,6 %). Die Unterschiedlichkeit in den Angaben zu den Kultusministerien erklärt sich unter anderem dadurch, dass bei der Trägerbefragung nur Träger im Kontext der Kinder- und Jugendhilfe angeschrieben wurden, somit zum Teil auch Kommunen (die zugleich Schulträger sind), aber keine Landesministerien für Kultus und Unterricht, die jedoch ebenfalls Träger für einen Teil der sozialpädagogischen Stellen sind. Diese Stellen werden von den befragten Schulleitungen in die Antworten mit einbezogen. Zu beachten ist weiterhin, dass die Bedeutung des jeweiligen Kultusministeriums wie auch des Schulträgers als Anstellungsträger durch den aktuellen Ausbau von Ganztagsschulangeboten deutlich angewachsen ist.

Die Auswertung zeigt, dass es unterschiedliche Informationen bei den verschiedenen Befragungspartnern gibt: Schulen kennen mehr sozialpädagogische Fachkräfte am Ort Schule, sind dafür zum Teil über die Anstellungs- und Finanzierungsverhältnisse nicht so gut informiert, Träger der sozialpädagogischen Tätigkeiten kennen diese Verhältnisse sehr gut, allerdings nur für die bei ihnen beschäftigten Fachkräfte.

10.6 Rechtliche Grundlagen der sozialpädagogischen Tätigkeiten an Schulen

Bei der Frage nach den rechtlichen Grundlagen zeigt sich ein ähnliches Bild. Auch hier unterscheiden sich die Antworten der Schulleitungen, Träger und Fachkräfte zum Teil erheblich. Zum Vergleich der Antworten mussten die Antworten der Fachkräfte und Träger neu berechnet werden. Denn ihnen wurde eine differenzierte Frage mit mehreren Antwortmöglichkeiten zum SGB VIII gestellt (unterschieden nach §11 und §13 SGB VIII). Die Schulleitungen hatten diese Differenzierungsmöglichkeit nicht. Bei allen befragten Gruppen waren in dieser Frage Mehrfachnennungen möglich. Anders als bei den Trägern hatten die Schulleitungen sowie die Fachkräfte auch die Möglichkeit anzugeben, dass sie die rechtliche Grundlage nicht kennen. 25 % der Schulleitungen sowie 23 % der Fachkräfte haben angegeben, dass sie die rechtlichen Grundlagen nicht kennen (diese sind in der Abb. 10.2 nicht enthalten).

Ein multiperspektivischer Blick auf Soziale Arbeit an Schulen

Abbildung 10.2 Rechtliche Grundlagen der sozialpädagogisch Tätigen im Vergleich

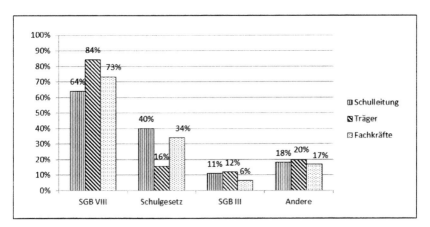

Quelle: Auswertungen des Schulfragebogens (gültige Fälle = 143, n = 204), des Fachkräftefragebogens (gültige Fälle = 364, n = 521) und des Trägerfragebogens (gültige Fälle = 51, n = 54) (Mehrfachnennungen möglich)

Es wird in Abbildung 10.2 deutlich, dass die Schulleitungen das SGB VIII – Sozialgesetzbuch Kinder- und Jugendhilfe – seltener als Arbeitsgrundlage für die beschäftigten sozialpädagogischen Fachkräfte angeben haben als die Fachkräfte selbst und die Träger. Das Schulgesetz hingegen wird von den Trägern seltener angegeben als von den beiden anderen befragten Gruppen, was wiederum, wie bereits ausgeführt, zu einem guten Teil vermutlich daran liegt, dass die schulischen Träger nicht befragt wurden, sondern nur die Träger im Kontext der Kinder- und Jugendhilfe. Besonders die Schulleitungen geben das Schulgesetz sehr häufig an. Dies kann gegebenenfalls auch an einer weiten Auslegung des Verständnisses von dem liegen, was als Grundlage verstanden wird, denn am Ort der Schule gilt auch für extern angestellte Personen das Schulrecht im Sinne des Hausrechtes.

Das SGB III – Sozialgesetzbuch Arbeitsförderung – wird von allen Befragten nur selten als Arbeitsgrundlage angegeben. In der Gruppe „Andere" finden sich vor allem Erlasse oder Stadtratsbeschlüsse.

10.7 Zusammenfassung

Für das Arbeitsfeld der bezahlt sozialpädagogisch tätigen Fachkräfte an Schulen an den verschiedenen Projektstandorten lassen sich in den Antworten der Schulen, Fachkräfte und Träger nur bedingt Gemeinsamkeiten feststellen.

Als Funktionsbereiche der sozialpädagogischen Fachkräfte wurde von den Schulen und Trägern am häufigsten die Schulsozialarbeit bzw. Jugendsozialarbeit an Schulen und an zweiter Stelle die Ganztagsschule genannt. Die Angaben zu den Zielgruppen der Schulleitungen und der Fachkräfte unterscheiden sich sehr stark voneinander. Hier wäre für zukünftige Erhebungen wichtig, darauf zu achten, dass die Fragestellung an verschiedene Erhebungspartner gleich gestaltet wird. Für den Vergleich von Daten wäre weiterhin erforderlich, von den Schulleitungen die Anstellungsträger gesondert für jede einzelne Fachkraft zu erfragen. Erst so kann eine Vergleichbarkeit der Datensätze wirklich hergestellt werden.

Trotz der methodischen Ungenauigkeit beim hier vorgenommenen Vergleich lässt sich zumindest festhalten, dass Eltern und Lehrkräfte aus Sicht der Schulleitungen wahrscheinlich nicht zur primären Zielgruppe gezählt werden. Bezogen auf den Stellenumfang geben Fachkräfte wie auch Jugendhilfeträger für den Anteil von mindestens Dreiviertel Teilzeitbeschäftigungen im Bereich der sozialpädagogischen Tätigkeiten an.

Als Anstellungsträger der sozialpädagogischen Fachkräfte werden von ihnen selbst wie auch von den Schulen am häufigsten Träger der freien Jugendhilfe genannt, als rechtliche Grundlage von allen drei befragten Gruppen vor allem das SGB VIII. Bei den Mehrfachnennungen zur Finanzierung der sozialpädagogischen Tätigkeiten an Schulen wiederum wurden sehr unterschiedliche Angaben von den Schulen und Trägern gemacht – höhere Anteile von beiden Gruppen haben der jeweilige Träger der öffentlichen Jugendhilfe sowie die Kultusministerien erhalten.

Auf die Frage, wer am ehesten verlässliche Antworten auf die von uns gestellten Fragen geben könne, lässt sich abschließend nur schwer ein Urteil fällen. Die befragten Fachkräfte geben mit ihren Antworten wahrscheinlich die zuverlässigste Auskunft darüber, wie ihre tagtägliche Praxis gestaltet ist, zum Beispiel in Bezug auf Funktionen oder Zielgruppen. Die Träger der sozialpädagogischen Fachkräfte wissen hingegen scheinbar gut Bescheid über die rechtlichen und finanziellen Aspekte der Arbeit. Und Schulleitungen haben einen Überblick über die verschiedenen Fachkräfte am Ort ihrer Schule und können beantworten, was die Fachkräfte an ihrer Schule ihrer Meinung nach tun sollen. Dieses muss jedoch nicht damit übereinstimmen, welche konzeptionellen Überlegungen es gibt oder was die sozialpädagogischen Fachkräfte tatsächlich machen.

11 Schulsozialarbeit aus Sicht der Lehrkräfte. Ausgewählte Ergebnisse einer Online-Befragung

Sandra Rezagholinia

Die hier vorgestellte Online-Befragung wurde als Folgestudie aus der Untersuchung „Auf dem Weg zu einer Statistik von sozialer Arbeit an Schulen" entwickelt. Es werden Ergebnisse einer Online-Befragung vorgestellt, die von Studierenden und Lehrenden des Master-Studiengangs Forschung in der Sozialen Arbeit an der Fachhochschule Frankfurt durchgeführt wurde. An der Befragung haben sich 70 Schulen mit insgesamt 334 Lehrkräften beteiligt.

11.1 Forschungsdesign

Im Zeitraum von Dezember 2011 bis Januar 2012 wurden Lehrkräfte aus den beiden Landkreisen Darmstadt-Dieburg und Waldeck-Frankenberg sowie der Stadt Darmstadt zum Thema Schulsozialarbeit befragt. Die Fragen richteten sich nicht nur auf das allgemeine Aufgabenfeld der Schulsozialarbeit, sondern vor allem auch auf die Sicht der Lehrkräfte in Bezug auf dieses Tätigkeitsfeld. Auch wenn zum Zeitpunkt der Erhebung keine Schulsozialarbeit an einer der befragten Schule stattfand, war es für die Erhebung dennoch von großem Interesse, die Vorstellungen in Bezug auf und die Erwartungen der Lehrkräfte an die Schulsozialarbeit zu erfahren.

Da es nicht möglich war, Angaben über die E-Mail-Adressen der Lehrkräfte zu erhalten, wurde stattdessen jeder Schulleitung eine Mail mit dem Link, der zu der Online-Befragung führte, zugesandt. Die Schulleitung wurde sowohl in dem Anschreiben als auch in der Mail um die Weiterleitung des Zugangslinks gebeten. Insgesamt wurden sowohl schriftlich als auch per Mail 203 Schulen angeschrieben. Des Weiteren erhielten die Schulleitungen vorab eine Papierversion des Fragebogens sowie eine schriftliche Benachrichtigung über die Studie.

Tabelle 11.1 Befragungsteilnehmende nach Regionen

	Personen	Schulen
Waldeck-Frankenberg	110	22
Landkreis Darmstadt-Dieburg	86	29
Stadt Darmstadt	135	19
gültige Fälle	334	70

Anmerkung: Auswertung der Online-Befragung (Personen: n = 334, Schulen: n = 70)

Jede Schule bekam einen separaten Link, der mit einem Code versehen war. So konnten die ausgefüllten Bögen jeder Schule zugeordnet werden, die Anonymität der Befragten blieb dennoch gewahrt.

Insgesamt wurde der Fragebogen 614 Mal[1] aufgerufen. Der Bogen wurde 173 Mal nach Aufruf der ersten Seite abgebrochen. Im Ganzen liegen aus dieser Studie n = 334 gültige Fälle vor. Dies sind all diejenigen, die den Fragebogen bis zum Abschluss ausgefüllt haben. Mit Hilfe der codierten Zugangslinks war es möglich, die Teilnehmerinnen und Teilnehmer auf insgesamt 70 Schulen zurückzuführen. Von den Lehrkräften, die teilgenommen haben, sind 230 weiblich und 90 männlich (14 ohne Angabe). Der Tabelle 11.1 ist zu entnehmen, wie sich die befragten Personen auf die Erhebungsstandorte verteilen.

Wie bereits einleitend erwähnt, haben sich von den 203 zur Studie eingeladenen Schulen insgesamt 70 Schulen an der Studie beteiligt. Dies entspricht 34,48 % aller angefragten Schulen. An dieser Stelle ist darauf hinzuweisen, dass es im Rahmen dieser Arbeit nicht möglich war, die Grundgesamtheit der Lehrkräfte aus den Erhebungsgebieten zu ermitteln.

Der Tabelle 11.1 ist im Weiteren zu entnehmen, dass die höchste Anzahl der befragten Lehrkräfte aus der Stadt Darmstadt kam. Aus dieser Region haben sich im Rahmen dieser Erhebung 19 Schulen beteiligt. Darmstadt hat mit insgesamt 48 Schulen weniger Schulen aufzuweisen als die beiden Landkreise Darmstadt-Dieburg und Waldeck-Frankenberg. Es ist jedoch nicht auszuschließen, dass im Verhältnis zu den beiden Landkreisen in Darmstadt mehr Lehrkräfte an den befragten Schulen tätig sind.

Die Auszählung zeigt, dass sich aus dem Landkreis Darmstadt-Dieburg die wenigsten Lehrkräfte, dafür jedoch die höchste Anzahl an Schulen an dieser Stu-

---

1 Quelle: SPSS Datensatz der Online-Befragung

die beteiligt haben. Dies könnte darauf hinweisen, dass in den Landkreisen weniger Lehrkräfte an Schulen tätig sind.

11.2 Wissensstand über die Profession ‚Schulsozialarbeit'[2]

Im Laufe der Jahre haben sich viele Formen der Zusammenarbeit zwischen den Schulen und der Jugendhilfe entwickelt und gefestigt. Die bekannteste Form ist die *Schulsozialarbeit*. Neben dieser Zusammenarbeit gibt es noch die schulbezogene Jugendsozialarbeit, Schuljugendarbeit, Schulsozialpädagogik, Jugendarbeit an Schulen sowie das Schulkinderhaus (vgl. Speck 2007, S. 25). Diese Ansammlung von Begriffen zeigt, wie vielschichtig die Zusammenarbeit zwischen Schule und Jugendhilfe geworden ist.

Daher liegt die Vermutung nahe, dass unter den Befragten im Rahmen dieser Studie teilweise Unwissenheit und Unsicherheit bezüglich des Tätigkeitsfelds der Schulsozialarbeit existiert.

Die Frage *„Wissen Sie, wie das Tätigkeitsfeld der Schulsozialarbeit aussieht?"* konnte lediglich von den 195 Personen beantwortet werden, die die Frage nach der Existenz der Schulsozialarbeit an ihrer Schule bestätigt haben. Von diesen haben 172 Personen (88,2 %) die Frage bejaht, weitere 23 Personen (11,8 %) haben diese Frage mit „Nein" beantwortet (s. Tabelle. 11.2). Dieses Ergebnis zeigt auf, dass die Mehrzahl der befragten Lehrkräfte über die Schulsozialarbeit an ihren Schulen informiert ist bzw. glaubt, über die Inhalte von Schulsozialarbeit an ihrer Schule informiert zu sein.

Tabelle 11.2 Wissensstand zum Tätigkeitsfeld der Schulsozialarbeit bei den Lehrern

Wissenstand über das Tätigkeitsfeld der Schulsozialarbeit	Absolute Häufigkeit	Prozentuale Häufigkeit
Ja	172	88,2 %
Nein	23	11,8
gültige Fälle	195	100 %

Anmerkung: Auswertung der Online-Befragung (Personen: n = 334)

---

2 Diese Frage wurde in der Online-Befragung als Filterfrage programmiert und zählt zu der Frage nach der Existenz der Schulsozialarbeit an Schulen. Aus diesem Grund wurde diese Frage unter den 195 Befragten nur von denjenigen beantwortet, an deren Schule Schulsozialarbeit vorhanden ist.

11.3 Konzept für Schulsozialarbeit

Die Häufigkeitsverteilung in Tabelle 11.3 gibt Aufschluss über die Frage „*Gibt es ein Konzept über das Tätigkeitsfeld der Schulsozialarbeit?*" Da ein Konzept der Schulsozialarbeit nur dann vorhanden sein kann, wenn auch Schulsozialarbeiterinnen und Schulsozialarbeiter an der Schule tätig sind, ist diese Frage ebenfalls Teil der Filterfrage „*Gibt es an Ihrer Schule Schulsozialarbeit?*" Diese Frage konnte somit wieder nur von denjenigen beantwortet werden, die die Frage nach dem Vorhandensein der Schulsozialarbeit mit „Ja" beantwortet haben.

Legt man sein Augenmerk nun auf die Daten der Häufigkeitsverteilung in Tabelle 11.3, so ist zunächst auffällig, dass über ein Viertel der befragten Lehrkräfte, an deren Schulen Schulsozialarbeiterinnen und -sozialarbeiter tätig sind, nicht wissen, ob für die Tätigkeit ein Konzept vorliegt.

Eine mögliche Erklärung für dieses Ergebnis könnte sein, dass sich die Lehrkräfte bis zum Zeitpunkt der Erhebung noch nicht mit der Frage nach einem Konzept der Schulsozialarbeit auseinandergesetzt haben. 8,7 % der befragten Lehrkräfte gaben im Rahmen dieser Studie an, dass an ihrer Schule zwar Schulsozialarbeit vorhanden sei, für diese jedoch kein Konzept vorliege. Möglich wäre in diesem Fall, dass zwar ein Konzept vorliegt, dieses den Lehrkräften jedoch nicht bekannt ist. Deutlich ist jedoch, dass die Interpretation der Ursache dieser Ergebnisse noch weiterer wissenschaftlicher Untersuchung bedarf.

Erfreulicherweise haben 65,1 % der befragten Lehrkräfte angegeben, dass ein Konzept für das Tätigkeitsfeld der Schulsozialarbeit vorliegt.

Tabelle 11.3   Konzept zur Schulsozialarbeit

Konzept der Schulsozialarbeit	Personen	Schulen
Ja	127	65,1 %
Nein	17	8,7 %
Weiß nicht	51	26,2 %
gültige Fälle	195	100 %

Anmerkung: Auswertung der Online-Befragung (Personen: n = 334)

11.4 Prozentuale Verteilung der Schulsozialarbeit auf die Erhebungsstandorte

Die höchste Anzahl von Schulsozialarbeit an Schulen ist in dieser Studie in der Stadt Darmstadt (83,3 %) zu verzeichnen. Der Abbildung 11.1 ist zu entnehmen, dass der geringste Anteil von Schulsozialarbeit im Landkreis Waldeck-Frankenberg (36,4 %) vorhanden ist.

Die Ergebnisse der Abbildung 11.1 werden zusätzlich durch die Angaben des Hessischen Kultusministeriums gestützt. Schulsozialarbeitsprojekte finden sich demnach häufiger an Schulen, die in Gebieten mit einer hohen Bevölkerungsdichte und vermehrten sozialen Spannungen liegen. Schulsozialarbeiterinnen und Schulsozialarbeiter nehmen hier ein weites Spektrum von Beratungstätigkeiten wahr. Es werden u. a. Einzelgespräche mit Schülerinnen und Schülern geführt, Eltern bei Erziehungsaufgaben unterstützt und Jugendliche erhalten Hilfe bei der Wahl eines geeigneten Berufes. Treten besondere Schwierigkeiten oder Probleme auf, vermittelt die Schulsozialarbeit einen Kontakt zur Jugendhilfe und weiteren Organisationen, die weitere und intensivere Hilfe leisten können. Worin der Schwerpunkt der Schulsozialarbeit gesetzt wird, können die Schulen in Hessen eigenständig entscheiden. Das Hessische Kultusministerium unterstützt die Arbeit der Schulsozialarbeit durch einen Teil der Übernahme der Personalkosten (vgl. Hessisches Kultusministeriums 2012).

Abbildung 11.1   Schulsozialarbeit an den Erhebungsstandorten

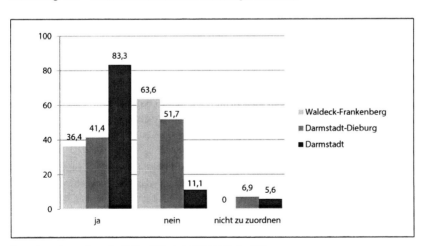

Anmerkung: Auswertung der Online-Befragung (Personen: n = 334)

Das Cramer's V von 0,309 zeigt auf, dass zwischen den Variablen ‚Region' und ‚Schulsozialarbeit' deskriptiv ein schwacher bis mäßiger Zusammenhang besteht. Die beobachteten Unterschiede sind allerdings mit einem Chi^2-Wert von 13,21 statistisch nicht signifikant.

11.5 Probleme und Schwierigkeiten

Lehrerinnen und Lehrer stoßen im Alltag auf zahlreiche Schwierigkeiten und Probleme mit ihren Schülern. Schülerinnen und Schüler, die die Schulsozialarbeit aufsuchen, haben nicht selten mit Suchtproblematiken, Gewalt oder schulischen Problemen zu kämpfen. Doch an wen wenden sich die Lehrkräfte bei Problemen und/oder Schwierigkeiten mit ihren Schülerinnen und Schülern? Um auf diese Frage möglichst aussagekräftige Antworten zu erhalten, wurden den Lehrkräften neun Antwortmöglichkeiten geboten, welche sie auf einer Viererskala von 1 = *sicher nicht* bis 4 = *sicher* beantworten konnten. Bei dieser Frage waren Mehrfachnennungen möglich. Die Lehrkräfte hatten zudem die Möglichkeit, Antwortmöglichkeiten zu überspringen bzw. auszulassen, wenn sie diese nicht beantworten wollten bzw. konnten.

Um das Ergebnis dieser Frage inhaltlich und optisch besser darstellen zu können, werden in der Abbildung 11.2 ausschließlich diejenigen Antwortmöglichkeiten dargestellt, die die Frage „*An wen wenden Sie sich bei Problemen und/oder Schwierigkeiten mit Ihren Schülern?*" mit „*sicher*", also der höchsten Form der Zustimmung, beantwortet haben. Um eine bessere Übersicht zu ermöglichen, werden die Ergebnisse dieser Frage nicht nur nach Geschlecht getrennt ausgewertet, sondern auch in den Abbildungen 11.2 und 11.3 dargestellt, wobei zunächst die Ansprechpartner im beruflichen und anschließend die Ansprechpartner im privaten Umfeld betrachtet werden.

Die Ergebnisse in Abbildung 11.2 zeigen, dass Unterschiede unter den prozentualen Häufigkeiten zwischen den Geschlechtern zu erkennen sind. Zwar wenden sich sowohl Lehrerinnen (79,8 %) als auch Lehrer (64,4 %) bei Problemen und/oder Schwierigkeiten mit ihren Schülerinnen und Schülern in der Regel an ihr Lehrerkollegium. Jedoch zeigt sich, dass Lehrerinnen das Kollegium als Ansprechpartnerim im Vergleich zu den Lehrern präferieren

An zweiter Stelle präferieren sowohl die weiblichen (37,2 %) als auch die männlichen (29,3 %) Befragten die Schulsozialarbeit. Zu dieser Auswertung ist anzumerken, dass auf diese Frage sowohl Lehrkräfte aus Schulen mit sowie ohne Schulsozialarbeit geantwortet haben. Die Wahl der Schulsozialarbeiterin oder des Schulsozialarbeiters als Ansprechperson ist daher eher als hypothetische Möglichkeit zu interpretieren, die nicht für alle Lehrkräfte realisierbar ist. Die hohe Zahl

Abbildung 11.2 Ansprechperson für Probleme mit Schülern (1)

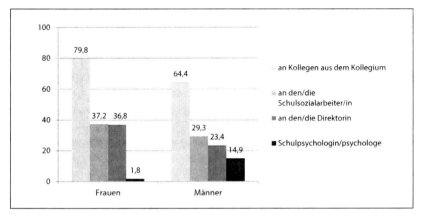

Anmerkung: Auswertung(en) der Online-Befragung (Personen: n = 334), Prozentwerte der Nennung *sicher*

derjenigen, die sich „*sicher*" an die Schulsozialarbeit wenden würden, wäre eventuell noch höher, wenn an allen Schulen Schulsozialarbeit vorhanden wäre. Die Schulleitung wird lediglich als dritte Anlaufstelle von Lehrerinnen (36,8 %) und Lehrern (23,4 %) gewählt. Den geringsten Zuspruch erfuhr die Schulpsychologin/ der Schulpsychologe. Sowohl Lehrerinnen (1,8 %) als auch Lehrer (14,8 %) suchen diese/diesen am seltensten auf, wobei die Schulpsychologin bzw. der Schulpsychologe von den männlichen Befragten deutlich höher favorisiert wurde als von den weiblichen Befragten. Die Interpretation der Ursache dieser Ergebnisse bedarf noch weiterer wissenschaftlicher Untersuchung.

Mögliche Hypothesen hierzu wären, dass Lehrkräfte die Pausen zumeist im gemeinsamen Lehrerzimmer verbringen. Dies bietet eine gute Möglichkeit für einen Austausch untereinander. In diesem Rahmen können Schwierigkeiten/Probleme im Kollegium thematisiert und geklärt werden. Weiter ist anzumerken, dass die Erfahrungen der Lehrkräfte im Laufe ihrer beruflichen Laufbahn anwachsen, was ihnen ermöglicht, sich gegenseitig zu unterstützen.

Die Lage des Büros der Schulsozialarbeit könnte einen Einfluss darauf haben, ob und wann sich die Lehrkräfte an die Schulsozialarbeit wenden. Befindet sich das Büro der Schulsozialarbeit nicht in der Nähe zum Lehrerzimmer, so kann die Lehrkraft Probleme und/oder Schwierigkeiten mit Schülerinnen und Schülern nicht problemlos in den Pausen mit der Schulsozialarbeit besprechen, sondern müsste ggf. einen Termin hierfür vereinbaren.

Abbildung 11.3 Ansprechperson für Probleme mit Schülern (2)

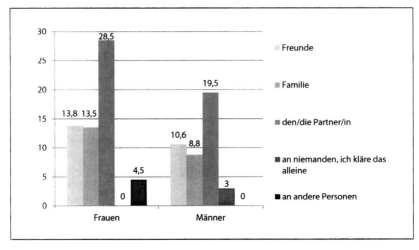

Anmerkung: Auswertung der Online-Befragung (Personen: n = 334), Prozentwerte der Nennung *sicher*

Ob die Lage des Büros der Schulsozialarbeit tatsächlich einen Einfluss auf das Entscheidungsverhalten der Lehrkräfte hat, könnte in einer weiteren Untersuchung überprüft werden.

Wenn sich die befragten Lehrerinnen (28,5 %) und Lehrer (19,5 %) an jemanden außerhalb der Schule wenden, dann sprechen sie meist mit ihrer Partnerin bzw. mit ihrem Partner. Freunde und Familie werden nur in wenigen Fällen mit einbezogen. Eine Erklärung hierfür könnte sein, dass diese die Sachlage nur schwer beurteilen können, da sie mit dem Schulalltag in der Regel wenig zu tun haben.

Erstaunlich ist, dass keiner der weiblichen Befragten die Antwortkategorie *„an niemanden, ich kläre das alleine"* gewählt hat. In wenigen Fällen (4,5 %) würden diese sich jedoch an andere Personen wenden. Die männlichen Befragten gaben an, dass sie versuchen würden, Probleme und/oder Schwierigkeiten mit ihren Schülern alleine zu lösen (3 %). Bei der Abbildung 11.3 zeigt sich deutlich ein zurückhaltenderes Antwortverhalten der männlichen im Vergleich zu den weiblichen Befragten.

Eine Überprüfung der Geschlechtsunterschiede auf statistische Signifikanz zeigte, dass die beobachteten Geschlechterunterschiede lediglich in Hinblick auf die Antwortkategorien *„an den Schulpsychologen/die Schulpsychologin"* sowie *„an niemanden"* statistisch signifikant sind.

11.6 Methodenkritik

Prinzipiell ist die Online-Befragung eine gute Variante, um kostengünstig möglichst viele Adressatinnen und Adressaten zu erreichen. Die Daten der ausgefüllten Bögen werden direkt auf einem Server gespeichert und sind jederzeit abrufbar.

In diesem Fall gestaltete es sich jedoch etwas schwierig, alle Lehrkräfte zu erreichen. Da die Schulen im Rahmen dieser Befragung lediglich über die Schulleitung kontaktiert wurden, konnte der Link auch nur über diese an die Lehrkräfte übersendet werden. Somit ist unklar, wie viele Schulleiterinnen und Schulleiter den Link an ihr Lehrerkollegium weiter geleitet haben. Sollte erneut eine Online-Befragung von Lehrkräften geplant werden, so wäre es sinnvoll, im Rahmen der Planungsphase die schulischen E-Mail-Adressen der zu befragenden Lehrkräfte zu recherchieren und den Link der Befragung direkt an diese zu leiten. Somit könnte sichergestellt werden, dass alle Adressanten die Einladung zu dieser Studie auch erhalten.

Neben der verwendeten Methode ist jedoch auch die Eindeutigkeit der gestellten Fragen kritisch zu bewerten. Beispielsweise kann die Frage *„An wen wenden Sie sich bei Problemen und/oder Schwierigkeiten mit Ihren Schülern?"* nur von den Lehrkräften im hier intendierten umfassenden Sinne bewertet werden, an deren Schule auch tatsächlich Schulsozialarbeiterinnen und Schulsozialarbeiter tätig sind.

Literatur

Hessisches Kultusministerium (2012). *Schulsozialarbeit.* http://www.hessen.de/irj/HKM_Internet?rid=HKM_15/HKM_Internet/sub/a17/a17208d0-5024-a611-f3ef-ef91921321b2,,22222222-2222-2222-2222-222222222222.html. Zugegriffen: 20. Mai 2012

Speck, Karsten (2006). *Qualität und Evaluation in der Schulsozialarbeit – Konzepte, Rahmenbedingungen und Wirkungen.* 1. Auflage, Wiesbaden: VS Verlag für Sozialwissenschaften.

Speck, Karsten (2007). *Schulsozialarbeit. Eine Einführung.* 1. Auflage, München: Ernst Reinhardt Verlag.

12 Freizeitpräferenzen sozialpädagogischer Fachkräfte an Schulen – erste Ansätze einer Lebensstilanalyse

Sarah Maier und Melanie Sittig

In Hessen gab es im Schuljahr 2010/11 659 981 Schülerinnen und Schüler, welche von insgesamt 50 176 Lehrerinnen und Lehrern an 1 886 allgemeinbildenden Schulen unterrichtet wurden. Diese Daten sind auf der Internetseite des Hessischen Statistischen Landesamtes frei zugänglich[1]. Entsprechende Auskünfte über Soziale Arbeit an Schulen sind hingegen nicht so einfach zu finden[2]. Der Forschungsverbund hat sich in seiner Studie „Auf dem Weg zu einer Statistik von Sozialer Arbeit an Schulen" zum Hauptziel gesetzt, diese Daten für ausgewählte Standorte, aber auch und vor allem den Zugang zu diesen Daten, herauszufinden. Zu diesem Zweck wurden sowohl Schulleiterinnen und Schulleiter, Träger als auch sozialpädagogische Fachkräfte an Schulen zur Teilnahme und Mithilfe zu dieser Umfrage eingeladen, um so aus verschiedenen Perspektiven Aussagen über die Häufigkeit, die Implementierung, die Tätigkeitsfelder und die Bewertung von Sozialer Arbeit an Schulen und ihren Rahmenbedingungen zu erhalten.

Zusätzlich zu diesem Schwerpunkt hat sich am Standort Frankfurt ein weiteres Forschungsinteresse entwickelt. Neben den fehlenden Informationen über die Häufigkeit und Rahmenbedingungen der Stellen sozialpädagogischer Fachkräfte gibt es bisher ebenso keine Forschungen und Kenntnisse über deren Persönlichkeitsprofile. Warum dies für eine empirische Untersuchung von Interesse ist, wird im Folgenden dargestellt.

---

1 Hessisches Statistisches Landesamt (2012). Allgemeinbildende Schulen in Hessen. http://www.statistik-hessen.de/themenauswahl/bildung-kultur-rechtspflege/landesdaten/bildung/allgbild-schulen/allgemeinbildende-schulen/index.html. Zugegriffen: 15. Februar 2013.
2 Dem hessischen Kultusministerium sind konkrete Zahlen über die Anzahl der Schulsozialarbeiter/innen oder sozialpädagogischen Fachkräfte bei den Jugendhilfeträgern bzw. Schulträgern nicht bekannt (vgl. Speck 2009, S. 20).

12.1 Hintergrund und Fragestellung

Soziale Arbeit an Schulen als ein Handlungsfeld von vielen in der Sozialen Arbeit bedarf verschiedener räumlich-struktureller, rechtlicher und finanzieller Rahmenbedingungen sowie personeller Kompetenzen, um professionelles Handeln im Schulalltag zu ermöglichen. In diesem Beitrag soll die Aufmerksamkeit auf die personelle Ebene gelenkt werden. Denn ganz gleich mit welchen Problemen Schülerinnen und Schüler die Hilfe von Sozialpädagogen aufsuchen oder welche Methoden diese im Rahmen ihrer Angebote einsetzen, bildet die Person der Sozialpädagogin bzw. des Sozialpädagogen die unerlässliche Grundlage für alle weiteren Schritte. Zwar gibt es vielfältige Studien zur Professionalität in der Sozialen Arbeit, selten jedoch gibt es Untersuchungen zu den Menschen, die hinter der professionellen Rolle stehen. Für dieses Forschungsdesiderat entwickelte sich im Forschungsseminar des Standortes Frankfurt ein größeres Interesse. Deshalb befasste sich die Untersuchung u. a. mit den Freizeitpräferenzen sozialpädagogischer Fachkräfte an Schulen, womit eine Lebensstilanalyse vorbereitet werden sollte.

Unter lebensstilanalytischer Fragestellung wurden im Fragebogen für die sozialpädagogisch Tätigen zusätzliche Fragebatterien erarbeitet, die das Freizeitverhalten sowie die Musik- und Fernsehpräferenzen dieser Personen untersuchen. Dieses auf den ersten Blick vielleicht etwas ungewöhnliche Erkenntnisinteresse beruht auf der Annahme, dass im Rahmen der sozialpädagogischen Tätigkeit an Schulen[3] die persönlichen Präferenzen von Fachkräften bzw. ihrer Lebensstile die Notwendigkeit eines reflektieren Einsatzes von bestimmten professionellen Handlungsmethoden nach sich ziehen. Insbesondere gilt dies für die Reflexion der Balance von Nähe und Distanz zwischen Professionellen und ihrer Zielgruppe. Hans Thiersch beschreibt in seiner Theorie der Lebensweltorientierung, dass Pädagoginnen und Pädagogen die Fähigkeit aufweisen sollten, „gegebene Verhältnisse" (Thiersch 1993, S. 22) in der Lebenswelt der Schüler verstehen zu können. Das Interesse und Verständnis für die Lebensweise bzw. Lebenswelt der Schülerinnen und Schüler fördere den Kontakt zu den Adressaten. So gehöre gemäß den Ausführungen des Kooperationsverbunds Schulsozialarbeit zu den grundlegenden Kenntnissen einer/s sozialpädagogisch Tätigen an Schulen das Wissen „über die unterschiedlichen und vielfältigen Lebenswelten und -kulturen der Kinder und Jugendlichen" (Kooperationsverbund Schulsozialarbeit 2007, S. 11). Dies fördere einen besonderen Zugang zu den Klientinnen und Klienten. In einer Erhebung über die Wahrnehmung der Schulsozialarbeit von Jugendlichen an Schu-

---

3 Natürlich gilt dies nicht nur für das Handlungsfeld Schule. Für alle Felder professioneller sozialpädagogischer Arbeit ist ein reflektierter Umgang mit Nähe und Distanz zu der jeweiligen Adressatengruppe entscheidend (vgl. von Spiegel 2008, S. 110, Dörr & Müller 2006, S. 8).

len bekennt eine Befragte sogar: „Man redet mit ihr eher wie mit einer Freundin" (Bolay 2008, S. 150). Eine zu große Nähe birgt jedoch auch eine gewisse Gefahr. So konstatiert Thiersch, dass dies dazu verführe, „sich in seiner Rolle aufzugeben, z.B. in der Jugendarbeit eher Jugendlicher mit Jugendlichen zu sein" (1993, S. 23). Es bestehe das Risiko „in die Strukturen der Lebenswelt, des Alltags hineingezogen zu werden und so Distanz und Kompetenz, die Voraussetzungen für klärende, strukturierende und alternative Problemlösung, zu verlieren" (Thiersch 1993, S. 24). Insofern stellte sich bei der Studie über die pädagogische Tätigkeit an Schulen auch die Frage, inwiefern Lebensstile von Fachkräften sich von jenen ihrer Zielgruppe differenzieren und ob sich eine große Gemeinsamkeit oder ein starkes Auseinanderdriften aufzeigen lässt. Um dieser Frage nachzugehen, wurden im Rahmen der vorliegenden Untersuchung zunächst die Lebensstile der Sozialpädagoginnen und Sozialpädagogen an Schulen in den Blick genommen.[4]

Was genau Lebensstile sind und wie sie definiert und operationalisiert werden, wird je nach Forschungsvorhaben und Wissenschaftlerin und Wissenschaftler sehr unterschiedlich ausgeführt[5]. In einer breiten Definition wird darunter ein regelmäßiger Gesamtzusammenhang von Meinungen, Interaktionen, bewertenden Einstellungen, Wissensbeständen und Verhaltensweisen einer Person verstanden (vgl. Hradil 1992, S. 42). Dem Forschungsvorhaben liegt eine etwas enger gefasste Definition von Lebensstil nach Spellerberg zugrunde: „Lebensstile sind gruppenspezifische Formen der Alltagsorganisation und -gestaltung, die auf der Ebene des kulturellen Geschmacks und der Freizeitaktivitäten symbolisch zum Ausdruck kommen" (1996, S. 57). Lebensstile können danach anhand rein expressiver Formen der Lebenspraxis festgemacht werden. In einem weiteren Artikel zur Lebensstilforschung zeigen Hradil und Spellerberg auf, durch welche Dimensionen man den Lebensstil von Personen erfassen kann. Üblich seien in der Sozialforschung „Freizeitaktivitäten und kulturelle Geschmacksrichtungen" (Hradil/Spellerberg, S. 57), aber auch Werte und Einstellungen von Menschen. In Bezug auf den kulturellen Geschmack lassen sich verschiedene Dimensionen in Fragen nach den „bevorzugten Musikstilen, Sportarten, Filmen, Büchern" (ebd.) erfassen.

Unter Rückgriff auf diesen soziologischen Lebensstilansatz wird untersucht, in welcher Form die befragten Personen ihre Freizeit verbringen und welche Musik-

---

[4] Insgesamt sei an dieser Stelle darauf hingewiesen, dass es sich aufgrund des Charakters einer Pilotstudie um einen ersten vorsichtigen Versuch handelt, der weiterführende Untersuchungen wie bspw. eine Bestimmung der jugendlichen Präferenzen oder Lebensstiltypen für eine vergleichende Interpretation erforderlich macht.

[5] Einen guten Überblick der verschiedenen Ansätze und ihre Operationalisierungen liefert Raithel (2005, S. 251–257). Rössel & Otte zeigen die Entstehungsgeschichte der Lebensstilforschung auf (2011).

und Fernsehpräferenzen – als Ausdruck des kulturellen Geschmacks – bei ihnen bestehen. Konkret resultieren daraus folgende Fragen:

- Wer sind die sozialpädagogisch Tätigen am Ort Schule?
- Lassen sich Typisierungen oder Lebensstile feststellen und wie sehen diese aus?
- Welche Unterschiede lassen sich hinsichtlich des Geschlechts und des Alters ausmachen?

12.2 Datengrundlage

Für die Analyse der Lebensstile wird lediglich auf den Frankfurt-spezifischen Teil des Gesamtdatensatzes der Pilotstudie „Auf dem Weg zu einer Statistik von Sozialer Arbeit an Schulen" zurückgegriffen, der sich aus Daten von insgesamt 75 Personen aus Darmstadt sowie den Landkreisen Darmstadt-Dieburg und Waldeck-Frankenberg zusammensetzt. Zu der Stichprobe ist anzumerken, dass es nicht möglich war, die Grundgesamtheit der sozialpädagogischen Fachkräfte aller Schulen zu ermitteln. Insofern handelt es sich um Trendwerte.

Während einige Fragen zu beruflichen Themengebieten von den Befragten nicht bzw. unvollständig beantwortet wurden, sind speziell die Fragen bezüglich des Lebensstils von nahezu allen Befragten beantwortet worden. Dazu zählen die Fragen nach den Freizeittätigkeiten sowie nach den Musik- und Fernsehinteressen. Neben diesen speziellen lebensstilanalytischen Fragen gehen in die Auswertung auch Angaben zum Geburtsjahr bzw. zum Geschlecht der Befragten ein.

12.3 Ergebnisse der Untersuchung

Für eine Differenzierung sozialpädagogischer Fachkräfte in bestimmte Typisierungen werden im Folgenden die dafür entscheidenden Variablen zum Freizeit- und Konsumverhalten herangezogen. In einem ersten Schritt werden die Aussagen über den jeweiligen Musikgeschmack und die präferierten Fernsehsendungen ausgewertet. Ergänzend hierzu werden auch die Angaben über die liebsten Freizeitbeschäftigungen aufgenommen. Anschaulich soll auf dieser Grundlage formuliert werden, welcher „Typus" von sozialpädagogisch tätigen Personen an hessischen Schulen tätig ist.

12.3.1 Musikgeschmack

In einer halboffenen Frage *(Und jetzt möchten wir gerne wissen, welche Musikrichtung Ihnen gefällt.)* wurden die sozialpädagogischen Fachkräfte aufgefordert, sich auf einer sechser Rating-Skala von „*gar nicht*" bis „*sehr gut*" zu zwölf vorgegebenen Musikrichtungen zu positionieren[6]. Da sich eine Auswertung aller zwölf Items als wenig übersichtlich gestaltet, wurden diese Items mittels einer Faktorenanalyse[7] gemäß ihrer korrelativen Beziehung in voneinander unabhängige Faktoren bzw. Dimensionen klassifiziert. Die Faktorenanalyse als ein exploratives Verfahren dient dabei der Komprimierung von Daten in eine überschaubare Menge von Dimensionen. Für diese wurden Summenindizes gebildet, deren innere Konsistenz durch das Cronbachs Alpha-Verfahren geprüft wurde. Diese neuen synthetischen – mittels Summenindizes gebildeten – Variablen können sodann in weiteren Auswertungsschritten eingesetzt werden. Mit der Faktorenanalyse der Musikpräferenzen wurden fünf Dimensionen bzw. Typen[8] ermittelt, die sich wie folgt zusammensetzen:

1. Der „*Klassik-Typ*": Diese Gruppe hebt sich von den anderen insofern ab, als dass sich hier lediglich die klassische Musik wiederfindet.
2. Der „*Chillout-Typ*": Dieser Typus ist geprägt von einer eher lässigen Musikrichtung, wie sie vor allem im Reggea zum Ausdruck kommt. Die Musik lädt ein zum Entspannen (Soul) und zeichnet sich durch einen bestimmten Grad an Coolness aus, der mit Funkmusik verbunden wird.
3. Der „*Alternativ-Typ*": Rock, Punk und Heavy Metal finden sich in dieser Gruppe wieder.
4. Der „*Dance-Typ*": In dieser Kategorie finden sich die Musikrichtungen House und Hip Hop wieder. Diese modernen, noch jungen Musikrichtungen deuten darauf hin, dass sich die Hörer am „Puls der Zeit" orientieren.
5. Der „*Mainstream-Typ*": Die in dieser Gruppe vertretenen Richtungen Popmusik, Schlager und Volksmusik werden eher von einer breiten Masse der Hörerschaft bevorzugt.

---

6 Dazu zählen Popmusik, Rock, Punk, House, Klassik, Schlager, Volksmusik, Heavy Metal, Hip Hop, Funk, Soul und Reggae. Zusätzlich konnten noch weitere Musikpräferenzen benannt werden, die jedoch aufgrund geringer Nennung nicht in die Auswertung mit eingehen.
7 Für den Kontext dieser Untersuchung wurde als Verfahren die sogenannte Hauptkomponentenanalyse mit Varimaxrotation verwendet.
8 Diese Begriffsbildungen wurden von den Autorinnen gewählt, um die einzelnen Musikrichtungen der verschiedenen Kategorien zusammenfassend zu beschreiben. Es handelt sich hierbei um eigene Wortschöpfungen.

Abbildung 12.1 Musikpräferenzen der sozialpädagogischen Fachkräfte: Vergleich der mittleren Indexwerte der fünf Musiktypen

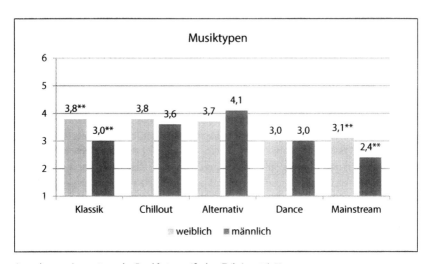

Anmerkungen: Auswertung des Frankfurt-spezifischen Teils (n = 66), ** $p \leq 0{,}05$

Auf der Grundlage von für diese Typen gebildeten Indizes ist es möglich, deren Mittelwerte getrennt nach Geschlecht der Befragten zu vergleichen und gleichzeitig anhand von statistischen Tests zu prüfen, ob etwaige Mittelwertunterschiede rein zufälliger oder systematischer Natur sind. Die Abbildung 12.1 gibt Aufschlüsse über den Musikgeschmack der von uns befragten Fachkräfte.

Augenfällig ist zunächst, dass sich sowohl für die männlichen als auch für die weiblichen Befragten recht ähnliche Tendenzen zeigen. Dabei präferieren die weiblichen Befragten drei Musiktypen im Schnitt etwas stärker als ihre männlichen Kollegen. Nur beim Alternativen Musiktyp ist es umgekehrt. Beim Musiktypen Dance gibt es keine Unterschiede zwischen den Geschlechtern.

Den stärksten Zuspruch seitens der weiblichen Befragten erfahren die Musiktypen Klassik und Chillout (je 3,8). Aufgrund des T-Tests für Mittelwertunterschiede können wir lediglich für den Musiktyp Klassik davon ausgehen, dass dieser Unterschied mit einer Irrtumswahrscheinlichkeit von 5 % statistisch signifikant ist. Unter den männlichen Fachkräften sozialpädagogischer Tätigkeiten wird der Alternativ-Typ am stärksten favorisiert (4,1). Neben dieser Musikrichtung gefällt ihnen auch – mit annähernd großem Zuspruch wie der ihrer weiblichen Kollegen – der Musiktyp Chillout (3,6). Weniger Zuspruch erfahren Dance-

Tabelle 12.1 Regressionsanalyse Musiktypen

		Klassik	Chillout	Alternativ	Dance	Mainstream
	R^2	0,338	0,054	0,039	0,002	0,140
	F-Wert	0,000***	1,112	0,860	0,036	3,423**
Konstante	♀-Fachkräfte	0,154	2,364	3,759	3,047	1,573
	♂-Fachkräfte	−0,863	2,106	3,197	2,631	1,299
Steigung	♀-Fachkräfte	0,083	0,033	−0,002	−0,001	0,036
	♂-Fachkräfte	0,089	0,034	0,021	0,006	0,025
Koeffizienten (T-Wert)	Alter	2,929***	1,030	0,686	0,149	0,874
	Geschlecht	0,625	0,145	0,343	0,197	0,181
	Interaktionseffekt (Alter und Geschlecht)	−0,161	−0,037	−0,636	−0,141	0,325

Anmerkungen: Auswertung des Frankfurt-spezifischen Teils (n = 66), ** $p \leq 0{,}05$; *** $p \leq 0{,}01$

und v. a. Mainstreammusik. Vor allem die Männer lehnen diese Musikrichtungen eher ab (2,9 bzw. 2,4) wohingegen bei den Frauen ein – wenn auch geringer – Zuspruch für Mainstream erkennbar ist (3,1). Der beobachtete Unterschied hinsichtlich der Präferenz zur Mainstreammusik gilt bei einer Irrtumswahrscheinlichkeit von 5 % auch für die Grundgesamtheit. In der Summe werden sowohl der Chillout- als auch der Alternative Musiktyp am stärksten von beiden Geschlechtern favorisiert, wobei die weiblichen Fachkräfte auch sehr gerne Klassik hören.

Diese mit Hilfe von T-Tests auf Mittelwertunterschiede festgestellten Ergebnisse berücksichtigen noch nicht, inwiefern sich der Musikgeschmack mit zunehmendem Alter gegebenenfalls verändert. Vermutet wird, dass der Musikgeschmack in Abhängigkeit zum Alter variiert. Unter Verwendung von Regressionsanalysen werden in Tabelle 12.1 die linearen Zusammenhänge von Musiktypen und Alter beschrieben. Die Interaktionseffekte von Geschlecht und Alter wurden zusätzlich in die Berechnung einbezogen, da die Annahme, Musik- oder Fernsehvorlieben entwickelten sich sowohl bei Männern als auch bei Frauen gleich, als zu restriktiv bewertet wurde. Die Tabelle 12.1 gibt einen Überblick über die Daten der Regressionsanalysen für alle Musiktypen wieder.

Abbildung 12.2 Interesse an Mainstream-Musik unter Berücksichtigung von Interaktionseffekten und Alter

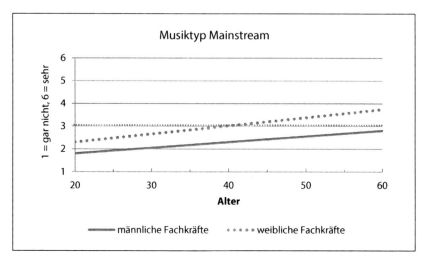

Anmerkung: Auswertung des Frankfurt-spezifischen Teils (n = 66)

Abbildung 12.3 Interesse an klassischer Musik unter Berücksichtigung von Interaktionseffekten und Alter

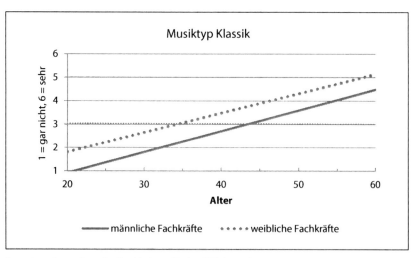

Anmerkung: Auswertung des Frankfurt-spezifischen Teils (n = 59)

Das Zusammenhangsmaß R^2 in Tabelle 12.1 gibt an, wie viel Prozent der Varianz durch die Rückführung von Musikgeschmack auf das Alter unter Berücksichtigung von Interaktionseffekten des Geschlechts aufgeklärt werden können. Der Tabelle ist demnach zu entnehmen, dass lediglich der Musiktyp Klassik einen mittleren Zusammenhang mit dem Alter unter Berücksichtigung des Geschlechts aufweist. Beim Mainstreamtyp kann immerhin noch ein mittlerer schwacher Zusammenhang konstatiert werden. Das R^2 der Typen Chillout, Alternativ und Dance ist so minimal, dass diese Typen in der weiteren Analyse keine Berücksichtigung finden. Um zu veranschaulichen, welche Informationen sich hinter diesen Daten im Weiteren verbergen, wurden sowohl für den Mainstream- als auch für den Klassik-Typ die Abbildungen 12.2 und 12.3 erstellt.

Wie man der Abbildung 12.2 entnehmen kann, steigt bei den Männern der Interessenscore für Mainstream Musik pro Lebensjahr um 0,025 Punkte, bei den Frauen etwas stärker um 0,036 Punkte. Damit haben die weiblichen Fachkräfte sozialpädagogischer Tätigkeiten nicht nur insgesamt eine stärkere Vorliebe bezüglich dieser Musikrichtung. Diese steigt verhältnismäßig auch stärker an, als dies vergleichsweise bei ihren männlichen Kollegen der Fall ist. Dieser Unterschied ist mit einer Irrtumswahrscheinlichkeit von 5 % statistisch signifikant. Insgesamt lässt sich festhalten, dass die der Mainstream-Musik angehörigen Musikrichtungen wie Popmusik, Schlager und Volksmusik eine recht geringe Zustimmung seitens der sozialpädagogischen Fachkräfte erhalten.

Vermutet wird, dass mit zunehmendem Alter das Gefallen an der Musikrichtung Klassik ebenfalls zunimmt. Abbildung 12.3 bestätigt diese Annahme: Bei der Betrachtung der beiden Geraden fällt zunächst auf, dass diese annähernd parallel und zudem viel steiler als jene in der Abbildung zur Mainstream-Musik verlaufen: Das Interesse an klassischer Musik steigt mit zunehmendem Alter bei beiden Geschlechtern ähnlich stark an. Bei den weiblichen Fachkräften handelt es sich um einen Interessenscore von 0,089 pro Lebensjahr, die männlichen Fachkräfte weisen einen Interessensscore von 0,083 pro Lebensjahr auf. Betrachtet man wiederum den Punkt, an dem die Geraden die Schnittstelle „3" schneiden, so fällt auf, dass die weiblichen Befragten klassische Musik bereits in jüngeren Jahren vorziehen.

Die männlichen Befragten finden erst jenseits der 40 zu dieser Musikrichtung. Insgesamt lässt sich für die Frauen ein stärkeres Interesse für klassische Musik konstatieren, welches mit zunehmendem Alter auch etwas stärker als das der männlichen Vergleichsgruppe zunimmt. Der gemeinsame Einfluss von Alter und Geschlecht sind mit einer Irrtumswahrscheinlichkeit von weniger als 1 % Prozent statistisch signifikant (vgl. Tab 12.1).

12.3.2 Fernsehkonsum

Um den Lebensstil der Befragten weiter zu bestimmen, wird im Folgenden auf eine Itembatterie mit insgesamt 16 Fernsehsendungen zurückgegriffen, die von den Befragten wiederum auf einer Rating-Skala der Beliebtheit von 1 (gar nicht) bis 6 (sehr) evaluiert wurde.[9] Ebenso wie bei der Variablen zum Musikinteresse wurden auch diese Items mittels einer Hauptkomponentenanalyse gemäß ihrer korrelativen Beziehung in voneinander unabhängige Gruppen klassifiziert. Auch hier wurden – genau wie im Anschluss an die Hauptkomponentenanalyse der Musikpräferenzen – die internen Konsistenzen überprüft. Aufgrund der Werte von Cronbachs-Alpha für die interne Konsistenz und inhaltlich-theoretischen Überlegungen wurden folgende Typen[10] gebildet:

1. Der *„Informationstyp"*: Befragte, die diese Sendungen präferieren, wollen gerne informiert werden. Sie sehen gerne Talkshows, Dokumentationen, Nachrichten und Politik-Talk-Sendungen.
2. Der *„Unterhaltungstyp"*: Diese Gruppe schaut sich gerne Filme oder Serien an, die in erster Linie unterhaltsam sind. Dazu zählen sowohl Comedy-Sendungen und Komödien als auch Horror- und Actionfilme. Sportsendungen fallen ebenfalls in das Interessengebiet.
3. Die *„Traditionelle-Wohlfühl-Unterhaltung"*: Die Befragten dieser Gruppe bevorzugen unkomplizierte Unterhaltung, die zum Entspannen und „Abschalten" einlädt. Dazu gehören Soap Operas, Musiksendungen oder Heimwerkersendungen.
4. Der *„Soziale Voyeurismus"*: Der vierte Fernsehtyp interessiert sich vor allem dafür, anderen „über die Schulter" zu blicken. Diesem Interesse geht er in Sozialdokumentationen oder Kochsendungen nach.

Auf dieser Basis wurden für die fünf Fernsehtypen Indizes gebildet, die einen Wertebereich von 1 bis 6 annehmen. Der Wert 1 bedeutet, dass der Befragte diesem Fernsehtyp überhaupt nicht zugeneigt ist, der Wert 6 bedeutet, dass jenem Fernsehtyp ein sehr großes Interesse zugesprochen wird. Mit Hilfe dieser Indizes ist es möglich, die Mittelwerte der einzelnen Kategorien miteinander zu vergleichen und die Typen mit der im Schnitt stärksten Zustimmung herauszufiltern.

---

9   Der Fragestimulus im Fragebogen lautete: „Und wie sieht es mit dem Fernsehen aus: Was schauen Sie gerne?"
10 Auch diese Begriffe wurden unter Aspekten der inhaltlichen Logik von den Autorinnen gewählt, um die einzelnen Fernsehpräferenzen der verschiedenen Kategorien zusammenfassend zu beschreiben.

Abbildung 12.4 Fernsehpräferenzen der sozialpädagogischen Fachkräfte: Vergleich der mittleren Indexwerte der vier Fernsehtypen

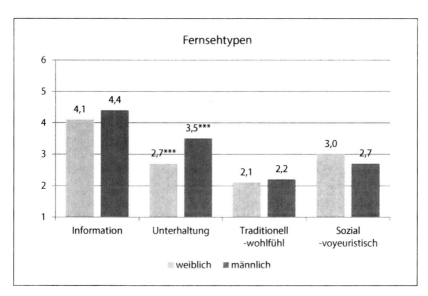

Anmerkungen: Auswertung des Frankfurt-spezifischen Teils (n = 66), *** $p \leq 0{,}01$

Eindeutiger Favorit der Fachkräfte – und das gilt für beide Geschlechter – sind die Informationssendungen. Dies zeigt die Abbildung 12.4. Sowohl die männlichen als auch die weiblichen Fachkräfte schauen Informationssendungen gerne, die männlichen noch etwas mehr (4,4 zu 4,1). Dieser Unterschied ist allerdings nicht statistisch signifikant.

Bei den Unterhaltungssendungen verhält es sich so, dass diese von den Frauen (2,7) weniger angenommen werden als von den Männern (3,5). Dieser Unterschied ist statistisch signifikant und es kann davon ausgegangen werden, dass er darauf zurückzuführen ist, dass zu der Kategorie Unterhaltungssendung auch Sportsendungen zählen. Diese werden im Allgemeinen sehr gerne und überwiegend von Männern geschaut.

Fernsehsendungen, die unter der Kategorie Sozialer Voyeurismus zusammengefasst wurden, werden weder von den weiblichen noch von den männlichen Fachkräften sehr gerne gesehen. Hier liegen die Mittelwerte für beide Gruppen wieder sehr nah beieinander (Frauen: 3,0 und Männer: 2,7), sind jedoch statistisch nicht signifikant. Allerdings bildet dieser Wert dennoch für die Frauen den zweithöchsten der fünf Werte. Am wenigsten gerne wird der Fernsehtyp Tradi-

Tabelle 12.2 Regressionsanalyse Fernsehtypen

		Information	Unterhaltung	Traditionell-wohlfühl	Soz. Voyeurismus
	R^2	0,135	0,169	0,064	0,054
	F-Wert	3,279**	4,277***	0,248	0,339
Konstante	♀-Fachkräfte	2,131	3,767	2,431	3,364
	♂-Fachkräfte	3,391	4,616	0,303	4,532
Steigung	♀-Fachkräfte	0,045	−0,024	−0,008	−0,009
	♂-Fachkräfte	0,022	−0,024	0,045	−0,047
Koeffizienten (T-Wert)	Alter	0,913	0,349	0,069*	0,206
	Geschlecht	−1,260	0,541	0,106	0,542
	Interaktionseffekt (Alter und Geschlecht)	0,023	0,987	0,074*	0,380

Anmerkungen: Auswertung des Frankfurt-spezifischen Teils (n = 66), *** $p \leq 0{,}01$; ** $p \leq 0{,}05$; * $p \leq 0{,}1$

tionelle-Wohlfühl-Unterhaltung von beiden Geschlechtern geschaut (2,1 und 2,2). Hier gibt es ebenfalls keinen signifikanten Unterschied.

Für die weiteren Analyseschritte soll nun wiederum das Alter berücksichtigt werden, um die mittels T-Test auf Mittelwertunterschiede festgestellten Ergebnisse zu vertiefen. Ähnlich wie schon bei der Analyse des Musikgeschmacks wird vermutet, dass das Fernsehinteresse in Abhängigkeit zum Alter variiert. Die Tabelle 12.2 gibt die Eckdaten der Regressionsanalysen für die Fernsehtypen wieder.

Lediglich bei den Fernsehtypen der Informations- und Unterhaltungssendungen sind statistisch signifikante Zusammenhänge zu verzeichnen: 13,5 % können durch die Rückführung von Informationssendungen auf das Alter unter Berücksichtigung des Geschlechts aufgeklärt werden. Es ist anzunehmen, dass weitere Faktoren wie etwa Bildung eine Rolle bei der Ausbildung dieses Fernsehgeschmacks spielen und deswegen die Aufklärung der Varianz verhältnismäßig gering ausfällt. Auch im Bereich der Unterhaltungssendungen kann mit einem R^2 von 0,17 nur eine geringe Aufklärungsleistung konstatiert werden.

Aufgrund der geringen Zustimmung (vgl. Tab. 12.2) und der dürftigen Aufklärung des Modells für die Typen Traditionelle-Wohlfühl-Unterhaltung und Sozialer Voyeurismus (R^2 = 0,064 und R^2 = 0,054) werden im Folgenden lediglich

Abbildung 12.5 Interesse an Informationssendungen unter Berücksichtigung von Interaktionseffekten und Alter

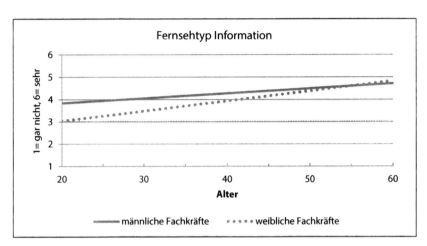

Anmerkungen: Auswertung des Frankfurt-spezifischen Teils (n = 66)

die beiden anderen Fernsehtypen genauer analysiert. Für den Zusammenhang von Alter und Informationssendungen unter Einschluss der Interaktionseffekte von Alter und Geschlecht wird angenommen, dass es eher die älteren sozialpädagogischen Fachkräfte sind, die diesen Fernsehtypus präferieren und gerne Dokumentationen, Politik-Talksendungen, Nachrichten oder Talkshows sehen. Wie der Grafik (Abb. 12.5) zu entnehmen ist, steigt mit zunehmendem Alter die Zustimmung an dem Fernsehtypus Informationssendungen für beide Geschlechter.

Je Lebensjahr steigt der Interessenscore bei den weiblichen Fachkräften um 0,045 und bei den männlichen um 0,022 Punkte. Diese Beobachtung ist bei einer Irrtumswahrscheinlichkeit von 5 % statistisch signifikant. Wenngleich das Interesse der Männer an Informationssendungen wie Talkshows, Dokumentationen, Nachrichten und Politik-Talk-Sendungen verhältnismäßig geringer ansteigt als das der Frauen, so ist deren Zustimmung insgesamt viel größer. Dafür nähern sich die Vorlieben mit zunehmendem Alter immer weiter an, bis hin zu dem Ergebnis, dass Frauen ab 55 Jahren sogar ein etwas größeres Interesse an Informationssendungen zeigen.

Ein ganz anderes Bild bietet die Analyse der Regressionsgeraden zu den Unterhaltungssendungen (vgl. Abb. 12.6). Auffallend sind hier zunächst einmal die

Abbildung 12.6 Interesse an Unterhaltungssendungen unter Berücksichtigung von Interaktionseffekten und Alter

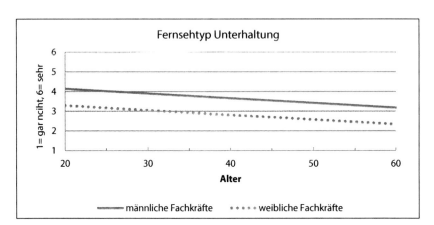

Anmerkungen: Auswertung des Frankfurt-spezifischen Teils (n = 66)

absolut parallel verlaufenden Geraden, die darauf zurückzuführen sind, dass es hier keine Interaktionseffekte von Geschlecht und Alter gibt. Des Weiteren ist hier eine negative Steigung abzulesen: Sowohl bei den weiblichen als auch bei den männlichen Fachkräften nehmen die Interessenscores mit steigendem Alter pro Lebensjahr um 0,24 Punkte ab. Mit zunehmendem Alter lässt das Interesse an Sendungen wie Comedys, Komödien, Horror- und Actionfilme sowie Sportsendungen also nach.

Insgesamt liegt das Interesse für Unterhaltungssendungen bei den Männern jedoch höher. Diese Beobachtung könnte, wie eingangs bereits erwähnt, auf die diesem Typus angehörigen Sportsendungen zurückzuführen sein. Auch wenn sich das Interesse bei den Männern verringert, so bleibt es doch auch im Alter im Bereich des positiven Interesses. Wohingegen der Interessensscore der weiblichen Fachkräfte ab dem dreißigsten Lebensjahr von Zustimmung zu Ablehnung wechselt. Die hier festgestellten Zusammenhänge für das Interesse der sozialpädagogischen Fachkräfte an Schulen sind bei einer Irrtumswahrscheinlichkeit von 1 % statistisch signifikant.

12.3.3 Freizeitverhalten

Ergänzend zu den Fragen nach den Fernseh- und Musikinteressen wurde im Fragebogen anhand einer offenen Frage die Möglichkeit gegeben, drei bevorzugte Freizeitbeschäftigungen zu nennen. Der Fragestimulus hierfür lautete: *„Nennen Sie uns bitte die drei Dinge, mit denen Sie sich in Ihrer Freizeit am liebsten beschäftigen."* Um mit den zahlreichen Antworten sinnvolle Aussagen treffen zu können, wurde durch theoretisch-inhaltliche Überlegungen ein Kategoriensystem erstellt, an dessen Ende eine Einteilung der Freizeitbeschäftigung nach vier Freizeitkategorien bzw. -typisierungen[11] steht:

1. Der *„Aktive Freizeittyp"*: Hier wurden alle aktiven – vor allem sportliche – Betätigungen sowie die genannten Hobbies Natur und Tiere zusammengefasst. Die Beschäftigung der beiden letztgenannten birgt in der Regel ebenfalls ein hohes Aktivitätsniveau.
2. Der *„Kreative Freizeittyp"*: Befragte, die diesem Typus zuzurechnen sind geben an, gerne kreativen Tätigkeiten wie Musik oder Kunst nachzugehen. Aber auch praktisch-nützliche Aktivitäten wie beispielsweise Nähen und Basteln fallen in diese Kategorie.
3. Der *„Gesellige Freizeittyp"*: Dieser Typus trifft sich häufig mit Freunden oder unternimmt in seiner Freizeit gerne etwas mit der Familie.
4. Der *„Medientyp"*: Alle Aktivitäten, die sich im weitesten Sinne mit Technik und Computern auseinandersetzen sind dieser Kategorie angehörig. Auch Besuche kultureller Einrichtungen wie bspw. Kino oder Theater werden hinzugezählt.

Die Abbildung 12.7 gibt eine Häufigkeitsauszählung der Freizeitbeschäftigung der sozialpädagogischen Fachkräfte an Schulen wieder. Zunächst fallen die mit Abstand häufigsten Nennungen des aktiven Freizeittypen auf. In den Kategorien der ersten und zweiten Freizeitbeschäftigung liegt dieser Freizeittypus mit 22 bzw. sogar 29 Stimmen ganz vorne. Auch im Bereich der dritten Freizeitbeschäftigung belegt der aktive Typus mit 14 Nennungen immerhin noch den zweiten Platz hinter dem kreativen Typus. Der aktive Typus wird mit insgesamt 65 Nennungen am häufigsten favorisiert. Die Fachkräfte beschäftigen sich in ihrer Freizeit demnach bevorzugt mit sportlichen Aktivitäten wie etwa Laufen, Radfahren, Fußball sowie in der Natur und mit Tieren.

Betrachtet man alle drei Freizeitbeschäftigungen, so belegt der kreative Freizeittyp mit 51 Nennungen insgesamt den zweiten Platz. Neben der aktiven Freizeitbeschäftigung zeigen die sozialpädagogischen Fachkräfte also zudem eine hohe

---
11 Es handelt sich hierbei um gewählte, zusammenfassende Titel der Autorinnen.

Abbildung 12.7 Freizeitbeschäftigungen der sozialpädagogischen Fachkräfte

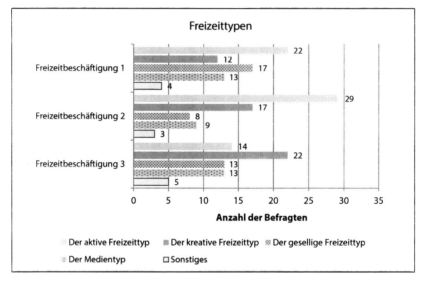

Anmerkung: Auswertung des Frankfurt-spezifischen Teils (n = 68), bei der offenen Abfrage der Freizeitbeschäftigungen konnten insgesamt drei Freizeitaktivitäten angegeben werden

Affinität für kreative Tätigkeiten, die entweder künstlerisch ausgerichtet sind wie Malen, Singen, Gitarre spielen oder im Nähen und Basteln eine eher praktischnützliche Komponente widerspiegeln. Mit insgesamt weniger Zuspruch nehmen der gesellige Freizeit- und der Medientyp mit 38 und 35 Stimmen die hinteren Plätze auf der Beliebtheitsskala der Freizeitbeschäftigung ein.

12.4 Erste Ansätze zu einer Lebensstilanalyse

Insgesamt zeigt sich in der Auswertung der Freizeitpräferenzen sozialpädagogischer Fachkräfte an Schulen ein sehr vielseitiges Bild. Ziel der Auswertung war es, einen Einblick in das Freizeitverhalten der Pädagoginnen und Pädagogen zu gewinnen sowie Erkenntnisse über deren Lebensstile aufzuspüren. Die Zielgruppe wurde – nach Geschlecht und Alter differenziert – nach ihren Musik- und Fernsehpräferenzen sowie Freizeitvorlieben hin untersucht. Dabei ist zu erkennen, dass sie einen recht „modernen", Lebensstil pflegen. Dies zeigt sich z. B. im Musikgeschmack. Neben klassischer Musik werden auch Musikstile wie Chillout- und Alternativ-Musik gerne gehört. Dabei ist anzumerken, dass lediglich die weiblichen Fachkräfte gerne klassische Musik hören. Für diese Musikpräferenzen gilt, dass sie mit zunehmendem Alter anwachsen. Mainstream und Dance-Musik finden vergleichsweise weniger Anklang.

Hinsichtlich des Fernsehinteresses kann ein hoher akademischer Bildungshintergrund der Pädagogen assoziiert werden. Sowohl Männer und Frauen sind sehr interessiert an Informationssendungen. Beim Fernsehinteresse sind durchaus Einflüsse des Alters bemerkbar. So sinkt mit steigendem Alter das Interesse der Geschlechter für Unterhaltungssendungen gleichermaßen, während dabei das Interesse an Informationssendungen steigt.

Was das Freizeitverhalten betrifft, so fällt insbesondere die hohe Nennung von sportlichen Aktionen oder die Beschäftigung mit Tieren und der Natur auf. Unabhängig von der Altersgruppe sind die Befragten in ihrer Freizeit sehr aktiv. Daneben werden auch kreative Hobbies häufig genannt. Schlussfolgernd aus diesen Variablen der Freizeitgestaltung, lassen sich die sozialpädagogisch Tätigen an Schulen als aktive und kreative Personen charakterisieren.

Zusammenfassend lassen sich folgende Erkenntnisse über die sozialpädagogisch Tätigen an Schulen festhalten: Sie können beschrieben werden als Personen, die in ihrer Freizeit am liebsten aktiven und kreativen Beschäftigungen nachgehen. Neben einer hohen Affinität zu Informationssendungen, was sowohl auf die weiblichen als auch auf die männlichen Fachkräfte zutrifft, können Letztgenannte einem Alternativ- und Chillout-Musiktypus zugeordnet werden. Die weiblichen sozialpädagogischen Fachkräfte teilen diese Vorliebe ihrer männlichen Kollegen zum Alternativ-Musiktypus und hören darüber hinaus gerne klassische Musik.

Hinsichtlich der angewandten Methodik lassen sich durchaus auch kritische Aspekte anmerken. Die Identifikation von lebensstilspezifisch typisierten Akteuren im Rahmen der Daten der „Statistik der Sozialen Arbeit an Schulen" gestaltete sich problematisch: Naheliegenderweise liegt das zuallererst am inhaltlichen Schwerpunkt der Studie, der aufgrund des Forschungsinteresses – der Frage nach einer Statistik von Sozialer Arbeit an Schulen sowie der Eruierung des Zugangs zur selbigen – nicht in Lebensstil-relevanten Variablen zu sehen ist.

Bezüglich der Operationalisierung der Variable Lebensstil lässt sich festhalten, dass die gewählten Indikatoren – Freizeitverhalten, Musikgeschmack und Fernsehpräferenz – zwar hinreichend sind, aber beispielsweise Indikatoren zu Wertorientierungen fehlen. Von diesen wurde in den zusätzlichen Fragebatterien der Frankfurter Ergänzungen abgesehen, um eine weitere Verlängerung des Fragebogens zu vermeiden. Darüber hinaus ist durch die niedrige Fallzahl eine Grenze geboten, die zum einen eine feingliedrige Einteilung in Altersgruppen verbietet und zum anderen eine sinnvolle Auswertung der Freizeitvariablen erschwert. Anzumerken ist, dass das Freizeitverhalten lediglich auf nominalem Messniveau erhoben wurde. Die sozialpädagogischen Fachkräfte der erhobenen Schulen hatten die Möglichkeit, in einer offenen Abfrage drei ihrer liebsten Freizeitaktivitäten zu nennen. Dazu wurde jedoch nicht die Möglichkeit geboten, diese auf einer Rating-Skala zu bewerten. Somit kann man mit diesen Daten lediglich Häufigkeiten darstellen. Für zukünftige Erhebungen sollte das Freizeitverhalten ähnlich wie die Frage nach dem Fernseh- und Musikgeschmack der sozialpädagogischen Fachkräfte anhand einer Rating-Skala evaluiert werden, sodass weiterführende statistische Tests und Auswertungen möglich sind. Dabei sei darauf hingewiesen, dass auch das Problem der hier nicht bestimmbaren Grundgesamtheit als weiteres Manko festgehalten werden muss.

Eine Lebensstilanalyse konnte unter Zuhilfenahme der eingesetzten Fragen demnach nicht richtig umgesetzt werden. Der entscheidende Schritt, der über eine einfache Typenbildung innerhalb der drei Kategorien – Musikinteresse, Fernsehgeschmack und Freizeitverhalten – hinausgeht, hat sich aus wissenschaftlicher Perspektive vor dem Hintergrund der bereits genannten Mängel – Konstruktion neuer Fragebatterien anstelle Einsatz eines bereits validierten Messinstruments der Lebensstilforschung, die geringe Fallzahl, eine nicht bestimmbare Grundgesamtheit – nicht realisieren lassen. Dieser Schritt hätte eine Typenbildung erforderlich gemacht, der auf dem Einsatz einer Clusteranalyse basiert und die verschiedenen musikalischen, medialen und Freizeit-Dimension mit einbezieht. Da die wissenschaftlichen Voraussetzungen nicht gegeben waren, wurde davon abgesehen.

Weiterhin wäre in einer Folgestudie neben der Lebensstilanalyse der sozialpädagogisch Tätigen an Schulen auch eine zeitgleiche Erfassung der Lebensstile der Schüler zu empfehlen, um die Gemeinsamkeiten und Unterschiede zwischen Fachkräften und den Klienten herausarbeiten zu können. Auf Grundlage dieser empirischen Daten ließen sich Schlussfolgerungen für die Praxis der Sozialen Arbeit an Schulen – insbesondere für das Nähe/Distanz-Verhältnis zwischen Sozialpädagogischen Fachkräften und den Jugendlichen – formulieren.

Literatur

Bolay, E. (2008). Überlegungen zu einer lebensweltorientierten Schulsozialarbeit. In: K. Grunwald & H. Thiersch, (Hrsg.), *Praxis Lebensweltorientierter Sozialer Arbeit. Handlungszugänge und Methoden in unterschiedlichen Arbeitsfeldern* (S. 147–162). Weinheim: Juventa.

Dörr, M. & Müller, B. (2006). *Nähe und Distanz. Ein Spannungsfeld pädagogischer Professionalität*. Weinheim: Juventa.

Hessisches Statistisches Landesamt (2012). *Allgemeinbildende Schulen in Hessen.* http://www.statistik-hessen.de/themenauswahl/bildung-kultur-rechtspflege/landesdaten/bildung/allgbild-schulen/allgemeinbildende-schulen/index.html. Zugegriffen: 15. Februar 2013.

Hradil, S. (1992). *Zwischen Bewusstsein und Sein: die Vermittlung „objektiver" Lebensbedingungen und „subjektiver" Lebensweisen.* Opladen: Leske und Budrich.

Hradil, S. & Spellerberg, A. (2011). *Lebensstile und soziale Ungleichheit.* Gesellschaft Wirtschaft, Politik (GWP). http://www.spellerberg-stadtsoziologie.de/anhaenge/Lebensstile-Soziale_Ungleichheit.PDF. Zugegriffen: 15. Februar 2013.

Kooperationsverbund Schulsozialarbeit (Hrsg.) (2007). *Berufsbild und Anforderungsprofil der Schulsozialarbeit.* http://www.gew.de/Binaries/Binary42304/BerufsbildSSA_Fassung-13-11-07.pdf. Zugegriffen: 15. Februar 2013.

Raithel, J. (2005). *Die Stilisierung des Geschlechts. Jugendliche Lebensstile, Risikoverhalten und die Konstruktion der Geschlechtlichkeit.* Weinheim: Juventa.

Rössel, J. & Otte, G. (Hrsg.) (2011). *Lebensstilforschung.* Wiesbaden: VS Verlag für Sozialwissenschaften.

Speck, K. (2009). *Schulsozialarbeit. Eine Einführung.* München: Ernst Reinhardt Verlag.

Spellerberg, A. (1996). *Soziale Differenzierung durch Lebensstile. Eine empirische Untersuchung zur Lebensqualität in West- und Ostdeutschland.* Berlin: Edition sigma.

Spiegel, H. v. (2008). *Methodisches Handeln in der Sozialen Arbeit. Grundlagen und Arbeitshilfen für die Praxis.* Stuttgart: UTB für Wissenschaft.

Thiersch, H. (1993). Strukturierte Offenheit. Zur Methodenfrage einer lebensweltorientierten Sozialen Arbeit. In: T. Rauschenbach, F. Ortmann, & M.-E. Karsten, (Hrsg.), *Der sozialpädagogische Blick. Lebensweltorientierte Methoden in der Sozialen Arbeit* (S. 11–28).Weinheim: Juventa.

13 Empfehlungen für regionale Erhebungen zu Fachkräften der Sozialen Arbeit an Schulen

Gero Lipsmeier, Regina Worm, Nicole Kastirke und Angelika Iser

Die folgenden Überlegungen befassen sich mit Erhebungen auf kommunaler oder regionaler Ebene, also in Landkreisen, Städten oder Regionen, bis hin zur Erfassung auf Bundeslandebene.[1] Gerade bei dem komplexen und unübersichtlichen Gegenstandsfeld der Schulsozialarbeit oder anderen Formen von Sozialer Arbeit an Schulen ist es grundlegend wichtig, dass sich die Vorüberlegungen zur Auswahl der zu befragenden Zielgruppe wie auch des Forschungsinstrumentes und -zugangs am konkreten Erkenntnisinteresse, an der regionalen Reichweite und an den Ressourcen, die für die Erhebung zur Verfügung stehen, orientieren. Erst in Abhängigkeit davon können sinnvolle Entscheidungen für das Forschungsdesign getroffen werden.

Somit stellt sich auch auf regionaler Ebene zunächst die Frage, ob bei einer Erhebung ausschließlich das Arbeitsfeld der Schulsozialarbeit oder aber alle Felder der Sozialen Arbeit an Schulen erhoben werden sollen (s. Kap. 19.1). Zudem sollte bestimmt werden, welche Reichweite die Erhebung haben soll.

Wenn es bei einer regionalen Erhebung ausschließlich um Schulsozialarbeit (oder ein anderes spezifisches Handlungsfeld an Schulen) geht, besteht nach unseren Erfahrungen im Verbundprojekt in manchen Regionen die Möglichkeit, über die Zuständigen für diesen Bereich sowie ggf. die Arbeitsgemeinschaft für Schul-

---

1 Bis die bundesweite Kinder- und Jugendhilfestatistik soweit ausdifferenziert sein wird, dass Soziale Arbeit an Schulen zuverlässig über sie erfasst werden kann, können auch landesweite Studien weiterhin sinnvoll bzw. erforderlich sein. Bundeslandweite Studien sind ebenfalls dann notwendig, wenn konkrete Fragestellungen bestehen, die über die eher knappe und spezifische Befragung der statistisch erfassten Inhalte hinausgehen. Des Weiteren sind ggf. landesgesetzliche Spezifika – beispielsweise im Zusammenhang mit der Evaluation von (landes-)gesetzlichen Änderungen – ein Anlass für spezifische Erhebungen in einem Bundesland.

sozialarbeit, Informationen zu zwei Themenbereichen zu erfassen, die für die Konzeption eines konkreten Erhebungsvorhabens wesentlich sind:

1. Die regionale(n) Begrifflichkeit(en) für das Arbeitsfeld: diese in Erfahrung zu bringen ist für die Formulierung zielgenauer Erhebungsinstrumente ebenso unerlässlich, wie die Kenntnis über die örtlichen Zuständigkeiten.
2. Aus der Identifikation der lokalen Vernetzungs- und Zuständigkeitsstruktur ergibt sich häufig bereits ein guter Ansatz zum Aufbau eines umfassenden und zielgenauen Verteilers.

Geht es ausschließlich um eine Kommune, kann es am zielführendsten sein, die Verantwortlichen für die verschiedenen Bereiche der Sozialen Arbeit an Schulen in den Jugendämtern und Schulämtern aufzuspüren und Informationen über das evtl. bestehende Landesprogramm zur Schulsozialarbeit bzw. Sozialen Arbeit an Schulen beim Sozial- und ggf. auch beim Kultusministerium des Landes einzuholen (vgl. hierzu v. a. die Vorgehensweise in Niedersachsen, s. Kap. 17). Wenn es über die zuständigen Personen in den Ämtern möglich ist, Listen und (E-Mail-) Adressen aller Fachkräfte zu erhalten, kann auf diesem Weg ein Verteiler für die Erhebung erstellt und im Optimum sogleich die Genehmigung für die Erhebung (verbunden mit Unterstützungsschreiben) erreicht werden.

In den meisten Bundesländern liegen nach unseren Erkenntnissen jedoch derzeit keine solch umfassenden Verteiler für Schulsozialarbeit und noch weniger für das weitere Feld der Sozialen Arbeit an Schulen vor. Diese lassen sich auch oft nicht durch eine Recherche bei den bekannten und erreichbaren Akteuren in den Ämtern, den Arbeitsgemeinschaften und den Landkreis- und Städtetagen zusammentragen. In der Regel besteht momentan selbst auf kommunaler und regionaler Ebene noch selten die Situation, dass diese potentiellen Anlaufstellen umfassende Verteiler vorliegen haben – weder für Schulsozialarbeit im engeren Sinne und noch weniger für das weite Spektrum der Sozialen Arbeit an Schulen. Und selbst wenn an unterschiedlichen Stellen diese Informationen verteilt vorliegen, sind diese für Forschung i. d. R. nicht ohne Weiteres zugänglich. Um in diesen Fällen eine erste Bestandsaufnahme von sozialpädagogischen Fachkräften an Schulen durchzuführen, empfiehlt sich eine Vollerhebung über die Allgemeinbildenden Schulen. Denn nur am Ort der Schulen sind alle Schulsozialarbeiterinnen und Schulsozialarbeiter sowie auch alle weiteren sozialpädagogischen Fachkräfte an Schulen präsent und können vollzählig erreicht werden. Für diesen Weg einer *regional eingegrenzten Vollerhebung sozialpädagogischer Fachkräfte an Schulen* formulieren wir im Folgenden Empfehlungen für die Vorgehensweise und entwickeln vor dem Hintergrund unserer Erfahrungen je einen optimierten

Kernfragebogen zur Befragung der Fachkräfte einerseits und zur Befragung der Schul(leitung)en andererseits.

13.1 Vorgehensweise für eine regionale Vollerhebung Sozialer Arbeit an Schulen

Ist über die Steuerungsverantwortlichen der Ämter kein umfassender Verteiler für eine Erhebung zur Sozialen Arbeit an Schulen zugänglich, empfiehlt sich u. E. für eine regional begrenzte Vollerhebung von Schulsozialarbeit oder aber Sozialer Arbeit an Schulen der *alleinige Zugang über die Schulen*. Eine parallele Erhebung über Träger sollte in diesem Falle nicht gewählt werden, damit nicht die Gefahr von Doppelzählungen oder Doppelauswertungen entsteht. Auch von einer ausschließlichen Vollerhebung über die Träger der sozialpädagogischen Fachkräfte ist aufgrund der Erfahrungen aus der Pilotstudie abzusehen, da bisher keine Möglichkeit gefunden wurde, alle in einer Region tätigen Träger zuverlässig aufzufinden. Durch eine unvollständige Liste von Trägern wird wiederum keine in ihrer Repräsentativität bewertbare Befragung möglich.

Konkret empfiehlt sich bei einer Vollerhebung über die Schulen ein zweistufiges Verfahren mit:

a) einem kurzen Überblicksfragebogen zur Erfassung der Rahmeninformationen (Anzahl der sozialpädagogisch/sozialarbeiterisch tätigen Personen, Anzahl der Schüler/innen etc.) sowie der einschlägigen Kooperationspartner an der jeweiligen Schule – in der Regel an die Schulleitung gerichtet (s. Kap. 13.3). Diese Informationen sollten durch

b) etwas umfassendere Fragebögen an alle an der Schule tätigen sozialpädagogischen Fachkräfte ergänzt werden (s. Kap. 13.2).

Beide Bögen werden an die jeweilige Schulleitung geschickt, verbunden mit der Bitte, den Schulfragebogen auszufüllen und die Fachkräftebögen an die gewünschte (und klar definierte) Zielgruppe sozialpädagogischer Fachkräfte weiterzuleiten. Ein dabei zu lösendes Problem betrifft – wenn überhaupt gewünscht – die Verknüpfbarkeit der Antworten dieser beiden Befragungsteile. Diese ist aus Auswertungsgründen wünschenswert, gefährdet aber möglicherweise die Glaubwürdigkeit von Anonymitätszusicherungen und dadurch die Antwortbereitschaft.

Nach der Wahl der Erhebungspartner muss entschieden werden, ob die Erhebung online durchgeführt werden soll oder per Papierversand. Im Falle eines Papierversandes muss vorab recherchiert, fachlich diskutiert und entschieden werden, welche Anzahl von Fachkräftefragebögen an die jeweilige Schule geschickt wird. Auch sollte jeder Sendung mindestens ein frankierter[2] und adressierter Rückumschlag beigelegt werden, um dadurch den Rücklauf zu erhöhen.

Eine Onlineerhebung ist demgegenüber zeit- und ressourcensparend. Auch existieren i. d. R. inzwischen vollständige Mailverteiler von Schulen bzw. Schulleitungen. Ebenso wird die Weiterleitung von Online-Fragebögen bzw. des Links zur Befragung, für eine zunächst ja unbekannte Anzahl an sozialpädagogischen Fachkräften, erleichtert. Die allgemeinen Abwägungskriterien für Vor- und Nachteile von Online- vs. Papierbefragungen sind für die spezielle Situation von Fachkräftebefragungen ebenso einschlägig wie in vielen anderen Befragungssettings (vgl. u. a. Häder 2010, S. 283 ff.). An Vorteilen wären neben dem im Allgemeinen geringeren (finanziellen und zeitlichen) Aufwand für die Forschenden zunächst die Möglichkeiten zu komplexeren Filterführungen zu nennen. So können zu den unterschiedlichen Personengruppen (Schwerpunkt Schulsozialarbeit, Ganztag, Übergang Schule und Beruf) jeweils spezifische Fragen gestellt werden. Eine differenzierte Filterführung ist mit papiergebundenen Befragungen nur sehr eingeschränkt möglich und zudem fehlerträchtig. Durch eine entsprechende Umsetzung des Fragebogens mit aktueller Software oder durch einen spezialisierten Dienstleister kann darüber hinaus die Datenqualität gesteigert werden, da echte Fehleingaben (z. B. Mehrfachnennungen bei Fragen, die eigentlich nur eine Nennung erlauben) technisch unterbunden werden können.

Ob die Wahrung der Anonymität durch eine Online-Erhebung glaubhafter gewährleistet werden kann, ist durchaus umstritten. Oftmals wurden bei der von uns durchgeführten Erhebung die Briefe zur Rücksendung der Fragebögen durch das Sekretariat mit einem Schulstempel versehen oder der Absender wurde in anderer Form kenntlich gemacht, wodurch die Anonymität nicht mehr gewährleistet war. Bei der Online-Befragung muss allerdings technisch gewährleistet werden, dass eine Zurückverfolgung nicht möglich ist und es ist wichtig, dass ein solcher Ausschluss glaubwürdig an die Befragungsteilnehmer kommuniziert wird. Der Einsatz professioneller Befragungssoftware ggf. einschließlich verschlüsselter Übertragung ist empfehlenswert.

Da sich gezeigt hat, dass die Befragten einen persönlichen Ansprechpartner oder eine persönliche Ansprechpartnerin als sehr vorteilhaft angesehen haben, wäre es ideal, auch bei einer Online-Erhebung eine konkrete Ansprechperson zu benennen, an die evtl. Rückfragen gerichtet werden können.

Ein Nachteil der Online-Erhebung gegenüber der postalischen Befragung könnte ein geringerer Rücklauf sein. Darauf weisen zumindest die Rücklaufzah-

---

2 Ein den aktuellen Bestimmungen der Post entsprechender Aufdruck „Rückantwort" und „Entgelt bezahlt Empfänger" ist ebenfalls ausreichend.

len der von uns mit angeführten Online-Erhebung in Niedersachsen (s. Kap. 17) im Vergleich zum Rücklauf des rein postalischen Versandes an den Standorten in Hessen (s. Kap. 5, Tabelle 5.1) hin.

Bei regional eng begrenzten Forschungsvorhaben kommt auch der vom Standort Dortmund erprobte „persönliche" Zugangsweg in Betracht. Dieser beinhaltete die telefonische Kontaktaufnahme zu allen zu befragenden Schulen, mit dem Ziel einer Terminvereinbarung mit der Schulleitung. Die Schulen wurden anschließend besucht und die Fragebögen persönlich bei den Schulleiter/innen, den Fachkräften und den Ganztagsschulleiterinnen abgegeben. Teilweise waren die Studierenden während des Ausfüllens der Fragebögen anwesend und konnten somit Rückfragen zur Erhebung beantworten.

Grundsätzlich stellte sich dieser Zugang als sehr personalintensiv, aber gründlich heraus. Teilweise konnten vorab noch nicht bekannte Träger ausfindig gemacht werden und „Fehlläufer" verhindert werden. Schulen, die beim ersten telefonischen Kontakt angegeben haben, keine Fachkräfte zu haben, wurden von Beginn an von der Befragung ausgeschlossen. Dabei stellte sich allerdings auch heraus, dass eine genaue Definition der zu befragenden Berufsgruppen auch am Telefon nicht immer zuverlässig geklärt werden konnte (siehe hierzu auch Kap. 5.3.1). Ein solches Vorgehen setzt also einen klar definierten Erhebungsgegenstand und die Schulung der Forschungsmitwirkenden voraus. Weiterhin müssen auch die telefonischen Daten über nicht vorhandene sozialpädagogische Kräfte dokumentiert werden, um sie für die Erhebung verwenden zu können.

Unabhängig von der konkreten Erhebungsmethode ist in vielen Fällen für eine Erhebung an Schulen die vorherige Genehmigung durch die zuständigen Schulämter bzw. durch das Kultusministerium notwendig. Zum Teil ist das landesgesetzlich vorgeschrieben, in allen Fällen erhöht das Vorlegen eines entsprechenden Genehmigungs- und/oder Empfehlungsschreibens die Teilnahmebereitschaft der Schulleitungen nachweislich erheblich. Eine Genehmigung kann direkt bei den Schulämtern oder beim Kultusministerium beantragt werden.

Wenn die Forschung im Rahmen der Jugendhilfeplanung durchgeführt wird, besteht u. U. ein schnellerer und praktikabler Weg zur Zustimmung zu der Erhebung über Kooperationsvereinbarungen oder gesetzlich verankerte Kooperationsverpflichtungen. So ist z. B. in Bayern die Mitwirkung von Schulämtern und Schulen an Erhebungen der Jugendhilfeplanung durch das Bayerische Staatsministerium für Unterricht und Kultus im Artikel 31 BayEUG mit Bezug auf den § 80 SGB VIII verbindlich geregelt. Wenn man auf diesem Weg eine Genehmigung der Befragung erreichen möchte, wird eine Bestätigung vom zuständigen kommunalen, Kreis-, Stadt- oder Landesjugendamt darüber benötigt, dass die Erhebung im Interesse der Jugendhilfeplanung durchgeführt wird. Insgesamt kann es helfen, wenn die vorliegenden Genehmigungs- und Zustimmungsschreiben sowie der entsprechende Paragraph in Kopie dem Anschreiben an die Schulleitungen beigefügt werden.

Wichtig ist, die öffentlichen und freien Träger der Jugendhilfe auf geeignete Weise über die Durchführung und das Ziel der Befragung zu informieren und sie darum zu bitten, ihre Fachkräfte an Schulen zur Teilnahme an der Erhebung aufzufordern. Motivierend für die Teilnahme ist hier i. d. R., den Sinn der Befragung gut zu erläutern und auch deutlich zu machen, auf welche Weise die Ergebnisse für Träger und Befragte bekannt gemacht werden. Sollte es möglich sein, von den Trägern eine entsprechende Erlaubnis für die Beteiligung ihrer Fachkräfte an der Erhebung zu erhalten, so sollte dies unbedingt genutzt werden. Denn wenn Fachkräfte zunächst auf die Erlaubnis durch ihren jeweiligen Träger warten, kann es sonst im Verlauf des Forschungsvorgehens zu einem beeinträchtigten Rücklauf kommen. Diese Erfahrung musste das Forschungsprojekt mit den Beschäftigten eines großen Trägers machen.

Neben der Vorgehensweise der Erhebungsdurchführung ist es in erster Linie wichtig, nach welchen Inhalten in der Erhebung gefragt werden soll. Dabei sollten die Fragebögen so kurz wie möglich, aber im Hinblick auf das Erkenntnisinteresse so lang wie nötig sein. Aus unserer Sicht sind für den Fragebogen an die Schulen Fragen zu den Rahmenbedingungen sozialpädagogischer Tätigkeiten an der jeweiligen Schule sowie Fragen zur Schule selbst – soweit diese nicht aus anderen Quellen problemlos zugängig sind – zentral.

Das Themenspektrum für die Befragung der Fachkräfte richtet sich selbstverständlich in erster Linie nach dem genauen Erkenntnisinteresse der jeweils intendierten Studie. Im folgenden Teilkapitel wollen wir zu einigen – aus unserer Sicht vermutlich auch für weitere Forschungen relevanten – Themenbereichen über unsere Erfahrungen mit den im Verbundprojekt eingesetzten Schul- sowie Fachkräftefragebögen berichten und Empfehlungen für eine Optimierung entsprechender Erhebungen auf der Basis dieser Erfahrungen geben. Dabei ist zu berücksichtigen, dass die hier vorgestellte Studie sich nicht in erster Linie als substantielle Forschung zu einzelnen klar definierten Forschungsfragestellungen versteht, sondern ganz wesentlich einen explorativen Charakter hatte und stark auf die Erforschung von Zugangsstrategien und die Erprobung von Erhebungsinstrumenten zielte.

13.2 Empfehlungen zur Erhebung bei sozialpädagogischen Fachkräften an Schulen

Neben der Erprobung verschiedener Feldzugänge und Erhebungsmethoden hat das Verbundprojekt auch durch den Einsatz der teilweise recht umfangreichen

Fragebögen einiges an Erfahrung in Bezug auf deren konkrete Gestaltung ermöglicht. Diese speisen sich zum großen Teil aus den Ergebnissen – und Problemen – bei der Datenauswertung wie sie in den Kapiteln 6 bis 10 benannt wurden. Darüber hinaus gab es auch Anmerkungen der Befragten auf den Fragebögen zur Befragungsform sowie Notizen des Forschungsteams „NRW" aus der Begleitung des Ausfüllens in den „persönlichen" Erhebungssituationen (vgl. Kap. 5.3), die als Rückmeldungen genutzt werden können.

Im Anhang finden sich zwei Fragebogenentwürfe, die wir auf der Basis der im Verbundprojekt gemachten Erfahrungen entwickelt haben.[3] Wir hoffen, mit den (im Anhang) abgedruckten Fragebogenentwürfen und den hier dargestellten Überarbeitungsüberlegungen einen Beitrag zur weiteren Erforschung des immer noch wenig systematisch erfassten Handlungsfeldes Schulsozialarbeit leisten zu können. Es ist jedoch wichtig zu betonen, dass diese Fragebögen bislang noch nicht im Feld eingesetzt wurden und ein sorgfältiger Pretest dieser Instrumente unbedingt erforderlich ist. Ebenso müssten bei einer Erweiterung um andere Themenbereiche ggf. Reihenfolgeneffekte erneut überdacht und angepasst werden. Da das Projekt von der Max-Traeger-Stiftung finanziert wurde, ist die anschlussfähige Weiterverwendung der Erhebungsinstrumente in Rücksprache mit derselben möglich und erwünscht. Ein solches Vorgehen wurde z. B. bereits von Maria Busche-Baumann in Niedersachsen gewählt (vgl. Kap. 17 in diesem Band).

Der eingesetzte *Fachkräftefragebogen* umfasste in Hessen – dort waren einige Zusatzfragen vorgesehen – insgesamt 41 Fragen und 14 Druckseiten, an den anderen beiden Projektstandorten waren es 28 Fragen, bzw. durch die Wiederholung eines Teils für unterschiedliche Funktionen einer Person 35 Fragen, die zum Teil mit umfangreichen Itemlisten komplex angelegt waren. Das hat sich in der Bearbeitung durch die Fachkräfte als zu umfangreich und in Teilen nicht praktikabel erwiesen. Daher war ein Ziel bei der Überarbeitung des im Forschungsverbund eingesetzten Fragebogens eine Kürzung in Bezug auf die Anzahl der Fragen und teilweise auch die Anzahl der Antwortmöglichkeiten.

Vergleichsweise unproblematisch ist die Erhebung von eher deskriptiven Informationen zu formalen Merkmalen der Tätigkeit. Hierzu gehört die Dauer der Beschäftigung, die Anzahl der Schulen, an denen eine Fachkraft der Tätigkeit nachgeht oder auch Merkmale der Schule wie Schüler/innenzahl und Schultyp. Hier eignen sich geschlossene Fragen mit vorgegebenen Antwortbereichen.

In Bezug auf die Merkmale der Schule ist eine Abwägungsentscheidung zu treffen: soll eine Verknüpfung von Informationen aus dem von uns ebenfalls emp-

---

3 Die ursprünglich eingesetzten Fragebögen sind auf Nachfrage bei den Herausgeberinnen/ dem Herausgeber einsehbar.

fohlenen Schulfragebogen und den Fachkräftefragebögen der jeweiligen Schule möglich sein? Falls ja, muss das dann natürlich auch transparent kommuniziert werden. Eine solche Verknüpfung würde von der Notwendigkeit entbinden, Merkmale einer Schule bei jeder Fachkraft erheben zu müssen. Sie wäre technisch vergleichsweise einfach durch den Aufdruck gemeinsamer Codes auf den Fragebögen bzw. das Mitführen solcher Codes in den Links zu den Online-Fragebögen lösbar. Andererseits gab es in der Feldphase des Projektes auch deutlich geäußerte Bedenken gegen die Identifizierbarkeit der Schule in den Antworten[4] und dadurch motivierte Antwortverweigerungen. Unsere Empfehlung ist deshalb, deskriptive Schulinformationen mehrfach zu erheben und dadurch eine größere Anonymität der Befragung sicher zu stellen. Darüber hinaus besteht bei verknüpften Befragungsprojekten auch immer die Gefahr, dass einzelne Teile nicht beantwortet werden und die Informationen dann vollständig fehlen würden. Auch das kann ein Argument für eine gewisse Redundanz bei der Erhebung von wichtigen Differenzierungsinformationen wie z. B. der Schulform sein.

Bei der Erhebung von eher differenzierten Merkmalen der formalen, rechtlichen Beschäftigungssituation (wie z. B. rechtliche Grundlagen, Art der Finanzierung, Fragen zur evtl. Befristung oder zur tariflichen Eingruppierung) kommen wir aus heutiger Sicht zu der Einschätzung, dass die angestrebte Informationsdichte für einen Fragebogen, der ohne Unterstützung durch Interviewerinnen und Interviewer ausgefüllt werden soll, zu ambitioniert war.

Das betrifft insbesondere den Versuch, solche Informationen für jede durch eine Fachkraft ausgeübte Funktion[5] zu erheben. Obwohl von den Fachkräften häufig verschiedene Aufgaben wahrgenommen werden, scheint dieses in der Regel als Aufteilung der Arbeitszeit innerhalb eines Beschäftigungsverhältnisses zu geschehen. Von den Insgesamt 521 Befragten machten 277 (53,2 %) von der Möglichkeit Gebrauch, in einer offenen Frage bis zu drei Tätigkeitsbereiche zu nennen. Die Frage lautete: „Falls Sie mehrere Funktionen inne haben, nennen Sie bitte alle und geben Sie bitte jeweils die dafür vorgesehenen Zeitstunden pro Woche an". 224 (46,8 %) Personen trugen hier nichts ein, eine Funktion wurde von 142 (27,3 %), zwei von 82 (15,7 %) und drei von 53 (10,2 %) angegeben. An diese Frage schloss sich der Fragenblock zu differenzierten Beschreibungen für die erste ausgeübte Funktion an. 475 der 521 Fachkräfte gaben hier Antworten zu den meisten Fragen. Den zweiten Block mit Fragen zu Charakteristika des Beschäf-

---

4   An allen Projektstandorten außer in Hessen war eine Frage nach dem Namen der Schule im Fragebogen enthalten.
5   Gemeint ist hier die Aufteilung der Tätigkeit an einer oder auch mehreren Schulen auf mehrere Stellen mit verschiedenen Funktionen, z. B. Schulsozialarbeit und Übergang Schule-Beruf.

tigungsverhältnisses in der zweiten Funktion beantwortete jedoch nur noch ein kleiner Teil der Befragten: 46 der 521 der Fachkräfte machten hier überhaupt Angaben (8,8 %).

Wir schlagen deshalb vor, das Thema Stellenaufteilung und unterschiedliche Funktionen sehr viel stärker auf das *hauptsächliche Arbeitsfeld* der Fachkraft zu fokussieren (vgl. Frage 11 im von uns vorgeschlagenen Kernfragebogen für Fachkräfte, Anhang 1). Eine Ausdifferenzierungsmöglichkeit ist über die Kombination der Antworten auf diese Frage mit der genannten Intensität der *Tätigkeiten* (vgl. ebd., Frage 17) gegeben. Die Möglichkeit auf eine tatsächlich geteilte Stelle mit unterschiedlichen Arbeitsfeldern hinzuweisen ist in unserem Vorschlag in Form einer halboffenen Ausweichkategorie vorgesehen. Es ist nach wie vor nicht auszuschließen, dass solche geteilte Stellen – mit all ihren Problemen – in dem hier untersuchten Arbeitsfeld häufiger vorkommen. Sollte es mit der hier vorgeschlagenen Fragevariante zu deutlichen Hinweisen darauf kommen, wäre das sicher ein vertieft zu untersuchendes Feld für weitere Studien.

In unserem überarbeiteten Fragebogenentwurf schlagen wir auch eine erhebliche Reduktion des Differenzierungsgrades bei den Fragen zu formalen Merkmalen des Beschäftigungsverhältnisses wie *Umfang, Angemessenheit der Bezahlung* und *Befristung* gegenüber dem ursprünglichen Fragebogen vor (vgl. Fragen 12 bis 14). Obwohl differenzierte Informationen zu diesen Themenfeldern nach wie vor als wichtig einzuschätzen sind, um ein sich eventuell herausbildendes prekäres Arbeitsfeld der Sozialen Arbeit an Schulen statistisch gesichert beobachten zu können, hat unsere Erfahrung gezeigt, dass zu kleinteilige Erfassungen von Beschäftigungsmerkmalen (wie z. B. genaue Tarifgruppe, etwaige Leitungsfunktion oder vertraglichen Rahmenbedingungen in Form von Kooperationsverträgen) häufig nicht oder inkonsistent und widersprüchlich beantwortet wurden. Bei der Frage zur Befristung des Beschäftigungsverhältnisses zeigte sich, dass eine genaue Erfassung von Zeiträumen (z. B. nur außerhalb der Ferien etc.) und der Gründe für die Befristung häufig nicht beantwortet wurden. Das führte dann in einer nicht unerheblichen Zahl von Fällen zu gänzlich fehlenden Angaben zur Befristung. Aus diesem Grund empfehlen wir eine eher einfache Abfrage dazu, ob überhaupt eine Befristung vorliegt. Auch bei offenen Fragen zu den Dienst- und Fachvorgesetzten wurde durch teils widersprüchliche Angaben in den Antworten deutlich, dass manchen Fachkräften der Unterschied nicht bekannt ist. Wer Vorgesetzte/r ist, ist in der fachlichen Diskussion rund um Schulsozialarbeit allerdings sehr zentral. Aus diesem Grund schlagen wir vor, statt der Erhebung der Vorgesetztenfunktion im Fachkräftefragebogen eine Frage zu den *Anstellungsträgern* zu verwenden.

Eine globale Frage zu einer eventuell ausgeübten *Leitungsfunktion* mit einer offenen Antwortkategorie zur Nennung der Leitungsfunktionen können wir nach unserem heutigen Erkenntnisstand nicht empfehlen. Hier hat sich gezeigt, dass sehr viele Fachkräfte angaben, eine Leitungsfunktion auszuüben, dann aber z. B. die Anleitung von Honorarkräften nannten. Ohne eine sehr detaillierte Abfrage der genauen Leitungstätigkeiten lässt sich dieses Thema unseres Erachtens nicht abbilden, aus diesem Grund empfehlen wir je nach Erkenntnisinteresse Antwortmöglichkeiten für verschiedene Leitungsverantwortungen (z. B. für den Ganztagsschulbereich oder für das sozialpädagogische Team) genauer vorzugeben. Ähnliches gilt für Fragen nach einem Kooperationsvertrag zwischen Jugendhilfe und Schule sowie nach einem Konzept für die sozialpädagogischen Tätigkeiten. Diese Fragen wurden bei unserer Erhebung sehr unterschiedlich beantwortet und waren dadurch kaum auswertbar. Dies liegt daran, dass es in der Praxis sehr viele verschiedene Modelle und Varianten gibt, die sich nur schwer über einheitliche Antwortkategorien abbilden lassen. Daher würden wir diese Fragen – da sie berufspolitisch sehr wichtig sind – nur in regional angepasster Variante beibehalten, indem dann dafür Antwortvorgaben entwickelt werden, die sehr eng an tatsächlich regional existierende und bekannte Kooperationen angelehnt sind.

Neben den harten Fakten über die Arbeitsbedingungen scheint auch die subjektive Wahrnehmung der sozialpädagogischen Fachkräfte ein hilfreicher Indikator für den Grad der professionellen Verankerung von Schulsozialarbeit zu sein zu sein, indem gefragt wird, ob sich die Fachkräfte von den Schülerinnen und Schülern, den Lehrkräften und von den Eltern anerkannt fühlen. Darauf deuten zumindest die Erfahrungen mit einer entsprechenden Frage im *Fachkräftefragebogen* der Erhebungsstandorte in Hessen hin. Aus diesem Grund würden wir die Aufnahme einer entsprechenden Frage in den Fragebogen empfehlen (vgl. Frage 7).

Neben der formalen *Qualifikation* und der *Bezahlung* von sozialpädagogisch und sozialarbeiterisch tätigen Personen ist auch das Ausmaß der institutionell unterstützten *Fort- und Weiterbildung* ein wichtiger Indikator für das Ausmaß der Professionalisierung in einem Handlungsfeld. Daher haben wir Fragen zur zeitlichen Freistellung und der Kostenbeteiligung für Fortbildung sowie für Supervision mit aufgenommen. Die Erfahrungen mit Fragen zu diesem Themenspektrum in der Feldarbeit des Verbundprojektes haben gezeigt, dass dies durchaus sensible Fragen sind, deren Beantwortung sowohl von einigen Fachkräften als auch zumindest von einem größeren Träger verweigert wurde. Das gilt insbesondere für die Fragen nach der Bezahlung. Aus diesem Grund empfehlen wir auf die Erhebung des tatsächlichen Einkommens oder der genauen Tarifstufe zu verzichten. Letzteres hatten wir erprobt und mussten feststellen, dass die Antworten dabei u. a. aufgrund der Vielfalt von Tarifsystemen schwer vergleichbar und kaum systematisierbar waren – was dann auch gegen eine vollständig geschlossene Frage zum Bezahlungssystem sprechen würde. Um den Grad der Professionalisierung zu sondieren, ist die subjektive Einschätzung der Fachkraft darüber, ob sie sich qualifikations- und tätigkeitsangemessen bezahlt sieht, u. E. ein ausreichend genauer Indikator, der weit weniger sensibel ist. Ähnliche Gründe sprechen auch dafür, anstelle der Erhebung des genauen Stundenumfangs der Weiterbildungs- und Reflexionsangebote stärker auf die subjektive Sicht der Fachkräfte abzustellen. Mit dieser Zielrichtung wäre auch eine sehr genaue Erfassung von Qualifikationen und beruflichen Werdegängen verzichtbar und wir würden auch hier eine einfacher zu beantwortende Frage wählen, die v. a. eine Abschätzung des Anteils von einschlägig qualifizierten Personen an den Fachkräften ermöglicht, ohne den Fragebogen unnötig zu verkomplizieren (vgl. Frage 20).

Durch die Ergebnisse aus der in unserem Projekt eingesetzten Frage nach Tätigkeitsbereichen und Angeboten der sozialpädagogischen Fachkraft konnte diese Frage für den von uns vorgeschlagenen Kernfragebogen für weitere Erhebungen präzisiert und ergänzt werden (vgl. Frage 17). Es gab jedoch keinen Anlass, diese Frage grundsätzlich zu verändern, weshalb sie hier fast unverändert als gut erprobt empfohlen werden kann.

Bei den soziodemographischen Fragen würden wir der Frage nach dem Geschlecht noch eine Kategorie hinzufügen, die es ermöglicht, sich weder als männlich noch als weiblich zuzuordnen, wie beispielsweise: „weder das eine noch das andere trifft auf mich zu".

13.3 Empfehlungen zur Befragung von Schulen und Schulleitungen

Auch den Fragebogen an die Schulleitungen, hier kurz *Schulfragebogen* genannt, würden wir insgesamt etwas kürzen, weil einige der 15 Fragen sich nicht bewährt haben. Neu hinzufügen würden wir jedoch eine Frage danach, ob an der Schule überhaupt sozialpädagogische Fachkräfte tätig sind. Zum Teil wurde uns mündlich oder schriftlich mitgeteilt, dass keine Fachkräfte tätig seien, andere Male wurde bei der Frage der Anzahl der Fachkräfte eine Null eingetragen und der Fragebogen halb beantwortet zurückgeschickt. Je nach Interesse der die Befragung durchführenden Personen und Institutionen könnte auch eine Bedarfsabfrage eingefügt werden, wenn keine Fachkräfte an der jeweiligen Schule vorhanden sind.

Entgegen unserem ersten Vorgehen würden wir im *Schulfragebogen* nicht mehr nach einem Schulprofil und nach den rechtlichen Grundlagen der sozialpädagogischen Fachkräfte fragen. Denn mehr als die Hälfte aller Schulen (159 von 318) hatte hier zwar angegeben, dass die Schule ein Schulprofil hat. Jedoch ließen sich die mehr als 140 unterschiedlichen Nennungen kaum kategorisieren. Lediglich „Schule ohne Rassismus" wurde von insgesamt 6 Schulen genannt, alle anderen Nennungen waren singulär oder kamen (in 10 Fällen) zweimal vor.

Mehr als ein Viertel der Schulen mit mindestens einer sozialpädagogischen Fachkraft gab an, dass deren rechtliche Grundlagen ihnen nicht bekannt seien. Außerdem ist die von uns bis dato gewählte sehr grobe Abfrage der Rechtsbereiche wie SGB VIII, SGB III oder Schulgesetz zu wenig aussagekräftig.

Bei der Frage nach der Finanzierung der Fachkräfte hatten wir Items angeboten, die in unseren Erhebungen nicht angekreuzt wurden, wie beispielsweise Elternbeirat, Lotterien oder Bußgelder. Diese würden wir streichen und stattdessen die Bundesagentur für Arbeit einfügen, die häufiger unter „Sonstiges" genannt wurde.

Umstrukturieren würden wir im *Schulfragebogen* die Fragen nach der Art der Schule, nach den Zielgruppen der sozialpädagogisch Tätigen und nach deren Handlungs- und Funktionsbereichen. So wurden die Antwortkategorien Ergänzungsschule und Ersatzschule in den Fragebögen nicht immer richtig ausgefüllt, evtl. weil diese Begrifflichkeiten weniger gängig sind als die der Privatschule. Daher wäre eine Zusammenfassung zu einer Antwortkategorie sinnvoll. Zur Erfassung der Zielgruppen der sozialpädagogischen Fachkräfte eignet sich eine geschlossene Frage, wie bereits für den Fachkräftefragebogen ausgeführt. Die von uns während der Erhebung eingesetzte offene Frage ergab zu viele Antworten, die schwer zu kategorisieren waren, da sie unter anderem unterschiedlich detailliert waren und bestimmte Zielgruppen gar nicht oder nur sehr selten benannt wurden, wie zum Beispiel Lehrkräfte und Eltern. Dass nur ca. drei Viertel derjenigen Schulleitungen mit mindestens einer sozialpädagogischen Fachkraft Angaben zu den Handlungs- und Funktionsbereichen (den Arbeitsschwerpunkten der Fachkräfte) gemacht haben, weist darauf hin, dass sich die Beantwortung der Frage für die Schulleitungen offensichtlich schwierig gestaltet. Hier wurde um eine differenzierte Benennung der Personen- und Stundenzahl zu den Funktionsbereichen gebeten, was wahrscheinlich nur schwer zugeordnet werden konnte, da die Funktionsbereiche zum Teil ineinander übergehen oder die jeweilige Schulleitung nicht genau informiert war. Die passgenaue Überarbeitung dieser Frage sollte unseres Erachtens mit Beteiligung von einzelnen Befragten erfolgen.

Für den Schulfragebogen gilt wie für den Fachkräftefragebogen, dass der von uns entwickelt und im Anhang zur Verfügung gestellte Fragebogen vor dessen Einsatz unbedingt einen erneuten Pretest erforderlich macht. Auch eventuelle Modifikationen in Bezug auf eingefügte spezifische Fragen müssen im Hinblick auf eine geeignete Reihenfolge geprüft werden. Der Einsatz der hier von uns auf der Basis der Felderfahrungen entwickelten Fragebögen ist in Rücksprache mit der Max-Traeger-Stiftung als Förderer des Modellprojektes gewünscht. So wird es möglich, Daten zu erheben, die zu den hier vorgelegten Auswertungen weitgehend in einen Vergleich gestellt werden können. Das eröffnet einen regionenübergreifenden Bezug, und lässt die Idee des Modellcharakters unseres Verbundprojekts Realität werden.

Literatur

Häder, Michael (2010). *Empirische Sozialforschung. Eine Einführung.* 2. Aufl. Wiesbaden: VS Verlag für Sozialwissenschaften (GWV).

Teil III
Soziale Arbeit an Schulen in fünf beforschten Bundesländern

In diesem Teil des Buches werden Hintergrundinformationen zu regionalen Rahmenbedingungen, Programmen und Konzepten sowie zur Situation von Schulsozialarbeit und der Sozialen Arbeit an Schulen in fünf aktuell beforschten Bundesländern gegeben.

Dies sind zunächst die drei Bundesländer der von uns untersuchten Standorte: Bayern, Hessen und Nordrhein-Westfalen. Mit diesen drei eigenständigen Beiträgen werden erstens die regionalen Rahmenbedingungen und Besonderheiten dargestellt, die eine fachliche Interpretation der erhobenen Daten möglich machen. Zweitens stellen wir damit die Ergebnisse der explorativen Recherchen nach Sozialer Arbeit an Schulen vor, die wir an den Teilstandorten begleitend zu unserer quantitativen Erhebung durchgeführt haben. Gerade diese Recherchen auf der Suche nach Trägern, nach Angeboten und Zuständigen hat zu einem Einblick in die Vielfalt und Heterogenität des Feldes der Sozialen Arbeit an Schulen geführt. Hierdurch wurde die Empfehlung für zukünftige statistische Erhebungen überhaupt erst möglich. Deshalb soll mit den folgenden Ausführungen drittens exemplarisch transparent gemacht werden, welchen Problemen sich eine statistische Erfassung der Sozialen Arbeit an Schulen stellen muss – und noch mehr, mit welchen Problemen sich eine fachliche Steuerung und Qualitätsentwicklung regional und landesweit in der Realität konfrontiert sieht.

Letzteres ist v. a. ein Ziel des umfassenderen Kapitels zur Sozialen Arbeit an Schulen in Bayern und München. In München fand vor der Auswahl der Erhebungsstandorte ein Gespräch mit Expertinnen und Experten statt, um herauszufinden, ob eine explorierend quantitative Studie mit einer Großstadt und ein bis zwei Landkreisen je Bundesland überhaupt ertragreich sein kann. Gezeigt hat sich, dass bereits hier die Komplexität, Heterogenität und Entwicklungsdynamik so groß ist, dass es einem einzelnen Akteur kaum möglich ist, einen vollständigen Überblick über alle sozialpädagogischen Handlungsfelder, Fachkräfte und weiteren sozialpädagogisch an Schulen Tätigen zu bekommen. Bereits die Ausführungen zu Bayern und München zeigen, dass das Feld so vielfältig, differenziert und lokal geprägt ist, dass man beim Versuch, den Überblick zu wagen, im Detail unterzugehen droht. Weil sich in der Vielschichtigkeit, den oft unzureichenden Rahmenbedingungen, parallelen, schnellen und oft auch unkoordinierten Entwicklungen von Schule und Jugendhilfe allgemeine Entwicklungstendenzen sichtbar machen lassen, wird der Versuch dennoch gewagt. Nachgezeichnet wird die Soziale Arbeit an Schulen, die sich gefördert durch Bundesprogramme, durch Landesgesetze der Schule, Landesprogramme des Ministeriums, kommunale Programme und lokale Initiativen hat aufspüren lassen. Dabei werden jeweils auch die Rahmenbedingungen, konzeptionellen Vorgaben und Finanzierungsmodalitäten benannt, die auf die fachliche Ausgestaltung maßgeblichen Einfluss nehmen.

An die Beiträge zu den Standorten in Hessen und NRW, die ebenfalls Forschungsgegenstand der hier vorgestellten Studie zur Entwicklung einer Statistik von Schulsozialarbeit sind, schließen sich Ausführungen zu zwei weiteren Bundesländern an. So zum einen ein Beitrag von Maria Busche-Baumann, die die von uns entwickelten Erhebungsinstrumente für eigene Folgeerhebungen in Niedersachsen modifiziert hat und einen Einblick in ihre Vorgehensweise, Ergebnisse und die Situation von Sozialer Arbeit an Schulen in Niedersachsen gibt. Abschließend folgt ein Beitrag von Werner Miehle-Fregin zur aktuellen umfassenden Erhebung des Landesjugendamtes Baden-Württemberg zur „Jugendsozialarbeit an Schulen", also dem Landesprogramm für Schulsozialarbeit in Baden-Württemberg.

Soziale Arbeit an Schulen in Bayern und München

14

Angelika Iser

Besteht in einer Stadt und einem Landkreis ausreichend Komplexität, um eine quantitative Erhebung sinnvoll durchzuführen und um damit den Weg für eine zukünftige bundesweite Statistik zu explorieren? Oder können die vorliegenden Daten viel einfacher im Gespräch mit Experten zusammengetragen werden? Um das herauszufinden fand zunächst eine kleine Expertenrunde mit Steuerungsverantwortlichen der Schulsozialarbeit der Stadt und des Landkreises München statt.[1]

In dem Gespräch wurde deutlich, dass bereits für die Stadt München zehn verschiedene Finanzierungsmodelle für Schulsozialarbeit und Angebote zum Übergang Schule-Beruf bekannt sind. Und dies noch ohne Berücksichtigung von Sozialpädagoginnen und -pädagogen im Ganztag an Schulen der Stadt. Demgegenüber zeigte sich für den Landkreis, dass zwar ein großer Träger an 41 Schulen mit etwa 70 Mitarbeiterinnen und Mitarbeitern knapp 70 % der Schulsozialarbeit im Landkreis abdeckt und mit weiteren Fachkräften an 15 Standorten in ca. 45 % der Ganztagsschulen tätig ist. Für den Landkreis fehlten aber Informationen zu weiteren Trägern und Finanzierungsmodellen. Deutlich wurde außerdem, dass die Zuständigen für die Steuerung und Qualitätsentwicklung der Schulsozialarbeit von Stadt und Landkreis sich bis dato nicht kannten und sehr interessiert waren an den Vorgehensweisen und Informationen des anderen. Das Gespräch hat verdeutlicht, dass über eine Expertenrunde sehr viele Informationen und Zahlen zusammengetragen werden können, die auch das Grundgerüst für die folgenden Ausführungen zur Sozialen Arbeit an Schulen in München bilden. Klar wurde

---

1 Dieses Gespräch wurde im Oktober 2010 von Bernhard Eibeck (GEW), Regina Worm und mir mit je einem Experten für die Steuerung und Koordination von Schulsozialarbeit für die Stadt (Herrn Hartmut Kick vom Sozialreferat der Stadt München) und den Landkreis (Herrn Stephan Schwarz vom Kreisjugendring München-Land) und mit Hermann Rademacker als langjährigem Experten zur Schulsozialarbeit, ehemals Mitarbeiter des Deutschen Jugendinstituts in München, durchgeführt.

Tabelle 14.1 Soziale Arbeit an Münchner Schulen durch Programme verschiedener Ebenen

Finanzierung Sozialer Arbeit an Schulen durch:	Programme und Konzepte
Bundesprogramme und ESF	• Schulverweigerung – die 2. Chance • Berufseinstiegsbegleitung (BerEb; BerEb-Bildungsketten) • Bildungs- und Teilhabepaket (BuT)
Freistaat Bayern	• Jugendsozialarbeit an Schulen (JaS) • Schulbezogene Jugendarbeit • Ganztagsschulen (offen und gebunden) • Praxisklassen
Stadt München (v. a. Stadtjugendamt; auch: Schulreferat; Gesundheitsamt; Spenden und Stiftungen)	• Schulsozialarbeit • JADE – Jugendliche an die Hand nehmen und begleiten • Sozialpädagogische Maßnahmen zur Schülerförderung • Jugendhilfe und Ganztagsschule
Landkreis München	• Jugendsozialarbeit an Schulen (JSA) • Soziale Arbeit in der offenen und der gebundenen Ganztagsschule • Angebote zur Berufsorientierung

aber auch, dass weitere Recherchen, Gespräche und Erhebungen notwendig sind, um die verwirrende Vielfalt von Sozialer Arbeit an Schulen zu erfassen.

Im Folgenden wird ein Überblick zur Sozialen Arbeit an Schulen in Bayern und insbesondere München gegeben. Er basiert auf der vorausgehenden Expertenrunde, umfassenden Recherchen vor und nach der Fragebogenerhebung und telefonischen Nachbefragungen. Teils fließen Erhebungsergebnisse der Fragebögen mit ein. Ein Anspruch auf Vollständigkeit wird nicht erhoben. Die Darstellung bietet einen Hintergrund und Interpretationsrahmen für die im Buch vorgelegten Daten rund um Soziale Arbeit an Schulen in München. Um die Vielfalt zu systematisieren wird in Tabelle 14.1 der Blick von der Bundesebene auf den Bayerischen Staat hin zu Stadt und Landkreis zunehmend fokussiert.

14.1 Soziale Arbeit an Schulen durch bundesweit geförderte Programme

Wie in allen Bundesländern werden auch in Bayern manche Fachkräfte für Soziale Arbeit an Schulen über bundesweite Programme finanziert und gesteuert. So z. B. durch das vom Bundesministerium für Familie, Senioren, Frauen und Jugend

(BMFSFJ) gesteuerte und aus Geldern des Europäischen Sozialfonds (ESF) finanzierte Programm *Schulverweigerung – Die 2. Chance*". Es „richtet sich an Jugendliche, die ihren Hauptschulabschluss durch aktive oder passive Schulverweigerung gefährden", um „diese Jugendlichen in das Schulsystem zurückzuführen und ihre Chancen auf einen Schulabschluss zu verbessern" (http://www.zweitechance.eu/). Das Programm ist ein Teil der Initiative JUGEND STÄRKEN und derzeit in der zweiten Förderphase, die bis Ende 2013 läuft. Von den 13 bayerischen Koordinierungsstellen für das Programm befindet sich eine bei einem freien Jugendhilfeträger der Stadt München. Dessen Arbeit an 44 Mittelschulen (den früheren Hauptschulen), der Städtischen Berufsschule und an Förderzentren wird vom Jugendamt der Stadt München und einigen freien Trägern co-finanziert.

An manchen Orten sind nicht anerkannte Träger der Jugendhilfe Koordinierungsstellen, sondern Volkshochschulen oder Vereine, die nicht über die Kinder- und Jugendhilfestatistik erfasst werden (vgl. http://www.zweitechance.eu/standorte_des_programms/). Allerdings verpflichten sich die Koordinierungsstellen als Zuwendungsempfänger von ESF-Mitteln dazu, an einem „Datenmonitoring für die ESF-Jahresberichterstattung" teilzunehmen (BMFSFJ 2011, S. 6). Für eine umfassende Statistik von Sozialer Arbeit an Schulen könnten diese Daten gegebenenfalls berücksichtigt werden.

Ein weiteres über Bundesmittel (hier des BMAS) gesteuertes Programm ist die *Berufseinstiegsbegleitung* (BerEb) nach § 421s SGB III, bzw. seit 1. 4. 2012 § 49 SGB III (Arbeitsförderung). Mit diesem Programm wird ein Angebot der Jugendberufshilfe teilweise vorverlagert in die Schule (vgl. Bolay und Walther 2010, S. 10). So besteht ein „Mindestumfang der persönlichen Präsenzzeiten an der jeweiligen Schule" von „30 % des dem Berufseinstiegsbegleiter für die Betreuung der Schüler an dieser Schule insgesamt zur Verfügung stehenden Zeitvolumens" (BA 2011, S. 18). Das Ziel des Programms ist eine dauerhafte Eingliederung in eine Berufsausbildung und einen Beruf. Vorgelagerte Ziele sind ein „erfolgreicher Schulabschluss, Herstellung der Ausbildungsreife und Berufseignung" (ebd., S. 5). Dafür werden Schülerinnen und Schüler am Beginn der Vorabgangsklassen von Haupt-, Förder- und gleichwertigen Schulabschlüssen ausgesucht, deren Einmündung zwar gefährdet ist, für die aber davon ausgegangen wird, dass „die individuellen Voraussetzungen zur Aufnahme einer Berufsausbildung geschaffen werden können" (ebd., S. 6). Die Maßnahme setzt individualisiert an, indem durch „sozialpädagogische Unterstützung (…) die Kompetenzen der Teilnehmer gefördert und damit die beruflichen Integrationschancen erhöht werden" sollen (ebd., S. 7). Dies schließt die Möglichkeit von Gruppenangeboten und die Kooperationspflicht mit weiteren Akteuren mit ein. Die Begleitung reicht bis in den ersten Zeitraum der Berufsausbildung hinein (vgl. ebd., S. 6). Dabei wird ein Betreuungsschlüssel von 1:20 angesetzt und „fachlich qualifiziertes Personal" festgeschrieben, allerdings *ohne* eine sozialpädagogische Qualifikation zu erwähnen. Gefordert werden stattdessen „Berufs- und Lebenserfahrung" und „ein Berufs- oder Studienabschluss" (ebd., S. 18). Dies entspricht der beobachtbaren De-Professionalisierungstendenz, in der Jugendberufshilfe zunehmend kein pädagogisch qualifiziertes Personal einzusetzen (vgl. Bolay und Walther 2010, S. 44). Vergleichbar zu BerEB ist die BMBF-Initiative „Abschluss und Anschluss – Bildungsketten bis zum Ausbildungsabschluss" (BerEb-Bk), die sich v. a. durch einen längeren Begleitungszeitraum und einen späteren Förderzeitraum unterscheidet (vgl. Broockmann et al. 2011, S. 11 f).

In der Stadt München wurden in 2011 vier Teilzeitstellen an drei Förderschulen durch BerEb finanziert, im Landkreis waren es acht Stellen an sechs Mittelschulen.[2] Für BerEb-Bk waren in der Stadt weitere drei Berufseinstiegsbegleiter an sechs Mittel- oder Förderschulen sowie einer an zwei Mittelschulen des Landkreises tätig (vgl. BA 2011a, S. 14).

Erst nach unserer Erhebung im Sommer 2011 wurde ein weiteres Anreizprogramm des Bundes relevant, das Bildungs- und Teilhabepaket (BuT), das derzeit die Landschaft der Schulsozialarbeit grundlegend verändert. Der Bund stellt hierbei von 2011 bis 2013 400 Millionen Euro pro Jahr zur Verfügung, mit denen u. a. indirekt über den § 46 SGB II (5) auch Schulsozialarbeit finanziert werden kann. Es sollen etwa 3 000 neue Stellen bundesweit geschaffen werden (vgl. Kooperationsverbund Jugendsozialarbeit 2011, S. 1).

In Bayern wurde im Februar 2012 vom „Bayerischen Ministerrat nach gemeinsamer Vereinbarung mit dem Bayerischen Landkreistag und dem Bayerischen Städtetag" beschlossen, die Mittel „zum nachhaltigen weiteren Ausbau der JaS", also dem Regelförderprogramm der Bayerischen Staatsregierung für Jugendsozialarbeit an Schulen einzusetzen (StMAS 2012). Voraussetzung für die Mittelverwendung ist die Richtlinientreue zum Förderprogramm. Damit verbunden wird die Anschlussfinanzierung für die neuen Fachkräfte nach dem Auslaufen der Bundesmittel unter Finanzierungsvorbehalt zugesagt sowie deren Fortbildung. Das Programm JaS wird im folgenden Abschnitt vorgestellt.

14.2 Soziale Arbeit an Schulen auf der Bayerischen Landesebene

Auf der Ebene des Freistaats Bayern gibt es vielfältige Regelungen und Rahmenvorgaben zur Ausgestaltung von Sozialer Arbeit an Schulen in Bayern. Sie finden

---

2   Die Angaben wurden freundlicher Weise von der Agentur für Arbeit München zur Verfügung gestellt.

sich in politischen Willensbekundungen, Bildungsberichten, Landesgesetzen und schließlich konkreten Landesprogrammen und Vereinbarungen zur Sozialen Arbeit am Ort der Schule.

Ein erster Blick in die aktuelle *Koalitionsvereinbarung* der Bayerischen Landesregierung offenbart das Tauziehen, das in Bayern besteht. Hier werden „Sozialpädagogen" als pädagogisches Personal an Schulen als Beispiel dafür herangezogen, dass im Kontext des Ausbaus der Ganztagsschulen die Entscheidungskompetenz von Schulleitungen bei der Einstellung von Personal gestärkt werden soll (CSU und FDP 2008, S. 10). Weiter heißt es: „Die Jugendsozialarbeit an Schulen wollen wir in Zusammenarbeit mit den Kommunen ausbauen" (ebd.). „Jugendsozialarbeit an Schulen" ist das Regelförderprogramm des bayerischen Sozialministeriums, in dem die Dienst- und Fachaufsicht bei einem Träger der Jugendhilfe festgeschrieben ist (s. u.). Nach Konflikt klingt, dass im Weiteren das Ziel formuliert wird, „dem Schulleiter eine Weisungsbefugnis gegenüber allen an der Schule beschäftigten Personen einzuräumen" (ebd., S. 11).

Im zweiten *Bildungsbericht Bayern* von 2009 wird ausgeführt, dass eines der weiteren Kennzeichen einer Mittelschule[3] „Angebote der Jugendsozialarbeit bzw. von Förderlehrern" sind (Staatsinstitut für Schulqualität 2009, S. 10). Im weiteren Bericht und den in 2010 und 2011 folgenden Bildungsberichterstattungen tauchen weder Schulsozialarbeit, Jugendsozialarbeit an Schulen, Soziale Arbeit, Sozialpädagogik noch Jugendarbeit auf. Doch auch für Mittelschulen ist Jugendsozialarbeit nicht gesetzlich garantiert. Im Bayerischen Erziehungs- und Unterrichtsgesetz (BayEUG Art. 20, Abs. 2, Punkt 3, Satz 4) wird nur geregelt, dass berufliche Schulen zur sonderpädagogischen Förderung die Bezeichnung „Mittelschule" auch ohne Ganztagsangebot erhalten dürfen, wenn sie „ein teilstationäres Betreuungsangebot der Jugendhilfe oder Sozialhilfe" haben.

---

3   Die Mittelschule wurde als Weiterentwicklung v. a. der Hauptschulen eingeführt, nachdem Hauptschulstandorte durch verringerte Schülerzahlen in ihrer Existenz bedroht waren (vgl. Qualitätsagentur 2011, S. 2). Laut dem Bayerischen Erziehungs- und Unterrichtsgesetz (Art. 7a Abs. 1 Satz 3) vermitteln Mittelschulen „allein oder gemeinsam in einem Schulverbund nach Art. 32a Abs. 1 und 2 den Schülerinnen und Schülern ein Bildungsangebot, das regelmäßig die drei Zweige der Berufsorientierung (Technik, Wirtschaft, Soziales) und ein schulisches Ganztagsangebot umfasst sowie zum mittleren Schulabschluss führt." Sie sollen „mit einer beruflichen Schule, der regionalen Wirtschaft und der Arbeitsverwaltung zusammenarbeiten" (BayEUG Art. 7a Abs. 1 Satz 4). Schon in 2010/11 hatten mehr als 60 % der 960 bayerischen Hauptschulen den Status „Mittelschule" erreicht, i. d. R. indem sie Schulverbünde gebildet haben (vgl. Qualitätsagentur 2011, S. 2). Inzwischen gibt es fast keine „Hauptschulen" mehr in Bayern.

14.2.1 Gesetzliche Grundlagen zu Jugendhilfe und Schule in Bayern

Im *Bayerischen Erziehungs- und Unterrichtsgesetz* (BayEUG) wird die Jugendhilfe dagegen mehrfach erwähnt und eine Zusammenarbeitspflicht von Schulen und Ämtern formuliert. In Artikel 31, Absatz 1 wird die *Zusammenarbeit von Jugendhilfe und Schule* geregelt:

> „Die Schulen arbeiten in Erfüllung ihrer Aufgaben mit den Jugendämtern und den Trägern der freien Jugendhilfe sowie anderen Trägern und Einrichtungen der außerschulischen Erziehung und Bildung zusammen. Sie sollen das zuständige Jugendamt unterrichten, wenn Tatsachen bekannt werden, die darauf schließen lassen, dass das Wohl einer Schülerin oder eines Schülers ernsthaft gefährdet oder beeinträchtigt ist und deshalb Maßnahmen der Jugendhilfe notwendig sind."

Dies kann als korrespondierende Norm zum § 81 SGB VIII verstanden werden, in dem für die Träger der öffentlichen Jugendhilfe eine verpflichtende Zusammenarbeit mit Schulen und Stellen der Schulverwaltung festgeschrieben wurde.

Weiterhin müssen die Schulaufsichtsbehörden nach Artikel 30a zur Unterstützung der geforderten „Zusammenarbeit zwischen Förderschulen und allgemeinen Schulen" mit den allgemeinen Schulen, Förderschulen und den Schulträgern sowie mit anderen Stellen und öffentlichen Einrichtungen, insbesondere mit der Jugendhilfe und der Sozialhilfe, zusammen"-arbeiten (Art. 30a Abs. 6 Satz 3). In Absatz 8 Satz 1 wird den Schülerinnen und Schülern das Recht eingeräumt „sich in ihrem sozial- oder jugendhilferechtlichen Hilfebedarf durch Schulbegleiter nach Maßgabe der hierfür geltenden Bestimmungen unterstützen" zu lassen.

In den folgenden Ausführungen zur Betreuung und Mittagsbetreuung ist zum einen interessant, dass die Schulen „durch Zusammenarbeit mit Horten und ähnlichen Einrichtungen die Betreuung von Schülerinnen und Schülern außerhalb der Unterrichtszeit fördern" sollen (Art. 31, Abs. 2). Und dass die Mittagsbetreuung, so sie an einer Schule stattfindet, der Schulaufsicht untersteht (vgl. Art. 31, Abs. 3 Satz 3).

Ebenfalls grundlegend wird geregelt: „Die Planungen zu Ganztagsangeboten erfolgen im Benehmen mit den Trägern der öffentlichen Jugendhilfe" (Art. 6, Abs. 5, Satz 4). Weniger zentral scheint die Jugendhilfe für die *Öffnung der Schule* zu sein, welche u.a. durch „die Zusammenarbeit der Schulen mit außerschulischen Einrichtungen, insbesondere mit Betrieben, Sport- und anderen Vereinen, Kunst- und Musikschulen, freien Trägern der Jugendhilfe…" erfolgen soll (Artikel 2, Abs. 5). Hier bleibt unklar, warum eine Fokussierung auf die *freien* Träger stattfindet und wie es zur gewählten Reihenfolge kommt.

Jugendhilfe wird im BayEUG weiterhin erwähnt im Kontext von Hausunterricht „für Schülerinnen und Schüler, die auf Grund behördlicher Anordnung freiheitsentziehend in Jugendhilfeeinrichtungen untergebracht sind" (Art. 22 Abs. 2 Satz 1). Sowie mehrfach in Artikel 86 zu Ordnungsmaßnahmen, da ein mehr als vierwöchiger Ausschluss vom Unterricht „im Einvernehmen mit dem örtlichen Träger der öffentlichen Jugendhilfe im Hinblick auf mögliche Leistungen nach Maßgabe des Achten Buches Sozialgesetzbuch" erfolgen muss (Art. 86 Abs. 2). Dies wird im Weiteren genauer geregelt. Auch bei einem Schulausschluss aufgrund bestehender Gefahr durch eine Schülerin oder einen Schüler gilt: „Die Schulaufsichtsbehörde, der örtliche Träger der öffentlichen Jugendhilfe, die Polizei, die Erziehungsberechtigten und die zuständigen schulischen Beratungsfachkräfte sind unverzüglich zu informieren" (Art. 86 Abs. 13 Satz 2).[4]

Während (Schul)Sozialarbeit in den Bildungsberichten und dem Schulgesetz fast nicht erwähnt wird, finden sich umfangreiche Materialien zur Sozialen Arbeit an Schulen in den Ausführungsgesetzen zum KJHG und auf der Homepage des Bayerischen Staatsministeriums für Arbeit und Sozialordnung, Familien und Frauen (StMAS). Dabei wird unterschieden nach „Jugendsozialarbeit an Schulen", kurz JaS, der „Schulbezogenen Jugendarbeit", Horten, Ganztagsschulen und schließlich Praxisklassen (vgl. StMAS 2011).

14.2.2 JaS – Jugendsozialarbeit an Schulen als bayerisches Landesprogramm

In Bayern existiert seit 2002 ein Regelförderprogramm des Bayerischen Staatsministeriums für Arbeit und Sozialordnung, Familien und Frauen (StMAS) für „Jugendsozialarbeit an Schulen", kurz „JaS". JaS wurde nach einer dreijährigen Modellphase in die Regelförderung aufgenommen mit dem Ziel, bis 2012 an 500 Schulen 350 sozialpädagogische JaS-Fachkräfte einzusetzen. Dieses Ziel war trotz verzögertem Start (vgl. z. B. Bassarak 2008, S. 201 f.) bereits 2009 erreicht, so dass schon 2008 beschlossen wurde, das Projekt weiterzuentwickeln und bis zum Jahr 2019 insgesamt 1000 Stellen einzurichten (StMAS 2012, o. S.). Die aktu-

---

4 Der Begriff „Schulsozialarbeit" wird im BayEUG nur einmal am Rande genannt, indem festgelegt wird, dass dem Schulforum bzw. den Erziehungsberechtigten oder dem Elternbeirat „Gelegenheit zu einer vorherigen Stellungnahme zu geben [ist] zu wesentlichen Fragen der Schulorganisation", u. a. auch zu „Grundsätzen der Schulsozialarbeit" (BayEUG, Art. 69, Abs. 4 Satz 3). Weitere Ausführungen zu Schulsozialarbeit, Jugendsozialarbeit an Schulen, Sozialpädagogik oder Jugendarbeit finden sich im BayEUG nicht.

elle Ausbauphase startet schneller, da die Gelder des BuT zur Vorfinanzierung von neuen Stellen und Schulstandorten für JaS genutzt werden (s. o.).

Mit dem Förderprogramm JaS grenzt sich das Sozialministerium ausdrücklich vom Begriff „Schulsozialarbeit" ab, weil unter Schulsozialarbeit auch Konzepte firmieren könnten, „die völlig in der Schulverwaltung eingegliedert" sind. Demgegenüber geht es bei JaS um „eindeutig Jugendhilfeprojekte auf der Grundlage des § 13 SGB VIII, für die der öffentliche Träger der Jugendhilfe zuständig ist" (BLJA 2001, o. S.). JaS zielt als

„besonders intensive Form der Zusammenarbeit von Jugendhilfe und Schule" darauf, „sozial benachteiligte junge Menschen in ihrer Persönlichkeitsentwicklung [zu] unterstützen und [zu] fördern. Auch bei schwierigen sozialen und familiären Verhältnissen sollen dadurch die Chancen junger Menschen auf eine eigenverantwortliche und gemeinschaftsfähige Lebensgestaltung verbessert werden." (StMAS 2012, o. S.).

Zielgruppen von JaS sind u. a. junge Menschen mit Verhaltensauffälligkeiten, die die Schule schwänzen, „die wegen ihrer individuellen oder sozialen Schwierigkeiten voraussichtlich keine Ausbildungs- oder Arbeitsstelle finden", die einen Migrationshintergrund haben oder ein erhöhtes „Aggressionspotential und Gewaltbereitschaft" zeigen, Drogenprobleme oder Versagensängste haben (ebd.).

Entsprechend dieser Defizitorientierung wurden in der ersten Phase nur Hauptschulen, Hauptschulstufen der Förderschulen und die Berufsschulen gefördert, die einen entsprechenden Förderbedarf nachweisen konnten. Obwohl diese Prioritätensetzung auch im neuen Ausbauprogramm besteht, werden Grundschulen (soweit ein „Migrantenanteil von über 20 %" besteht) und vereinzelt Realschulen in die Förderung mit aufgenommen (StMAS 2011, S. 2).

Die staatliche Förderung erfolgt über einen Festbetragszuschuss von 16 360 Euro zu den Personalkosten für eine Vollzeitstelle, bzw. anteilig für eine Teilzeitbesetzung, die mindestens 50 % umfassen muss. Eine mindestens gleich hohe finanzielle Beteiligung des öffentlichen Trägers vor Ort ist festgeschrieben, ebenso, dass der Schulaufwandsträger für Büroräume und die Sachkostenausstattung sorgen muss (vgl. StMAS 2011, S. 16). Die Fachkräfte müssen bei einem öffentlichen oder freien Träger der Jugendhilfe angestellt werden, der gemeinsam mit der Schule einen Antrag auf JaS stellt, einen Kooperationsvertrag entwickelt und die Förderkriterien erfüllt. Für die Stellenbesetzung ist festgelegt, dass „eine berufserfahrene Fachkraft der Jugendhilfe mit abgeschlossenem sozialpädagogischem Fachhochschulstudium (Diplom Sozialpädagogin/Sozialpädagoge (FH) bzw. Bachelor-Studiengang Soziale Arbeit mit dem Abschluss ‚Bachelor of Arts' (B. A.) Soziale Arbeit)" ausgewählt werden muss. Weiterhin sind Fortbildung und Evaluation feste Konzeptbestandteile (StMAS 2012, o. S.).

Konkret gehört zur Arbeit von JaS die Beratung und Einzelfallhilfe, die soziale Gruppenarbeit, Kurse zur Entwicklung der sozialen Kompetenz, v. a. für Konflikt- und Kommunikationsfähigkeit, die Elternarbeit und -beratung, Beratung von Lehrkräften, die Zusammenarbeit mit Schulleitung und die Vernetzung zu weiteren Einrichtungen und Stellen zur Entwicklung eines präventiven Hilfenetzes (vgl. ebd.). Weitere Leistungen, die im Rahmen von JaS erbracht werden sollen, sind die Entwicklung einer stabilen Zusammenarbeit von Jugendhilfe und Schule, sozialpädagogische Diagnostik, Hilfe bei Konflikten in der Schule, Vermittlung und Begleitung für die Kontaktherstellung, die Erfüllung des Schutzauftrags nach § 8a SGB VIII, die Mitwirkung am Hilfeplan, Dokumentation und Qualitätsentwicklung (vgl. StMAS 2011, S. 10 f.). Damit ist das Konzept und Aufgabenprofil von JaS sehr nah an einem klassischen Zuschnitt von Schulsozialarbeit. Die Unterschiede liegen darin, dass JaS sich ausdrücklich nicht an alle, sondern nur an besonders benachteiligte junge Menschen richtet, dass offene Angebote nicht zum Konzept gehören und Aufgaben wie Hausaufgabenhilfe oder Ganztagsbetreuung prinzipiell ausgeschlossen werden, da sie schulische Aufgaben seien (vgl. StMAS 2011 S. 15; 17).[5]

Zum 01.7.2011 waren in Bayern 450 JaS-Stellen an insgesamt „635 Haupt-, Mittel-, Förder-, Berufs- und Grundschulen" besetzt (StMAS 2012). Davon waren eine Schule im Münchner Landkreis und 12 Schulen in der Stadt München (vgl. StMAS 2012a).

14.2.3 Schulbezogene Jugendarbeit in Bayern

Die schulbezogene Jugendarbeit, die sich an alle Kinder und Jugendlichen richtet, wird in Bayern ohne landesspezifische Ausführungsgesetze auf dem § 11 Abs. 3 SGB VIII begründet. Für die Jugendarbeit gibt es ein Kinder- und Jugendprogramm der Bayerischen Staatsregierung (StMAS 1998) und eine zwischen dem StMUK und dem Bayerischen Jugendring (BJR) am 20.6.2007 vereinbarte Rahmenvereinbarung für die „Zusammenarbeit von Jugendarbeit und Schule". Denn der BJR nimmt für den Bereich der Jugendarbeit die Aufgaben eines Landesjugendamtes wahr (vgl. AGSG, Teil 7, Abschnitt 2, Art. 32).[6]

---

5   Eine Befragung von Fachkräften, Schulleitungen, Jugend- und Schulämtern zum Landesförderprogramm JaS und eine kritische Auseinandersetzung mit dessen Konzept finden sich in Bassarak 2008 und 2010.
6   Das Bayerische Gesetz zur Ausführung der Sozialgesetze (AGSG) findet sich unter: http://www.blja.bayern.de/textoffice/gesetze/baykjhg/AGSG_Gesamt.html (zugegriffen am 15.4.2013).

In der *Rahmenvereinbarung Zusammenarbeit von Jugendarbeit und Schule* werden die Ziele formuliert, Kindern und Jugendlichen die spezifische Förderung durch die Jugendarbeit zu ermöglichen, sie so in ihren Interessen zu fördern und in ihrer Persönlichkeitsentwicklung, Selbst- und Mitverantwortlichkeit zu stärken. Festgehalten werden u. a. der Bildungsauftrag, die Themen Methoden und grundlegende Prinzipien der Jugendarbeit (vgl. BJR 2007, S. 3).

Für eine statistische Erfassung sozialpädagogischer Fachkräfte an Schulen wirft die schulbezogene Jugendarbeit Fragen auf. So wird in der Rahmenvereinbarung formuliert, dass die Träger der Jugendarbeit „fachlich qualifiziertes Personal" einsetzen können, womit „sowohl beruflich als auch ehrenamtlich Tätige" gemeint sind (ebd., S. 4)[7]. Die Aktivitäten der Jugendarbeit können sowohl am Ort der Schule (z. B. „Schülertreffs an der Schule", „Angebote der Pausen- und Schulhofgestaltung"), als auch an Orten außerhalb der Schule stattfinden (ebd.). Damit fällt der Ort ‚Schule' als Indikator für die Erhebungsteilnahme von Fachkräften weg, zugunsten des Schulbezugs von Tätigkeiten. Allerdings stellt das Sozialministerium hierzu fest, dass aufgrund „der Strukturen der Jugendarbeit (…) eine aktuell abrufbare Übersicht aller Angebote schulbezogener Jugendarbeit in Bayern nicht möglich" ist (StMAS 2011, S. 17).

Auch die Zeit ist kein hilfreicher Indikator. Denn die Aktivitäten der Jugendarbeit können während oder außerhalb der Unterrichtszeit stattfinden. Festgelegt wird, dass sie „den ordnungsgemäßen Unterrichtsbetrieb nicht ersetz(t)en" und „grundsätzlich Veranstaltungen der Jugendhilfe" sind, sofern sie nicht im wechselseitigen Einvernehmen „zur schulischen Veranstaltung erklärt werden" (ebd.). Eine Kooperation von Jugendarbeit und Schule muss schriftlich im Rahmen eines Kooperationsvertrags vereinbart werden (ebd., S. 5).

Für die Soziale Arbeit an Schulen im Landkreis München, bei der der Kreisjugendring der größte Träger für Schulsozialarbeit und sozialpädagogisch getragene Ganztagsangebote ist (s. u.), sind weitere Regelungen interessant. So können „Angebote der Jugendarbeit (…) im Rahmen eines koordinierten Gesamtprogramms andere Leistungen der Jugendhilfe, wie etwa Maßnahmen der Jugendsozialarbeit an Schulen oder Projekte der offenen Ganztagsangebote ergänzen und unterstützen" (ebd., S. 5). Zur Gestaltung der offenen Ganztagsschule wird eine Verknüpfung mit der Jugendarbeit ermöglicht, um damit für Kinder und Jugendliche die Bildungsschwerpunkte der Jugendarbeit sowie den Besuch von Angeboten der Jugendarbeit zugänglich zu machen (vgl. ebd.). Dabei kann eine Einrich-

---

7 Dabei entspricht nach Angaben des StMAS (2011, S. 11) die Mindestqualifikation der Ehrenamtlichen den JuLeiCaStandards, also den bundesweiten Qualitätsstandards für die Jugendleiter/in-Card (s. www.juleica.de).

tung der Jugendarbeit „die Trägerschaft von Projekten offener Ganztagsangebote an Schulen" übernehmen (ebd.).

Laut BJR (2010, S. 14) ist die „Nachfrage nach Angeboten schulbezogener Jugendarbeit (...) ständig steigend". Entsprechend fordert er ein Landesförderprogramm in Höhe von 450 000 Euro jährlich, um diesen Schwerpunkt auszubauen. Auch soll so möglich werden, auf den steigenden Bedarf an Fachberatung und Qualifizierung für „die sich entwickelnden vielfältigen Kooperationsformen von Trägern und Einrichtungen der Jugendarbeit mit Schulen" zu reagieren (BJR 2010, S. 14).

14.2.4 Soziale Arbeit im Rahmen von Ganztagsangeboten an bayerischen Schulen

Seit dem Schuljahr 2002/2003 gibt es auch in Bayern die Möglichkeit, Ganztagsschulen bzw. -klassenzüge einzurichten. Dabei ist Ganztagsschule in Bayern definiert als ein Angebot für Schülerinnen und Schüler an mindestens vier Tagen für mehr als sieben Zeitstunden, das unter der Aufsicht und in Verantwortung der Schulleitung organisiert wird und zu dem ein Mittagessen gehört sowie ein konzeptioneller Zusammenhang zwischen Vor- und Nachmittag bestehen muss (vgl. StMUK 2012a, o. S.). Eltern müssen hierbei nur für das Mittagessen und für Betreuungszeiten zahlen, die über das Regelangebot hinausgehen.

Auch in Bayern gibt es offene und gebundene Ganztagsschulen. „Offene Ganztagsschulen" sind definiert als „Schulen mit Angeboten der ganztägigen Förderung und Betreuung im Anschluss an den Vormittagsunterricht" bis mindestens 16 Uhr und mit mindestens 12 Stunden an Mittagsbetreuung. Gebundene Ganztagsschulen werden als Schulen verstanden, „an denen ein Ganztagszug mit häufig rhythmisiertem Unterricht eingerichtet ist" (ebd.). D. h. in Bayern wird auch dann von einer gebundenen „Ganztagsschule" gesprochen, wenn faktisch nur ein Klassenzug dieses Angebot vorhält. Interessant ist auch, dass die gebundene Ganztagsklasse laut Bayerischem Erziehungs- und Unterrichtsgesetz immer „in rhythmisierter Form eingerichtet" wird – im Gegensatz zur gerade zitierten Formulierung des Kultusministeriums: „häufig". Diese Relativierung macht deutlich, dass der gesetzliche Anspruch auf Rhythmisierung derzeit weitgehend nicht realisiert ist.

Im BayEUG ist eine Wahlfreiheit zwischen Halbtagsschule und Ganztagsangeboten festgeschrieben, jedoch ohne Rechtsanspruch auf ein Ganztagsangebot (vgl. Art. 6 Abs. 5). Festgelegt ist weiter, dass Grundschulen i. d. R. nur die Möglichkeit der gebundenen Form haben, während die anderen Schularten zwischen der gebundenen und der offenen Form wählen können, soweit die Wahlfreiheit für die Eltern gewährleistet bleibt.

Den Antrag auf Einrichtung einer Ganztagsschule stellt der Schulaufwandsträger (also die Kommune bzw. der private Träger einer Schule). Wobei die Planung von Ganztagsangeboten „im Benehmen mit den Trägern der öffentlichen Jugendhilfe" erfolgen muss (ebd., Satz 4). Der Ausbaustand an Ganztagsschulen betrug im Schuljahr 2010/11, das dem Erhebungszeitraum unserer Studie entspricht, 761 gebundene Ganztagsschulen und 1 187 offene Ganztagsschulen in Bayern. Momentan ist der Stand auf 871 gebundene und 1 286 offene Ganztagsschulen angestiegen. Hiervon befinden sich 74 gebundene und 114 offene Ganztagsschulen in der Stadt München gegenüber 23 gebundenen und 30 offenen Ganztagsschulen im Landkreis München. Das Ziel ist ein bedarfsgerechter, flächendeckender Ausbau von Ganztagsschulen (vgl. StMUK 2012a).

Für die *offenen* Ganztagsschulen wird versucht, schulexternes Personal zu gewinnen. Dabei besteht die Möglichkeit, mit Institutionen der Jugendhilfe zu kooperieren und es gibt die o. g. Rahmenvereinbarung mit dem BJR. Es existieren jedoch auch Rahmenvereinbarungen mit zehn weiteren Institutionen und Verbänden. Für die Tätigkeit in der Ganztagsschule wird keine Qualifikation gefordert, doch immerhin werden „Sozialpädagogen" bei der Aufführung von möglichem Personal als erste genannt. Die Finanzierung erfolgt über den schulartabhängigen Gegenwert der Lehrerwochenstunden in Geld und einen Pauschalbetrag von 5 000 Euro je Gruppe und Jahr für staatliche Schulen. Kommunale und freie Schulen müssen den Pauschalbetrag über die Kommune bzw. privat beisteuern. Einschließlich dieser 5 000 Euro erhalten staatliche Mittelschulen 26 500 Euro pro Jahr, Sonderpädagogische Förderzentren 30 000 Euro, Realschulen, Wirtschaftsschulen und Gymnasien 23 000 Euro (ebd.). Dafür muss ein Angebot an mindestens vier Tagen von 8 bis 16 Uhr gewährleistet sein, das Eltern kostenfrei zur Verfügung gestellt wird.

Bei *gebundenen Ganztagsschulen* werden acht bis 12 zusätzliche Lehrerwochenstunden und pauschal 6 000 Euro pro Klasse und Schuljahr gezahlt. Entsprechend werden hier vorwiegend Lehrkräfte eingesetzt und externes Personal wird nur für Neigungsangebote gewonnen (ebd.).

Laut Sozialreferat der Stadt München herrscht bei „den Trägern der Jugendhilfe, die Leistungen für die offene/gebundene Ganztagsschule erbringen (...) Einigkeit darüber, dass die bisher von der Schule zur Verfügung gestellten finanziellen Mittel nicht ausreichen, um ein qualitativ gutes Angebot sicherzustellen" (Fischer 2011, S. 17). Die Finanzierung der offenen Ganztagsschule habe sich durch die Pauschalen für Gruppen verschlechtert und die personalrechtlichen Regelungen tangierten die Autonomie der Träger. Weil „ein pädagogisch angemessenes Angebot unter den gegebenen Bedingungen nicht mehr erbracht werden kann, da es nicht möglich ist, ausreichend qualifiziertes Personal zu beschäftigen" würden manche Jugendhilfeträger ihr offenes Ganztagsangebot nicht weiterführen (vgl. ebd.). Die Reaktion des Sozialreferats auf diese Situation wird in Kap. 14.3.5 ausgeführt. Auf die Situation der Sozialen Arbeit in Ganztagsschulen wird auch bei den Ausführungen zum Landkreis München (s. Kap. 14.4.2) weiter eingegangen, da hier viele Sozialpädagogen tätig sind.

14.2.5 Praxisklassen

In sog. Praxisklassen sind sozialpädagogische Fachkräfte an den Schulen bzw. in enger Kooperation mit Schulen aktiv. Praxisklassen können an Haupt- oder Mittelschulen für Schülerinnen und Schüler „mit großen Lern- und Leistungsrückständen" eingerichtet werden, die „durch eine passgenaue Förderung in Praxisklassen einen schulischen oder beruflichen Anschluss erreichen und die Voraussetzungen für den Erwerb eines Schulabschlusses erlangen" sollen (Regierung von Niederbayern 2001, S. 2). Für Praxisklassen ist eine Kooperation mit Betrieben (für vermehrte Praktika), der Jugendhilfe (für eine sozialpädagogische Betreuung der Schüler) und der Berufsberatung vorgeschrieben. Die Einrichtung von Praxisklassen in Bayern wird über das Programm „Regionale Wettbewerbsfähigkeit und Beschäftigung Bayern 2007–2013" vom ESF (Europäischen Sozialfond) finanziell gefördert, wenn gewährleistet ist, dass Praxistage, Berufsberatung, Unterricht und eine Betreuung durch eine sozialpädagogische Fachkraft stattfindet. Der letzte Punkt wird im Merkblatt zur ESF-Förderung gesondert hervorgehoben:

> *„Eine Praxisklasse ohne eines dieser Elemente, insbesondere ohne sozialpädagogische Betreuung, kann nicht mit Mitteln aus dem Europäischen Sozialfonds gefördert werden. Sozialpädagogische Fachkräfte sind insbesondere*
> - *Sozialpädagoginnen und Sozialpädagogen (mit oder ohne Diplom)*
> - *Sozialarbeiterinnen und Sozialarbeiter (mit oder ohne Diplom)*
> - *Erzieherinnen und Erzieher*
> - *Pädagoginnen und Pädagogen mit Schwerpunkt Sozialpädagogik"* (ebd., Hv. i. O., S. 3).

Die sozialpädagogische Betreuung findet im Unterricht und der Praxis, v. a. hinsichtlich der stark erweiterten Betriebspraktika statt, indem Schülerinnen und Schüler begleitet werden, intensive Gespräche mit den Ausbilderinnen und Ausbildern geführt, der Praxiseinsatz koordiniert und die Lehrkräfte bei der Kontaktpflege zwischen Praxisstelle und Schule unterstützt werden (vgl. StMAS 2011, S. 9 u. 11).

Anstellungsträger der sozialpädagogischen Fachkräfte sind zum einen Kommunen, die als Sachaufwandsträger der Schulen ESF-Förderung beantragen und erhalten können (vgl. Regierung von Niederbayern 2001, S. 2) oder von den Kommunen beauftragte freie Jugendhilfeträger sowie auch Fortbildungszentren der bayerischen Wirtschaft (z. B. bfz) (vgl. StMAS 2011, S. 14). Gefördert werden bis zu 80 % (max. 30 000 Euro) der förderfähigen Kosten für die sozialpädagogische Unterstützung durch sozialpädagogische Fachkräfte (vgl. ebd., S. 16; s. auch StMUK 2012).

14.3 Schulsozialarbeit und Soziale Arbeit an Schulen in der Stadt München

Neben den Konzepten auf Bundes- und Landesebene gibt es kommunale Programme. Insbesondere in München kann die Schulsozialarbeit auf eine lange Geschichte und ein etabliertes Programm zurückschauen. Dennoch stellte sich die Recherche der Träger für Sozialen Arbeit an Schulen als aufwändig dar und war letztlich mit 27 von uns ermittelten Jugendhilfe-Trägern nicht vollständig. Insbesondere schulinterne Fördervereine können ohne eine direkte Abfrage bei den Schulen kaum erfasst werden.

Im Folgenden wird zunächst die Schullandschaft in München skizziert, ein Blick in den Münchner Bildungsberichte und v. a. den Sozialreport geworfen bevor dann die Schulsozialarbeit und weitere Handlungsfelder von Sozialer Arbeit an Münchner Schulen beschrieben werden.

In München, der Landeshauptstadt von Bayern, lebten im Juli 2011 verteilt über 25 Stadtbezirke 1 397 522 Personen (vgl. Landeshauptstadt München o. J.). Von ihnen waren 200 689 Kinder und Jugendliche im Alter von bis zu 18 Jahren (vgl. Statistische Ämter 2012).

Zur gleichen Zeit gab es laut Internetabfrage beim Bayerischen Staatsministerium für Unterricht und Kultus insgesamt 484 Schulen im Münchner Stadtgebiet (vgl. StMUK 2011). Abzüglich der Akademien und Berufsfachschulen blieben 387 allgemeinbildende Schulen und Berufsschulen, die in unserer Erhebung berücksichtigt wurden. Deren Aufteilung nach Schularten ist in Abb. 14.1 zu sehen. 85 und somit 22 % der Schulen waren Privatschulen.

14.3.1 Bildungsberichte und Kinder- und Jugendhilfereport

Die Stadt München ist am bundesweiten Projekt „Lernen vor Ort" beteiligt und hat bereits zwei *Bildungsberichte* mit Hilfe des „Anwendungsleitfadens zum Aufbau eines Kommunalen Bildungsmonitorings" erstellt (Projektgruppe Statistisches Bundesamt et al. 2012). Obwohl „Schulsozialarbeit" in der aktuellen Fassung

Soziale Arbeit an Schulen in Bayern und München

Abbildung 14.1 Schulen der Stadt München nach Schularten (eigene Abbildung)

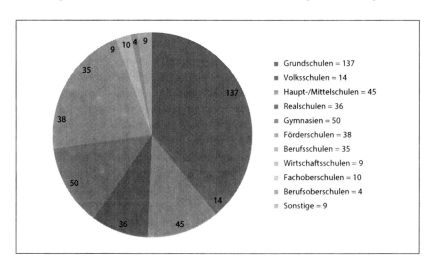

dieses Leitfadens benannt wird, kommen „Schulsozialarbeit" und „Jugendsozialarbeit" im Münchner Bildungsbericht von 2010 nicht vor.[8]

Dafür werden im *Kinder- und Jugendhilfereport*, der vom Sozialreferat der Stadt München für das Jahr 2010 erstellt wurde, detaillierte Informationen zur Schulsozialarbeit und zu sozialpädagogischen Maßnahmen zur Schülerförderung gegeben (Landeshauptstadt München 2012, S. 47 ff.). Die Schulsozialarbeit des Stadtjugendamts München, das Programm JADE, sog. „Sozialpädagogische Lernhilfen" und weitere Einzelprojekte, die vom Stadtjugendamt (mit-)finanziert und gesteuert werden, werden im Folgenden ausgeführt und berechnet.

14.3.2 Schulsozialarbeit in der Stadt München

Die Anfänge der Münchner Schulsozialarbeit reichen in das Jahr 1993 zurück, als aufgrund positiver Erfahrungen mit einer Kooperation von Jugendhilfeaußenstellen mit Brennpunktschulen modellhaft an vier Standorten Schulsozialarbeit eingerichtet wurde (vgl. Fischer und Kick 2008, S. 26). Schon nach einem halben Jahr

---

8   Erwähnt wird nur, dass im Jahr 2008 bei der Münchner Volkshochschule in den Schulabschlusslehrgängen und Projekten zum Übergangsmanagement 9,6 Sozialpädagogen auf Vollzeitbasis beschäftigt waren (Landeshauptstadt München 2010, S. 97).

wurde Schulsozialarbeit auf 12 Schulen ausgeweitet und damit das „Münchner Modell der Schulsozialarbeit" begründet (ebd.). Kennzeichnend für das Modell sind die Verortung der Jugendhilfe an der Schule, die Trägerschaft beim Jugendamt oder einem freien Träger der Jugendhilfe, die Steuerung durch das Stadtjugendamt München sowie viertens eine schulartspezifische, jedoch vielfältige Angebotsstruktur (vgl. ebd., S. 26 ff.). Zu den Angeboten der Münchner Schulsozialarbeit gehören „Beratung, Einzelfallhilfe, soziale Gruppenarbeit, offene Angebote, Unterrichtsprojekte, Freizeitmaßnahmen" (ebd., S. 27). An den Haupt-, Förder- und Berufsschulen kommt weiterhin die Berufsvorbereitung dazu, die von der Schulsozialarbeit in Kooperation mit der Arbeitsagentur, den Schulen, der Industrie- und Handels- sowie der Handwerkskammer gestaltet wird. An allen Schularten, also auch an den Grundschulstandorten, findet eine Vernetzung und Öffnung der Schule für andere soziale Fachdienste und Angebote statt. Schließlich kann Hausaufgabenbetreuung als freiwilliges Angebot für Kinder und Jugendliche mit Hilfe von Honorarkräften durch die Schulsozialarbeit organisiert werden (vgl. ebd., S. 28).

Die Schulsozialarbeit der Stadt München wird als ein Schwerpunkt der Jugendsozialarbeit über den § 13 SGB VIII finanziert. Trotz dieser gesetzlichen Verortung war ursprünglich (anders als im Konzept von JaS) Mittagessen, Hausaufgaben- und Ganztagsbetreuung ein Teil des Angebots. Derzeit wird daran gearbeitet, das Profil der Schulsozialarbeit an die Situation der zunehmenden Ganztagsschulen anzupassen (vgl. ebd., S. 30; vgl. Landeshauptstadt München 2012, S. 47 und Fischer 2011, S. 13 f.). Laut Fischer wird Schulsozialarbeit dadurch „immer mehr zum präventiven Frühwarnsystem und zur niedrigschwelligen Erziehungsunterstützung". Er sieht aber auch eine Funktion in der Beratung von Schulleitungen bei der Gestaltung des Ganztags sowie in der Koordination von Angeboten (vgl. 2011, S. 13). Vor allem bei sozialräumlicher Nähe von Freizeitstätten zu einer Schule können auch Träger der offenen Jugendarbeit die Trägerschaft für die Schulsozialarbeit der nahegelegenen Schule übernehmen (vgl. Fischer und Kick 2008, S. 29). Als Ziel für Schulsozialarbeit wird „die Herstellung von Chancengleichheit und eine gelungen Identitätsentwicklung für Mädchen und Jungen durch Förderung der persönlichen, sozialen und schulischen Kompetenzen" formuliert (Landeshauptstadt München 2012, S. 48).

Die Schulsozialarbeit der Stadt München ist durch beständiges Wachstum gekennzeichnet. So sind die Zahlen von 2010 bereits überholt. In der Tabelle 14.2 wird eine Übersicht über die Zahl der Standorte von Schulsozialarbeit an den verschiedenen Schularten für die Jahre 2008, 2010 und die Planungszahlen für Januar 2013 gegeben.

Von den in den Jahren 2010 und 2011 insgesamt bestehenden 95 Standorten mit Schulsozialarbeit der Stadt München waren 12 über JaS mitgefördert und so-

Tabelle 14.2 Schulsozialarbeit des Stadtjugendamts München nach Schularten im Verlauf

	2008		2010		Ab Januar 2013	
	Anzahl Standorte	Anteil an d. Schulart	Anzahl Standorte	Anteil an d. Schulart	Anzahl Standorte	Anteil an d. Schulart
Grundschulen	5	6,5 %	14	10,8 %	33	26 %
Haupt- bzw. Mittelschulen	35	77,8 %	36	80 %	45	100 %
Förderschulen bzw. -zentren	13	81,25 %	15	93,75 %	11*	100 %
Berufs- und Wirtschaftsschulen	24	52,2 %	30	65,2 %	30	65,2 %
Summe Standorte		77		95		119

(Eigene Darstellung nach: Landeshauptstadt München 2012, S. 48 und Angaben von H. Kick)
* Die ehemals 16 Förderschulen wurden zu 11 Förderzentren zusammengelegt

mit dem Konzept der Bayrischen Staatsregierung zugeordnet (s. o.). Die anderen 83 Schulsozialarbeitsstandorte folgen dem Konzept des „Münchner Modells" und bezeichnen sich entsprechend als „Schulsozialarbeit". Die Standorte an den Hauptschulen sind durchschnittlich mit 1,5 Stellen ausgestattet, die an Förderschulen durchschnittlich mit 1,25 Stellen, die beruflichen Schulen mit einer Stelle und die Grundschulen mit einer 30 Stunden umfassenden Teilzeitstelle.

Auch in der Stadt München wird das Bildungs- und Teilhabepaket (BuT) zu einer sichtbaren Veränderung der Schulsozialarbeitslandschaft führen. So ist bereits beschlossen, dass über die Gelder des BuT ab Januar 2013 19 weitere Grundschulen Schulsozialarbeit bekommen und die Mittelschulen mit sieben weiteren Standorten ebenso wie die Förderschulzentren mit einem neuen Standort eine Vollabdeckung erreichen werden. An weiteren Standorten werden Stellen aufgestockt. Durch die o. g. Rahmenvereinbarung mit dem StMAS zur geplanten Fortführung von BuT-Standorten über das Auslaufen der Bundesgelder hinaus werden diese neuen Standorte dem Konzept von JaS entsprechend eingerichtet. Für die Auswahl der Grundschulstandorte bedeutet dies, dass Schulen mit einem hohen Anteil an Schülerinnen und Schülern mit Migrationshintergrund und weiteren Kennzeichen einer besonderen Benachteiligung ausgewählt werden.

Zu den hier aufgeführten Standorten mit Schulsozialarbeit der Stadt München kommen weitere Schulsozialarbeits-Standorte, die über das Ministerium für Kultus- und Unterricht, das Gesundheitsamt, das Referat für Bildung und Sport der Stadt München sowie privat über Fördervereine finanziert werden.

So war ein Ergebnis der o. g. Expertenrunde, dass vom *Gesundheitsamt München* Schulsozialarbeit zur Suchtprävention an vier weiterführenden Schulen mit je 20 Stunden finanziert wird. Das Referat für Bildung und Sport der Stadt München finanziert 14,5 Stellen für Schulsozialarbeit der Integrierten städtischen Willy-Brandt-Gesamtschule sowie die Schulsozialarbeit für eine städtische Realschule. Über die Regierung von Oberbayern bzw. das Kultusministerium als weiterem „schulischen" Träger wird Schulsozialarbeit für ca. zehn bis 12 Gymnasien modellhaft finanziert. Schließlich gibt es v. a. private Schulen, die Schulsozialarbeit über Schulgeld, Spenden und Stiftungen finanzieren (mindestens weitere 26 Stellen).

Insgesamt kann festgehalten werden, dass für die Landeshauptstadt München Ende 2010 ca. 116 Standorte mit ca. 154 Stellen mit Schulsozialarbeit bekannt waren und bestanden.

14.3.3 Das Programm JADE – Jugendliche an die Hand nehmen und begleiten

Über die Stellen und Standorte mit Schulsozialarbeit im engeren Sinne hinaus gibt es weitere Sozialpädagoginnen und -pädagogen an den Münchner Schulen, die als Jugendsozialarbeit über § 13 speziell für die Unterstützung eines gelingenden *Übergangs von der Schule in den Beruf* eingesetzt werden und somit zur Schulsozialarbeit im weiteren Sinne gehören. Vom Jugendamt der Stadt München wurde dafür das Programm „JADE – Jugendliche an die Hand nehmen und begleiten" entwickelt. Im Kinder- und Jugendhilfereport der Stadt München wird JADE als eigener Punkt unter der Überschrift Schulsozialarbeit ausgeführt (vgl. Landeshauptstadt München 2012, S. 48). Bei JADE werden in Kooperation der Jugendhilfe mit den Schulen, der Agentur für Arbeit, dem Jobcenter München und Wirtschaftsbetrieben für Schülerinnen und Schüler vielfältig Orientierungshilfen zur Entwicklung von individuell passenden Berufsperspektiven und für die Berufswahl gegeben. JADE wird u. a. über jährlich befristete Mittel von der Arbeitsagentur mitfinanziert. Auch die Regierung von Oberbayern und das Schulreferat der Stadt München beteiligen sich an der Finanzierung (vgl. ebd.). Das Konzept richtet sich an „alle Schülerinnen und Schüler der 8. und 9. Klassen aller Münchner Hauptschulen" sowie an die Schülerinnen und Schüler von derzeit neun Förderschulen mit dem Förderschwerpunkt Lernen. Neben deren individuellen Förderung und Begleitung zielt JADE auch auf eine systematische Absprache und Zusammenarbeit zwischen allen am Übergang beteiligten Institutionen und auf eine passgenaue Bedarfserhebung für benötigte Förderangebote (vgl. Fischer und Kick 2008, S. 29 f.). Im Jahr 2010 gab es 20 Stellen für JADE an 46 Standorten. Damit erhöht sich die Zahl auf 174 Vollzeitäquivalente mit Schulsozialarbeit für Ende 2010. Verbunden mit dem Ausbau durch das BuT wird JADE auf alle elf Förderzentren ausgeweitet.[9]

Zusätzlich zu JADE gibt es an neun Münchner Schulen als Angebot der Arbeitsagentur acht Berufseinstiegsbegleiterinnen und -begleiter sowie weiterhin das durch den ESF und BMFSFJ geförderte Projekt „Schulverweigerung – Die 2. Chance" (s. o. Kap. 14.1). Damit waren in 2010 an mindestens 122 Schulstandorten 180 Vollzeitstellenäquivalente für sozialpädagogische Tätigkeiten an Münchner Schulen. Da meist Teilzeitstellen bestehen, liegt die Zahl der Personen deutlich höher. Allerdings muss insbesondere für den Bereich der Jugendberufshilfe davon ausgegangen werden, dass nicht alle dort Tätigen Fachkräfte sind.

14.3.4 Weitere Maßnahmen des Stadtjugendamtes München zur Schülerförderung

Laut Kinder- und Jugendhilfereport 2010 existieren in München vielfältige Maßnahmen, bei denen Hausaufgabenhilfe mit persönlicher begleitender Unterstützung verbunden wird, um Schülerinnen und Schüler zu fördern (vgl. Landeshauptstadt München 2012, S. 49).

Hervorgehoben werden die „Sozialpädagogischen Lernhilfen" (SPLH), die meist in Schulräumen stadtweit an mehr als 90 Standorten für sozial benachteiligte oder individuell beeinträchtigte Kinder und Jugendliche von Grund-, Haupt- und Förderschulen angeboten werden. Die SPLH kann kostenlos für maximal zwei Jahre mit zweimal zwei Stunden je Schulwoche besucht werden. Der Zugang erfolgt über die Bezirkssozialarbeit (entspricht dem ASD) und die Schulsozialarbeit (vgl. ebd.). Über die SPLH werden rund 900 Kinder und Jugendliche gefördert (vgl. ebd., S. 50). Überwiegend wird in diesem Bereich mit Studierenden gearbeitet, weshalb diese Kräfte hier nicht als sozialpädagogische Fachkräfte gewertet werden.

Neben den SPLH gibt es in München vielfältige weitere Formen zur sozialpädagogischen Betreuung und Hausaufgabenhilfe, zu denen aber weder Angaben über den Ausführungsort der Hilfen noch über die Tätigen gemacht werden. Weiterhin gibt es Einzelprojekte für eine intensive pädagogische Förderung von Kindern und Jugendlichen (vgl. ebd., S. 49 f.).

---

9 Information von H. Kick vom Stadtjugendamt München.

14.3.5 Soziale Arbeit und Ganztagsschule in der Stadt München

Auch für die Gestaltung von Ganztagsschulen finden sich sozialpädagogische Fachkräfte in Schulen. Allerdings wird laut Aussage des Sozialreferats München vom Kultusministerium keine Statistik über das hier eingestellte Personal geführt. Für die Gestaltung der Ganztagsschule in der Stadt München ist u. a. die Offene Kinder- und Jugendarbeit (OKJA) ein wichtiger Akteur. Derzeit werden „ca. 15 % der Angebotsstunden der offenen Kinder- und Jugendarbeit in der Kooperation mit der Schule erbracht" (Fischer 2011, S. 11). Mit dieser Aussage lässt sich leider noch nicht zuordnen, wie sich die OKJA der Stadt München konkret bei der Gestaltung von Ganztagsschulen einbringt.

Das Sozialreferat der Stadt München bezieht in einem Positionspapier 2011 klar Position für eine Kooperation der Jugendhilfe in den Ganztagsschulen.[10] Um der Maxime zu folgen „vom Kind aus zu denken", plädiert das Sozialreferat inzwischen dafür, „verstärkt mit der Ganztagsschule zusammen zu arbeiten" und „hierzu Möglichkeiten der Umschichtung und andere Finanzierungsformen (...) zu erarbeiten" (ebd., S. 18). U. a. sollen Mittel aus dem BuT nicht nur für die Schulsozialarbeit sondern auch für Ganztagsschulen eingesetzt werden (ebd.). Konkret ist geplant, für 48 Ganztagsgruppen bzw. -klassen (hälftig offene, hälftig gebundene) von insgesamt 20 Förder- und Mittelschulen je 6 000 Euro pro Gruppe und Jahr für den Einsatz von sozialpädagogischen Fachkräften zusätzlich zu zahlen. Festgeschrieben ist dabei, dass die gebundenen Ganztagsklassen ein rhythmisiertes Angebot einführen müssen, dass die Sozialpädagogen nicht zur Lernförderung und Hausaufgabenbetreuung eingesetzt werden dürfen, und dass die Stellenbesetzung dokumentiert werden muss.

14.4 Schulsozialarbeit und Soziale Arbeit an Schulen im Landkreis München

Im Landkreis München sind die Ganztagsschulen stark sozialpädagogisch besetzt. Der Landkreis zeichnet sich außerdem durch eine präventiv konzipierte, inzwi-

---

10 Dies ist nicht selbstverständlich, nachdem 2008 vom StMUK für Bayern ohne Rücksicht auf bestehende Angebote entschieden wurde, die Ganztagsschule zur rein schulischen und staatlichen Aufgabe zu machen und finanziell so auszustatten, dass es nicht für eine Ausgestaltung mit qualifiziertem Fachpersonal und guten Qualitätsstandards ausreicht (vgl. ebd., S. 17; s. Kap. 14.2.4). Demgegenüber war es vor der Einführung von Ganztagsschulen in München üblich, dass „Mittagessen, Hausaufgabenbetreuung, später die sog. Nachmittagsbetreuung oder Ganztagsbetreuung wesentliche Bestandteile des Angebotes" Schulsozialarbeit waren (Fischer 2011, S. 13).

Soziale Arbeit an Schulen in Bayern und München

schen weit verbreitete Schulsozialarbeit aus, die allerdings erst ca. zehn Jahren nach der der Stadt begonnen hat. So gibt es seit 2006 ein „Rahmenkonzept zur Jugendsozialarbeit an Schulen im Landkreis München" und die Zusage, dass die Jugendsozialarbeit an Schulen (JSA) i.d.R. zu 50% vom Landkreis finanziell bezuschusst wird, so dass eine Kommune und ggf. ein Träger, die JSA einrichten wollen, nur noch 50% selbst erbringen müssen. Dadurch wurde ein rascher Ausbau angestoßen. Im Folgenden wird ein Einblick in das Verständnis von JSA des Rahmenkonzepts gegeben, die Abdeckung mit Jugendsozialarbeit vorgestellt und dann auf die JSA und Ganztagsschulgestaltung des Kreisjugendrings München-Land genauer eingegangen, der als größter Träger des Landkreises die Soziale Arbeit an Schulen mit prägt.

Der Landkreis München besteht aus 29 Städten und Gemeinden (s. Abb. 14.2) mit rund 323 000 Menschen, von denen 58 243 Kinder und Jugendliche im Alter bis

Abbildung 14.2 Landkreis München (Quelle: Landratsamt München o. J.)

Abbildung 14.3 Schulen im Landkreis München nach Schularten (eigene Abbildung)

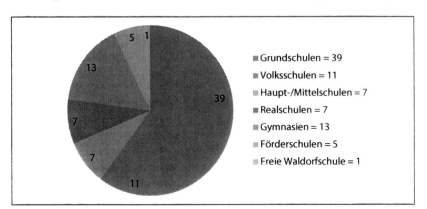

zu 18 Jahren sind (vgl. Statistische Ämter des Bundes und der Länder 2012, Stand: 31.12.2010). Während unseres Erhebungszeitraums gab es im Landkreis 57 Grund- und Hauptschulen, die zum Teil als Volksschulen zusammengefasst sind, 13 Gymnasien, sieben Realschulen und fünf Förderschulen (s. Abb. 14.3). Acht und damit 9,6 % dieser 83 Schulen des Landkreises sind Privatschulen (vgl. StMUK 2011).

Auffällig ist, dass im Landkreis 75 % der Grundschulen und je ca. 70 % der Gymnasien und Realschulen JSA haben. Darin spiegelt sich zum einen das präventive Herangehen, zum anderen aber auch, dass der Landkreis München finanziell recht gut aufgestellt ist.

Von insgesamt 60 Standorten mit JSA wird nur einer über das Landesprogramm JaS der Bayrischen Staatsregierung (s. o.) gesteuert und co-finanziert. Die anderen werden zu je 50 % vom Landkreis und der Gemeinde bezahlt und folgen damit dem „Rahmenkonzept zur Jugendsozialarbeit an Schulen im Landkreis München", das 2006 vom Kreisjugendamt für Förder- und Hauptschulen aufgelegt und in 2008 auf Grund-, Realschulen und Gymnasien erweitert wurde. Damit wird hier nicht das für Schulsozialarbeit häufig übliche Vorgehen gewählt, sog. „Brennpunktschulen" mit Schulsozialarbeit auszustatten. Vielmehr wird die Einführung von Schulsozialarbeit unter dem Namen Jugendsozialarbeit an Schulen (JSA) eher präventiv und als Aushängeschild einer gut ausgestatteten Schule verstanden.

Der Landkreis strebt mit der JSA ein „eigenständiges, präventives Angebot der Jugendhilfe innerhalb der Organisation ‚Schule'" an, das sich „an alle Kinder und Jugendliche einer Schule" wendet, insbesondere aber an die „‚schwierigen Schüler'" (Landratsamt München; Kreisjugendamt 2008, S. 1 f.; Hv. i. O.).

Zum Aufgabenbereich gehören Einzelfallhilfe und Beratung, familienorientierte Hilfen, offene Angebote und gemeinwesenorientierte Angebote (vgl. ebd., S. 2 f.). Die Dienst- und Fachaufsicht liegt beim Jugendhilfeträger, von dem gefordert wird, qualifizierte Fachkräfte, d. h. „Sozialpädagogen oder Erzieher mit sozialpädagogischer Qualifikation" einzustellen sowie Fortbildungen und Supervision zu gewährleisten (ebd., S. 4). Aus Qualitätsgründen muss mindestens eine halbe Stelle je Schule eingerichtet werden, eine volle Stelle ist der Standard, höhere Stellenanteile sind auf Antrag u. U. möglich (Expertenrunde 2010).

Das Jugendamt im Landkreis München ist selbst kein Träger von Fachkräften an Schulen. Laut unserer Erhebung war der Kreisjugendring München-Land (KJR) in 2011 mit ca. 70 Fachkräften an 41 Standorten für 68 % der Schulen mit JSA zuständig. Die weiteren 32 %, bzw. 19 Standorte wurden von neun Trägern gestaltet.[11] Insgesamt haben 60 (von 83) Schulen Schulsozialarbeit, womit im Landkreis München eine Abdeckung von 72 % gegenüber der von 32 % in der Stadt München (s. o.) besteht. Allerdings – dies zeigen die folgenden Ausführungen – mit durchschnittlich weniger Stellenanteilen.

Aufgrund des hohen Anteils an sozialpädagogischen Fachkräften an Schulen im Landkreis München werden im Folgenden die Konzepte und Zahlen des KJR für Jugendsozialarbeit und die sozialpädagogische Ganztagsschulgestaltung genauer vorgestellt.

14.4.1 Jugendsozialarbeit an Schulen (JSA) des Kreisjugendrings München-Land

Für die Soziale Arbeit an Schulen im Landkreis spielt der Kreisjugendring München-Land (KJR) eine zentrale Rolle. Der KJR München-Land ist Teil des BJR und als Arbeitsgemeinschaft von 28 Jugendverbänden und drei örtlichen Jugendgemeinschaften eine der größten Zusammenschlüsse in Bayern (vgl. KJR 2010, S. 3). Er hat sich relativ früh entschieden, die Trägerschaft von Jugendsozialarbeit an Schulen zu übernehmen, um damit auf gesellschaftliche Veränderungen und die zunehmende Bedeutung von Schulen durch die Ganztagsschulentwicklung zu reagieren (vgl. ebd.). Mit zu dieser Entwicklung beigetragen hat vermutlich auch der

---

11 Der größte davon ist der Kreisverband der AWO mit acht Schulstandorten und 13 sozialpädagogischen Fachkräften an Schulen, gefolgt von der Katholischen Jugendfürsorge München mit zehn Tätigen, der Jugendhilfeeinrichtung des Schloss Zinneberg mit neun JSA-Fachkräften an drei Schulen, der gemeinnützigen LMGU-Campus gGmbH mit neun Personen an einer Schule, den Gemeinden Taufkirchen und Kirchheim mit jeweils zwei Standorten und acht bzw. einer Fachkraft, sowie der Gemeinde Planegg, der Inneren Mission und der Caritas mit je einem Standort und ein bis drei Fachkräften.

Leitsatz des KJR München-Land, „Jugendarbeit aus einer Hand" zu leisten. Das bedeutet, dass der KJR an Standorten, an denen er bereits Einrichtungen hat, auch bereit ist, schulische Angebote und Einrichtungen zu übernehmen, um so gut vernetzte Teams im Sozialraum zu ermöglichen, indem jeweils eine sozialräumliche Leitung für die Koordination und Vernetzung zuständig ist (vgl. KJR 2010, S. 4). Diese grundsätzliche Entscheidung führte zu einer intensiven Entwicklung hin zur schulbezogenen Jugendarbeit und damit auch zu einer grundlegenden Veränderung des Verbundes. War der KJR in 2003 nur an einer Schule mit Schulsozialarbeit tätig, waren es im Jahr 2008 mit 38 Standorten bereits mehr Einrichtungen als für die offene Jugendarbeit, von denen es 33 gab. Daneben existierten auch bereits elf Angebote für offene oder gebundene Ganztagsschulen. Zwei Jahre später hatte der KJR mit 41 Standorten und ca. 70 Fachkräften in 18 Gemeinden und einer Stadt des Landkreises München seinen heutigen Ausbaustand an JSA erreicht (vgl. KJR 2010, S. 10). Weitere 54 Fachkräfte des KJR waren in Ganztagsschulen aktiv.

Obwohl die Jugendsozialarbeit im Landkreis laut *Rahmenkonzept des KJR* ausschließlich auf dem § 13 SGB VIII fußt, zeigt die Verteilung nach Schularten, dass der KJR JSA an allen Schulen für notwendig hält. Von den 41 Standorten mit JSA sind 22 an Grundschulen, vier an Realschulen und acht an Gymnasien. Die weiteren sind an Haupt- bzw. Mittelschulen. Das Aufgabenspektrum für JSA ist aufgrund einer Bedarfserhebung, bei der u. a. Schülerinnen und Schüler beteiligt waren, entstanden. Hierzu gehören Beratung, Einzelfallhilfe, „Teamteaching zu bestimmten Themen und bei besonderen Problemlagen", Projektarbeit, Konfliktbearbeitung und Mediation, Angebote für die Entwicklung von sozialen Kompetenzen auch in Form außerschulischer Jugendarbeit, offene Angebote wie Schülercafés, Bewerbungstrainings und Vernetzung (KJR 2009, S. 3).

Ziele der Arbeit sind „die Stärkung der sozialen und persönlichen Kompetenzen von Kindern und Jugendlichen (…) sowie die Entwicklung ihrer Persönlichkeit, unter Berücksichtigung geschlechtsspezifischer Gesichtspunkte" (KJR 2010, S. 5). Neben der Selbstverantwortung sollen auch die schulische Entwicklung und der Übergang in den Beruf gefördert werden. Als handlungsleitende Prinzipien werden die Partizipation und das geschlechterreflektierende Arbeiten bezeichnet. Lebensweltorientierung als subjekt-, situations- und bedarfsorientiertes Vorgehen wird mit den Zielen verbunden, interkulturelle Begegnung zu fördern, sozialraumorientiert auf die spezifischen Bedürfnisse vor Ort einzugehen und Vernetzung zwischen Einrichtungen zu realisieren (vgl. ebd.).

Zu den Qualitätsstandards für die JSA gehört, dass die Dienst- und Fachaufsicht beim KJR angesiedelt ist und auch die Begleitung und Kontrolle der Arbeit von hier aus erfolgt. In der JSA darf ausschließlich „sozialpädagogisches Fachpersonal (vergütet nach TVöD) eingesetzt werden." Eine geschlechterparitätische

Besetzung von Standorten wird angestrebt und versucht, die Fachkräfte „organisatorisch an die Offene Jugendarbeit" anzubinden (ebd., S. 4). Fortbildungen werden angeboten und der Fachaustausch durch sog. Mitarbeiterkonferenzen angeregt. Auch wird jeweils vor Ort eine Kooperationsvereinbarung mit der Schule geschlossen und ein Beirat für Jugendsozialarbeit eingerichtet, an dem u.a. die Kommune beteiligt wird. Umgekehrt verpflichtet sich der KJR zur Beteiligung am Fachaustausch in den Kommunen und dem „Qualitätszirkel des staatlichen Schulamtes im Landkreis München" (KJR 2010, S. 8).

Für die 41 Standorte gibt es insgesamt 38,65 Vollzeitäquivalente, wobei die Stellenausstattung zwischen einer Viertelstelle und zwei Vollzeitstellen changiert. Der Durchschnitt von 0,94 Stellen je Standort liegt deutlich unter dem von ca. 1,3 Stellen für Schulsozialarbeit der Stadt München. Ist der KJR an einem Standort auch für die Gestaltung der Ganztagsschule zuständig, werden die Stellen z. T. verknüpft und eine konzeptionelle Zusammenarbeit wird angestrebt.

14.4.2 Jugendarbeit und Ganztagsschule im Landkreis München[12]

Während der Zuwachs an JSA in den letzten Jahren stagniert, hält der Zuwachs an Ganztagsschulen im Landkreis und beim KJR weiter an. Das bayerische Kultusministerium plant bis 2014 für alle Haupt- oder Mittelschulen, für die Jahrgangsstufen der 5. und 6. Klassen aller Realschulen und Gymnasien sowie für ein Viertel der Grundschulen Ganztagsklassen einzurichten. Die Gesamtverantwortung für Ganztagsschulen liegt in Bayern qua Gesetz bei der Schulleitung (vgl. Kap. 14.2.3 und 14.2.4). Das hat zur Folge, dass die Schulleitung die Gestaltungshoheit für die Ganztagsangebote hat, während externe Träger nur als Kooperationspartner fungieren und nicht als eigenverantwortliche Träger, wie dies bei der JSA der Fall ist. Die festgelegte staatliche Finanzierung ist knapp bemessen, so dass die Kommune für weitere Personal- und Sachkosten aufkommen muss, wenn qualifizierte Fachkräfte eingestellt und nach Tarif bezahlt werden sollen. Entsprechend der Rahmenvereinbarungen des BJR mit dem Kultusministerium muss zwischen dem Träger und der jeweiligen Schule eine Kooperationsvereinbarung vorliegen.

Momentan ist der KJR als Träger an 20 Schulen mit 15 offenen und neun gebunden Ganztagsangeboten tätig und trägt damit rund 40% der 23 gebundenen sowie 50% der 30 offenen Ganztagsschulangebote des Landkreises. In sog. *Leit-*

---

12 Die Angaben in diesem Abschnitt basieren auf Daten aus internen Papieren (Stand Frühjahr 2012 und 1.9. 2012), die vom Kreisjugendring München-Land freundlicherweise zur Verfügung gestellt wurden.

linien für die gebundenen Ganztagsschulen wird ein „sozialpraktischer Bildungsbegriff" formuliert, „der auf den Kompetenzerwerb für Lebensbewältigung, gesellschaftliche Teilhabe und Mitgestaltung, aber auch Persönlichkeitsentwicklung zielt" (KJR 2011, S. 2). Ebenso wie für die JSA werden die partizipatorische, geschlechterreflektierende, lebensweltorientierte und interkulturelle Arbeitsweise als grundlegende Prinzipien festgehalten.

Zu den Angeboten gehören die Betreuung und das Schaffen einer angenehmen Atmosphäre beim pädagogischen Mittagstisch, freiwillige und verbindliche Freizeitangebote, individuelle Förderung von leistungsschwachen sowie leistungsmotivierten Schülerinnen und Schülern, die Intervention bei Konfliktsituationen auch durch „Präsenz während der Unterrichtszeit" und schließlich die Elternarbeit (ebd. S. 2f.). Zur Aufgabe der Fachkräfte gehört außerdem eine umfassende schulinterne und schulexterne Kooperation (ebd., S. 3f.).

Der KJR hat für seine Mitarbeiter an den Ganztagsschulen die Dienst- und Fachaufsicht. Er strebt an, i. d. R. eine sozialpädagogische Fachkraft für die Ganztagsangebote einzusetzen, z. T. ergänzt durch eine geringfügig beschäftigte Person. Die derzeitigen Stellen für pädagogische Fachkräfte (ohne geringfügig Beschäftigte und Küchenkräfte) belaufen sich auf 20,5 Vollzeitäquivalente für die 15 offenen Ganztagsangebote, also durchschnittlich 1,37 Stellen je Standort, die allerdings zwischen eine Viertelstelle und viereinhalb Stellen changieren und somit teils als prekär einzustufen sind. Für die neun gebundenen Ganztagsangebote bestehen 7,25 Vollzeitäquivalente, somit durchschnittlich 0,8 Stellen je Standort (Stand: 1. 9. 2012). Dass hier bei einer staatlichen Finanzierung von 6 000 Euro für externe Angebote je Klassenzug Eigenmittel der Kommune geflossen sind, ist augenfällig.

14.4.3 Weitere Formen Sozialer Arbeit an Schulen im Landkreis

Der KJR München-Land bietet unter dem Namen „Junge Integration" Fördermaßnahmen für Kinder mit Migrationshintergrund im Grundschulalter an, zu denen „Sprachförderung und Spielangebote, aber auch der Aufbau eines ehrenamtlichen Netzwerks vor Ort" gehören (KJR-Homepage zur Regionalen Jugendarbeit). Dies findet oft auch an den Grundschulen statt und es werden hierfür teils auch Fachkräfte der Sozialen Arbeit eingesetzt.

Weitere Soziale Arbeit an Schulen im Landkreis gibt es über Angebote der Berufsorientierung. Laut Angaben der Agentur für Arbeit (s. o.) sind an acht Mittelschulen 12 Berufseinstiegsbegleiter mit vollen oder Teilzeitstellen eingesetzt. Wie weit auch Angebote des Kreisjugendamts existieren, wurde im Rahmen der vorliegenden Studie nicht recherchiert.

14.5 Ausblick

Die Ausführungen zur Schulsozialarbeit und Sozialen Arbeit an Schulen in München und in Bayern machen deutlich, dass eine große Vielfalt an unterschiedlichen Begriffen, Konzepten, Finanzierungsformen, Anstellungsebenen und Trägern besteht und damit verbunden häufig auch sehr unterschiedliche Rahmenbedingungen für die je konkrete Stellenausstattung. So gibt es einerseits unbefristete und langfristig angelegte Schulsozialarbeit/Jugendsozialarbeit an Schulen, andererseits befristete Projekte und ad hoc Hilfen. Letzteres zeigt sich insbesondere bei den Maßnahmen, die über Bundesgelder angeregt, gesteuert und nur sehr kurzzeitig finanziert werden sowie bei sozialpädagogischen Tätigkeiten die über Mittel des Kultusministeriums finanziert werden (dies betrifft sowohl die ‚schulisch' getragene Schulsozialarbeit als auch die Ganztagsschulausstattung). Bei den Bundesprogrammen wurde außerdem eine Tendenz zur De-Professionalisierung sichtbar, indem hier kein Fachkräftegebot formuliert wird.

Demgegenüber zeigt sich für die vom Sozialministerium oder der kommunalen Jugendhilfe initiierte Jugendsozialarbeit an Schulen bzw. Schulsozialarbeit, dass es auch viele Gemeinsamkeiten und verhältnismäßig hohe Qualitätsstandards gibt. So fußen bei aller Unterschiedlichkeit laut der Konzepte sowohl JaS (Land), Schulsozialarbeit (Stadt) als auch JSA (Landkreis) auf dem § 13 SGB VIII. Für alle drei Konzepte wird eine Trägerschaft mit Dienst- und Fachaufsicht bei der Jugendhilfe festgeschrieben, es besteht ein Fachkräftegebot oder zumindest das klar formulierte Ziel, Fachkräfte einzustellen, es wird ein Kooperationsvertrag zwischen Jugendhilfeträger und Schule verlangt, Fortbildungen und Supervision qua Rahmenkonzepten vorgeschrieben. Bei der Stadt und dem Landkreis München gibt es darüber hinaus fest eingerichtete Stellen für die Koordinierung und Qualitätsentwicklung der Schulsozialarbeit bzw. der JSA.

Neben diesem verhältnismäßig hohen Standard fällt die Ausstattung der Jugendberufshilfe am Ort der Schule und noch mehr die von Ganztagsangeboten ab. So finden sich sowohl Programme für schulische Jugendberufshilfe, bei denen ein Fachkräftegebot besteht (z.B. Praxisklassen; JADE) als auch solche ohne diese Vorgabe (z.B. BerEB). Am unübersichtlichsten ist die Ausgestaltung des Ganztagsbereichs, da hier über lokal zur Verfügung gestellte Anreizgelder ohne jegliche fachliche und qualitative Rahmung ein Wildwuchs erzeugt wird, der nur partiell durch lokale oder kommunale Co-Finanzierungen und derzeit erst langsam entstehende Qualitätsvorgaben von Jugendhilfeseite angegangen wird. Jugendhilfe wirkt hier als relativ hilfloser Akteur, der durch die Marktmechanismen, in die die Ganztagsschulentwicklung gegeben wurde, zwischen einem Rückzug aus diesem Bereich, dem Verzicht auf angemessene Bezahlung, einer bezahlbaren De-Professionalisierung oder dem selbstfinanzierten Festhalten an eigenen Fachstandards wählen muss. Die losen Rahmenvereinbarungen zur Ganztagsschule stellen bisher keine Hilfe dar.

Die Vielfalt Sozialer Arbeit an Schulen deckt schließlich ein eklatantes Koordinationsdefizit auf. Indem Programme auf verschiedensten Ebenen bestehen, können an einem Standort Akteure mit unterschiedlichsten Aufträgen und Rahmenbedingungen sozialpädagogisch eingesetzt werden. Nicht gewährleistet ist, dass sie sich kennen, geschweige denn, dass die Programme oder wenigstens die alltägliche Arbeit aufeinander abgestimmt werden. Hier zeigt sich ein doppelter Koordinierungsbedarf zum einen ein jugendhilfeinterner, zwischen den verschiedenen sozialpädagogischen Angeboten und Fachkräften eines Standort sowie den außerschulischen Institutionen der Jugendhilfe. Zum anderen der standortspezifische Koordinierungsbedarf zwischen den schulischen und inzwischen auch sozialpädagogischen, psychologischen und weiteren Akteuren, die am Ort der Schule gemeinsam dazu beitragen sollen, dass Aufwachsen in Deutschland gelingen soll.

Literatur und Quellen

BA (Bundesagentur für Arbeit) (2011). Fachkonzept Berufseinstiegsbegleitung im Auftrag der Bundesagentur für Arbeit (BA). Nürnberg, http://www.arbeitsagentur.de/zentraler-Content/A04-Vermittlung/A042-Vermittlung/Publikation/pdf/Fachkonzept-Berufseinstiegsbegleitung-im-Auftrag-der-BA.pdf. Zugegriffen: 7. August 2012.

BA (Bundesagentur für Arbeit) (2011a). Berufseinstiegsbegleitung – Bildungsketten (BerEb-Bk). Stand Juli 2011. Internet: http://www.bmbf.de/pubRD/uebersicht_berufseinstiegsbegleiter.pdf. Zugegriffen: 7. August 2012.

Bassarak, H. (2008). *Aufgaben und Konzepte der Schulsozialarbeit/Jugendsozialarbeit an Schulen im neuen sozial- und bildungspolitischen Rahmen*. Düsseldorf: Hans-Böckler-Stiftung.

Bassarak, H. (2010). Schulsozialarbeit in Bayern, Berlin und Sachsen im Vergleich. In K. Speck, T. Olk (Hrsg.), *Forschung zur Schulsozialarbeit. Stand und Perspektiven* (S. 135–154). Weinheim u. München: Juventa-Verlag.

BJR (Bayerischer Jugendring) (2007). Rahmenvereinbarung. Zusammenarbeit von Jugendarbeit und Schule. http://www.bjr.de/fileadmin/user_upload/Jugendarbeit_und_Schule/Rahmenvereinbarung.pdf. Zugegriffen: 15. August 2012.

BJR (2010). Position zur Fortschreibung des Kinder- und Jugendprogramms – Teil Jugendarbeit – der Bayerischen Staatsregierung. http://www.bjr.de/fileadmin/user_upload/Jugendprogramm/136._HA_-_Beschluss_Fortschreibung_Jugendprogramm_DOPPELSEITEN_final.pdf. Zugegriffen: 16. August 2012.

BLJA (Bayerisches Landesjugendamt) (2001). AMS VI 1/7209-2/94/00 vom 1.2.2001: ‚Jugendsozialarbeit an Schulen' Schulische Sozialarbeit ist keine Aufgabe der Jugendhilfe hier: Modellprojekte des Sozialministeriums. http://www.blja.bayern.de/textoffice/gesetze/sgbviii/13.html. Zugegriffen: 7. August 2012.

Bolay, E. & Walther, A. (2010). *Außerschulische Hilfen für benachteiligte Jugendliche im Übergang von der Schule in die Arbeitswelt. Expertise für die Kommission „Herkunft und Bildungserfolg" des Landes Baden-Württemberg*, Tübingen.

BMFSFJ (Bundesministerium für Familie, Senioren, Frauen und Jugend) (2011). Förderleitlinien Weiterentwicklung der Initiative JUGEND STÄRKEN. http://www.zweitechance.eu/esf_zweitechance/content/e922/e959/e960/e3148/11-03-11_Foerderleitlinien_JUGEND-STAERKEN.pdf. Zugegriffen: 7. August 2012.

BMFSFJ (2012). Das Programm Schulverweigerung – Die 2. Chance als Teil der Initiative JUGEND STÄRKEN. http://www.zweitechance.eu/. Zugegriffen: 7. August 2012.

CSU & FDP (Christlich Soziale Union; Freie Demokratische Partei Bayern) (2008). Koalitionsvereinbarung 2008 bis 2013 zwischen CSU und FDP für die 16. Wahlperiode des Bayerischen Landtags. http://www.stmwfk.bayern.de/Ministerium/pdf/koalitionsvereinbarung.pdf. Zugegriffen: 10. August 2012.

Fischer, S. (2011). *Jugendhilfe und Ganztagsschule. Positionspapier des Sozialreferats der Stadt München*. (Unveröff. Arbeitspapier).

Fischer, S. & Kick, H. (2008). Vom fragwürdigen Experiment zum nachgefragten Standardangebot. Die Entwicklung der Schulsozialarbeit in München. In: *Lehren und Lernen*, Heft 4, S. 26–31.

IAW (Institut für Angewandte Wirtschaftsforschung) (2011). Evaluation der Berufseinstiegsbegleitung nach § 421s SGB III Zwischenbericht 2011. Tübingen u. a. http://www.iaw.edu/iaw/De:Forschung:Arbeitsm%C3%A4rkte_und_Soziale_Sicherung:Laufende_Projekte:BerEB. Zugegriffen: 7. August 2012.

Kreisjugendring München-Land (2009). Rahmenkonzept „Jugendsozialarbeit an Schulen". http://www.schulberatung.bayern.de/imperia/md/content/schulberatung/rahmenkonzept_jugendsozialarbeit_an_schulen.pdf. Zugegriffen: 16. August 2012.

KJR (Kreisjugendring München-Land) (2010). *Jugendsozialarbeit an Schulen*. Ohne Verlag.

KJR (Kreisjugendring München-Land) (2011). *Leitlinien „Gebundene Ganztagsschule" in Trägerschaft des Kreisjugendring München Land. Interner Diskussionsentwurf der Bereichsleitung Regionale Jugendarbeit* (unveröff. Manuskript).

Kooperationsverbund Jugendsozialarbeit (2011). Zum aktuellen Stand des Ausbaus der Schulsozialarbeit – Update September 2011. Informationen und Hinweise für die Träger der Jugendsozialarbeit, Teil 2. http://www.jugendsozialarbeit.de/media/raw/KV_Informationspapier_Ausbau_Schulsozialarbeit.pdf. Zugegriffen: 8. August 2012.

Landeshauptstadt München Schul- und Kultusreferat (2010). Münchner Bildungsbericht 2010. www.muenchen.de/media/lhm/_de/rubriken/Rathaus/scu/zahlen/bildber/mbb2010_pdf. Zugegriffen: 8. August 2012.

Landeshauptstadt München, Sozialreferat, Stadtjugendamt (2012). Kinder- und Jugendhilfereport 2010. Stadtjugendamt München. München. Online verfügbar

unter: http://www.muenchen.info/soz/pub/pdf/418_kinder-_und_jugendhilfereport_2010.pdf. Zugegriffen: 28.02.2012.
Landeshauptstadt München (o.J.). Zahlen, Daten Fakten. Bevölkerung insgesamt. http://www.mstatistik-muenchen.de/datamon/datamon.jsp?thema=C01#. Zugegriffen: 15. August 2012.
Landratsamt München; Kreisjugendamt (2008). *Rahmenkonzept zur Jugendsozialarbeit an Schulen im Landkreis München.* (Unveröff. Arbeitspapier).
Landratsamt München (o.J.). Gemeinden und Städte des Landkreises München. http://www.landkreis-muenchen.de/verwaltung-buergerservice-politik-wahlen/landkreis-muenchen/gemeinden-und-staedte/. Zugegriffen: 15. August 2012.
Projektgruppe Statistisches Bundesamt et al. (2011). Anwendungsleitfaden zum Aufbau eines kommunalen Bildungsmonitorings. http://www.statistik-portal.de/Bildung Kultur/Analysen!Aufsaetze/bildungsmonitoring.pdf. Zugegriffen: 8. August 2012.
Qualitätsagentur am Bayerischen Staatsinstitut für Schulqualität und Bildungsforschung (2011). Bayerische Bildungsberichterstattung: Aktuelles für 2011 www.isb.bayern.de/isb/download.aspx?DownloadFileID=1124dcac4655645e29be74ed2fcd195c. Zugegriffen: 8. August 2012.
Regierung von Niederbayern SG 13, ESF-Vollzugsstelle (2001). Projektmerkblatt ESF-Förderung für „Praxisklassen an Hauptschulen". http://www.km.bayern.de/suche.html?u=1&t=9999&s=Praxisklasse&x=0&y=0&m=1&t=9999. Zugegriffen: 10. August 2012.
Staatsinstitut für Schulqualität und Bildungsforschung (Hrsg.) (2009). Bildungsbericht Bayern 2009. München: http://www.isb.bayern.de/isb/download.aspx?DownloadFileID=65e948bc60b12ee6d6afc71c18c5b16a. Zugegriffen: 8. August 2012.
Statistische Ämter des Bundes und der Länder (2012). Regionaldatenbank Deutschland. Bevölkerungsstand: Bevölkerung nach Geschlecht und Altersgruppen – Stichtag 31.12. – regionale Tiefe: Kreise und krfr. Städte. https://www.regionalstatistik.de/genesis/online/logon. Zugegriffen: 15. August 2012.
StMAS (Bayerisches Staatsministerium für Arbeit und Sozialordnung, Familie und Frauen) (1998). Kinder- und Jugendprogramm der Bayerischen Staatsregierung. http://www.stmas.bayern.de/jugend/programm/kjp980.php. Zugegriffen: 16. August 2012.
StMAS (2003). Richtlinie zur Förderung der Jugendsozialarbeit an Schulen Bekanntmachung des Bayerischen Staatsministeriums für Arbeit und Sozialordnung, Familie und Frauen vom 04.07.2003. http://www.stmas.bayern.de/imperia/md/content/stmas/stmas_internet/jugend/jas-richtlinie.pdf. Zugegriffen: 8. August 2012.
StMAS (2011). „Durchblick-Papier" zum besseren Verständnis vom Einsatz sozialpädagogischer Fachkräfte in oder an der Schule. Stand 01.09.2011. http://www.stmas.bayern.de/imperia/md/content/stmas/stmas_internet/jugend/jas-durchblick-papier.pdf. Zugegriffen: 8. August 2012.
StMAS (2012). Jugendsozialarbeit an Schulen. http://www.stmas.bayern.de/jugend/sozialarbeit/jas.php. Zugriff am 8. August 2012.

StMAS (2012a). Jugendsozialarbeit an Schulen. Regionale Verteilung nach Landkreisen und kreisfreien Städten. http://www.stmas.bayern.de/jugend/sozialarbeit/jas-lkr.php#regional. Zugegriffen: 8. August 2012.

StMUK (Bayerisches Staatsministerium für Unterricht und Kultus) (2011). Alle Orte, alle Schulen. München. Online verfügbar unter: http://www.km.bayern.de/eltern/schulsuche.html. Zugegriffen: 21. 08. 2011.

StMUK (2012). Richtlinie für die Förderung von Praxisklassen an Haupt- und Mittelschulen aus Mitteln des Europäischen Sozialfonds (ESF) im Förderzeitraum 2007–2013. Bekanntmachung des Bayerischen Staatsministeriums für Unterricht und Kultus vom 15. März 2012, Az.: IV.2 – 5 L 0122.172.5/66/6. http://www.km.bayern.de/suche.html?u=1&t=9999&s=Praxisklasse&x=0&y=0&m=1&t=9999. Zugegriffen 10. August 2012.

StMUK (2012a). Ganztagsschule. Chancengleichheit und Förderung. http://www.km.bayern.de/eltern/schule-und-familie/ganztagsschule.html. Zugegriffen: 16. August 2012.

Soziale Arbeit an Schulen in Hessen und ausgewählten hessischen Standorten

15

Susanne Hartmann-Hanff

15.1 „Schulsozialarbeit" in Hessen

Die Wurzeln der Schulsozialarbeit in Hessen reichen zurück bis in die 1970er Jahre. In der Landeshauptstadt Wiesbaden gab es bereits 1977 vor allem an Gesamtschulen spezifische Angebote, die über die kommunale Jugendhilfe in Kooperation mit unterschiedlichen freien Trägern organisiert waren. Gegenwärtig betreut das Amt für Schulsozialarbeit fünf Gesamtschulen, fünf Haupt- und Realschulen und zwei Förderschulen. Auch die anderen kreisfreien Großstädte Frankfurt, Kassel, Darmstadt und Offenbach verfahren ähnlich. Frankfurt plant bis 2013 den Ausbau der Schulsozialarbeit in Kooperation mit freien Trägern, bis an allen Schulen mit dem Bildungsgang Hauptschule dieses Angebot der Jugendhilfe als integraler Bestandteil zur Unterstützung des schulischen Erziehungs- und Bildungsauftrages existiert. Darüber hinaus soll Schulsozialarbeit in allen 16 beruflichen Schulen der Stadt zur Berufsorientierung, Prävention und erzieherischen Intervention im Einzelfalle implementiert werden. Ähnlich verfährt die Stadt Kassel, die nicht mehr nur in Brennpunktschulen, sondern flächendeckend ihre Jugendhilfeangebote ausbauen will. Gegenwärtig werden alle Grundschulen mit schulbezogener Sozialarbeit ausgestattet. An elf Ganztagsschulen und fünf Gesamtschulen existiert diese Unterstützungsleistung bereits z. B. mit dem Fokus der Gewaltprävention. Die Koordinationsstelle Jugendhilfe und Schule der Stadt Kassel ist zuständig dafür. Offenbach am Main hat im Jugendamt eine Fachstelle für die Kooperation von Jugendhilfe und Schule und betreibt seit ca. 25 Jahren Schulsozialarbeit an Grund- und Hauptschulen, sowie an den Real- und Gesamtschulen. Das sog. „Offenbacher Modell" steht für den Ausbau sozialpädagogischer Ganztagsangebote an allen Grundschulen.

Durch die Reform der Leistungen im Sozialgesetzbuch II und Sozialgesetzbuch III lassen sich in den Kommunen die Angebote der Schulsozialarbeit optimieren und führen momentan zu weitreichenden Umstrukturierungen. Der Bund stellt für das Bildungs- und Teilhabepaket in den Jahren 2011 bis 2013 jeweils 400 Mio. Euro für das Mittagessen an Schulen und die Schulsozialarbeit zur Verfügung. Das Geld gelangt an die Kommunen über die Kosten zur Unterkunft.

Die Bedingungen der Stadt Darmstadt sowie die der Kreise Darmstadt-Dieburg und Waldeck-Frankenberg, die exemplarisch als Erhebungsstandorte für das Bundesland Hessen stehen, werden in Abschnitt 15.4 gesondert beschrieben.

Für die 21 Landkreise, die den Regierungsbezirken Darmstadt, Gießen und Kassel zugeordnet sind, ergibt sich im Hinblick auf Trägerstrukturen, Ausdehnung, Inhalte und Zielgruppen der Kooperation von Jugendhilfe und Schule ein breit gefächertes Spektrum. So existieren z. B. im dünn besiedelten Vogelsbergkreis lediglich zwei Modellprojekte, während der Landkreis Gießen flächendeckend alle Gesamt- und Förderschulen mit sozialpädagogischen Leistungsangeboten versorgt.

Insgesamt gesehen existiert die Schulsozialarbeit in Hessen überwiegend in Anstellungsträgerschaft der Kommunen als Schulträger und in Kooperation mit verschiedenen anerkannten freien Trägern der Jugendhilfe. Die Arbeit von Seiten der freien Träger hat oft Projektstatus und ist in der Finanzierung zeitlich begrenzt.

Es kann nicht von *der* „Schulsozialarbeit" in Hessen gesprochen werden. Vielmehr handelt es sich um einen „Containerbegriff", der eine breitgefächerte Palette von Arbeitsinhalten und unterschiedliche Trägermodelle umfasst. Übereinstimmend wird Schulsozialarbeit verstanden als integrativer Ansatz, der Elemente der Jugendarbeit, Jugendsozialarbeit und des erzieherischen Kinder-und Jugendschutzes umfasst und für alle Schulformen von Bedeutung ist. Mit der Ausdifferenzierung der Begrifflichkeiten: „Jugendhilfe und Schule", „Sozialarbeit in Schulen" (SiS), „Sozialarbeit an Schulen", „Schulbezogene Sozialarbeit", „Jugendsozialarbeit an Schulen" (JuSaS), „Schulbezogene Jugendarbeit" und „Schulsozialarbeit" verbinden sich spezifische fachlich-methodisch schulformbezogene und zielgruppenorientierte Arbeitsschwerpunkte u. a. zur Drogenprävention, Gewaltprävention, Mediation/Konfliktlösung, Mädchenarbeit, Caféarbeit, Krisenintervention, Berufsorientierung und Gesundheitsprävention. Einheitliche fachliche Standards bzw. Qualitätsmerkmale und -management gibt es für Hessen nicht.

Schon immer in Kooperation mit der Jugendhilfe standen in Hessen die Schulen für Erziehungshilfe (Schulen mit Förderschwerpunkt emotionale und soziale Entwicklung), an denen der Hauptschulabschluss erworben werden kann. Ferner wird in Hessen das BVJ (Berufsvorbereitungsjahr für Schüler ohne Abschluss) ergänzt durch eine vom Kultusministerium und dem ESF (Europäischer Sozialfond) geförderte EIBE-Maßnahme (Programm zur Eingliederung in die Berufs- und Arbeitswelt). Hier erhalten Schüler sozialpädagogische Betreuung, wie auch in den gleichermaßen geförderten SchuB-Klassen (Lernen und Arbeiten in Schule und Betrieb) an Hauptschulen.

15.2 Die rechtspolitische Situation in Hessen

Entgegen aller empirisch gesicherten Erkenntnisse zur Notwendigkeit der Implementierung von Schulsozialarbeit in allen Schulformen zur Unterstützung der schulischen Sozialisation für alle Schülerinnen und Schüler, nimmt das hessische Kultusministerium auch weiterhin folgende Einschränkung vor: „Die Projekte der Schulsozialarbeit sind an Schulen in Gebieten mit hoher Bevölkerungsdichte und vermehrten sozialen Spannungen angesiedelt. Das Hessische Kultusministerium (HKM) unterstützt die Arbeit der Sozialpädagoginnen und -pädagogen durch die Übernahme eines Teils der Personalkosten. Klar sollte sein, dass es sich bei der Schulsozialarbeit um eine gemeinsame Verantwortung von Land und Kommunen handelt". Mit dieser Aussage hatte der ehemalige Kultusminister Banzer den Kommunen eine Drittel-Finanzierung der Schulsozialarbeit angekündigt. Diese Zusage hat das gegenwärtige hessische Kultusministerium mit dem Hinweis zurückgenommen, dass für die Schulsozialarbeit allein die Kommunen und Kreise verantwortlich seien und die seinerzeit versprochenen Mittel aus dem Budget „verlässliche Schule" nun ausschließlich der Sicherstellung des Unterrichtes zukommen sollen. Zusätzliche finanzielle Mittel für Schulsozialarbeit stellt das Hessische Kultusministerium nicht bereit. Das Gesamtbudget für Schulsozialarbeit beläuft sich nach Auskunft der hessischen Staatskanzlei auf 400 000 Euro.

Dagegen fordert die Opposition im hessischen Landtag den flächendeckenden Ausbau von Schulsozialarbeit zur Überwindung der durch die PISA-Studie bekannten Bildungsbenachteiligungen. So betonen Bündnis 90/Die Grünen den Umstand, dass fast 40 % der hessischen Schülerinnen und Schüler einen Migrationshintergrund haben und von Schulsozialarbeit im Besonderen profitieren könnten. Die Linke fordert ebenfalls Schulsozialarbeit als Jugendhilfe in der Schule und warnt vor der Vermischung der Handlungsaufträge von Lehrerinnen und Lehrern und Sozialpädagoginnen und Sozialpädagogen in Anlehnung an die Forderung der Regierungsparteien, Lehrer zunehmend sozialpädagogisch zu qualifizieren (Regierungsprogramm 2008, S. 28).

Auch von Seiten der Wohlfahrtsverbände, u. a. der Arbeiterwohlfahrt (AWO) und dem Paritätischen, wird in diesem Zusammenhang mehr finanzielles Engagement des Landes gefordert. Die AWO hat spezifische Angebote für unterschiedliche Schulformen entwickelt und der Deutsche Paritätische Wohlfahrtsverband legte 2009 die „Hessischen Thesen für eine Reform des Schulwesens" mit einschlägigen Forderungen vor. Die hessenweite Vertrauensleuteversammlung der

GEW (Gewerkschaft Erziehung und Wissenschaft) fordert das Land ausdrücklich auf, finanzielle Mittel für den weiteren Ausbau der Schulsozialarbeit an Hessens Schulen bereitzustellen, ebenso der Landeselternbeirat (LEB) und die LAG (Landesarbeitsgemeinschaft) Sozialarbeit an Schulen unter Berufung auf die Empfehlungen des Hessischen Städtetages zur Schulsozialarbeit von 2009 und denen der Bundesarbeitsgemeinschaft der Landesjugendämter. Die Regierungsmehrheit von CDU und FDP überlässt die finanzielle Verantwortung dagegen auch weiterhin den Kreisen und Kommunen und bleibt bei ihrer Ablehnung der längst überfälligen Kofinanzierung über die Ministerien Kultus und Soziales. Eine konsequente politische Verhaltensstarre, die an jeder emanzipatorischen Orientierung i. S. der letzten Bundesjugendberichte vorbeigeht.

Noch bis 2003 gab es die Landesservicestelle Jugendhilfe und Schule (LSSt) in Marburg, die in regelmäßigen Abständen eine Bestandsaufnahme über Kooperationsformen und -ergebnisse an die Ministerien für Kultus und für Soziales weitergegeben hat. Diese landesweiten Ergebnisse konnten die Akzeptanz und Erfolge von Schulsozialarbeit belegen. Dennoch wurde 2003 eine Weiterfinanzierung der LSSt von beiden Ministerien abgelehnt. Dies, obwohl das Regierungsprogramm 2003 das Versprechen enthielt: „Das Land Hessen wird in koordinierender Form dazu beitragen, die bisher getrennten Zuständigkeiten für Kinder und Jugendliche besser zu vernetzen, um damit für eine bessere Kooperation im Rahmen des gemeinsamen Erziehungsauftrages zu sorgen" (Regierungsprogramm 2003–2008, S. 20). Wie der Name des Regierungsprogrammes blieb es bei der „Vision". Die Lenkungsgruppe auf Landesebene „Zusammenarbeit von Schule und Jugendhilfe" und das Referat Schulsozialarbeit im Landesjugendamt Hessen wurden ebenfalls unter der Regierung von CDU und FDP aufgelöst. Gegenwärtig nimmt das Hessische Sozialministerium (Abteilung II Familie) die Aufgaben des Landesjugendamtes wahr, das im Jahre 2000 dorthin integriert, d. h. faktisch aufgelöst wurde[1].

Im gegenwärtigen Regierungsprogramm von 2008 wird das Elternengagement, das Freiwilligenengagement und die Mitarbeit von örtlichen Vereinen und Kirchen eingefordert, nicht aber eine konsequente Beteiligung der Jugendhilfe am Lernort Schule. Weiter heißt es, dass alle Bildungsorte vom Elternhaus über Kinderbetreuungseinrichtungen bis hin zur Grundschule pädagogisch und organisatorisch enger verzahnt werden sollen. Jugendhilfe wird nicht erwähnt, obwohl hier deren Kompetenzen und Methoden assoziiert sind. Jugendhilfeeinrichtungen finden Erwähnung im Zusammenhang mit dem geplanten Ausbau des Antischulschwänzer-Programms. Sie sollen in Kooperation mit der Polizei dem Schulschwänzen entgegenwirken. Hier zeigt sich das klassisch, reaktive Ver-

---

1   Dementsprechend ist es in diesem Beitrag auch nicht möglich, weiterführende aktuelle Zahlen und Daten zur hessischen Schulsozialarbeit widerzugeben.

ständnis von Jugendhilfe bezogen auf eine diskriminierte Klientel. Die seit dem 8. Bundesjugendbericht postulierte lebensweltorientierte, präventive Jugendhilfe als jugendpolitische Unterstützung zur Verwirklichung von Bildungsgerechtigkeit bleibt offenbar „unerkannt" und daher unbenannt. Dagegen soll „das System der Leuchtturmschulen mehr ausgebaut werden (...)" (Regierungsprogramm 2008, S. 29).

15.3 Das Schulgesetz in Hessen

Nach Artikel 7 Abs. 1 des Grundgesetzes steht das gesamte Schulwesen unter der Aufsicht des Staates. Die Kulturhoheit der Länder führt zu eigenen Abschnitten über Schule und Bildung in den Verfassungen der einzelnen Bundesländer sowie zu eigenen Landesschulgesetzen. Für die Schule bedeutsame Inhalte werden in der Hessischen Verfassung vom 1.12.1946 ab Artikel 55 bis 62a unter dem Abschnitt „Erziehung, Bildung, Denkmalschutz und Sport" beschrieben. Die Hessische Verfassung postuliert:

1. allgemeine Schulpflicht, staatliches Schulwesen, Schulaufsicht;
2. gemeinschaftliche Erziehung unabhängig von Religion und Weltanschauung;
3. den Grundsatz der Duldsamkeit und die Pflicht des Lehrers, religiöse und weltanschauliche Aspekte sachlich darzulegen;
4. die sittliche Persönlichkeit, berufliche Tüchtigkeit und politische Verantwortung als Ziel der Erziehung;
5. die getreue und unverfälschte Darstellung des Geschichtsunterrichtes;
6. das Recht der Erziehungsberechtigten an der Mitgestaltung des Unterrichtswesens und
7. den Hinweis, dass Ländergesetze, Schulordnungen, Lehrpläne und Lehrdienstverordnungen das Nähere regeln.

Das Hessische Schulgesetz (HschG) garantiert analog zur Europäischen Kinderrechtskonvention und dem Kinder- und Jugendhilfegesetz (KJHG) ein Recht auf Erziehung und Bildung. Es gibt in Hessen keine ausdrückliche gesetzliche Grundlage für Schulsozialarbeit und auch im KJHG wird sie nicht explizit benannt. Das Land hat mit einzelnen Trägern Kooperationsvereinbarungen getroffen.

Für die Jugendhilfe ist die Zusammenarbeit mit der Schule gesetzlich geboten (§ 81 KJHG), was sehr häufig als Zusammenarbeitsverpflichtung missverstanden wird. Im HschG § 16 wird die Öffnung der Schule hin zu Kooperation mit Einrichtungen der Jugendhilfe als „Kann Vorschrift" ermöglicht. Die Schulen können mit außerschulischen Institutionen zusammenarbeiten und darüber Verträge abschließen und finanzielle Verpflichtungen eingehen, soweit ihnen die Mittel zur Verfügung stehen. Diese gesetzliche Konstruktion birgt keinerlei Konsequenzen dahingehend, dass eine nicht stattfindende Kooperation vor Ort in irgendeiner Weise Probleme für eine der beiden Institutionen nach sich ziehen würde.

Unbestritten ist in Fachkreisen mittlerweile, dass Schule alleine den gegenwärtigen Sozialisationsherausforderungen nicht gewachsen ist. Eine Unterstützung von Seiten der Jugendhilfe gilt konsensual als flächendeckende Notwendigkeit in allen Schulformen. Es wäre wünschenswert, dass Schulsozialarbeit als Kooperation ähnlich verbindlich geregelt wäre wie die zwischen Jugendhilfe und Justiz im Sinne der Jugendgerichtshilfe. Man bedenke, dass der §52 KJHG und der §38 des JGG (Jugendgerichtsgesetz) absolut verbindlich vernetzt sind im Sinne von Konsequenzen derart, dass es ein Revisionsgrund ist, wenn Jugendhilfe nicht eingeschaltet wird.

Im Vergleich der Schul- und Jugendhilfegesetzgebung lassen sich Kooperationsnotwendigkeiten sowohl im grundgelegten Erziehungs- und Bildungsverständnis als auch im Hinblick auf die Aufgabengebiete von Schule und Jugendhilfe und die organisatorische Umsetzung dieser, sowie einer Weiterentwicklung gemeinsamer Ziele konstituieren. Im hessischen Schulgesetz (HschG) § 2 wird der Bildungs- und Erziehungsauftrag der Schule verankert, der durchaus der Programmatik des § 1 KJHG vergleichbar ist. Besonders betont werden im Schulgesetz die Lernziele der Vermittlung von Beziehungsfähigkeit, Konfliktfähigkeit und des Sozialen Handelns im Sinne von Wahrnehmungs-, Empfindungs- und Ausdrucksfähigkeit. Diese erfordern in der Umsetzung eine Erweiterung und Veränderung des fachlichen und methodischen Könnens von Lehrerinnen und Lehrern hin zu originären sozialpädagogischen Kompetenzen. Im § 86 HschG heißt es: „Die Lehrerinnen und Lehrer erziehen, unterrichten, beraten und betreuen". Die Lehrerrolle wird hier inhaltlich entgrenzt und in die Nähe von sozialpädagogischem Handeln gebracht. Beraten und betreuen sind Grundpfeiler sozialpädagogischer Arbeit und Ausbildung. Das Unterrichten ist für sich genommen Aufgabe genug, betrachtet etwa unter den didaktischen Anforderungen nach Klafki und von Hentig.

Jugendhilfe als Schulsozialarbeit basiert im Wesentlichen auf den § 11 KJHG (Jugendarbeit), § 13 KJHG (Jugendsozialarbeit) und § 27 KJHG (Hilfen zur Erziehung). Die Inhalte von §§ 11, 13 KJHG korrespondieren mit dem § 15 HschG, der Betreuungsangebote und ganztägige Angebote an den Schulen vorsieht. Diese sind

1. Betreuungsangebote der Schulträgers, die stattfinden können an
2. Schulen mit Ganztagsangeboten und
3. Ganztagsschulen.

Die Ganztagsangebote können in Zusammenarbeit mit freien Trägern, den Eltern oder qualifizierten Personen auf freiwilliger Basis durchgeführt werden. Im Hinblick auf die Ausführenden gibt es demnach keine fachlichen Qualitätsanforderungen. Die Hilfeplanung, die der § 36 KJHG im Einzelfalle vorsieht, könnte perspektivisch vernetzt werden mit den im hessischen Regierungsprogramm (2008, S. 20) geplanten, verbindlich im Schulprogramm zu verankernden individuellen Erziehungsvereinbarungen für Schülerinnen und Schüler. Auf der Planungs- und Entwicklungsebene lassen sich der § 80 KJHG (Jugendhilfeplanung) und der § 145 HschG (Schulentwicklungsplanung) kongruent verbinden. Die Schulentwicklungspläne sind mit den benachbarten Schulträgern und mit anderen Fachplanungen, insbesondere der Jugendhilfeplanung abzustimmen, innerhalb von fünf Jahren zu überprüfen und fortzuschreiben. Sie bedürfen der Zustimmung des Kultusministeriums. Neu geregelt ist im hessischen Schulgesetz unter den Grundsätzen zur Verwirklichung im § 2 (10) die Zusammenarbeit mit den Jugendämtern: „Die Schule arbeitet mit den Jugendämtern zusammen. Sie soll das Jugendamt unterrichten, wenn Anhaltspunkte für eine Gefährdung oder Beeinträchtigung des Wohles einer Schülerin oder eines Schülers bekannt werden. Dies gilt auch für Schulen in freier Trägerschaft". Weiterhin ist die Jugendhilfe in der Verordnung über das Verfahren bei Ordnungsmaßnahmen genannt. Nach § 4a (2) soll bei einem Ausschluss von mehr als einer Woche das Jugendamt unverzüglich eingeschaltet werden und Gelegenheit zur Stellungnahme erhalten und nach § 9 unabhängig von § 4 bei Erfordernissen des Einzelfalles unterrichtet werden. Das sind lediglich Kooperationsvorgaben für den Konfliktfall aber nicht für Prävention. Ebenfalls neu geregelt ist im § 49 HschG der Anspruch auf sonderpädagogischen Förderbedarf in den Regelschulen. Inwieweit dies Kooperationsformen der Schulsozialarbeit tangieren wird, bleibt abzuwarten.

15.4 Die Erhebungsstandorte in Hessen: Darmstadt, Darmstadt-Dieburg und Waldeck-Frankenberg

Der Stadt *Darmstadt* wurde 1997 vom Innenministerium Hessen der Titel *Wissenschaftsstadt* verliehen. Darmstadt ist eine kreisfreie Stadt, die mit ihren ca. 147 000 Einwohnern zum Rhein-Main-Gebiet gehört. Die Stadt ist Träger von 42 öffentlichen Schulen mit 29 000 Schülerinnen und Schülern. Es gibt 18 Grundschulen, eine Haupt- und Realschule, fünf Gesamtschulen, vier Förderschulen, acht Gymnasien und sechs Berufsschulen (vgl. www.darmstadt.de). Die Stadt hat den Ausbau der Schulsozialarbeit bis 2013 beschlossen. Bis dahin sollen alle Schülerinnen und Schüler davon profitieren. Zur Vernetzung der sozialräumlich orientierten Schulsozialarbeit hat die Stadt eine Koordinationsstelle eingerichtet.

Anhand der Schulbezirke sollen Sozialplanungsräume gebildet werden, in denen jeweils Schulsozialarbeit von einem freien Träger durchgeführt wird. Dieses Konzept ist konsequent an den Empfehlungen des Deutschen Städtetages zu Errichtung *kommunaler Bildungslandschaften* orientiert. Neu ist, dass die Grundschulen mit einbezogen werden. Nur die Berufsschulen bilden einen Sonderfall und werden gesondert von einem Anbieter mit spezifischen Angeboten versorgt. Allgemeines Ziel ist die Unterstützung und Förderung der Persönlichkeitsentwicklung der Schülerinnen und Schüler sowie die Förderung von sozialem Lernen, Förderung der Klassengemeinschaft und der Integration auf Basis eines ganzheitlichen, sozialpädagogischen Ansatzes (vgl. Fachstelle für Jugendberufshilfe Darmstadt). Die Schulsozialarbeit soll lebenswelt- und gegenwartsbezogen handeln und sich an den jeweiligen Bedürfnissen von Kindern und Jugendlichen in ihrer aktuellen Lebenssituation ausrichten. Geplant sind fünf sozialpädagogische Dienstleistungszentren, die sozialräumliche Schulsozialarbeit organisieren, die von anerkannten Trägern der Jugendhilfe mit qualifiziertem Personal ausgeführt wird. Die Entscheidung über Kooperationsvereinbarungen und Trägerschaften trifft der Jugendhilfeausschuss.

Der *Landkreis Darmstadt-Dieburg* hat ca. 300 000 Einwohner und 30 000 Schülerinnen und Schüler. Die insgesamt 81 Schulen in Trägerschaft des Kreises gliedern sich in 30 Schulen mit Sekundarstufe I und II, 49 Grundschulen und eine Berufsschule. Das Land Hessen hat für diesen Landkreis und die Stadt Darmstadt ein Schulamt in Darmstadt eingerichtet. Dieses organisiert die Umsetzung des im Landkreis erarbeiteten und mit dem hessischen Kulturministerium abgestimmten Schulentwicklungsplanes. Seit 2003 gibt es für die Schulen mit Sekundarstufe I (insgesamt 30) Schulsozialarbeit, die den Titel: *Jugendsozialarbeit an Schule* (JuSaS) trägt und auf den drei Säulen der „Kompetenzförderung", „Unterstützung in besonderen Lebenssituationen" und „Vernetzung" beruht. Im November 2008 beschloss der Kreistag die Erweiterung der Schulsozialarbeit, so dass es seitdem an 17 der Schulen mit Sekundarstufe I im Landkreis acht Stellen für sozialpädagogische Fachkräfte gibt. Sie sind der Familienförderung des Landkreises zugeordnet, der die Dienst- und Fachaufsicht der Sachgebietsleitung für Jugendsozialarbeit an Schulen überantwortet wurde. Die Schulsozialarbeiter sind vor Ort an den Schulen tätig und kümmern sich dort um einzelne Schülerinnen und Schüler sowie Schülergruppen und arbeiten eng mit dem Lehrpersonal zusammen. Die JuSaS orientiert sich an der aktuellen bildungspolitischen Entwicklung und beinhaltet ein im Dialog beständig weiter zu entwickelndes, gemeinsames Bildungs- und Erziehungsverständnis von Jugendhilfe und Schule. Die gemeinsame Verantwortungsübernahme für den Förderprozess der Kinder und Jugendlichen gelingt durch eine gleichberechtigte Zusammenarbeit, um so die Chancen und Handlungsmöglichkeiten der jeweiligen Arbeitsbereiche sinnvoll zu vernetzen und bestmöglich zu nutzen. Durch eine Kooperation mit den jeweiligen Schulen und anderen Sozialpartnern, wie den Erziehungsberatungsstellen und der Jugendförderung entsteht ein einheitliches Konzept in der Region. Schule und Jugendhilfe im Landkreis Darmstadt-Dieburg werden dabei langfristig in ein regionales, vernetzt arbeitendes System von Bildung, Betreuung und Erziehung (regionale Bildungslandschaft) mit vorrangig präventiver Orientierung eingebettet (vgl. Landkreis Darmstadt-Dieburg 2012a; 2012b).

Der *Landkreis Waldeck-Frankenberg* gehört zum Regierungsbezirk Kassel hat ca. 160 500 Einwohner und 23 000 Schülerinnen und Schüler. Das Schulwesen unterliegt dem Staatlichen Schulamt für den Schwalm-Eder-Kreis und den Landkreis Waldeck-Frankenberg. Der Landkreis Waldeck-Frankenberg ist Träger von 37 Grundschulen, 13 Grund-, Haupt- und Realschulen, drei Gesamtschulen, vier Gymnasien, sieben Förderschulen und vier Beruflichen Schulen. Derzeit arbeiten elf Schulsozialarbeiter mit je einer halben Planstelle an 12 Schulen (zehn Haupt- und Realschulen, eine Grundschule und eine Förderschule). Perspektivisch sollen drei weitere Stellen für die Schulsozialarbeit besetzt werden. Die Angebote der Schulsozialarbeit beziehen sich auf Handlungsfelder im Schulalltag (Beratung und Einzelfallhilfe bei Schulschwierigkeiten, Schulversagen und in psychosozialen Krisensituationen), Sozialpädagogische Gruppenarbeit, Elternarbeit sowie schulorientierte Gemeinwesenarbeit. Der Träger der Schulsozialarbeit ist die Kreisverwaltung, die ein Schulverwaltungsamt unterhält, das die Dienst- und Fachaufsicht für die Schulsozialarbeit hat. Im Unterschied zu den anderen Erhebungsorten finanziert hier der öffentliche Träger die Angebote allein. Zukünftig sind drei weitere Stellen für die Schulsozialarbeit bewilligt, die aber ebenfalls für zwei Jahre befristet sind (vgl. Landkreis Waldeck-Frankenberg 2012).

15.5 Ausblick

Die für Hessen und die ausgewählten hessischen Erhebungsstandorte beschriebene Situation verdeutlicht einerseits die Notwendigkeiten von flächendeckender schulbezogener und schulbegleitender Schulsozialarbeit und andererseits die landesspezifischen, bildungspolitischen Erschwernisse in deren Umsetzung. Immerhin befinden sich in Hessen gegenwärtig 37,6 % aller Schülerinnen und Schüler im Ganztagsschulbetrieb (vgl. Bertelsmann Stiftung 2012), der nach Auffassung der Landesregierung ausgebaut werden soll (vgl. Regierungsprogramm 2008, S. 6). Die Schulsozialarbeit wird in diesem Zusammenhang aber nicht als Kooperationspartner genannt. Durch die wiederholte Forderung nach erweiterter sozialpädagogischer Qualifizierung der Lehrerinnen und Lehrer entsteht eher der Verdacht, dass i. S. des §15 HschG die Ganztagsschule als Modell der Zukunft mit engagierten Eltern, Freiwilligen und über die Unterrichtsverpflichtung hinausgehend geforderten Lehrerinnen und Lehrern gestaltet werden soll. Alleine der Umstand, dass Lehreinnen und Lehrer in Fällen von Kindeswohlgefährdung verantwortungsvoll agieren sollen, erfordert m. A. n. zwangsläufig die unterstützende Kompetenz von Sozialarbeiterinnen und Sozialarbeitern vor Ort. Deren Ausbildung an den hessischen Hochschulen bezieht das Handlungsfeld Schule seit Jahren konsequent curricular mit ein, so dass die notwendige berufliche Ressource existiert. Inwieweit diese am Lern- und Lebensort Schule zum Tragen kommt, bleibt indes für Hessen vage, wenn es heißt: „Die Verwirklichung von Bildungsgerechtigkeit ist unser Ziel, was dann in der Konsequenz zu mehr Lehrern, Sozialpädagogen oder einer besseren Ausstattung der betreffenden Schulen führen kann" (Regierungsprogramm 2008, S. 8). Von der Schaffung eines konsistenten und verbindlich finanzierten Gesamtsystems von Bildung, Erziehung und Betreuung in Kooperation von Eltern, Schule und Jugendhilfe in der gemeinsamen finanziellen Verantwortung von Kultus- und Sozialministerium bleiben die gegenwärtigen politischen Zielsetzungen weit entfernt.

Dennoch muss es das bildungspolitische Ziel sein, dass Schulsozialarbeit „unverzichtbarer Bestandteil multiprofessioneller Schulreformprozesse" wird (Hollenstein & Nieslony 2008, S. 22).

Literatur

Bertelsmann Stiftung (2012). *Anteil der Schüler im Ganztagsschulbetrieb an allen Schülern 2009/2010 bis 2011/2011. Allgemeinbildende Schulen in öffentlicher und privater Trägerschaft.* www.bertelsmann-stiftung.de/ganztag. Zugegriffen: 20. August 2012.

Der Paritätische Hessen (2010). *Der Paritätische Hessen 01/2010.* http://www.der-paritaetische.de/index.php?eID=tx_nawsecuredl&u=0&file=uploads/media/04_Hessen_01.pdf&t=1358254436&hash=8302f64328332092190183620984d836af33c2ef Zugegriffen: 07. Januar 2012.

Fachstelle für Jugendberufshilfe – Koordinierende Stelle Schulsozialarbeit (o. J.). http:www. darmstadt.de. Zugegriffen: 20. August 2012.

GEW Landesverband Hessen (2009): *Schulsozialarbeit ausbauen.* http://www.gew-hessen.de/index.php?id=296&tx_ttnews[pointer]=6&tx_ttnews[tt_news]=4266&tx_ttnews[backPid]=368&cHash=e1a5ffb1b325a65c339e1a9fed4de6d5. Zugegriffen: 07. Januar 2012.

Hessisches Schulgesetz in der Fassung vom 14. Juni 2005 (GVBl.IS S. 441) zuletzt geändert durch Gesetz vom 21. November 2011 (GVBl. S. 679).

Hollenstein, E. & Nieslony, F. (2008). *Schulsozialarbeit, Ganztagsschule und lokale Bildungslandschaften als Herausforderung.* http://www.gew-nds.de/Aktuell/ar-

chiv_mai_11/WS1_Prof_Dr_Nieslony-Prof_Dr_Hollenstein_Praesentation.pdf. Zugegriffen: 20. August 2012.
LAG-Hessen (o. J.): *Sozialarbeit in Schulen.* http:www.sozialarbeit-schule-hessen.de. Zugegriffen: 20. August 2012.
Landkreis Darmstadt-Dieburg (o. J.): *Jugendsozialarbeit an Schule im Landkreis Darmstadt-Dieburg.* http://www.ladadi.de/nc/gesellschaft-soziales/familie-kinder-und-jugend/jugendsozialarbeit-an-schule.html?sword_list[0]=jusas. Zugegriffen 15.12.2012.
Landkreis Darmstadt-Dieburg (o. J.): *Schule.* www.ladadi.de/landkreis-verwaltung/unsere-aufgaben/schule.html. Zugegriffen: 20. August 2012.
Landkreis Waldeck-Frankenberg (o. J.): *Fachdienst Schulen und Bildung.* http://www.landkreis-waldeck-frankenberg.de/. Zugegriffen: 15. Dezember 2012.
Hessisches Kultusministerium (HKM) (o. J.): *Pressemitteilungen.* http://www.kultusministerium.hessen.de. Zugegriffen: 20. August 2012.
Regierungsprogramm Hessen 2003–2008: *Verantwortung für Heute – Visionen für Morgen, Unser Versprechen für Hessen.*
Regierungsprogramm Hessen 2008–2013: *Mutig – Modern – Menschlich.*
Verfassung des Landes Hessen vom 1. Dezember 1946.
Verordnung über das Verfahren bei Ordnungsmaßnahmen vom 8. Juli 1993 (AB1. S. 688) auf Grund des §82 Abs. 11 des Hessischen Schulgesetzes vom 17. Juni 1992, zuletzt geändert 14. Juni 2005 (AB1. S. 467).
www. Stk.hessen.de HKM 2012. Zugegriffen: 20. August 2012.
www.darmstadt.de: Darmstadts Schulen. http://www.darmstadt.de/leben-in-darmstadt/bildung/schulen/index.htm. Zugegriffen: 15. Dezember 2012.

Soziale Arbeit an Schulen in Nordrhein-Westfalen

16

Nicole Kastirke, Heike Niemeyer und Claudia Streblow

16.1 Hintergrund zur Schulsozialarbeit in NRW

Seit fast 40 Jahren wirken sozialpädagogische Fachkräfte in Nordrhein-Westfalen bei der Bildungs- und Erziehungsarbeit mit und mittlerweile hat sich der Begriff Schulsozialarbeit für diesen Arbeitsbereich in NRW durchgesetzt. Nach den integrierten Gesamtschulen, die in den Jahren 1969–1981 im Rahmen eines Schulversuches sozialpädagogische Fachkräfte eingesetzt haben, folgten weitere Schulformen diesem Beispiel (vgl. Rosarius, Thünken 2011).

Hauptschulen, Förderschulen, Realschulen, Berufskollegs, Grundschulen und Gymnasien schlossen sich dieser Entwicklung an und erkennen die Schulsozialarbeit als einen integrativen Bestandteil von Bildung und Erziehung an, und machen sich nach wie vor auf den Weg, um zu einer ganzheitlichen Persönlichkeitsbildung bei Kindern und Jugendlichen im System Schule beizutragen. Das Ministerium für Schule und Weiterbildung hat in Abstimmung mit dem Ministerium für Generationen, Familie, Frauen und Integration, den kommunalen Spitzenverbänden und weiteren Verbänden und Organisationen mit dem Runderlass vom 23.1.2008 (BASS 21-13 Nr. 6) eine Grundlage und einen Orientierungsrahmen für Schulsozialarbeit in Nordrhein-Westfalen gelegt, die beispielhaft ist. Mit dem Erlass wurde den Schulen die Möglichkeit eröffnet, Schulsozialarbeiterinnen und Schulsozialarbeiter auf Lehrer/innenstellen als Landesbedienstete einzustellen sofern es Kooperationsvereinbarungen mit der örtlichen Jugendhilfe gibt und Handlungskonzepte im Schulprogramm verankert werden (vgl. Rosarius, Thünken 2011).

Die aktuelle Fassung des Schulgesetzes stammt vom 1.7.2011. In § 5 werden die Öffnung von Schule und die Zusammenarbeit mit außerschulischen Partnern geregelt. Gemäß Abs. 2 sollen Schulen „in gemeinsamer Verantwortung mit den Trägern der öffentlichen und der freien Jugendhilfe, (...) und mit anderen Partnern zusammenarbeiten, die Verantwortung für die Belange von Kindern, Jugendlichen und jungen Volljährigen tragen und Hilfen zur beruflichen Orientierung geben" (Schulgesetz NRW).

Darüber hinaus finden die Träger der öffentlichen und der freien Jugendhilfe im Rahmen der ergänzenden Angebote der Offenen Ganztagsschule Erwähnung. Diesen Trägern kommt die Aufgabe zu, „außerunterrichtliche Angebote vorzuhalten. (…) Dabei soll auch die Bildung gemeinsamer Steuergruppen vorgesehen werden." (§ 9 Schulgesetz NRW). Im Kontext von Information und Beratung finden explizit nur der schulpsychologische Dienst und die Berufsberatung Erwähnung (§ 44). Allerdings wird sozialpädagogisches Personal nochmals in einem eigenen Paragraphen aufgeführt. Dieser bezieht sich allerdings nur auf die im Landesdienst Beschäftigten: „Sonstige im Landesdienst stehende pädagogische und sozialpädagogische Mitarbeiterinnen und Mitarbeiter wirken bei der Bildungs- und Erziehungsarbeit mit." (§ 58 Schulgesetz NRW).

16.2 Die Stadt Dortmund

Die Stadt Dortmund hat im Jahr 2012 ca. 580 000 Einwohnerinnen und Einwohner und rund 58 140 Schülerinnen und Schüler und ist Träger von 171 Schulen. Es gibt 93 Grundschulen, 14 Hauptschulen, 14 Förderschulen, eine Schule für Kranke, 14 Realschulen, eine Sekundarschule, 14 Gymnasien, neun Gesamtschulen, acht Berufskollegs und drei Weiterbildungskollegs. Darüber hinaus gibt es noch einige weitere Schulen von anderen z. B. privaten Trägern oder dem LWL (Landschaftsverband Westfalen-Lippe) (vgl. Stadt Dortmund 2005, Fachbereich Schule).

Gemäß dem Leitbild „Schulstadt Dortmund" hat Schulsozialarbeit das Ziel, Kinder und Jugendliche im System Schule bei der Verbesserung ihrer Lebens- und Lernchancen zu unterstützen und führt somit zu mehr Chancengerechtigkeit für Kinder, Jugendliche und junge Erwachsene. An der Erreichung dieses Ziels wird in Dortmund seit vielen Jahren gearbeitet.

Seit den 1970er Jahren gibt es durch die Einführung der Schulform Gesamtschule in Dortmund Schulsozialarbeit. Seit 2005 gibt es in Dortmund das verbindliche Rahmenkonzept „Schulsozialarbeit an Dortmunder Schulen". Begleitet durch das Regionale Bildungsbüro wurde es von Vertretern und Vertreterinnen des Schulamtes, des Jugendamtes, von Sprecher/innen verschiedener Schulformen und Schulsozialarbeiter/innen gemeinsam erarbeitet. Es dient heute als Grundlage zur Konzeptentwicklung jeder einzelnen Schule.

Das Regionale Bildungsbüro wurde auf Anregung der Dortmunder Bildungskommission eingerichtet und ist eine Service-Agentur für alle Dortmunder Schulen. Es bietet Koordinierungsleistungen für Schulen und Bildungspartner in der

Regionalen Bildungslandschaft an und ist Geschäftsstelle der Dortmunder Bildungskommission, des Beirats „Regionales Übergangsmanagement Schule-Arbeitswelt" und der Schulkoordinierungskonferenz. Eine erste Evaluation zur Schulsozialarbeit an Dortmunder Schulen wurde 2008 vom Regionalen Bildungsbüro in Kooperation mit der Fachhochschule Münster, Fachbereich Sozialwesen durchgeführt. Sie belegte die erfolgreiche Umsetzung der Schulsozialarbeit und gab Anregungen zur Weiterentwicklung der Schulsozialarbeit (vgl. Merchel 2008, S. 23).

Auf der Basis des „Berichtes zur Sozialen Lage in Dortmund" sowie des „Sozialstrukturatlasses", die detailliert und qualifiziert die sozialen Problemlagen in den Stadtquartieren darstellten, wurde 2008 vom Rat der sogenannte „Aktionsplan Soziale Stadt Dortmund" beschlossen. In Schulzentren mit besonders hohem Belastungsindex wurden auf Grundlage des kommunalen Bildungsberichtes der Stadt Dortmund – zunächst befristet – weitere Stellen für die Schulsozialarbeit geschaffen. Schulsozialarbeit wurde in diesem Kontext auch an den städtischen Berufskollegs in Kooperation mit den freien Trägern installiert. Der Runderlass des Ministeriums für Schule und Weiterbildung vom 23.1.2008 (ABl. NRW. S. 97142) zur Umwandlung von Lehrer/innenstellen in Stellen für Schulsozialarbeit unterstützte den weiteren Ausbau der Schulsozialarbeit. Zudem finanzierten einige Schulen Stellenanteile für Schulsozialarbeit auch über ihre Fördervereine. Schulsozialarbeit war 2008 somit an fast allen Schulformen (außer an Grundschulen) in Dortmund installiert. Ebenfalls 2008 wurde der Kooperationsvertrag zur „Weiterentwicklung eines Bildungsnetzwerkes in der Bildungsregion Dortmund" zwischen dem Land NRW und der Stadt Dortmund unterzeichnet und trat zum Schuljahr 2008/09 in Kraft. Dieser zielt darauf ab, in gemeinsamer Verantwortung und unter Einbeziehung weiterer Bildungspartner die Lern- und Lebenschancen von Kindern und Jugendlichen durch die Bündelung und Vernetzung von Aktivitäten im schulischen und außerschulischen Bereich systematisch zu verbessern. Vor diesem Hintergrund hat der Rat der Stadt Dortmund 2010 die Verstetigung der Maßnahmen für Bildung und Erziehung – und damit auch die der Schulsozialarbeit – beschlossen.

Schulsozialarbeit ist ein wichtiger und allseits wertgeschätzter Bestandteil schulischer Arbeit in Dortmund, der in gemeinsamer Verantwortung von Land, freien Trägern und Stadt kontinuierlich weiterentwickelt wird. Zur Fortführung der Qualitätsentwicklung gehört auch die im Regionalen Bildungsbüro 2009 von der Stadt Dortmund installierte Koordinierungsstelle Schulsozialarbeit, die als trägerübergreifende Servicestelle für Schulsozialarbeit in dieser für NRW einmaligen Form ihren Service für Schulen anbietet.

Ein Herzstück der Arbeit in der Koordinierungsstelle sind die Qualitätszirkel, die im Regelfall alle 5 bis 6 Wochen vierstündig trägerübergreifend für alle

Schulsozialarbeiter/innen angeboten werden. Die Qualitätszirkel werden zum Teil schulformbezogen aber auch schulformübergreifend zusammengestellt. Ein Qualitätszirkel beinhaltet jeweils drei Phasen:

1. Informationsaustausch; hier werden Beispiele gelingender Praxis vorgestellt, Informationen aus Fortbildungen weitergegeben, Termine ausgetauscht und Arbeitshilfen vorgestellt, um Synergieeffekte für Schulen zu nutzen.
2. Schwerpunktthema mit Gastreferent/innen, z. B. Projektangebote für die Schulsozialarbeit im Kontext Gewaltprävention oder Sexualpädagogik und die
3. kollegiale Fallberatung in Kleingruppen zu Themen wie z. B. Rollenfindung, Einzelfallbegleitung oder Kooperation mit außerschulischen Partnern.

Die Qualitätszirkel sind für alle neuen Schulsozialarbeiter/innen in Dortmund ein Forum für schnelle Vernetzung auf verschiedenen Ebenen mit dem Ziel, die qualitativen Weiterentwicklung von Schulsozialarbeit zu unterstützen (vgl. Niemeyer 2011, S. 40 ff.).

Die Koordinierungsstelle Schulsozialarbeit im Regionalen Bildungsbüro befasst sich mit fast allen Fragestellungen rund um das Thema Schulsozialarbeit. Neben der Koordination und Vernetzung der diversen Schulsozialarbeitsstandorte beinhaltet die Arbeit der Servicestelle folgende weitere Aspekte: „Entwicklung von Arbeitshilfen, Konfliktberatung, Beratung einzelner Schulen beim Auf- und Ausbau der Schulsozialarbeit, Ausbau der Vernetzung mit der Jugendhilfe und anderen Kooperationspartnern, Kooperation mit der Fachhochschule Dortmund und Angeboten für die Qualifizierung der Schulsozialarbeit (…)" (Niemeyer 2011, S. 40).

Zentrales Element, im Sinne von Rahmenbedingungen in Dortmund, war, während des Erhebungszeitraumes der hier vorgelegten Studie, das für alle Schulen, an denen Schulsozialarbeit stattfindet, richtungsweisende Rahmenkonzept von 2005.

Mit der Bezeichnung „Fachkräfte der Sozialen Arbeit" werden im Rahmenkonzept „Dipl.-Sozialarbeiter und Dipl.-Sozialpädagogen (mit Fachhochschulabschluss) sowie Angehörige von Berufsgruppen mit einem für die Soziale Arbeit relevanten Universitätsstudium und mit entsprechenden Berufserfahrungen in der Sozialen Arbeit (z. B. Dipl.-Pädagogen, Dipl.-Psychologen u. a.)" (Merchel 2005, S. 2) bezeichnet. Das Rahmenkonzept legt demnach fest, dass „die Grundqualifikation für Fachkräfte in der Sozialen Arbeit, die in der Schulsozialarbeit tätig werden, (…) ein Fachhochschul- oder Universitätsabschluss sein" soll (Stadt Dortmund 2005, S. 2). Das Rahmenkonzept begründet die Notwendigkeit von Schulsozialarbeit in Dortmund, legt ein Grundkonzept für die Arbeit nahe, formuliert Ziele und Handlungsschwerpunkte, beschreibt die organisatorische und konzeptionelle Einbindung von Schulsozialarbeit in Dortmund und beinhaltet einen Ausblick und Perspektiven für die Schulsozialarbeit als Teil der Bildungsregion Dortmund sowie der Dortmunder Jugendhilfe. Das Rahmenkonzept von 2005 formuliert als zentrale Annahme, die Notwendigkeit von Sozialer Arbeit am Standort Schule, wenn dieser sich in einem besonders belasteten Sozialraum befindet und Schüler und Schülerinnen dort als problembelasteter gelten als eventuell anderswo (vgl. Stadt Dortmund 2005, S. 5). Dieser vornehmlich defizit-orientierte Charakter zieht sich wie ein roter Faden durch das Rahmenkonzept und kann mittlerweile als in der Dortmunder Bildungslandschaft überholter Ansatz bezeichnet werden. Für das Forschungsprojekt „Auf dem Weg zu einer Statistik sozialpädagogischer Fachkräfte in Schulen" bildete allerdings eben dieses für den Projektzeitraum relevante Rahmenkonzept von 2005 den Hintergrund für den Standort Dortmund. Im Erhebungszeitraum der Befragung waren an 58 städtischen Schulen insgesamt 61 Schulsozialarbeiterinnen und Schulsozialarbeiter beschäftigt, einige weitere an privaten Schulen. An der vorliegenden Erhebung haben sich 83 sozialpädagogisch tätige Personen beteiligt. Die höhere Zahl entsteht durch die Beteiligung der Fachkräfte im Bereich des offenen Ganztages. Anstellungsträger der Schulsozialarbeiter/innen sind das Land NRW, die Stadt Dortmund, freie Träger und einige Fördervereine. Das seit 2005 verbindliche Rahmenkonzept „Schulsozialarbeit an Dortmunder Schulen", wird im Jahr 2012 mit wissenschaftlicher Begleitung durch die Fachhochschule Dortmund (Kastirke/Streblow) grundlegend überarbeitet und weiterentwickelt.

16.2.1 Ausblick auf die neueren Entwicklungen in Dortmund

Nach Ende des Erhebungszeitraumes wurde die Koordinierungsstelle für die Umsetzung des Bildungs- und Teilhabepaketes um eine Stelle erweitert. Ziel ist die Optimierung der operativen Umsetzung des kompletten Bildungs- und Teilhabepaketes (Ausstattung mit Schulbedarf, Schulausflüge und Klassenfahrten, Beförderungskosten, Zuschuss zum Mittagessen, Lernförderung und soziale und kulturelle Teilhabe) mit Unterstützung der Schulsozialarbeiter/innen in den Schulen. Im Herbst 2011 wurden über 70 weitere Stellen für Schulsozialarbeit in Dortmund auf der Finanzierungsgrundlage des Bildungs- und Teilhabepakts der Bundesregierung eingerichtet. Diese Stellen sind zunächst auf zwei Jahre befristet und ergänzen die bereits vorhandenen Schulsozialarbeiter und Schulsozialarbeiterinnen in Dortmund, so dass von einer aktuell vorbildlichen Ausstattung mit Stellen gesprochen werden kann. 26 Stellen wurden erstmals auch in Grundschulen geschaffen. Die Besetzung der Stellen für Schulsozialarbeit erfolgte paritätisch bei der Stadt Dortmund und den freien Trägern und auf der Grundlage von Kooperationsverträgen. Alle neuen Schulsozialarbeiter und Schulsozialarbeiterinnen wurden in einer dreitägigen Einführungsqualifizierungsmaßnahme in Kooperation mit dem Landesjugendamt Westfalen zeitnah fortgebildet und erhielten so gute Startbedingung für das Handlungsfeld Schule. Über 150 Stellen für Schulsozialarbeit gibt es derzeit in Dortmund und auch durch die Umwandlung von weiteren Lehrkräftestellen in Stellen für Schulsozialarbeit beim Land wächst die Anzahl der Stellen für Schulsozialarbeit. An mehreren Standorten konnten Teams der Schulsozialarbeit eingerichtet werden, nach Möglichkeit wurden die Stellen mit geschlechtergemischten Teams besetzt, an anderen Standorten arbeiten mehrere Schulsozialarbeiter/innen zum Teil mit unterschiedlichen Trägern im Team an der Umsetzung von Schulsozialarbeit in einem Schulsystem. Die bewährte Kooperation mit Trägern der freien Wohlfahrtsverbände wurde inzwischen auf 12 freie Träger ausgeweitet. Ein regelmäßig stattfindender „Runder Tisch" zu dem die Koordinierungsstelle Schulsozialarbeit im Regionalen Bildungsbüro einlädt, zeigt in verschiedenen Arbeitsfeldern bereits Erfolge, z. B. bei der Schuldnerberatung oder Suchtprävention, indem Kontaktpersonen bekannter geworden und Hilfen effektiver und schneller vermittelt werden konnten. Trägerübergreifend werden für alle Schulsozialarbeiter/innen in Dortmund weiterhin regelmäßig Qualifizierungsmaßnahmen, wie z. B. „Geschlechtersensible Pädagogik – Mädchen und Jungen im Blick", in Kooperation mit Lehrkräften angeboten. Die Teilnahme an Qualitätszirkeln steht allen Schulsozialarbeitern und Schulsozialarbeiterinnen weiterhin trägerübergreifend offen, mittlerweile gibt es sechs Qualitätszirkel. Die Kooperationsvereinbarung von 2010 mit der Fachhochschule Dortmund wird stetig weiter ausgebaut, z. B. durch Vermittlung von Praxisstellen in der Schulsozialarbeit oder den Besuch von Gastreferenten und -referentinnen aus dem Praxisfeld Schulsozialarbeit in Seminaren im Fachbereich Soziale Arbeit. Der gemeinsame Fachtag Schulsozialarbeit fand im September 2012 bereits zum dritten Mal statt und ist mittlerweile überregional ausgerichtet. Im März 2012 fand die konstituierende Sitzung eines Lenkungskreises Schulsozialarbeit mit Vertreter/innen aus den Fachbereichen Schule und Jugendhilfe statt, der sich 3 bis 4 mal jährlich trifft, um die Evaluation und Konzeptentwicklung voranzutreiben und Ergebnisse aus den wissenschaftlichen Begleitungen zu analysieren. Die Koordinierungsstelle Schulsozialarbeit im Regionalen Bildungsbüro ist im Lenkungskreis geschäftsführend und fachlich beratend tätig. Mit einer Prozessbegleitung der Fachhochschule Dortmund (Kastirke/Streblow) haben drei Workshops zur „Weiterentwicklung Rahmenkonzept" mit relevanten Vertreter/innen im Kontext Schulsozialarbeit stattgefunden. Ein vierter Workshop zur „Weiterentwicklung Rahmenkonzept" wurde mit Kindern, Jugendlichen und jungen Erwachsenen im November 2012 durchgeführt und hat die Zielgruppe intensiv in die Konzeptentwicklung mit einbezogen. Das weiterentwickelte Rahmenkonzept wird 2013 vorliegen. Eine erneute Evaluation der Schulsozialarbeit in Dortmund mit externer Begleitung startete im Herbst 2012.

16.3 Kreis Unna

Der Kreis Unna hat 409 524 Einwohner und Einwohnerinnen und besteht aus insgesamt zehn Kommunen. Insgesamt gibt es im Kreis Unna 50 201 Schülerinnen und Schüler an allgemeinbildenden Schulen, sowie 11 149 Schülerinnen und Schüler an beruflichen Schulen. Der Kreis Unna verfügt insgesamt über 132 allgemeinbildende und berufliche Schulen. Die Schulen verteilen sich wie folgt auf die verschiedenen Schulformen: 65 Grundschulen, 13 Realschulen, 14 Gymnasien, 14 Förderschulen, zehn Hauptschulen, sieben berufliche Schulen, acht integrierte Gesamtschulen, sowie ein Weiterbildungskolleg (Landesregierung NRW Stand 2012, o. S.)

Die folgenden Informationen wurden durch das Schulamt des Kreises Unna gegeben: Schulsozialarbeit gibt es im Kreis Unna an den Gesamtschulen schon seit ungefähr 35 Jahren. Seit dem Jahr 2003 wurden auch an den Hauptschulen Stellen für Schulsozialarbeit, welche über das Land Nordrhein-Westfalen finanziert werden, geschaffen. Die Organisation der Schulsozialarbeit erfolgt im Kreis Unna auf kommunaler Ebene, weshalb sich insgesamt ein sehr heterogenes Bild der Schulsozialarbeit ergibt. Durch die Organisation der Schulsozialarbeit auf kommunaler Ebene soll sichergestellt werden, dass sich die Ausgestaltung des Arbeitsfeldes an den örtlichen Gegebenheiten orientieren kann. Denn die zehn Kommunen im Kreis Unna sind durch sehr unterschiedliche Sozialstrukturen gekennzeichnet. So kann durch eine kommunale Organisation auf diese Besonderheiten eingegangen werden, um dadurch eine optimale Förderung der Kinder und Jugendlichen in der Schule zu gewährleisten. Insgesamt sind im Kreis Unna 16 verschiedene Träger angesiedelt, wobei es sich um 13 freie und drei öffentliche Träger handelt. So kann es auch dazu kommen, dass an einer Schule zwei Schulsozialarbeiter oder Schulsozialarbeiterinnen über unterschiedliche Träger angestellt sind. Es ergibt sich hierdurch eine sehr heterogene Trägerlandschaft, in der es sowohl Träger gibt, die bereits viel Erfahrung im Bereich der Schulsozialarbeit mitbringen, als auch Träger, die in dieser Hinsicht noch am Anfang stehen und erst auf wenig Erfahrungen zurückgreifen können.

Auch der Kreis Unna hat vom Bund über das Bildungs- und Teilhabepaket weitere Stellen für Schulsozialarbeiter und Schulsozialarbeiterinnen geschaffen. So wurde die Anzahl der sozialpädagogischen Fachkräfte an Schulen hierdurch in etwa verdoppelt. Insgesamt wurden durch das Bildungs- und Teilhabepaket 37,2 Stellen geschaffen welche sich auf 48 Personen verteilen. Mit den bereits vorher angestellten Personen gibt es nun 90 Schulsozialarbeiter und Schulsozialarbeiterinnen im Kreis Unna. Eine Angabe zur exakten Stellenverteilung konnte nicht gegeben werden.

In dem Erhebungszeitraum waren 44 Schulsozialarbeiterinnen und Schulsozialarbeiter im Kreis Unna angestellt, von denen vier Personen durch das Bildungs- und Teilhabepaket eine Aufstockung ihrer Stelle erhalten haben. Verlässliche Zahlen über die gesamten sozialpädagogisch tätigen Personen, also auch die Kräfte im offenen Ganztag, gibt es nicht. In NRW gibt es allerdings sehr viele Ganztagsschulen und viele davon wiederum mit sozialpädagogisch Tägigen, weshalb die Anzahl der durch uns in 2011 befragten Personen, mit 119 deutlich höher liegt als die Zahl der 40 Schulsozialarbeiter/innen. Insgesamt sind heute von den 132 Schulen 102 Schulen mit Schulsozialarbeit ausgestattet. An allen Schulformen, bis auf das Weiterbildungskolleg, konnten mit Hilfe des Bildungs- und Teilhabepaketes Stellen für Schulsozialarbeit geschaffen werden. Hierbei handelt es sich allerdings nicht immer um Vollzeitstellen.

Des Weiteren wurde seit Mitte April 2012, also ebenfalls erst nach Ablauf des Erhebungszeitraumes, über das Bildungs- und Teilhabepaket eine Stelle zur Koordinierung der Schulsozialarbeit im Kreis Unna geschaffen. Die Aufgabe der Koordinierungsstelle besteht darin, Qualitätsstandards zu erarbeiten und Maßnahmen zur Qualitätssicherung durchzuführen. Eine dieser Maßnahmen ist die Einführung sogenannter Qualitätszirkel, wie sie in der Stadt Dortmund ebenfalls durchgeführt werden. Mithilfe dieser „Gesprächsrunden" soll den Schulsozialarbeitern und Schulsozialarbeiterinnen des Kreises Unna eine Möglichkeit zum Austausch gegeben werden. Zudem können hier gemeinsam mit den in der Praxis arbeitenden Fachkräften Qualitätsstandards entwickelt werden, die im Arbeitsalltag als Orientierung und auf politischer Ebene zur Argumentation für Schulsozialarbeit genutzt werden können. Für die Zukunft plant der Kreis Unna die Entwicklung eines Rahmenkonzeptes, welches in Zusammenarbeit mit den Kommunen, Trägern und Schulsozialarbeitern für die vor Ort Tätigen Schulsozialarbeiter und Schulsozialarbeiterinnen aber auch für die Schulleitungen und Träger eine Orientierung bieten soll. Dennoch soll das Arbeitsfeld weiterhin an die örtlichen Gegebenheiten angepasst werden können. Die durch das Bildungs- und Teilhabepaket zunächst durch den Bund befristet eingerichteten Stellen sollen, wenn möglich, auch über den Finanzierungszeitraum hinaus, im Kreis Unna erhalten bleiben.

16.4 Ausblick

Zusammenfassend lässt sich für Nordrhein-Westfalen sagen, dass sowohl das Land als auch die Kommunen die Finanzierung von Schulsozialarbeit an Hauptschulen vorrangig fördern und das Land einen weiteren zentralen Bedarf für Schulsozialarbeit bei den Gesamtschulen sieht. Förderschulen und Berufskollegs folgen bei der quantitativen Betrachtung, Grundschulen, Realschulen und Gymnasien werden derzeit noch eher vernachlässigt (Spogis 2011). Zu den ca. 850 landesgeförderten Schulsozialarbeitsstellen und den ca. 350 Stellen in kommunaler und freier Anstellungsträgerschaft (Zahlen von 2011) kommen derzeit weitere neue Stellen über das Bildungs- und Teilhabepaket hinzu. Das heißt: Die Schulsozialarbeit in NRW erfährt innerhalb kurzer Zeit einen Zuwachs um etwa 50 %. Die Schulsozialarbeit in NRW liegt mittlerweile zur Hälfte in schulischer Anstellungsträgerschaft und zur Hälfte bei den Kommunen und bei den freien und sonstigen Trägern.

In der dezidierten Betrachtung der Stadt Dortmund und des Kreises Unna, zeigt sich allerdings, wie beschrieben, ein anderes Bild, was wiederum die Annahme bestätigt, dass die zahlenmäßige Verteilung der Schulsozialarbeit nicht nur bundesweit sondern auch regional extrem variiert. Das Fehlen von genauen Daten trägt dazu bei, dass Beachtung und Wertschätzung von Schulsozialarbeit ganz unterschiedliche Formen annimmt.

Im Oktober 2012 gründet sich die Landesarbeitsgemeinschaft Schulsozialarbeit NRW mit dem Ziel genau diesem Problem entgegenzutreten und eine gemeinsame Stimme zur Weiterentwicklung und Verstetigung der Schulsozialarbeit öffentlich und laut werden zu lassen.

Literatur

Klemm, K. & Preuss-Lausitz, U. (2012). *Auf dem Weg zur schulischen Inklusion in Nordrhein-Westfalen. Empfehlungen zur Umsetzung der UN Behindertenrechtskonvention im Bereich der allgemeinen Schulen*. Juni 2011. http://www.regionale.bildungsnetzwerke.nrw.de/rbn/img/42/8fc7238a-8659-4a6d-9f9b-8f5af292ca79.pdf. Zugegriffen: 4. März 2012.

Landesregierung NRW (2012). Landesdatenbank NRW. https://www.landesdatenbank.nrw.de/ldbnrw/online/logon. Zugegriffen: 3. August 2012.

Merchel, J. (2005). *Rahmenkonzept Schulsozialarbeit an Dortmunder Schulen*. Fachhochschule Münster, Fachbereich Sozialwesen. Unveröffentlicht.

Merchel, J. (2008). *Evaluation der Schulsozialarbeit an Dortmunder Schulen*. Fachhochschule Münster, Fachbereich Sozialwesen. Unveröffentlicht.

Ministerium für Schule und Weiterbildung NRW (2008). RdErl. v. 23.01.2008 (ABl. NRW. S. 97142).

Niemeyer, H. (2011). Der Dortmunder Weg – Koordinierungsstelle Schulsozialarbeit im Regionalen Bildungsbüro. *Jugendhilfe aktuell (2/2011)* Schwerpunktthema Schulsozialarbeit. LWL-Landesjugendamt Westfalen: 38–42.

Rosarius, R. & Thünken, U. (2011). 38 Jahre Schulsozialarbeit in Nordrhein-Westfalen aus Schulsicht. *Jugendhilfe aktuell (2/2011)*. Schwerpunktthema Schulsozialarbeit. LWL-Landesjugendamt Westfalen: 4–10.

Ministerium für Schule und Weiterbildung: RdErl. vom 23. 01. 2008 (ABl. NRW. S. 97, 142).

Spogis, V. (2011). Quantitativer Überblick über die Schulsozialarbeit in unterschiedlicher Anstellungsträgerschaft in NRW. *Jugendhilfe aktuell (2/2011)*. Schwerpunktthema Schulsozialarbeit. LWL-Landesjugendamt Westfalen: 26–29.

Stadt Dortmund (2005). Sozialstrukturatlas – Demographische und soziale Struktur der Stadt Dortmund, ihrer Stadtbezirke und Sozialräume. http://www.dortmund.de/media/downloads/pdf/aktionsplansozialestadt/Sozialstrukturatlas.pdf. Zugegriffen: 20. August 2012.Stadt Dortmund (2007). Bericht zur Sozialen Lage in Dortmund. http://www.dortmund.de/media/downloads/pdf/aktionsplansozialestadt/Bericht_zur_sozialen_Lage.pdf. Zugegriffen: 20. August 2012.

Stadt Dortmund (2008). Aktionsplan Soziale Stadt Dortmund. http://www.dortmund.de/media/downloads/pdf/aktionsplansozialestadt/aktionsplan_dortmund.pdf. Zugegriffen: 20. August 2012.

17 Schulsozialarbeit in Niedersachsen: Ergebnisse einer ersten Erhebung in den Regionen Hannover, Hildesheim und Peine

Maria Busche-Baumann

17.1 Ausgangspunkt, Gegenstand und Fragestellung der Untersuchung

„Ihr Fragebogen geht voll an der Praxis vorbei!" Empört rief mich Frau Akela[1], eine pädagogische Mitarbeiterin einer Grundschule, an. Sie hatte den Fragebogen für „Fachkräfte sozialpädagogischer Tätigkeiten an Schulen" in der Hand. „Wir kommen hier nicht vor, obwohl es von uns fast 8000 an niedersächsischen Schulen gibt" beschwerte sie sich weiter. Ich war verblüfft und neugierig. Ein längeres Telefonat entwickelte sich, in dessen Verlauf sie ihrer Entrüstung Luft verschaffte. Kaum jemand aus der Masse der pädagogischen Zeitarbeiterinnen würde mehr als 400 € im Monat verdienen. Der Begriff „pädagogische Mitarbeiterin" sei nicht geschützt, würde weit ausgelegt. Zum Teil genüge der Nachweis, ‚Mutter zu sein' als Qualifikation für den Abschluss eines Arbeitsvertrages mit der Schulbehörde. Klang das nicht sehr zugespitzt? Ich wollte mehr erfahren, vertiefen und prüfen, ob ich meinen Forschungsgegenstand erweitern müsste. Wir verabredeten uns zu einem Gespräch.

Zur Vorbereitung tauchte ich wieder ein in die Tiefen der behördlichen Telefon-Kurven und Kontakte. Damit kannte ich mich aus. Seit drei Monaten war dies ein wichtiger Inhalt meiner Arbeit, um Trägerkonfigurationen zu verstehen, Ansprechpartner zu gewinnen und Zugangswege zu eröffnen. Dabei erlebte ich meine Gesprächspartner offen, unterstützend und interessiert. Nun, im Januar 2012, wollte ich dem Thema „pädagogische Mitarbeiter und Mitarbeiterinnen an Schulen in Niedersachsen" näher nachgehen. Erste Nachfragen bei der niedersächsischen Landesschulbehörde, dem GEW Landesverband Niedersachsen und beim Schulhauptpersonalrat bestätigten die Zahl von ca. 8000 pädagogischen

---

1 Name geändert

Mitarbeitern und Mitarbeiterinnen an niedersächsischen Schulen. Genaue Zahlen und Statistiken liegen nicht vor. Sie werden auf der Basis unterschiedlicher Erlasse eingestellt. Das Aufgabenfeld ist hierin allgemein skizziert und die erforderlichen fachlichen Voraussetzungen sind weit gefasst. Für Grundschulen gilt: „Als pädagogische Mitarbeiterinnen und Mitarbeiter können für die Tätigkeit an den Grundschulen je nach ihrer Qualifikation Sozialpädagoginnen und -pädagogen sowie Erzieherinnen und Erzieher eingestellt werden. Darüber hinaus dürfen auch weitere Personen mit (...) umfänglichen Erfahrungen in der Arbeit mit Kindern oder Jugendlichen eingesetzt werden" (RdErl. d. MK. 18.05.2004, S. 4).

Im Gespräch erläuterte mir Frau Akela, dass sie auf der Basis dieses Erlasses eingestellt sei. Ihr Lehramtsstudium habe sie wegen familiärer Aufgaben nicht abschließen können. Nun arbeite sie mit einem geringen Beschäftigungsumfang – ca. 4 Stunden in der Woche bei einer Jahresarbeitszeit von 200 Stunden – auf der Basis eines zunächst für zwei Jahre befristeten und jetzt unbefristeten Arbeitsvertrages mit dem Land Niedersachsen bei einem Tarif von E 5. Die Arbeit bereite ihr Freude, sei sie doch nahe an ihrem Berufswunsch Lehrerin. Gerne würde sie mehr arbeiten. Entsprechende Anfragen seien abschlägig beantwortet worden. Hintergrund hierfür ist der oben genannte Erlass des Niedersächsischen Kultusministeriums (MK) in dem ausgeführt ist, dass „die **Arbeitsverträge zum regelmäßigen Einsatz** für schulspezifische unterrichtsergänzende Angebote und zum **stundenweisen Einsatz auf Abruf** im Rahmen des Vertretungskonzeptes **(Stundenrahmenverträge)** abgeschlossen werden können" (RdErl. d. MK v. 18.05.2004, S. 4, Hervorhebungen im Original).

Frau Akela erhoffte für sich und ihre Kolleginnen mit geringfügiger Beschäftigung als pädagogische Mitarbeiterinnen in Grundschulen eine Berücksichtigung in unserer Befragung. Wie viele ihrer Kolleginnen sei sie im niedersächsischen Verband Bildung und Erziehung aktiv. Die vom Verband organisierten Fortbildungen würden von den pädagogischen Mitarbeiterinnen sehr gut nachgefragt, obwohl sie Selbstzahlerinnen seien und keine Aufstiegschancen hätten. „Nehmen Sie uns in Ihre Befragung auf – sonst sieht uns Keiner!" war ihr Appell beim Gehen.

Mittlerweile hatte ich mehrere entsprechende An- und Nachfragen bekommen. Eine pädagogische Mitarbeiterin an einer Grundschule forderte weitere 12 Fragebögen für ihre Kolleginnen an. Ein Schulleiter fragte nach, ob er auch Auskunft über pädagogische Mitarbeiterinnen auf Honorarbasis geben solle. Es war offensichtlich: eine genauere Festlegung des Forschungsgegenstandes und der Begrifflichkeit war nach der ersten Pretest-Stufe in Raum Peine notwendig. Klar und prägnant über Schulsozialarbeit zu sprechen ist notwendig, jedoch (noch) nicht immer möglich.

Ich fragte mich, ob ich an Begriffe in den Erlassen des MK zur Schulsozialarbeit an einzelnen Schulformen in Niedersachsen anknüpfen könnte, um damit möglicherweise auch die Sprache der Praxis zu sprechen? Die folgende Zusammenstellung zeigt die unterschiedlichen Bezeichnungen für Gegenstand und Personal im niedersächsischen Schulgesetz und in den Schulerlassen seit 2000:

Zusammenarbeit zwischen Schulen sowie zwischen Schulen und Jugendhilfe: „Schulen arbeiten mit den Trägern der öffentlichen und freien Jugendhilfe sowie anderen Stellen und öffentlichen Einrichtungen, deren Tätigkeit sich wesentlich auf die Lebenssituation junger Menschen auswirkt, im Rahmen ihrer Aufgaben zusammen" (NschG 2008, § 25).

Programm zur Profilierung der Hauptschule und der Förderschule Lernen (2010): „Die Zuwendungen werden von den Schulen für sozialpädagogische Angebote verwendet. Diese Angebote, die i. d. R. von sozialpädagogischen Fachkräften unterbreitet werden, unterstützen die Schülerinnen und Schüler gezielt bei Maßnahmen zur Berufsorientierung und Berufsbildung" (RdErl. d. MK v. 14.10.2010).

Die Arbeit in der Oberschule: „Sozialpädagoginnen und Sozialpädagogen unterstützen die Lehrkräfte der Oberschule bei der Durchführung berufsorientierender und berufsbildender Maßnahmen" (RdErl d. MK v. 7.7.2011).

Die Arbeit in der öffentlichen Ganztagsschule: Die Ganztagsschule hat insbesondere das Ziel „auf den Übergang von der Schule in eine berufliche Tätigkeit vorzubereiten." (...) „Jede Ganztagsschule arbeitet auf der Grundlage eines pädagogischen Konzeptes, in dem (...) die sozialpädagogische Arbeit der pädagogischen Mitarbeiterinnen und Mitarbeiter dargestellt wird" (RdErl d. MK v. 16.03.2004).

Sozialpädagogische Fachkräfte an Berufsbildenden Schulen (RdErl. des MK v. 01.03.2000): auf der Basis dieses Erlasses sind die „Materialien zur Schulsozialarbeit an berufsbildenden Schulen" entwickelt worden (MK 2004). In der Fortschreibung des Erlasses von 2000 heißt es nun „**Sozialpädagogische Fachkräfte an Berufsbildenden Schulen als pädagogische Mitarbeiterinnen und Mitarbeiter an öffentlichen berufsbildenden Schulen**". Danach sind: „...die sozialpädagogischen Fachkräfte der Berufseinstiegsschule zuzuordnen (...)" (MK v. 25.11.2010, Hervorhebungen im Original).

In den Erlassen für die Schulformen Realschule, Gymnasium, Integrierte Gesamtschule und Kooperative Gesamtschule sind keine Ausführungen zu sozialpädagogischen Fachkräften bzw. pädagogischen Mitarbeitern und Mitarbeiterinnen enthalten.

Welche Schlussfolgerung ist hieraus zu ziehen?

1. Der Begriff Schulsozialarbeit findet im Gesetz keine Verwendung. Ausschließlich für die Schulform Berufsbildende Schule wird das Handlungsfeld als

,Schulsozialarbeit' bezeichnet. Ansonsten wird es inhaltlich beschrieben mit den Begriffen Berufsorientierung, Berufsbildung und Gestaltung von Übergängen Schule-Beruf.
2. Der Begriff pädagogische Mitarbeiter und Mitarbeiterinnen wird als Obergriff gesetzt und subsumiert sowohl Fachpersonal als auch berufsfremdes, pädagogisch erfahrenes Personal.
3. Fachkräfte werden als ,sozialpädagogische Fachkräfte' bezeichnet.

Auch in der Fachdiskussion besteht eine Begriffsvielfalt. Eine Verständigung über Auftrag, Ziel und Profil wird dadurch erschwert. Zunehmend findet der Begriff Schulsozialarbeit Verwendung z. B. bei Raab und Rademacker (1987), Hollenstein und Tillmann (1999), Speck (2007), Pötter und Segel (2009), Speck und Olk (2010), Terner (2010), Rademacker (2011), um nur einige zu nennen. Der Kooperationsverbund Schulsozialarbeit hat mit der Formulierung eines Berufsbildes und Anforderungsprofiles der Schulsozialarbeit (vgl. Kooperationsverbund 2006) sowie der Entwicklung eines Qualifikationsrahmens für das Berufs- und Arbeitsfeld Schulsozialarbeit (vgl. Kooperationsverbund 2008) wesentlich zur weiteren Klärung und Profilierung des Arbeitsfeldes Schulsozialarbeit beigetragen. Anknüpfend an dieses Begriffsverständnis hat das Forschungsteam an der Hochschule für angewandte Wissenschaft und Kunst, Hildesheim (HAWK) ihr empirisches Projekt „Schulsozialarbeit in Niedersachsen" genannt. In diesem Begriffsverständnis sind u. a. folgende Merkmale enthalten: 1) sozialpädagogische Fachkräfte 2) arbeiten kontinuierlich 3) am Ort Schule auf einer 4) verbindlich vereinbarten und gleichberechtigten Basis 5) mit Lehrkräften, Eltern und Schulleitung zusammen 6) zur Wahrnehmung von Aufgaben der Kinder- und Jugendhilfe 7) für die Schülerinnen und Schüler der Schule. Eine Erweiterung des Merkmals um den Bereich ,pädagogische Mitarbeiter und Mitarbeiterinnen' – wie von Frau Akela und Anderen anempfohlen – wäre sicherlich notwendig und erkenntnisreich. Das würde auch eine Veränderung der weiteren Merkmale nach sich ziehen und in der Konsequenz die Entwicklung eines neuen Fragebogens erfordern. Für unsere Erhebung mussten wir diesen Bereich aber ausklammern. Denn im Rahmen der uns zur Verfügung stehenden Ressourcen wäre eine Ausweitung auf die große Gruppe der „pädagogischen Mitarbeiterinnen und Mitarbeiter" nicht realisierbar. In Kooperation mit dem Landesjugendring Niedersachsen wird dieses Arbeitsfeld Ende 2012 in einer verbandsinternen Erhebung untersucht.

Unsere Erhebung konzentriert sich somit auf die sozialpädagogischen *Fachkräfte* an Schulen. Dabei geht es zunächst darum, alle Tätigkeiten von Fachkräften der Sozialen Arbeit an niedersächsischen Schulen zu erfassen und im Hinblick auf Struktur-, Konzept-, Prozess- und Ergebnisqualität zu untersuchen. Angelehnt an den Qualitätsbegriff von Merchel (1999, 2001) sollen Erkenntnisse zu Bedingungen, Konzepten und Kooperationen anhand der Dimensionen *Strukturqualität* (vgl. Speck 2006, S. 241 ff), *Prozessqualität* (vgl. Speck 2006, S. 266 f., Floerecke und Holtappels 2004, S. 909), *Ergebnisqualität* und *Konzeptqualität* (vgl. Heiner 2001; Schilling 2005; von Spiegel 2004) generiert werden.

Zusammengeführt werden diese Ergebnisse unter Berücksichtigung der sozialwissenschaftlichen Kooperationsforschung und auf den Erfahrungen der Praxis (best-practice) in Handlungsempfehlungen. Diese sollen aufzeigen, wie Schulsozialarbeit in Niedersachsen in konzeptionell aufeinander bezogenen, verbindlichen, strukturierten und institutionalisierten Arbeitszusammenhängen im Sozialraum bzw. in Bildungslandschaften besser verortet werden kann.

Hierzu gibt es bislang für Niedersachsen kein hinreichendes Datenmaterial. Von der Niedersächsischen Landesschulbehörde erhielt ich im November 2011 die Information, dass es „landesweit 25 sog. ‚Schulsozialarbeiter' als Landeskräfte (gäbe), die vor mehr als 10 Jahren an sog. Brennpunktschulen eingestellt worden" (Kuhlemann 2011, S. 1) seien. An den öffentlichen Schulen Niedersachsens seien „insgesamt 242 sog. Pädagogische Mitarbeiterinnen und Mitarbeiter für den Ganztagsbereich ebenfalls als Landeskräfte tätig (…)." (Kuhlemann 2011, S. 1). Im Rahmen des Hauptschulprofilierungsprogramms (ausgeweitet auf die Oberschulen) gäbe es „Mittel an öffentliche Schulträger, die davon i. d. R. Sozialpädagogen beschäftigen, teils mit befristeten Verträgen, teilweise jedoch auch mit Honorarverträgen." Über den Umfang und den Einsatz dieser Kräfte hat die Landesschulbehörde keine Informationen, da sie „keine Landeskräfte sondern Beschäftigte der Schulträger sind und nicht in der Statistik erfasst werden." (Kuhlemann 2011, S. 2). Eine Statistik über Anzahl, Aufgaben, Ausbildungen von Fachkräften der Schulsozialarbeit sowie weiterer sozialpädagogischer Fachkräfte an Schulen liegt somit nicht vor.

17.2 Methodisches Vorgehen

Auch für die Bundesländer Bayern, Hessen und Nordrhein-Westfalen besteht diese Erkenntnislücke. Ein Forschungsteam aus den Hochschulen München, Frankfurt und Dortmund hat es sich zur Aufgabe gemacht, mittels einer quantitativen Befragung hier neue Erkenntnisse zu gewinnen und legt mit diesem Band seine Ergebnisse vor. Auf den Tagungen des Kooperationsverbundes Schulsozialarbeit wurde ich mit diesem Team bekannt und erfuhr, dass wir zeitversetzt verwandte Forschungsfragen bearbeiten. Um dem Ziel einer bundesweiten Statistik zur Schulsozialarbeit näher zu kommen, verabredeten wir die gemeinsame Verwendung der vom benannten Forschungsteam bereits entwickelten und erprobten Erhebungsinstrumente mit einer regionalen Anpassung und Weiterentwicklung für Niedersachsen.

Als Forschungsmethodologie wählte das HAWK-Team die Grounded Theory (vgl. Strauss und Corbin 1996). Sie eignet sich für die Kombination von quantitativen und qualitativen Methoden (vgl. ebd., S. 4), ermöglicht durch die Prinzipien Offenheit und Flexibilität, die Verfahren unterschiedlichen Phänomenen und Forschungssituationen anzupassen und insbesondere dadurch Neues zu entdecken. Damit ist nicht gemeint, als erste etwas zu sehen, sondern „tragfähige Verbindungen zwischen zuvor Bekanntem und dem bisher Unbekannten zu knüpfen" (Selye 1956, zitiert nach ebd., S. 27). In einem Wechsel zwischen dem Erheben quantitativer Daten, qualitativer Interviews, Expertengesprächen, teilnehmender Beobachtung, Verfassen von Feldnotizen und Analysieren der erhobenen Daten wurden die Erhebungsinstrumente weiterentwickelt. Nach der Pretest-Phase wird die Hauptuntersuchung im Februar 2013 an allen Schulen Niedersachsens mit geeichten Instrumenten methodisch streng durchgeführt.

In einem ersten Schritt wurde eine Genehmigung der Befragung bei der niedersächsischen Landesschulbehörde beantragt. Die Behörde ist an den Erkenntnissen zur Schulsozialarbeit interessiert, unterstützt unser Vorhaben und hat die Befragung genehmigt. In Gesprächen mit dem Präsidenten der Behörde, Vertretern und Vertreterinnen der Regionalabteilungen Braunschweig und Hannover, mit Vertretern und Vertreterinnen des Niedersächsischen Landesamtes für Soziales, Jugend und Familie wurde Expertenwissen zur Vorbereitung der Befragung eingeholt und die ersten Ergebnisse nach den Prinzipien einer kommunikativen Validierung (vgl. Kvale 1995; v. Kardorff 2000) mit den Partnern in ihrer Rolle als externe Experten diskutiert und pragmatisch weiterentwickelt.

Ebenso führten wir Gespräche auf der lokalen Ebene in Peine, Hildesheim und Hannover mit den Leitungen der Fachdienste Schule, Kultur, Sport, Bildung, Jugend, der Leiterin des Bildungsbüros Peine und der Leitung der Hauptabteilung Bildung im Bischöflichen Generalvikariat. Hieraus entwickelten sich unterstützende, kritisch-korrektive Arbeitsbeziehungen, die uns Zugangswege eröffneten, über die Umfrage informierten, zur Teilnahme motivierten und die Ergebnisse mit uns kommunikativ validierten. So wurden die Ergebnisse der ersten Befragung in der Stadt und im Landkreis Peine im April 2012 den Mitgliedern der Steuerungsgruppe Regionale Bildungslandschaft Peine vorgestellt. In der Planungskonferenz Regionales Übergangsmanagement Hildesheim wurden den Mitgliedern die regionalspezifischen Ergebnisse aus Stadt und Landkreis Hildesheim im Juni 2012 vorgestellt. Die sich hieraus ergebenen Erkenntnisse sind in die Umfrage in der Region Hannover eingeflossen. Auch diese ist mit Gesprächen vorbereitet und begleitet worden, so z. B. mit den Leitungen Schuldezernat und Dezernat für Jugend und Soziales.

Aus Kostengründen haben wir uns in der Region Hannover für eine online-Befragung unter Verwendung des Tools EFS-Survey (www.unipark.de) entschieden. Wie Vergleichsstudien zeigen, ist der Anteil der Falschantworten bei dieser Form der Befragung nicht erhöht (vgl. Bortz und Döring 2006, S. 240 f.). Auch Zugangshindernisse durch bspw. das Fehlen eines Internetanschlusses sind bei den zu befragenden Personen aufgrund beruflicher Rahmenbedingungen nicht vorhanden. Der niedersächsische Städtetag mit Sitz in Hannover und die niedersächsische Landesarbeitsgemeinschaft Schulsozialarbeit (LAG) unterstützten uns als Kooperationspartner und Gatekeeper (vgl. Schnell et al. 2011, S. 393) mit zur Kontaktaufnahme notwendigen E-Mailadressen der Mitglieder. Die E-Mail-Adressen aller Schulen in der Region Hannover auf dem NIBIS-Server und eigene Recherchen führten im Juni 2012 dazu, dass wir alle 355 allgemeinbildenden Schulen der Stadt und der Region Hannover anschreiben konnten. Wir haben die Schulleitungen gebeten, den Link und die Aufforderung zur Online-Erhebung an die sozialpädagogischen Fachkräfte weiterzuleiten. Der Rücklauf war in den ersten zwei Wochen gering (Schulleitungen 12 %, Sozialpädagogische Fachkräfte 8 %). Ein nochmaliges Anschreiben aller Schulen und Träger war notwendig, was wir nach der Sommerpause im September 2012 ein weiteres Mal wiederholten. Diese mehrmaligen Schreiben begleiteten wir durch Information und Motivation mittels einer Berichterstattung in der örtlichen Presse, auf Schulleiterbesprechungen, Weiterbildungen und Teamtreffen der Schulsozialarbeit. Die GEW Landesverband Niedersachsen informierte über die Befragung in Ihrer Zeitschrift E&W, die Schul- und Sozialdezernate richteten entsprechende Schreiben an ihre Ansprechpartner und wir führten viele persönliche Gespräche. Dies hat insgesamt einen längeren Zeitraum in Anspruch genommen, führte aber zu einer erfreulichen Antwortquote. Insgesamt haben 139 Schulen geantwortet, also 39 %. Von 192 sozialpädagogischen Fachkräften erhielten wir online die Fragebögen zurück. Die Weiterleitung durch die Schulleitungen hat möglicherweise nicht immer, aber überwiegend gut funktioniert. Da es keine Email-Listen von Schulsozialarbeiterinnen und Schulsozialarbeitern in Niedersachsen gibt – wie vergleichsweise für die Schulen – werden wir auch in unserer Hauptbefragung diesen Weg über die Schulleitungen gehen. Er hat sich jedoch auch bewährt und zeigt die hohe Motivation von Schulleitungen, belastbare empirische Daten zur Schulsozialarbeit zu erhalten. Dies zeigt sich auch in den Antworten zur Bedarfsabfrage Schulsozialarbeit. Die Auswertung der online-Befragung Hannover ist derzeit in Arbeit, so dass die nun folgenden Ausführungen sich auf die Städte und Landkreise Peine und Hildesheim beziehen.

17.3 Methodische Einsichten

Die Umfrage ist auf großes Interesse gestoßen. Die Bereitschaft zur aktiven Unterstützung war bei der LAG Schulsozialarbeit Niedersachsen, den sozialpädagogischen Fachkräften, bei der Niedersächsischen Landesschulbehörde, den Schul- und Jugendämtern, Bildungsplanern und Schulleitungen hoch. Hier bewährte sich das Prinzip „Nehmen und Geben". Allen Kommunikations- und Kooperationspartnern haben wir zugesichert, dass wir ihnen bei Bedarf die Ergebnisse für ihre Stadt oder Region präsentieren und gemeinsam Weiterentwicklungen andenken. Dieses wurde auch nachgefragt und hat zu einem noch intensiveren fachlichen Austausch zwischen Hochschule und Praxis geführt. In den Gesprächsrunden wurden auch Empfehlungen für die Weiterentwicklung der Fragebögen und Auswertungsdimensionen formuliert.

Aufgenommen haben wir z. B. die Anregung, im Fragebogen für die Schulleitungen einen Fragekomplex zum Bereich „Bedarf an Schulsozialarbeit" aufzunehmen. Mehrfach haben wir in der ersten Befragungswelle Fehlermeldungen von Schulleitungen erhalten – insbesondere von Gymnasien –, die handschriftlich auf den Bögen vermerkten, keine entsprechenden Fachkräfte einstellen zu können, jedoch Bedarf zu haben. Mit der Aufnahme dieses Fragenkomplexes besteht die Möglichkeit der systematischen Erfassung dieser Nachfrage. Des Weiteren erhöht es vermutlich auch die Rücklaufquote, da nun alle Schulen in der einen oder anderen Weise angesprochen werden.

Eine für alle zufriedenstelle Ansprache der Fachkräfte im Personalbogen steht noch aus. Die Erfahrung mit dem von uns favorisierten und zunächst benutzen Begriff „Schulsozialarbeiter/Schulsozialarbeiterin" zeigt, dass wir damit nur einen Teil der Fachkräfte erreichen. Benutzen wir den Begriff „sozialpädagogische Fachkräfte", so erhalten wir z. T. auch empörte E-Mails von Schulsozialarbeiterinnen, die entsprechend angesprochen werden wollen. Hier bedarf es einer engen Kommunikation mit der Praxis, um zu einer Lösung zu gelangen. Bis dahin verwenden wir den Begriff „sozialpädagogische Fachkräfte" und erläutern im Begleittext die Gründe hierfür.

Ausgeweitet haben wir den Fragebereich Aus-, Fort- und Weiterbildung. Zukünftig wird nicht nur die Ausbildung und der Studienabschluss erhoben, sondern auch Studienschwerpunkte, besuchte Lehrveranstaltungen zur Schulsozialarbeit, einschlägige Fort- und Weiterbildungen und eine diesbezügliche Bedarfserhebung. Hierdurch erhoffen wir uns Kenntnisse über den aktuellen Qualifizierungsstand in der Schulsozialarbeit und über die Nachfrage nach inhaltlichen Ausrichtungen für Fort- und Weiterbildungen, um bedarfsgerecht entsprechende Veranstaltungen im Verbund mit niedersächsischen Hochschulen entwickeln zu können.

17.4 Inhaltliche Erkenntnisse

Im Folgenden werden ausgewählte Ergebnisse zu den Strukturbedingungen von Schulsozialarbeit in den untersuchten Regionen dargelegt. Sie beziehen sich auf fünf Dimensionen:

Personal

Fast alle 52 der antwortenden sozialpädagogischen Fachkräfte (78 % Frauen, 22 % Männer) haben einschlägige Studienabschlüsse, die bei einem kleineren Teil auf eine Ausbildung zur Erzieherin aufbauen. Da 30 % seit mehr als zehn Jahren und weitere 20 % seit mehr als sechs Jahren an derselben Schule tätig sind, haben ca. 76 % den Studienabschluss Dipl.-Soz.arb./päd. (FH). Unter den neu Eingestellten (17 %) und den seit ein bis fünf Jahren Beschäftigten (34 %) gibt es zu einem kleinen Teil Absolventinnen und Absolventen des BA-Studienganges Soziale Arbeit (4 %) und des MA-Studienganges Soziale Arbeit (4 %). Weiterhin arbeiten Dipl. Pädagog/innen (6 %) und Erzieherinnen (9 %) als sozialpädagogische Fachkräfte.

Ein Drittel von ihnen haben sich zusätzlich qualifiziert, vor allem in den Bereichen Mediation, Erlebnispädagogik, Beratung, NLP oder Psychotherapie. Eine Zusatzqualifikation im Bereich Schulsozialarbeit wird nicht genannt. Diese wurde in der befragten Region von der HAWK in Kooperation mit der Kreisvolkshochschule (KVHS) Peine bis 2006 und in Hannover von der dortigen Hochschule bis 2010 angeboten.

An fünf Hochschulen in Niedersachsen (Emden, Oldenburg, Osnabrück, Hannover, Hildesheim) werden seit Jahren kontinuierlich und mit der Tendenz zur Ausweitung und Vertiefung Lehrangebote für das Handlungsfeld Schulsozialarbeit angeboten. Doch es besteht weiter Bedarf für eine Zusatzqualifikation, damit insbesondere Berufsanfänger ohne entsprechende Lehrveranstaltungen oder Schwerpunktsetzungen im Studium den Qualitätsstandards der Schulsozialarbeit in Niedersachsen (Deutsche Kinder- und Jugendstiftung 2005) entsprechen können.

Nach ihrer offiziellen Tätigkeitsbezeichnung befragt, antwortete etwas mehr als die Hälfte mit dem Begriff „Schulsozialarbeiter/Schulsozialarbeiterin". Am zweithäufigsten wird „Pädagogische Mitarbeiterin/Pädagogischer Mitarbeiter" genannt und an dritter Stelle „Pädagogische Mitarbeiterin/Pädagogischer Mitarbeiter – Schulsozialarbeit". Insgesamt sind in den 52 Antworten 14 verschiedene Tätigkeitsbezeichnungen enthalten. Einerseits sind diese angelehnt an die oben dokumentierten Erlasse des niedersächsischen Kultusministeriums, – Schulsozialpädagoge in der beruflichen Schulsozialarbeit –, andererseits beziehen sie sich auf kommunale Programme, z. B. „PeB Perspektive Beruf", oder auf Bundesprogramme z. B. den Berufseinstiegsbegleiter.

Deutlich wird hierdurch dreierlei:

1. Mit „Schulsozialarbeit" wird in der Praxis offiziell ein Tätigkeitsfeld bezeichnet, das begrifflich an keine gesetzliche Grundlage anknüpfen kann.
2. Durch die begriffliche Anlehnung an unterschiedliche Programme auf kommunaler, Landes- und Bundesebene entsteht eine Vielfalt von offiziellen Tätigkeitsbezeichnungen, deren Verständnis innerhalb und außerhalb der Schule nicht vorausgesetzt werden kann und die vermutlich auch inhaltlich nicht konsistent ist.
3. Die Berufsrollenträger/innen favorisieren mehrheitlich die Bezeichnung Schulsozialarbeit und signalisieren damit eine wachsende professionelle Identität.

Notwendig ist eine Verständigung von Politik, Praxis und Wissenschaft auf eine klare Bezeichnung des Berufsfeldes. Hierzu gibt es in Niedersachsen gute Ansätze, wie z. B. die Qualitätsstandards zur Schulsozialarbeit, die von der LAG Schulsozialarbeit entwickelt wurden (vgl. Deutsche Kinder- und Jugendstiftung 2005) und wissenschaftliche Publikationen insbesondere von Speck (2007, Speck und Olk 2010). Diese Aufbrüche müssen weiter offensiv vertreten, entwickelt und in die politischen Diskussionen mit dem Ziel eingebracht werden, in Niedersachsen eine klare begriffliche und gesetzliche Grundlage für die Schulsozialarbeit zu erreichen.

Bis dahin ist es aber noch ein längerer Weg. Ein Etappenziel wäre, dass zunächst in den Kommunen und Bildungsregionen eine Verständigung auf eine Bezeichnung stattfände und in einem Rahmenkonzept Schulsozialarbeit für die Region festgeschrieben würde.

Arbeitsgrundlagen

Sowohl die Schulleitungen als auch die Schulsozialarbeiterinnen haben wir nach den rechtlichen Grundlagen des Handlungsfeldes befragt. Mehrfachnennungen waren hier möglich, da in der Praxis Kombinationen auftreten, wie: eine halbe Stelle basiert auf dem Erlass Hauptschulprofilierungsprogramm und die Aufstockung der Stellen durch die Kommune auf der Basis des SGB VIII. Für dieses Modell hat sich die Stadt Hildesheim seit 2005 entschieden und hat damit über die regionalen Grenzen hinweg für große Aufmerksamkeit gesorgt (vgl. www.hildesheim.de/staticsite/staticsite.php?menuid=1460&topmenu=407). Mit dem

Netzwerk PeB Perspektive Beruf werden die berufsorientierende Arbeit und Maßnahmen zur gezielten Vorbereitung für den Übergang Schule-Beruf an den städtischen Schulen als ein kommunales Regelangebot mit einer Aufstockung jeder Stelle um 0,25 unterstützt. Die Laufzeit ist an die des Hauptschulprofilierungsprogramms geknüpft (vgl. INBAS 2008).

Entsprechend werden die rechtlichen Grundlagen sowohl im Schulgesetz als auch im SGB VIII verortet. Von den Schulleitungen wird das SGB VIII im wesentlich geringerem Umfang genannt (17 %) als vom sozialpädagogischen Personal (78 %), wovon sich fast ein Drittel auf den §11, ein Drittel auf den §13 und ein weiteres Drittel auf beide Paragraphen berufen.

Dies verdeutlicht einen starken Rückbezug der Schulsozialarbeiterinnen auf die Jugendhilfe und gleichwohl auch auf das Schulgesetz, das von 45 % als rechtliche Basis genannt wird; in einem ähnlichen Anteil wie die Schulleitungen (49 %). Das SGB III spielt bei beiden Befragtengruppen eine geringere Rolle (ca. 10 %). Der Anteil derjenigen, denen die rechtlichen Grundlagen nicht bekannt sind beträgt bei den Schulleitungen 23 % und bei den sozialpädagogischen Fachkräften 18 %.

Angesprochen wurde schon, dass die Landesprogramme und die daran gekoppelten kommunalen Projekte zeitlich befristet sind. Hinzu kommen befristete Stellen bzw. Stellenaufstockungen, die aus Mitteln des Bildungs- und Teilhabepaketes finanziert werden. So erklärt sich, dass 38 % der Arbeitsverträge befristet und 62 % unbefristet sind. 61 % der Fachkräfte arbeiten Teilzeit und 39 % Vollzeit. In den qualitativen Interviews mit Teilzeitbeschäftigten wurde deutlich, dass es sich hierbei nicht um nachgefragte Reduzierungen aus familiären oder anderen Gründen handelt, sondern um die vorgefundenen Rahmenbedingungen; verbunden zumeist mit dem Wunsch nach Stundenaufstockung.

Die Vergütung bewegt sich brutto in einer Spanne von 1883 € (TV-L E 5) bis 3700 € (TV-L E 10). 51 Sozialpädagogische Fachkräfte geben 16 unterschiedliche Antworten bezüglich ihrer Eingruppierung. Mit Unterstützung eines Tarifexperten der GEW ergibt sich folgende zusammengefasste Aufstellung (s. Abb. 17.1).

Die fett gedruckten Angaben im jeweiligen Tarif symbolisieren die Häufigkeit der Nennungen. Die überwiegende Eingruppierung ist TV-L/E 9 und TVöD/S 9. Bei einer halben Stelle kann das bedeuten, dass die Fachkräfte mit abgeschlossenem Hochschulstudium ca. 1200 € netto erhalten. „Davon kann ich keine Familie ernähren!" Dies war die spontane Reaktion eines Studenten mit arabischer Herkunft, als ein Trägervertreter in unserem Lehrprojekt die Einstellungsbedingungen erläuterte und insbesondere Männer zu einer Bewerbung ermunterte.

Der Arbeitskräftemangel zeigt sich mittlerweile auch in der Sozialen Arbeit. Zukünftige Personalplanung unter den Aspekten Gender, Migration und demographischer Wandel muss auch attraktivere Rahmenbedingungen im Arbeitsfeld Schulsozialarbeit schaffen, wenn hoch qualifiziertes Personal gesucht wird.

Abbildung 17.1 Vergütung sozialpädagogischer Fachkräfte in Niedersachsen, gruppiert

BAT	5a
	4a/b
A	9
	10
TV L	E 5 (1 883–2 422)
	E 9 (2 290–3 290)
	E 10 (2 592–3 724)
TVöD	S 8 (2 266–3 440)
	S 9 (2 360–3 460)
	S 11 (2 430–3 650)
AVR – C	S 10
BV	7/1
OZ	1

Arbeitsorte

Sozialpädagogische Fachkräfte gibt es in den Regionen Hildesheim und Peine an fast allen Schulformen. Von 171 allgemeinbildenden Schulen in den beiden Regionen haben 34 (knapp 20 %) angegeben, sozialpädagogische Fachkräfte zu haben. Deren prozentuale Verteilung sieht so aus:

Grundschule: 42 %, Hauptschule 18 %, Grund- und Hauptschule 6 %, Oberschule 6 %, IGS 3 %, Förderschule 9 %, Gymnasien 6 %, Berufsbildende Schule 9 %.

Die Schulleitungen haben angegeben, dass 59 Fachkräfte an 34 Schulen arbeiten. Der Beschäftigungsumfang pro Woche pro Schule bewegt sich zwischen 19 und 121 Stunden, d. h. überwiegend arbeitet an einer Schule eine Fachkraft (18 mal), an 10 Schulen sind je 2 Fachkräfte, 4 Schulen haben 3 Fachkräfte, und je eine Schule hat 4, bzw. 5 Fachkräfte. Bei den letztgenannten handelt es sich um Förderschulen.

Eine Ausnahme bilden die Realschulen und die neu gegründeten Integrierten Gesamtschulen. Das Land Niedersachsen hat hierfür keine Stellen ausgewiesen.

Wie mir ein Schulleiter im Gespräch mitteilte, haben die Leitungen der 20 niedersächsischen Gesamtschulen im Aufbau auf einer Gesamtschulleitertagung 2011 eine Gleichstellung mit den bestehenden Gesamtschulen gefordert. Zurzeit versuchen die neu gegründeten Gesamtschulen im Befragungsgebiet die anfallende Arbeit notdürftig durch Mitarbeiterinnen im Sozialen Jahr und externe, fachfremde Personen zu bewältigen.

Auch für die Gymnasien sind keine Landesstellen vorgesehen. Die Schulleitungen rufen jedoch deutlich nach Schulsozialarbeit. „Vergessen Sie uns nicht bei Ihrer Umfrage"! lautete ein Kommentar auf dem Fragebogen, in dem die Schulleitung ihren Bedarf formulierte. Auch diese Schulform sucht Zwischenlösungen. So ist im Rahmen des Bildungs- und Teilhabepaketes an einem Gymnasium eine Lehramtsstudentin als Honorarkraft für Beratung eingestellt worden. Ein Gymnasium in kirchlicher Trägerschaft hat eigene finanzielle Mittel in die Hand genommen und eine sozialpädagogische Fachkraft eingestellt. Bei der Vorstellung der Schule in der örtlichen Presse wird im zweiten Satz das „Profil: Schulsozialarbeit (…)" (HAZ 2012, S. 14) herausgestellt.

All dies zeigt eine große Veränderung im Hinblick auf den Stellenwert von Schulsozialarbeit in den letzten zehn Jahren. Sahen Ende der 1990er Jahre Schulleitungen von Gymnasien und kaufmännisch ausgerichteten Berufsbildenden Schulen Schulsozialarbeit als Makel an, so wird sie heute an allen Schulformen als notwendige personelle Ressource für die Umsetzung des Erziehungs- und Bildungsauftrags der Schule angesehen.

Zielgruppen

Sowohl die Schulleitungen als auch die sozialpädagogischen Fachkräfte antworten auf diese Frage übereinstimmend: Zielgruppen von Schulsozialarbeit sind alle Schüler und Schülerinnen, Lehrkräfte und Eltern. Schulleitungen geben dabei der Zielgruppe Schüler und Schülerinnen wesentlich mehr Gewicht als Lehrkräften und Eltern. Die sozialpädagogischen Fachkräfte geben die drei Zielgruppen als gleichhäufig an.

Insbesondere richten sich die Angebote an Schüler und Schülerinnen der Hauptschule, der Berufseinstiegsschule, bestimmter Klassenstufen (1–4; 8–10), an besonders benachteiligte und an Schüler und Schülerinnen, die freiwillig kommen. Letztgenannte Zielgruppe wird von 15 % der Fachkräfte und von 6 % der Schulleitungen angegeben. Das Verhältnis zwischen den Prinzipien ‚Freiwilligkeit' in der Jugendhilfe und ‚Pflicht' in der Schule muss zumeist individuell an den einzelnen Schulen ausbalanciert werden. In den einschlägigen Veröffentlichungen, wie z. B. den Qualitätsstandards zur Schulsozialarbeit in Niedersachsen (vgl. Deutsche Kinder- und Jugendstiftung 2005) finden sich dazu keine Ausführungen.

Im Vergleich der empirischen Ergebnisse zur Zielgruppenanalyse, decken sie sich mit dem eingangs vorgestellten Begriffsverständnis von Schulsozialarbeit und den Qualitätsstandards zur Schulsozialarbeit in Niedersachsen (vgl. ebd. S. 8).

Arbeitsinhalte

Wir haben das sozialpädagogische Fachpersonal gefragt, welche Angebote und Tätigkeiten wie intensiv zu ihrer Arbeit gehören. Diese Frage wurde unverändert aus dem Fragebogen des Forschungsteams aus München, Frankfurt und Dortmund übernommen. Vorgegeben waren unter den Rubriken 1) Schüler und Schülerinnen, 2) Eltern, 3) Lehrkräfte, 4) Schulleitung, 5) Vernetzung/Gemeinwesenorientierung und 6) Sonstiges 23 Unterkategorien (s. Frage 17 in Anlage 1), die angelehnt an die Methoden der Kinder- und Jugendhilfe und der Forschung zur Schulsozialarbeit entwickelt wurden. Die detaillierte Ergebnispräsentation und -diskussion würde den Rahmen dieses Artikels überschreiten. Kurz zusammengefasst gebe ich die Kategorie mit dem höchsten Mittelwert pro Rubrik wieder (s. Tab. 17.1).

In einem weiteren Schritt haben wir das sozialpädagogische Fachpersonal gefragt, welche der von ihnen genannten Tätigkeiten die drei bzw. max. fünf Schwerpunkte ihrer Arbeit bilden. Die Ergebnisse zum ersten Schwerpunkt werden in Tabelle 17.2 wiedergegeben.

Tabelle 17.1 Häufigste Angebote oder Tätigkeiten je Zielgruppe in Niedersachsen

Zielgruppe	Methode	Mittelwert
Schüler und Schülerinnen	Beratung/Einzelfallhilfe	(4,6)
Eltern	Beratung von Eltern und Personensorgeberechtigten	(4,1)
Lehrkräfte	Kooperation bei Konflikten Beratung	(4,6), (4,6)
Schulleitung	Mitwirkung in schulischen Gremien	(3,8)
Vernetzung/Gemeinwesen	Vermittlung und Kontaktpflege zu außerschulischen Hilfen Kontaktpflege zu anderen Schulsozialarbeiterinnen	(4,2), (4,2)

Anmerkung: Mehrfachnennungen waren möglich

Tabelle 17.2 Fünf Schwerpunkte der Tätigkeiten (n = 42)

Beratung (Schüler, Eltern, Lehrer)	17 %
Berufliche Orientierung/Übergang	16 %
Einzelfallhilfe	14 %
Soziales Lernen/Sozialtraining	12 %
Ganztagsschulgestaltung	8 %
Streitschlichtung/Mediation	6 %
Kooperation im Unterricht	4 %
Sozialpädagogische Gruppenarbeit	4 %
Elternarbeit	2 %
Keine Angabe	17 %

Beratung von Schüler/innen, Eltern und Lehrkräften rangiert bei der Angabe von Tätigkeiten an erster Stelle; dies wiederholt sich auch bei der Abfrage zu den drei weiteren Schwerpunkten. Die berufliche Orientierung/der Übergang Schule-Beruf rückt bei der Abfrage der weiteren Schwerpunkte zunehmend auf untere Plätze.

Nun folgt ein Vergleich der empirisch erhobenen Arbeitsschwerpunkte mit den in den Erlassen des niedersächsischen Kultusministeriums festgelegten Arbeitsinhalten. Dazu ist es notwendig, die entsprechenden Textstellen hier zu dokumentieren. In den en Erlassen des niedersächsischen Kultusministeriums werden die Arbeitsaufgaben enger und anders gefasst. Eine knappe Auflistung von zentralen Passagen verdeutlicht dies:

Runderlasse des niedersächsischen Kultusministeriums seit 2003:

- *Grundschule:* „… Beschäftigung von pädagogischen Mitarbeiterinnen (…), um das täglich (…) umfassende Schulangebot sicherzustellen." (RdErl. d. MK v. 18. 05. 2004)
- *Profilierung HS/FS:* „… Angebote, die i. d. R. von sozialpädagogischen Fachkräften unterbreitet werden, (…) zur Berufsvorbereitung und Berufsbildung". (RdErl. d. MK v. 14. 10. 2010)
- *Ganztagsschule:* „– die sozialpädagogische Arbeit der pädagogischen Mitarbeiter/innen (…) Dazu gehört insbesondere, auf den Übergang von der Schule in eine berufliche Tätigkeit vorzubereiten." (RdErl d. MK v. 16. 03. 2004)

- *Oberschule:* „Sozialpädagoginnen (…) unterstützen die Lehrkräfte (…) bei der Durchführung berufsorientierender und berufsbildender Maßnahmen." (RdErl d. MK v. 7.7. 2011)
- *Berufsschulen:* „Sozialpädagogische Fachkräfte als pädagogische Mitarbeiter/innen (…). Die entsprechende Arbeitsplatzbeschreibung muss eindeutig auf die berufsvorbereitenden Bildungsgänge BVJ und/oder BEK ausgerichtet sein (…). Ausnahmsweise kann an berufsbildenden Schulen (…) eine sozialpädagogische Fachkraft eingesetzt werden, wenn die besondere Situation (z. B. hoher Anteil von Jugendlichen mit Migrationshintergrund) dies erfordert." RdErl des MK v. 01. 03. 2010

Berufsorientierung und der Übergang Schule-Beruf sind die zentralen Arbeitsaufträge an die sozialpädagogischen Fachkräfte in den Erlassen des niedersächsischen Kultusministeriums zu den unterschiedlichen Schulformen. Dies wird in der Praxis auch umgesetzt, jedoch nicht im intendierten Maße. Wie bei den rechtlichen Grundlagen ausgeführt, beziehen sich 78 % der befragten sozialpädagogischen Fachkräfte auf das SGB VIII, § 11 und § 13. Der § 13 weist große Schnittmengen mit den zuvor in den Erlassen herausgearbeiteten Arbeitsaufträgen an die sozialpädagogischen Fachkräfte auf. Der § 11, SGB VIII geht jedoch darüber hinaus. Er beinhaltet den Auftrag, „jungen Menschen (…) die zur Förderung ihrer Entwicklung erforderlichen Angebote der Jugendarbeit zur Verfügung zu stellen". Entsprechend breit gefächert sind auch die thematischen Schwerpunkte der Leistungsbeschreibungen in den Qualitätsstandards Schulsozialarbeit in Niedersachsen (vgl. Deutsche Kinder- und Jugendstiftung 2005, S. 18 ff.). Auch die in der einschlägigen Fachliteratur z. B. von Speck (2007) oder Spies und Pötter (2011) herausgearbeiteten Kernleistungen, Arbeitsbereiche und Methoden der Schulsozialarbeit gehen weit über das in den niedersächsischen Erlassen zum Tragen kommende Aufgabenverständnis hinaus. Die Schulsozialarbeiter und Schulsozialarbeiterinnen scheinen sich an diesen fachlichen Standards zu orientieren, scheinen eine entsprechende professionelle Identität entwickelt zu haben und setzen sie in ihrer Zielgruppenorientierung und in einem breiten Methodenrepertoire offenbar dem entsprechend um. Wie die Ergebnisse aus dem Schulfragebogen zu den Aspekten Zielgruppe und Arbeitsansätze zeigen, werden sie bei dieser Schwerpunktsetzung von den Schulleitungen unterstützt.

17.5 Ausblick in drei Thesen

1. Eine klare rechtliche Verankerung im Niedersächsischen Schulgesetz und präzise Ausführungsrichtlinien in schulformübergreifenden Erlassen sind not-

wendig, um den Bildungs- und Erziehungsauftrag von Schule und Jugendhilfe in gemeinsamer Verantwortung im Handlungsfeld Schulsozialarbeit dauerhaft umsetzen zu können.
2. Zur Zukunftsfähigkeit von Schulsozialarbeit in Niedersachsen ist es notwendig, dass Einstellungsträger verbesserte Rahmenbedingungen (Strukturqualität) für Beschäftigte schaffen, und unter dem Aspekt Diversity mehr Aufmerksamkeit auf die Gewinnung von Fachkräften legen, um angesichts des demographischen Wandels auch künftig hoch qualifiziertes Personal gewinnen zu können.
3. Schulsozialarbeit ist in der Bildungsregion Peine und in Stadt und Landkreis Hildesheim (Regionales Übergangsmanagement/RÜM) in ein Netz von Bildungspartnern eingebunden. Eine Weiterführung und Intensivierung der Arbeit in Richtung: Schulsozialarbeit systematisch und nachhaltig in einer gut ausgebauten, konzeptionell aufeinander bezogen und verlässlich miteinander verknüpften Bildungsinfrastruktur zu verorten, ist notwendig. Darin liegt die Chance, Kinder und Jugendliche besser als bisher zu befähigen, verantwortlich in einer unübersichtlichen Welt am gesellschaftlichen, wirtschaftlichen, beruflichen, kulturellen und politischen Leben teilzunehmen.

Literatur

Bortz, J. & Döring, N. (2006). *Forschungsmethoden und Evaluation für Human- und Sozialwissenschaftler.* 4., überarbeitete Aufl., Heidelberg: Springer.
Deutsche Kinder- und Jugendstiftung (Hrsg.) (2005). *Schulsozialarbeit in Niedersachsen: Qualitätsstandards und Beispiele, Arbeitsgruppe der Landesarbeitsgemeinschaft Schulsozialarbeit in Niedersachsen.* Greifswald: progressa4 GbR.
Florecke, P. & Holtappels, H. G. (2004): Qualitätsentwicklung in der Kooperation von Jugendhilfe und Schule. In B. Hartnuß, St. Maykus (Hrsg.), Handbuch Kooperation von Schule und Jugendhilfe, Fulda: Fuldaer Verlag, S. 897–921.
HAZ – Hildesheimer Allgemeine Zeitung vom 28. Januar 2012. Hannover; Gerstenberg- Verlag, S. 14.
Heiner, M. (2001). Evaluation. In H.-U. Otto, H. Thiersch (Hrsg.), *Handbuch Sozialarbeit/Sozialpädagogik* (S. 366–382). 2. Aufl., München Basel: Ernst Reinhardt Verlag.
Hollenstein, E. & Tillmann, J. (Hrsg.) (1999). *Schulsozialarbeit – Studium, Praxis und konzeptionelle Entwicklungen.* Hannover: Blumhardt Verlag.
INBAS (2008). PeB Perspektive Beruf, Hildesheimer Strategiepartnerschaft Berufliche Integration benachteiligter junger Menschen, Abschlussbericht, Bezugsquelle: http://www.peb-perspektiveberuf.de/down/071210_PeB_Abschlussbericht.pdf. Zugegriffen: 21.06.2012.

Kardorff, E. v. (2000). Qualitative Evaluationsforschung. In U. Flick. u. a. (Hrsg.), *Qualitative Forschung. Ein Handbuch* (S. 238–250). Hamburg: Rowohlt Taschenbuch Verlag.

Kooperationsverbund Schulsozialarbeit (2009). Qualifikationsrahmen für das Berufs- und Arbeitsfeld Schulsozialarbeit. In N. Pötter, G. Segel (Hrsg.), *Profession Schulsozialarbeit* (S. 61–76). Wiesbaden: VS Verlag.

Kuhlemann, W. (2011). Vermerk: Stellungnahme zur beabsichtigen Untersuchung der HAWK Hildesheim zur Schulsozialarbeit, GÖ 2e, 9/2011.

Kvale, S. (1995). Validierung: Von der Beobachtung zu Kommunikation und Handeln. In U. Flick u. a. (Hrsg.), *Handbuch Qualitative Sozialforschung* (S. 427–431). Weinheim und Basel: Psychologische Verlags Union.

Lamnek, S. (2010). *Qualitative Sozialforschung*. Weinheim und Basel: Beltz Verlag.

Merchel, J. (Hrsg.) (1999). *Qualität in der Jugendhilfe. Kriterien und Bewertungsmöglichkeiten*. 2. Aufl. Münster: Votum Verlag.

Merchel, J. (2001). *Qualitätsmanagement in der Sozialen Arbeit. Ein Lehr- und Arbeitsbuch*. Münster: Votum Verlag.

Niedersächsisches Kultusministerium (2004): Materialien zur Schulsozialarbeit an berufsbildenden Schulen. Hannover. http://www.bvj.nibis.de/Sozialarbeit/Materialien%20Schulsozialarbeit.pdf?menid=622. Zugegriffen: 21. 06. 2012

Niedersächsisches Kultusministerium (2010). 25.11.2010: Sozialpädagogische Fachkräfte als pädagogische Mitarbeiterinnen und Mitarbeiter an öffentlichen berufsbildenden Schulen, 42-84033/1–3. http://www.bvj.nibis.de/Sozialarbeit/Erlass%202010.pdf Zugegriffen: 26. 06. 2012.

Pötter, N. & Segel, G. (2009). *Profession Schulsozialarbeit – Beiträge zu Qualifikation und Praxis der sozialpädagogischen Arbeit an Schulen*. Wiesbaden: VS Verlag.

Raab, E., Rademacker, H. & Winzen, G. (1987). *Handbuch Schulsozialarbeit. Konzeption und Praxis sozialpädagogischer Förderung von Schülern*. München: DJI Verlag Deutsches Jugendinstitut.

RdErl des MK v. 01. 03. 2010. Sozialpädagogische Fachkräfte an Berufsbildenden Schulen –, Schreiben des Niedersächsischen Kultusministeriums vom 01. 03. 2010/ 401-84033/1–3.

RdErl. d. MK v. 18. 05. 2004. Beschäftigung von Pädagogischen Mitarbeiterinnen und Mitarbeitern in der Grundschule, – 301/104 – 81 02075/03211/8- VORIS 22410. Bezugsquelle: http://www.mk.niedersachsen.de/portal/live.php?navigation_id=2022&article_id=6514&_psmand=8. Zugegriffen: 02. 07. 2012.

RdErl. d. MK v. 14. 10. 2010. Richtlinie über die Gewährung von Zuwendungen im Rahmen des Programms zur Profilierung der Hauptschule und der Förderschule mit dem Schwerpunkt Lernen, –32-81022/6– VORIS -22410. Bezugsquelle: http://www.schulsozialarbeit-nds.de/index.php/recht-und-gesetz-qualitaet-konzepte-literatur/arbeitsschwerpunkte-bes-konzepte/hauptschulprofilierungsprogramm. Zugegriffen: 02. 07. 2012

RdErl d. MK v. 7. 7. 2011. Die Arbeit in der Oberschule, – 32-81 028-VORIS 22410. Bezugsquelle: http://nibis.ni.schule.de/~infosos/ftp/pdf/Arbeit_i_d_Oberschule.pdf. Zugegriffen: 04. 07. 2012

RdErl d. MK v. 16. 03. 2004: Die Arbeit in der öffentlichen Ganztagsschule – 201- 81 005 Voris 22410. Bezugsquelle: http://www.landesschulbehoerde-niedersachsen.de/themen/schulorganisation/gts/erlass-die-arbeit-in-der-oeffentlichen-ganztagsschule. Zugegriffen: 01. 07. 2012.

Schilling, J. (2005). *Didaktik/Methodik Sozialer Arbeit.* 4. Aufl., München und Basel: Ernst Reinhard Verlag.

Schnell, R., Hill, P. B. & Esser, E. (2011). *Methoden der empirischen Sozialforschung.* 9., aktualisierte Aufl., München: Oldenburg Verlag.

Speck, K (2007). *Schulsozialarbeit – eine Einführung.* München: Ernst Reinhardt Verlag.

Speck, K. & Olk, T. (Hrsg.) (2010). *Forschung zur Schulsozialarbeit.* Weinheim und München: Juventa Verlag.

Spiegel, H. v. (2004). *Methodisches Handeln in der Sozialen Arbeit.* München und Basel: Ernst Reinhard Verlag.

Spies, A. & Pötter, N. (2011). *Soziale Arbeit an Schulen – Einführung in das Handlungsfeld Schulsozialarbeit.* Wiesbaden: VS Verlag.

Strauss, A. & Corbin, J. (1996). *Grundlagen qualitativer Sozialforschung.* Weinheim: Beltz Psychologie Verlags Union.

Terner, A. (2010). *Schulsozialarbeit in schulischer Trägerschaft.* Marburg: Tectum Verlag.

Zeller, M. (2007). Gestaltung von Ganztagsschule. In M. Zeller (Hrsg.): *Die sozialpädagogische Verantwortung der Schule* (S. 23–44). Baltmannsweiler: Schneider Verlag Hohengehren.

Schulsozialarbeit in Baden-Württemberg – Erhebung durch das Landesjugendamt 18

Werner Miehle-Fregin

18.1 Zur Entwicklung der Schulsozialarbeit in Baden-Württemberg

Die Anfänge der Schulsozialarbeit in Baden-Württemberg gehen auf die Bildungsreformen der 1970er Jahre zurück. In einem vom Land geförderten Projekt wurden an fünf Gesamtschulen mit Ganztagsbetrieb sozialpädagogische Fachkräfte angestellt, die zusammen mit Lehrkräften Freizeitangebote für Schülerinnen und Schüler durchführten, in der Elternarbeit engagiert waren, sowie Mensen und Teestuben betrieben (Bolay 2004, S. 12). Angestellt waren diese Schulsozialarbeiterinnen und Schulsozialarbeiter wie die Lehrkräfte beim Kultusministerium. Mit dem Ende der damaligen Bildungsreformen wurde zwar die Schulsozialarbeit an den ehemaligen Projektschulen nicht eingestellt, jedoch wurden weder Gesamtschulen noch Schulsozialarbeit Teil des regulären Bildungswesens in Baden-Württemberg. Schule war der Auffassung, ihre Probleme alleine lösen zu können, die Einmischung von Sozialarbeiterinnen und Schulsozialarbeitern war nicht mehr erwünscht, sondern wurde eher als störend betrachtet.

In den 1970er und 1980er Jahren gab es zahlreiche fachliche Weiterentwicklungen der Kinder- und Jugendhilfe, insbesondere den Ausbau der ambulanten sozialen Dienste und damit einhergehend auch von gemeinwesenorientierten Arbeitsformen. Mitte der 1980er Jahre begann das Landesjugendamt Württemberg-Hohenzollern[1] an zwei Hauptschulen in Ravensburg, die Schulsozialarbeit als

---

1 Zur damaligen Zeit gab es zwei Landesjugendämter in Baden-Württemberg, angesiedelt jeweils beim Landeswohlfahrtsverband Württemberg-Hohenzollern und Landeswohlfahrtsverband Baden. Seit 01. 01. 2005 gibt es nur noch ein Landesjugendamt in Baden-Württemberg, das beim Kommunalverband für Jugend und Soziales Baden-Württemberg (KVJS) angesiedelt ist.

Modellprojekt zu fördern – und zwar nicht als Reformprojekt des Schulwesens, sondern als eine aufsuchende, gemeinwesenorientierte Form der Kinder- und Jugendhilfe. Träger waren die jeweiligen Elternfördervereine dieser Schulen (Landeswohlfahrtsverband Württemberg-Hohenzollern 1988).

Aus dieser Modellförderung entstand dann in den 1990er Jahren ein Anschubfinanzierungsprogramm des Landesjugendamtes Württemberg-Hohenzollern für die Schulsozialarbeit in seinem Verbandsgebiet. Gefördert wurden je eine Stelle an insgesamt 37 Hauptschulen (Landeswohlfahrtsverband Württemberg-Hohenzollern, 2000).

Ende der 1990er Jahre stieg aufgrund einer Empfehlung der Enquete-Kommission „Jugend – Arbeit- Zukunft" des Landtags (Landtag von Baden-Württemberg, 1999) und langjähriger Forderungen der kommunalen Seite und der freien Träger das Land in die Förderung der Schulsozialarbeit ein, angesiedelt als Jugendhilfeleistung nicht beim Kultusministerium, sondern beim Sozialministerium. Landesweit gab es schon ca. 270 Stellen, von denen jedoch zunächst nur ca. ein Drittel in den Genuss der Landesförderung kam. Auswahlkriterium war, ob es sich um eine „Brennpunktschule" handelte, die unter erschwerten sozialen und pädagogischen Bedingungen arbeitete. Leider ging es mit der Landesförderung dann im Jahr 2005 schon wieder zu Ende, nicht etwa, weil die Schulsozialarbeit nicht den gewünschten Erfolg erzielte, sondern im Gegenteil, weil sie solchen Zuspruch fand, dass das Geld des Landes nicht mehr ausreiche. Das Land fand für seinen Ausstieg aus dieser Förderung in einer der damaligen Sparrunden die Begründung, für Leistungen der Kinder- und Jugendhilfe seien nach dem SGB VIII die örtlichen öffentlichen Träger der Kinder- und Jugendhilfe zuständig.

Den weiteren Ausbau der Schulsozialarbeit mit kommunalen Mitteln konnte dies jedoch nicht verhindern, und als Grüne und SPD dann im Jahr 2011 an die Regierung kamen, setzten sie das, was sie als Opposition von der Landesregierung – nicht zuletzt auch als Konsequenz aus dem Amoklauf eines Schülers an einer Schule in Winnenden im Jahr 2009 – gefordert hatten, in die Tat um und legten mit Beginn des Jahres 2012 ein neues Landesförderprogramm auf. Gefördert wird „Jugendsozialarbeit an Schulen (im nachfolgenden auch Schulsozialarbeit genannt)" (Ministerium für Arbeit und Sozialordnung, Familie, Frauen und Senioren Baden-Württemberg, 2012). Eine Einschränkung auf bestimmte Schularten gibt es nicht, die einzige Begrenzung bezieht sich darauf, dass die Schulsozialarbeit nur an öffentlichen Schulen gefördert wird. Im Schuljahr 2012/2013 wird Schulsozialarbeit im Umfang von ca. 1000 Vollzeitstellen gefördert. Die Nachfrage nach der Landesförderung ist so stark steigend, dass im Jahr 2014 mit ca. 1500 Vollzeitstellen gerechnet wird (vgl. Stuttgarter Zeitung, 08.10.2012).

18.2 Schulsozialarbeit als Merkmal in den Berichterstattungen des KVJS-Landesjugendamtes

Die Gremien des KVJS beschlossen im Jahr 2006 ein „Rahmenkonzept des KVJS für die Jugendhilfeplanung als Dienstleistung für die Stadt- und Landkreise". Es umfasst neben anderen Dienstleistungen insbesondere jährliche Informationen über den Ausbaustand und aktuelle Trends der Erziehungshilfe und Kindertagesbetreuung, sowie in mehrjährigem Abstand ausführliche Berichterstattungen und Analysen

- zu Entwicklungen und Rahmenbedingungen der Inanspruchnahme erzieherischer Hilfen,
- zur Situation und den Entwicklungen in den Einrichtungen der Erziehungshilfe,
- zur Situation und den Entwicklungen in den Kindertageseinrichtungen,
- sowie zur Kinder- und Jugendhilfe im demografischen Wandel.

Aktuell wird als Ergänzung dieser KVJS-Berichterstattungen eine weitere überörtliche Berichterstattung für den Bereich Kinder- und Jugendarbeit/Jugendsozialarbeit vorbereitet.

Das Merkmal Schulsozialarbeit fand bislang in folgenden Berichten Berücksichtigung:

- Als eine der Rahmenvariablen für die Betrachtung der Entwicklungen im Bereich der Hilfen zur Erziehung (vgl. Bericht zu Entwicklungen und Rahmenbedingungen der Inanspruchnahme erzieherischer Hilfen in Baden-Württemberg 2008).
- Als jugendhilferelevanter Zukunftsindikator im Bericht zum demografischen Wandel 2010.

Die Berichte des KVJS-Landesjugendamts stützen sich so weit als möglich auf Daten aus der amtlichen Kinder- und Jugendhilfestatistik. Ergänzend werden einige Daten aufgrund einer Vereinbarung mit den Jugendämtern auch bei diesen direkt erhoben. Dazu zählte bislang auch die Frage nach hauptamtlichen Mitarbeiterinnen und Mitarbeitern der Schulsozialarbeit im Bereich des jeweiligen Stadt- und Landkreises, umgerechnet in Vollzeitstellen und differenziert nach Schularten und Trägerschaft (s. Tab. 18.1).

Im Ergebnis dieser Erhebung ergab sich bei der Verteilung nach Schularten ein Bild wie in Tabelle 18.2 dargestellt.

Tabelle 18.1 Vollzeitstellen Hauptamtlicher Mitarbeiter/innen der Schulsozialarbeit

3. Wie viele hauptamtliche Mitarbeiter/innen, umgerechnet in Vollstellen, gab es am 31.12.2011 in Ihrer Stadt/Ihrem Kreis (für die Landkreise mit Jugendämtern bei kreisangehörigen Städten gilt: ohne die dortigen Stellen) zur Erfüllung der Aufgaben nach § 13, nur bezogen auf das Arbeitsfeld Jugendsozialarbeit an Schulen (Schulsozialarbeit)?

Schultyp	Stellenzahl bei Jugendamt bzw. Stadt-, Landkreis	Stellenzahl bei kreisangeh. Städten und Gemeinden	Stellenzahl bei freien Trägern
Grundschulen			
Hauptschulen/Werkrealschulen			
Realschulen			
Gymnasien			
Förderschulen			
Berufliche Schulen			

Tabelle 18.2 Verteilung der Vollzeitstellen für Schulsozialarbeit nach Schularten

Allgemeinbildende Schulen	Stand: 31.12.2010
Grundschulen	91 (14 %)
Hauptschule/Werkrealschule	399 (61 %)
Realschule	70 (11 %)
Gymnasium	33 (5 %)
Förderschule	59 (9 %)
Insgesamt	652

Schulsozialarbeit in Baden-Württemberg 281

Abbildung 18.1 Regionale Unterschiede der Vollzeitstellen für Schulsozialarbeit je 1000 Schüler

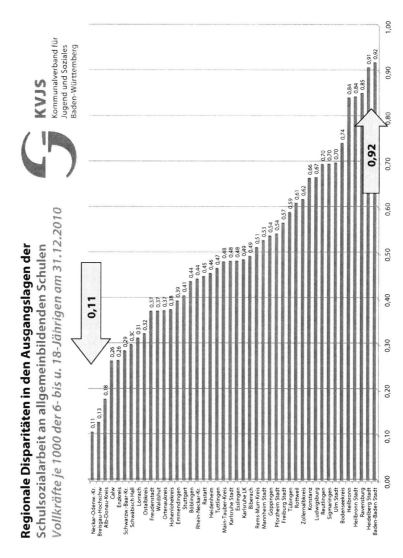

Die Zuordnung auf Schularten konnte bei Grund- und Hauptschulen, bei Schulzentren und bei Schulsozialarbeiterinnen und Schulsozialarbeitern, die an mehreren Schulen tätig sind, nur geschätzt werden. 54 % der Schulsozialarbeiter/innen an allgemeinbildenden Schulen waren 2010 bei öffentlichen Trägern angesiedelt, 46 % bei freien Trägern.

Aus diesen Daten wurde dann die Anzahl der Vollzeitstellen je 1000 der 6- bis unter 18-Jährigen am 31.12. des betreffenden Jahres errechnet und in den o. g. beiden Berichten veröffentlicht (Bürger und Gerstner 2008, 147, Bürger 2010, 94 f.) (s. Abb. 18.1).

18.3 Erhebungen im Rahmen der Landesförderung von 2000 bis 2005

Von 2000 bis 2005 wurde, wie eingangs erwähnt, die „Jugendsozialarbeit an Hauptschulen und im BVJ in Baden-Württemberg" auf Grundlage einer Empfehlung der Enquetekommission „Jugend – Arbeit – Zukunft" des Landtags Baden-Württemberg durch das Sozialministerium Baden-Württemberg gefördert. Das Sozialministerium beauftragte Ende 2000 die Forschungsgruppe „Jugendhilfe und Schule" am Institut für Erziehungswissenschaft der Universität Tübingen mit der wissenschaftlichen Begleitung dieser Landesförderung. Für das Untersuchungsvorhaben wurde eine Laufzeit von drei Jahren festgelegt. Im Kern ging es darum, die fachliche Entwicklung in diesem Jugendhilfebereich auf eine empirisch gesicherte Basis zu stellen. Die Forschungsgruppe führte hierzu standardisierte Fragebogenerhebungen und qualitative Fallstudien durch, die im November 2004 in einem umfangreichen Abschlussbericht veröffentlicht wurden (Bolay, Flad, Gutbrod 2004).

Die empirischen Ergebnisse zeigten z. B., dass die sozialpädagogischen Fachkräfte an Hauptschulen durchschnittlich für 400 Schülerinnen und Schüler zuständig waren. 58 % waren für zwei oder mehr Schulen zuständig. Im Zentrum der Tätigkeiten standen verschiedene Formen der Unterstützung und Begleitung von Schülerinnen und Schülern, der Beratung und Kooperation mit Lehrkräften, der Elternarbeit sowie projektförmiger, gruppenbezogener und offener Angebote. An die Schülerinnen und Schüler richtete sich damit ein Mix aus allgemein sozialisierenden und individuell unterstützenden Angeboten. Die Hälfte der Schülerinnen und Schüler nutzte mindestens eines der Angebote, Beratungsleistungen wurden von ca. einem Drittel der Schülerinnen und Schüler in Anspruch genommen. Weiter wurde festgestellt, dass die Schulsozialarbeit über ein dichtes Netz an stabilen außerschulischen Kooperationsbezügen mit einem differenzierten Spektrum an Partnern verfügte (ebd., S. 295 ff.).

18.4 Erhebung im Rahmen des neuen Landesförderprogrammes

Die Kommunalen Landesverbände und das Land hatten sich am 1. Dezember 2012 auf einen „Pakt für Familien mit Kindern" geeinigt. Nach Punkt 2 dieses Pakts beteiligt sich das Land ab dem Jahr 2012 zu einem Drittel an den Kosten der Jugendsozialarbeit an öffentlichen Schulen (Schulsozialarbeit) bis zu einem Betrag von 15 Mio. € jährlich (aufgrund der starken Nachfrage ab dem Schuljahr 2013/2014 aufgestockt auf bis zu 25 Mio € jährlich) (Ministerium für Arbeit und Sozialordnung, Familie, Frauen und Senioren Baden-Württemberg, 2012). Eine Vollzeitstelle wird vom Land mit einer Förderpauschale von 16 700 Euro jährlich bezuschusst, bei Teilzeitkräften wird der Zuschuss entsprechend reduziert. Voraussetzung für die Gewährung des Zuschusses ist grundsätzlich die Festsetzung eines Stellenumfangs von mindestens 50 % einer Vollzeitstelle. Eine Fachkraft kann an einer bis maximal drei Schulen eingesetzt werden. Die Förderung ist nicht auf bestimmte Schularten beschränkt, sondern grundsätzlich für alle öffentlichen allgemeinbildenden und beruflichen Schulen möglich. Das Land hat den Kommunalverband für Jugend und Soziales Baden-Württemberg (KVJS) im Wege einer öffentlich-rechtlichen Vereinbarung mit der Abwicklung der finanziellen Förderung der Schulsozialarbeit beauftragt und ihm die Bewirtschaftungsbefugnis über die zur Verfügung stehenden Haushaltsmittel des Landes übertragen.

Die Zuwendungsempfänger (Schulträger bzw. der mit ihm vereinbarte Anstellungsträger) sind nach den Fördergrundsätzen des Landes verpflichtet, dem KVJS als Bewilligungsbehörde tätigkeitsspezifische Angaben zu der geförderten Stelle jeweils bis spätestens drei Monate nach Ablauf des Förderzeitraums (entspricht dem jeweiligen Schuljahr) zur Verfügung zu stellen. Hierzu wurden in Abstimmung mit dem Land und den Kommunalen Landesverbänden ein Antragsformular und ein Erhebungsbogen zu den tätigkeitsspezifischen Angaben entwickelt (Kommunalverband für Jugend und Soziales Baden-Württemberg 2012c). Als Material hierfür dienten Erhebungsinstrumente verschiedener Landkreise, die diese für ihre eigene finanzielle Förderung der Schulsozialarbeit entwickelt hatten, sowie die Erfahrungen aus den Erhebungen im Rahmen des früheren Förderprogramms des Landeswohlfahrtsverbandes Württemberg-Hohenzollern in den 1990er Jahren sowie der Begleitforschung der Landesförderung in den Jahren 2000 bis 2005.

Bereits mit dem Antragsformular werden von den Antragsstellern folgende **strukturelle Daten zu den Schulen und zum Personal** erhoben:

Anstellungsträger:
Schulträger oder mit ihm vereinbarter Anstellungsträger, Gemeindekennziffer.

Schule:
Name und Anschrift der Schule, Schulträger, Schulart, Schülerzahl.

Personal:
Eingesetzt an welcher/n Schule/n, Name/Vorname, Anstellungsträger, Qualifikation, Beschäftigungsumfang in %.

Im Erhebungsbogen zu den tätigkeitsspezifischen Angaben werden ergänzend noch folgende Daten erhoben:

Anstellungsträger:
Gemeinde/Landkreis (bei Landkreisen und Städten, die als Anstellungsträger fungieren und selbst örtliche Träger der Jugendhilfe sind, wird auch erhoben, ob die Fachkraft dem Jugendamt zugeordnet ist), anerkannter Jugendhilfeträger, sonstiger Träger.

Schule:
Ganztagsschule (vollgebunden, teilgebunden, offene Form), keine Ganztagsschule; Zahl der Schulsozialarbeiter/-innen an der Schule (Personen), Umfang des Personaleinsatzes umgerechnet in Vollzeitstellen; Räumlichkeiten für die Tätigkeit der Schulsozialarbeiter/-innen: Eigenes Büro, eigener Gruppenraum, Schülertreff.

Personal:
Alter, Geschlecht, Migrationshintergrund, Berufserfahrung als Schulsozialarbeiter/in (wie viele Jahre).

Bei der **Erhebung der tätigkeitsspezifischen Angaben** wurde darauf verzichtet, alle möglichen Tätigkeiten der Schulsozialarbeiter/-innen vollständig abzubilden, da dies für alle Beteiligten einen zu großen Aufwand mit sich brächte, teilweise auch kaum valide Daten zu erwarten wären und eine vollständige Datenerhebung letztlich nur im Rahmen einer umfassenden Evaluationsforschung möglich wäre. Vielmehr zielt die Erhebung auf die Kernkompetenzen sozialarbeiterischen Jugendhilfehandelns an den Schulen ab. So wurde beispielsweise darauf verzichtet, die Zahl der Pausenhofkontakte oder der Besucherinnen und Besucher von Schülertreffs zu erheben. Ebenso wenig wird nach Angeboten der Schulsozialarbeit gefragt, die eher den Charakter von Jugendarbeit haben, ohne damit deren Bedeutung als Medium der Kontaktpflege zu den Schülerinnen und Schülern und der Vertrauensbildung in Frage stellen zu wollen. Erhoben werden folgende Tätigkeiten:

Individuelle Beratung und Hilfe:
- Einzelfallberatung/-hilfe: Zahl der Schülerinnen und Schüler mit bis zu 3 Terminen, mehr als 3 Terminen (geschlechterdifferenzierende Angaben).

Schutz bei Kindeswohlgefährdung:
- Gefährdungseinschätzungen nach § 8a Abs. 4 SGB VIII; Beratung von Lehrerinnen und Lehrern nach § 8b Abs. 1 SGB VIII (geschlechterdifferenzierende Angaben zu den Schüler/innen).

Beteiligung an Hilfen zur Erziehung (HzE):
- Zahl der Schülerinnen und Schüler, bei denen vom Jugendamt Hilfeplangespräche nach § 36 SGB VIII unter Beteiligung der Fachkraft der Schulsozialarbeit durchgeführt wurden.
- Zahl der Schülerinnen und Schüler, bei denen die Fachkraft der Schulsozialarbeit zur Abklärung von HzE-Bedarf Kontakt mit dem Jugendamt aufgenommen hat.
(Jeweils geschlechterdifferenzierende Angaben).

Beratung von und mit Lehrerinnen und Lehrern:
- Zahl der Schülerinnen und Schüler, bei denen die Fachkraft der Schulsozialarbeit Kontakte mit Lehrerinnen und Lehrern hatte, um gemeinsam nach Lösungen für individuelle Probleme zu suchen.
- Zahl der Schülerinnen und Schüler, bei denen der Bedarf für eine sonderpädagogische Förderung bzw. Schulbegleitung unter Hinzuziehung der Fachkraft der Schulsozialarbeit geprüft wurde. (Jeweils geschlechterdifferenzierende Angaben zu den Schülerinnen und Schülern).

Beratung von Erziehungsberechtigten:
- Zahl der Erziehungsberechtigten, die von der Fachkraft der Schulsozialarbeit im Hinblick auf die Erziehung ihrer Kinder individuell beraten wurden.
- Zahl der Erziehungsberechtigten, die von der Fachkraft der Schulsozialarbeit mit Angeboten der Elternbildung zu allgemeinen Fragen der Erziehung und Bildung junger Menschen erreicht wurden (vgl. § 16 SGB VIII).
- Zahl der Erziehungsberechtigten, die von der Fachkraft der Schulsozialarbeit mit Bildungsangeboten zu Fragen des erzieherischen Kinder- und Jugendschutzes erreicht wurden (vgl. § 14 SGB VIII).
(Jeweils geschlechterdifferenzierende Angaben zu den Erziehungsberechtigten).

Gruppenarbeit:[2]
- Gruppenarbeit mit ausgewählten Schülerinnen und Schülern im Sinne sozialer Gruppenarbeit zur Überwindung von Entwicklungsschwierigkeiten und Verhaltensproblemen (vgl. § 29 SGB VIII und § 13 Abs. 1 SGB VIII sowie § 15 LKJHG).
- Gruppenarbeit zur Unterstützung beim Übergang Schule-Beruf (§ 13 SGB VIII und § 14 LKJHG).
- Gruppenarbeit im Bereich Suchtprävention, Gesundheitsförderung sowie erzieherischer Kinder- und Jugendschutz (§ 14 SGB VIII und § 16 LKJHG).[3]

Arbeit mit Schulklassen:
- Arbeit mit Schulklassen zur Förderung sozialer Kompetenzen.
- Arbeit mit Schulklassen zur Konfliktbewältigung bei Problemen wie Ausgrenzung, Mobbing, etc.
- Arbeit mit Schulklassen zur Unterstützung beim Übergang Schule-Beruf.
- Arbeit mit Schulklassen im Bereich Suchtprävention, Gesundheitsförderung sowie erzieherischer Kinder- und Jugendschutz.[4]

Zum Zeitpunkt der Abfassung dieses Artikels arbeitet das KVJS-Landesjugendamt noch an den Bewilligungsbescheiden im Rahmen der ersten Antragsphase für das Landesförderprogramm. Erfahrungen zur neuen Erhebung oder gar statistische Daten werden erst gegen Ende des Jahres 2013 vorliegen. Dabei wird wie bei allen Erhebungen in der Anlaufphase mit Anfangsschwierigkeiten zu rechnen sein.[5] Ebenso wird zu gegebener Zeit zu entscheiden sein, welcher Grundbestand an Daten jährlich erhoben wird und welche vertiefenden Erhebungen vielleicht nur in mehrjährigem Abstand durchgeführt werden. Es besteht das Ziel, dass die Erhebung gemeinsam mit den anderen Serviceleistungen des KVJS-Landesjugendamts, wie z. B. seinen Fachtagungen und Fortbildungsveranstaltungen für die Fachkräfte der Schulsozialarbeit, dazu beiträgt, dieses immer wichtiger werdende Arbeitsfeld der Kinder- und Jugendhilfe fachlich weiter voranzubringen.

---

2 Gruppenarbeit wurde hier definiert als Angebote für konkrete Schülergruppen oder Schulklassen, die entweder während eines Schuljahres mindestens 5 mal 90 Minuten umfassten oder aber in Form einer mindestens eintägigen Aktion/Exkursion durchgeführt wurden.
3 Erhoben werden jeweils die Zahl der Gruppen und die Zahl der teilnehmenden Schüler/innen.
4 Erhoben werden jeweils die Zahl der Schulklassen und die Zahl der teilnehmenden Schüler/-innen.
5 Der Erhebungsbogen stützt sich auf Erfahrungen mehrerer Landkreise mit eigenen Erhebungen zur Schulsozialarbeit. Ein Pretest konnte leider aufgrund von Terminzwängen nicht durchgeführt werden.

Literatur

Bolay, E. u. a. (1999). *Unterstützen, Vernetzen, Gestalten. Eine Fallstudie zur Schulsozialarbeit*, hg. vom Landeswohlfahrtsverband Württemberg-Hohenzollern. Stuttgart.

Bolay, E., Flad, C. & Gutbrod, H. (2003). *Sozialraumverankerte Schulsozialarbeit. Eine empirische Studie zur Kooperation von Jugendhilfe und Schule*, hg. vom Landeswohlfahrtsverband Württemberg-Hohenzollern. Stuttgart.

Bolay, E., Flad, C. & Gutbrod, H. (2004). *Jugendsozialarbeit an Hauptschulen und im BVJ in Baden-Württemberg. Abschlussbericht der Begleitforschung zur Landesförderung*, hg. vom Sozialministerium Baden-Württemberg. Tübingen.

Bürger, U. & Gerstner, M. (2008). *Bericht zu Entwicklungen und Rahmenbedingungen der Inanspruchnahme erzieherischer Hilfen in Baden-Württemberg 2008*, hg. vom Kommunalverband für Jugend und Soziales/Landesjugendamt. Stuttgart.

Bürger, U. (2010). *Kinder- und Jugendhilfe im demografischen Wandel – Herausforderungen und Perspektiven der Förderung und Unterstützung von jungen Menschen und deren Familien in Baden-Württemberg – Berichterstattung 2010*, hg. vom Kommunalverband für Jugend und Soziales/Landesjugendamt. Stuttgart.

Kommunalverband für Jugend und Soziales Baden-Württemberg (2012 a). KVJS-Jugendhilfe-Service – Schulsozialarbeit in Baden-Württemberg, 3. aktualisierte Aufl. Stuttgart.

Kommunalverband für Jugend und Soziales Baden-Württemberg (2012 b). Schulsozialarbeit http://www.kvjs.de/jugend/jugendarbeit-jugendsozialarbeit/schulsozialarbeit.html. Zugegriffen: 11. Oktober 2012.

Kommunalverband für Jugend und Soziales Baden-Württemberg (2012 c). Erhebung zur Jugendsozialarbeit an öffentlichen Schulen (Schulsozialarbeit) im Rahmen der finanziellen Förderung durch das Land Baden-Württemberg für die Zeit vom 01. 08. 2012 bis 31. 07. 2013 http://www.kvjs.de/fileadmin/dateien/jugend/jugendarbeit_jugendsozialarbeit/schulsozialarbeit/Statistikbogen_Schulsozialarbeit_2012_2013_Internet.pdf. Zugegriffen: 11. Oktober 2012.

Landeswohlfahrtsverband Württemberg-Hohenzollern (1988). *Materialien zur Schulsozialarbeit II – Modellprojekt Ravensburg*. Stuttgart.

Landeswohlfahrtsverband Württemberg-Hohenzollern (2000). *Schulsozialarbeit – eine Erfolgsbilanz – Resümee auf fünfzehn Jahren Förderung durch den Landeswohlfahrtsverband*. Stuttgart.

Landtag von Baden-Württemberg (1999). *Drucksache 12/3570, Bericht und Empfehlungen der Enquetekommission „Jugend – Arbeit – Zukunft"*. Stuttgart.

Miehle-Fregin, W. & Pchalek, A. (2004). Stand der Kooperationspraxis von Jugendhilfe und Schule in Baden-Württemberg. In B. Hartnuß, S. Maykus (Hrsg.), *Handbuch Kooperation von Jugendhilfe und Schule*. Berlin: Eigenverlag des Deutschen Vereins für öffentliche und private Fürsorge.

Ministerium für Arbeit und Sozialordnung, Familie, Frauen und Senioren Baden-Württemberg (2012). Grundsätze zur Förderung der Jugendsozialarbeit an öffentlichen Schulen. http://www.sm.baden-wuerttemberg.de/de/Foerderung_

der_Jugendsozialarbeit_an_oeffentlichen_Schulen/285324.html?referer=82110&_min=_sm. Zugegriffen: 11. Oktober 2012.

Stuttgarter Zeitung (08.10.2012). Stellen für Schulsozialarbeiter – Geld vom Land löst Boom aus, http://www.stuttgarter-zeitung.de/inhalt.stellen-fuer-schulsozialarbeiter-geld-vom-land-loest-boom-aus.b83a2e89-bec1-44ae-9b2b-026049a6e66d.html. Zugegriffen: 11. Oktober 2012.

Teil IV
Schulsozialarbeit steuern – Vorschläge für eine Statistik zur Sozialen Arbeit an Schulen

19 Vorschläge zur Realisierung einer „Statistik der Schulsozialarbeit"

Angelika Iser

Das Verbund-Forschungsprojekt „Auf dem Weg zu einer Statistik der Schulsozialarbeit" hat es sich zum Ziel gemacht, zu erforschen, wie und mit welchen Instrumenten Schulsozialarbeit bzw. auch weiter gefasst, wie bezahlte sozialpädagogische Tätigkeiten im Handlungsfeld Schule erhoben werden können. Das forschungsleitende Interesse galt hierbei der Vorbereitung einer verlässlichen Statistik der Schulsozialarbeit, die transparente Grundlagen für sozialpolitische und berufspolitische Entscheidungen schaffen kann.

Im Folgenden werden zunächst grundlegende Überlegungen formuliert, zu notwendigen Unterscheidungen, die eine zuverlässige Erhebung von Schulsozialarbeit und weiterer sozialpädagogischer Tätigkeiten an Schulen überhaupt erst möglich machen. Anschließend werden Fragen benannt, erläutert und begründet, die u. E. für eine Statistik von Schulsozialarbeit bzw. Sozialer Arbeit an Schulen im Rahmen der bundesweiten Statistik unerlässlich sind. Den Abschluss bilden konkrete Vorschläge, wie anhand der bestehenden Kinder- und Jugendhilfe- sowie Schulstatistik eine verlässliche Erhebung von empirischen Informationen über dieses Feld möglich wird.

19.1 Grundsätzliche Überlegungen zur empirischen Erfassung von Schulsozialarbeit

Ein zentrales Problem für die Erfassung von Schulsozialarbeit stellt die uneinheitliche Begrifflichkeit und die zugleich heterogene Ausgestaltung dieses Handlungsfeldes dar. Indem sowohl die Bezeichnungen für das Feld, die Tätigkeitszuschnitte, die Qualifikationen, die Bezahlungen, die gesetzlichen Grundlagen als auch die Trägerschaften sehr stark variieren, gibt es zu viele offene Variablen, um eine stringente Erfassung im Rahmen einer Statistik zu ermöglichen. Zugleich ist aber auch die zunehmende Notwendigkeit für eine qualitativ hochwertige Erfassung der Schulsozialarbeit gegeben (vgl. Kap. 2 und Kap. 4). Dies war der Anlass, über die Durchführung von regionalen Erhebungen in verschiedenen Bundesländern Erfahrungen zu sammeln, kontinuierlich zu diskutieren und damit zu explorieren, wie eine statistische Erfassung von Schulsozialarbeit überhaupt möglich wird. Bei dieser Exploration wurde besonderes Augenmerk darauf gelegt, welche Schwierigkeiten und möglichen Fehlerquellen sich bei der Erfassung des Feldes ergeben.

Zentral und immer wiederkehrend war das Problem der klaren Beschreibung dessen, wer bei der Erhebung überhaupt berücksichtigt werden soll: nur Schulsozialarbeiterinnen und Schulsozialarbeiter und falls ja, wer zählt alles dazu? Nur Fachkräfte für Soziale Arbeit am Ort der Schule? Doch welche Abschlüsse werden als fachliche Qualifikation gewertet und welcher Mindestverdienst ist dafür das Kriterium? Oder werden alle bezahlten, (hauptsächlich) sozialpädagogisch Tätigen an Schulen mit erhoben? Selbst bei dieser weitesten Beschreibung des zu erfassenden Feldes sind noch klare Abgrenzungen erforderlich: auch Lehrerinnen und Lehrer sind im Rahmen ihrer Lehrtätigkeit häufig sozialpädagogisch tätig. Für das Unterrichten angestellte Lehrer sollen hier aber selbstverständlich nicht erfasst werden. Auch empfiehlt es sich, Sozialpädagoginnen und Sozialpädagogen bzw. die sozialpädagogische Tätigkeit im Rahmen der Tagesbetreuung in Horten gemäß § 22 SGB VIII auszuschließen, da dieser Bereich gesondert statistisch erfasst wird. Die zentrale Ausgangsfrage lautet daher: Wer kann und wer soll erhoben werden, damit eine zuverlässige empirische Beschreibung der Schulsozialarbeit erfolgen kann?

Um eine zuverlässige Erhebung von Schulsozialarbeit zu ermöglichen, ist deshalb u. E. schon im Vorfeld eine doppelte Unterscheidung nötig. Zum einen muss zwischen den inzwischen ausdifferenzierten Handlungsfeldern oder auch Funktionen sozialpädagogischer Fachkräfte an Schulen unterschieden werden. D. h. es muss neben „Schulsozialarbeit" (und den Synonymen dafür) auch noch nach weiteren sozialpädagogischen Fachkräften an Schulen in ihren jeweiligen Funktionen gefragt werden. Nur indem die unterschiedlichen Funktionen oder auch Tätigkeitsfelder benannt werden (und nicht unter einem Containerbegriff „Schulsozialarbeit" verdeckt werden) wird eine beschreibbare Unterscheidung zwischen verschiedenen sozialpädagogischen Tätigkeitsfeldern an Schulen auf transparente und nachvollziehbare Weise möglich. Und nur so kann erreicht werden, dass jede und jeder, der erfasst werden soll, sich auch bei einer Erhebung angesprochen fühlt. Erforderlich ist dafür natürlich auch, dass möglichst klar benannt werden muss, was mit dem jeweiligen Feld bezeichnet wird und was – im Umkehrschluss – aber auch nicht.

Zum zweiten muss bei der Erhebung danach unterschieden werden, wo die Fachkräfte angestellt sind und wie sie bezahlt werden. Der Zugang für eine statistische Erhebung kann sinnvoller Weise nur über diejenigen Institutionen gehen, die Anstellungsträger von sozialpädagogischen Fachkräften sind.[1] Denn nur diese Institutionen, also die Träger, können Überblicksdaten im Sinne einer Statistik zusammenstellen und diese zuverlässig eintragen. Als Träger sozialpädagogischer Tätigkeiten an Schulen lassen sich im Wesentlichen drei Bereiche unterscheiden: Einrichtungen der Kinder- und Jugendhilfe, schulische Träger und weitere, insbesondere privatrechtlich-gewerbliche Träger. Zu den Einrichtungen der Kinder- und Jugendhilfe gehören neben dem jeweiligen Sozialministerium des Landes sowohl öffentliche als auch freie Träger der Kinder- und Jugendhilfe. Unter dem Begriff der ‚schulischen Träger' werden schulische Fördervereine, der Schulträger und das jeweilige Kultus- bzw. Bildungsministerium des Bundeslandes gefasst, deren Trägerschaft zur Folge hat, dass zumindest die Fach- und/oder Dienstaufsicht für die sozialpädagogische Fachkraft bei der Schulleitung liegt (in Einzelfällen auch bei anderen Lehrern, aber zumindest in der Einrichtung ‚Schule'). Privatrechtlich-gewerbliche Träger wurden bei unserer Erhebung von 6 % der Fachkräfte und 2 % der Schulen als Träger genannt. Auch wenn dies ein kleiner Bereich ist, stellt er damit eine weitere Kategorie der Träger dar. Die Träger, die von 11 % der Fachkräfte und 13 % der Schulen in der offenen Kategorie „Andere und zwar …" angegeben wurden, lassen sich alle einer dieser drei benannten Kategorien zuordnen.

In der Tabelle 19.1 wird diese doppelte Unterscheidung erfasst, indem die zu differenzierenden Bereiche in Form einer Kreuztabelle aufgeführt werden.

Tabelle 19.1 Empfehlungen für eine Ergänzung der Kinder- und Jugendhilfestatistik

Trägerschaft \ Funktion	Schulsozialarbeit/Jugendsozialarbeit an Schulen	Weitere sozialpädagogische Fachkräfte an Schulen
Einrichtungen der Kinder- und Jugendhilfe	Statistik der Kinder- und Jugendhilfe	*Statistik der Kinder- und Jugendhilfe*
Schulischer Träger	*Schulstatistik/Bildungsbericht*	StEG (Ganztagsbereich) *Schulstatistik*
Weitere Träger	*Regionalstudien – über Schulleitungen/Schulträger*	StEG (Ganztagsbereich) *Regionalstudien*

---

1   Anders als bei regionalen Erhebungen (s. Kap. 13), die mehr der Ersterfassung und Exploration dienen, kann eine statistische Erfassung nur über die Anstellungsträger erfolgen, da nur diese über die erforderlichen personen- und stellenbezogenen Informationen der Fachkräfte verfügen.

Für eine zuverlässige statistische Erfassung der Schulsozialarbeit ist diese doppelte Unterscheidung zwischen verschiedenen Handlungsfeldern oder auch Funktionen sozialpädagogischer Fachkräfte an Schulen einerseits, sowie der unterschiedlichen Anstellungsträger andererseits zentral. Sie ermöglicht es herauszuarbeiten, welche Ergänzungen der Kinder- und Jugendhilfestatistik erforderlich sind, um zu einer umfassenden und validen Erhebung des Feldes zu gelangen.

So wird in der Tabelle 19.1 weiterhin dargestellt, welche Bereiche mit der derzeitigen Kinder- und Jugendhilfestatistik „Teil III.2: Einrichtungen und tätige Personen in der Kinder- und Jugendhilfe (ohne Tageseinrichtungen für Kinder)" (Statistisches Bundesamt Deutschland 2012) und anderen Erhebungen z. T. bereits erfasst werden (s. auch Kap. 2 und Kap. 4) und in kursiv hervorgehoben, welche Ergänzungen darüber hinaus erforderlich wären.

Für eine umfassende und zuverlässige Erhebung von Schulsozialarbeit ist m. E. dreierlei erforderlich:

1. eine inhaltliche Ergänzung der bestehenden Kinder- und Jugendhilfestatistik
2. die Ergänzung der Kinder- und Jugendhilfestatistik durch Daten aus einer – zu erweiternden! – Schulstatistik
3. eine Erhebung „weiterer Träger", wie z. B. privatrechtlich gewerbliche Träger von Sozialpädagogik an Schulen. Sie könnte über (eher explorative) regionale Studien vorsondiert werden, um eine Einschätzung dieses Feldes zu gewinnen. Oder – wie dies z. B. bei der StEG-Studie (Studie zur Entwicklung von Ganztagsschulen) geschieht – über Stichproben-Befragungen erfolgen.

Wie die Schritte zur Ergänzung der bestehenden Kinder- und Jugendhilfestatistik aussehen können, damit eine zuverlässige Statistik der Schulsozialarbeit ermöglicht wird, soll im Folgenden genauer ausgeführt werden. Eine Empfehlung für weitere regionale Erhebungen wird in Kapitel 13 gegeben.

19.2 Vorschläge zur Ergänzung der Kinder- und Jugendhilfestatistik zur Erfassung der Schulsozialarbeit und weiterer Sozialer Arbeit an Schulen

Für die Ergänzung einer bundesweiten Statistik können nur wenige, zentrale Fragen ausgewählt werden, um die Veränderungen für die Erhebung so gering wie möglich zu halten. Damit erhöht sich die Chance, dass die empfohlenen Ergänzungen auch realisierbar sind und von den zuständigen Fachgremien auf Landes- und Bundesebene akzeptiert werden. Im Folgenden werden zunächst die Fragen angeführt und erläutert, die aus unserer Sicht für die Erfassung von Schulsozialarbeit unverzichtbar sind. Sie werden zum Teil bereits über die Kinder- und Jugendhilfestatistik erhoben. Anschließend wird in Kap. 19.3 herausgearbeitet, an welchen Stellen der bestehenden Statistik eine Erweiterung sowie eine Ergänzung stattfinden müsste und auf welche Weise diese evtl. gestaltet werden könnte.

Für eine Erhebung von Schulsozialarbeit sind u. E. folgenden Fragen unverzichtbar:

1. Abfrage des Tätigkeitsfeldes/der Funktionsbezeichnung
2. Schulform
3. Art der Ausbildung/Qualifikation der Fachkräfte
4. Beschäftigungsverhältnis (Befristung, Beschäftigungsumfang, evtl. Bruttoeinkommensspannen)
5. Alter/Geschlecht/evtl. Migrationshintergrund

Warum wir diese Fragen für erforderlich halten und auf welche Weise wir sie erheben würden, wird im Folgenden erläutert.

19.2.1 Kategorisierung der Tätigkeiten und Funktionen Sozialer Arbeit an Schulen

Um Schulsozialarbeit zuverlässig erheben zu können, müssen neben Schulsozialarbeit auch die weiteren sozialpädagogischen Handlungsfelder an Schulen mit erfasst werden. Nur dies gibt den Ausfüllenden von Fragebögen die Möglichkeit, die gestellten Fragen auf das eigene berufliche Handeln zu beziehen und somit überhaupt sinnvoll (im Sinne der Zuverlässigkeit von Angaben) zu beantworten. Dabei muss die gewählte Differenzierung an der in der Realität existierenden Vielfalt der Handlungsfelder orientiert sein und darf nicht aufgrund von z. B. politisch gewünschter Platzierungen von Sozialer Arbeit an Schulen begrenzt werden.

Für die Differenzierung der Tätigkeitsfelder bzw. der Funktionen sozialpädagogischer Fachkräfte an Schulen orientieren wir uns in den folgenden Ausführungen an den vorliegenden Daten sowie an Ergänzungen, die beim Expertenworkshop zur Statistik der Schulsozialarbeit im Juli 2012 vorgeschlagen wurden. Als Daten ziehen wir Antworten heran, die durch eine offene Abfrage der Funktionsbezeichnungen bei sozialpädagogisch Tätigen an Schulen erhoben und anschließend gruppiert wurden (vgl. Kap. 7), die Funktionen und Handlungsfelder, die durch Schulleitungen wie auch durch Träger für ihre sozialpädagogischen Fachkräfte angegeben wurden (vgl. Kap. 10) und die Clusteranalyse von Tätigkeitsbereichen der Fachkräfte, die jedoch nur für die Stadt und den Landkreis

München durchgeführt wurde (s. Kap. 9). Für eine differenzierte Erfassung zeichnen sich folgende Bereiche für sozialpädagogische Tätigkeiten an Schulen ab:

a) **Schulsozialarbeit**, „Jugendsozialarbeit an Schulen" und weitere Synonyme
b) Sozialpädagogisch Tätige im **Ganztagsschulbereich** (ohne Horte nach § 22 SGB VIII)
c) **Berufsbegleitung** am Ort ‚Schule'
d) **Unterrichtshelferinnen und -helfer**, sozialpädagogische Lehr- oder Schulassistentinnen und -assistenten
e) Sozialpädagogische Integrationshelfer bzw. **Schulbegleiterinnen und -begleiter**
f) **Jugendarbeit an Schulen** (bzw. in enger Kooperation mit Schulen)
g) Zeitlich begrenzte **Projektarbeit** am Ort Schule
h) Weitere sozialpädagogische Fachkräfte an Schulen, und zwar: ...

Sie lassen sich auf der Basis unserer Erhebungen wie folgt charakterisieren:

Ad a. Mit 34 % hat die größte Gruppe sozialpädagogischer Fachkräfte in unserer Erhebung als Funktionsbezeichnung im Fachkräftefragebogen den Begriff *Schulsozialarbeit* eingetragen. Weitere 15 % haben die Bezeichnung *Jugendsozialarbeit* bzw. *Jugendsozialarbeit an Schulen* genannt. Auch wenn es teilweise Unterschiede zwischen den Konzepten und Verständnissen von „Schulsozialarbeit" einerseits und „Jugendsozialarbeit an Schulen" andererseits gibt (vgl. Kap. 14; s. dazu auch Tab. 9.3) zeigt sich anhand der eingetragenen Angebote und Tätigkeiten der Fachkräfte, dass eine große Nähe zwischen den beiden Gruppen besteht. Beiden Antwortgruppen ist gemeinsam, dass sie i. d. R. vor allem Schülerinnen und Schüler, ebenso aber auch Eltern und Lehrerinnen und Lehrer als ihre Zielgruppen verstehen (s. auch Tab. 9.4). Beide Gruppen zeichnet ein verhältnismäßig breites Angebots- und Tätigkeitsspektrum aus, bei dem die Einzelfallhilfe im Vordergrund steht, ergänzt durch Gruppenangebote, Elemente des sozialen Lernens, Mediation oder Konflikthilfe, Projekte und oft auch offene Angebote. Darüber hinaus gibt es weitere Aktivitäten in vielen sich unterscheidenden Variationen.

Vor dem Hintergrund der großen Gemeinsamkeiten der Fachkräfte, die sich als „Schulsozialarbeiter/innen" und der Fachkräfte die sich als „Jugendsozialarbeiter/innen (an Schulen)" bezeichnen, wird vorgeschlagen, sie zu einer Kategorie zusammen zu führen. Weitere Begriffe, die für diese Kategorie bei der Erhebung aufgetaucht sind und die hier vermutlich als relative Synonyme bei einer geschlossenen Abfrage mit erfasst werden würden sind u. a. „Schulsozialpädagogik", „Sozialraumorientierte Schulsozialarbeit", „Sozialarbeit an Schulen" sowie evtl. auch „Schul- und berufsbezogene Jugendhilfe".

Als gesetzliche Grundlagen für die hier gewählte Kategorie „Schulsozialarbeit/Jugendsozialarbeit an Schulen" kommen mehrheitlich der § 13, der § 11 SGB VIII sowie die Kombination von §§ 11 und 13 SGB VIII in Frage. Aber auch eine Begründung durch Schulgesetze ist möglich, wenn Schulsozialarbeit durch das Kultusministerium eingerichtet und getragen wird. Im Rahmen der hier vorgeschlagenen Ergänzungen der amtlichen Statistik ist eine Feindifferenzierung nach Gesetzen möglich und würde die Differenzierung zwischen unterschiedlichen Konzepten von Schulsozialarbeit ermöglichen (s. u.).

Ad b. Nach der Kategorie der „Schulsozialarbeit/Jugendsozialarbeit an Schulen" mit etwa 50 % und einer sehr großen Gruppe an nicht klar zuordenbaren Funktionsangaben der Fachkräfte (ca. 20 %) stellt die *sozialpädagogische Tätigkeit im Ganztagsschulbereich* mit 17 % die zweithäufigste, klar benennbare Funktion der antwortenden Fachkräfte in unserer Erhebung dar. Genannt wurden hier z. B. die Funktionen „Ganztagskoordinatorin", „Ganztagsmitarbeit", „Ganztagsschulmitarbeit", „pädagogische Übermittagsbetreuung", vermutlich fällt hierunter auch die unspezifische Funktion der „Betreuerin". Bei einer geschlossenen, standardisierten Frage ist zu erwarten, dass dieser Funktionsbereich deutlich häufiger genannt werden wird. Die Angaben der Schulleitungen weisen (bei Mehrfachnennung) für 30 % der Schulen eine Mitwirkung ihrer sozialpädagogischen Fachkräfte bei der offenen Ganztagsschule und für 11 % bei der gebundenen Ganztagsschule aus. Und sogar 43 % der Kinder- und Jugendhilfeträger geben (bei Mehrfachnennungen) den offenen und 20 % den gebundenen Ganztag als ein Handlungsfeld ihrer sozialpädagogischen Fachkräfte an Schulen an. Eine Ausdifferenzierung dieser Kategorie nach offenem, (teil)gebundenem und einer Kombination von beiden Ganztagsformen ist möglich. Ausgeschlossen werden sollten hier die Mitarbeiterinnen und Mitarbeiter in Horten nach § 22 SGB VIII, die bereits in der Statistik über Kinder in Tageseinrichtungen intensiv erfasst werden.

Unsere Ergebnisse zeigen, dass von den Befragten, die eine Funktionsbezeichnung im Ganztagsbereich genannt haben, knapp die Hälfte das Schulgesetz als Rechtsgrundlage angegeben haben, während die anderen die §§ 11 und/oder 13 SGB VIII benennen.

Ad c. Unter der Kategorie der *Berufsbegleitung* finden sich die Funktionsbezeichnungen „Berufseinstiegsbegleitung", „Jugendberufshilfe", „JADE" (Jugendliche an die Hand nehmen und begleiten) und „SchuB" (Schule und Betrieb). Zu den hier gruppierten 7 % der Funktionsbezeichnungen von Fachkräften wurde auch die „Berufsschulsozialarbeit" gezählt (vgl. Kap. 7). Für die hier ausgewählte Kategorie gilt, dass die Hauptaufgabe der Fachkräfte bei der Begleitung des Übergangs von der Schule in den Beruf liegt. Und dies nicht, wie bei „Schulsozialarbeit" eine von mehreren, zentralen Aufgaben darstellt. Im Bereich der Jugendberufsbegleitung existieren sehr viele verschiedene Programme, Modelle und v. a. Begriffe. Sie basieren teils auf dem § 13 SGB VIII und teils auf Angeboten der Agentur für Arbeit und damit dem SGB III. Nicht zuletzt aufgrund der begrifflichen Vielfalt ist es u. E. unabdingbar, die Heterogenität von unterschiedlichen Bezeichnungen für eng verwandte Tätigkeiten durch eine entsprechende geschlossene Frage zu strukturieren.

Ad d. Die Kategorie der sozialpädagogisch besetzten *Unterrichtshelfer* und *Schul- oder Lehrassistentinnen* ergibt sich v. a. mit Bezug auf die Antworten, die von Schulleitungen bei den Handlungs- und Funktionsfeldern ihrer sozialpädagogischen Fachkräfte gegeben wurden (hierunter fallen auch „Schulassistentinnen und -assistenten" in Baden-Württemberg, soweit sie durch sozialpädagogische Fachkräfte besetzt werden). 25 % der Schulleitungen haben „Mitwirkung im Unterricht" als Feld benannt (Mehrfachnennungen waren möglich) und auch 11 % der Träger haben diese Kategorie als ein Handlungsfeld für ihre Fachkräfte an Schulen angegeben. Um klarer zu erfassen, ob Sozialpädagoginnen und Sozialpädagogen an Schulen die Funktion der „Unterrichtshelfer/in" oder „Schulassistent/in" ausüben oder aber z. B. bei Projekten zum sozialen Lernen im Unterricht mitwirken, ist die trennscharfe Angabe der Kategorie der Unterrichtshelferinnen und -helfer erforderlich. Als Funktionsbezeichnungen von Fachkräften, die sich vermutlich dieser Kategorie zugeordnet hätten, fanden sich in der Befragung die „Vorklassenleiterin" und die „SchulassistentIn". Zu erwarten ist, dass die gesetzliche Grundlage für diese Kategorie durchgängig ein Schulgesetz ist, ebenso wie die Finanzierung durch ein Kultusministerium erfolgen müsste.

Ad e. In Schulen finden sich weiterhin auch Sozialpädagoginnen und Sozialpädagogen, die als „Integrationshelfer/innen" und *„Schulbegleiter/innen"* eingesetzt werden. Hier geht es einerseits um persönliche Begleiter von einzelnen Menschen mit Behinderung oder von Behinderung bedrohten Kindern oder Jugendlichen, die im Teilbereich der Eingliederungshilfe nach den §§ 53, 54 SGB XII bewilligt werden. Andererseits kann eine Bereitstellung von Schulbegleiterinnen und Schulbegleitern auch über den § 35a SGB VIII erfolgen. Schulbegleiterinnen und Schulbegleiter werden als pädagogische Mitarbeiter bezeichnet und sind teils Hilfskräfte. Hier muss vor einer Erhebung entschieden werden, ob aus dieser Funktionsgruppe nur diejenigen erfasst werden sollen, die eine Qualifikation in der Sozialen Arbeit mitbringen oder ob der gesamte Funktionsbereich mit erfasst werden soll.

Ad f. Die Kategorie *Jugendarbeit an Schulen* wurde im Rahmen des Expertenworkshops empfohlen, da es hier um einen Bereich geht, der in von uns nicht berücksichtigten Bundesländern einen klar ausgewiesenen Bereich darstellt (z. B. in Berlin oder Baden-Württemberg).[2] Aus den Funktionsbezeichnungen der von uns befragten Fachkräfte sind hier die „Leitung der offenen Kinder- und Jugendarbeit" und evtl. auch die „Freizeitpädagogik" zuzuordnen. Die 14 % Nennungen von Schulleitungen bzw. 28 % von Trägern für Freizeitangebote als eines von meist mehreren Handlungsfeldern und Funktionsbereichen ihrer sozialpädagogischen Fachkräfte an Schulen lassen sich jedoch vermutlich v. a. auf Freizeitangebote im Bereich der Ganztagsschulgestaltung wie auch in der Schulsozialarbeit zurückführen. Für die hier gewählte Kategorie sollte im Unterschied dazu definiert werden, dass der Hauptfokus der Tätigkeit auf der *Jugendarbeit mit bzw. an Schulen* liegt. Die gesetzliche Grundlage für diesen Bereich bildet der § 11 SGB VIII sowie konkretisierende Landesgesetzgebungen.

Ad g. Zur Kategorie der *zeitlich begrenzten, thematischen Projektarbeit an Schulen* zählen z. B. von sozialpädagogischen Einrichtungen oder Fachkräften in Kooperation mit Schulen durchgeführte Projekte zur Gewalt- oder Drogenprävention, der Gesundheits- oder Medienpädagogik, im (jugend-)kulturellen Bereich oder der Freizeitpädagogik. Diese Kategorie unterscheidet sich von den vorherigen insofern, als hier keine vorwiegende Tätigkeit der jeweiligen Fachkraft an einer bestimmten Schule besteht. Im Rahmen einer Statistik, die i. d. R. über die Anstellungsträger erfolgt, werden die hier tägigen Fachkräfte vermutlich nicht als „Sozialpädagoginnen und Sozialpädagogen *an* Schulen" eingetragen. Passend ist die Kategorie jedoch für eine umfassende Erhebung von sozialpädagogischen Tätigkeitsbereichen an Schulen (Befragung von Schulen/Schulleitungen) sowie für die Befragung von sozialpädagogischen Fachkräften mit klar ausgewiesenem Schulbezug auf kommunaler oder regionaler Ebene.

Wenn deren schulbezogene Tätigkeit statistisch erfasst werden soll, müsste die Abfrage in der Statistik entsprechende Tätigkeitsbereiche von Fachkräften gesondert erfassen. Entschieden werden muss dafür vorab, ob nur die Tätigkeitsbereiche am Ort ‚Schule' oder auch außerhalb der Schule erfasst werden sollen. Und ob außerhalb der Schule nur schulische Veranstaltungen (z. B. Mitfahrt bei Klassen-

---

2   Auch in Bayern ist die „Schulbezogene Jugendarbeit" ein fester Begriff (vgl. Kap. 14.2.3). Dennoch wurde von keiner befragten Fachkraft eine entsprechende Funktionsbezeichnung eingetragen. Dies liegt vermutlich daran, dass die Fachkräfte für schulbezogene Jugendarbeit sich entweder der Schulsozialarbeit oder der Mitwirkung im Ganztag zuordnen oder sich selbst außerhalb der Schule verorten und als externe Kooperationspartner von Schulen verstehen.

fahrten) oder auch schulbezogene Angebote, wie Hausaufgabenbetreuung im Jugendhaus, von Interesse sind.

Die Vielzahl an unterschiedlichen Funktionsbezeichnungen bei unserer Erhebung weist erneut darauf hin, dass die Soziale Arbeit an Schulen ein sich ausdifferenzierendes Feld ist. Für die Erfassung von neuen, sich ggf. derzeit entwickelnden Funktionsbereichen wäre eine Ergänzung der festen, mit einer Einfachnennung wählbaren Kategorien um eine offene Kategorie eines „Weiteren sozialpädagogischen Tätigkeitsbereichs an Schulen, und zwar:" sinnvoll. Im Rahmen der Kinder- und Jugendhilfestatistik ist dies jedoch ausgeschlossen.

Die Frage nach dem hauptsächlichen Funktionsbereich für sozialpädagogische Tätigkeiten an Schulen für die hier genannten Handlungsfelder bzw. Funktionen muss jeweils – wie dies in den Statistiken der Kinder- und Jugendhilfe bereits geschieht – sowohl erfassen, um wie viele Personen es in der jeweiligen Kategorie geht, als auch wie viele Stellen bzw. Stellenanteile hier verortet sind.

19.2.2 Weitere unverzichtbare Fragestellungen

Eine weitere, aus unserer Sicht unverzichtbare Frage im Kontext von Schulsozialarbeit und weiterer Sozialer Arbeit an Schulen ist die *Frage nach der Schulform*. Die Schulform ist häufig ausschlaggebend dafür, wie die konkrete Ausgestaltung einer sozialpädagogischen Tätigkeit oder Funktion an einer Schule aussieht. Z. B. gehört zur Schulsozialarbeit an einer Haupt-, Mittel- oder Förderschule i. d. R. der Aufgabenbereich der Unterstützung des Übergangs von der Schule in den Beruf. In Grundschulen gehört dies nachvollziehbarer Weise nicht zum Aufgabenbereich von Schulsozialarbeit.

Um die Schulform statistisch sinnvoll zu erheben, bietet sich an, die Unterscheidung von Schulformen nach dem Definitionenkatalog zur Schulstatistik zu übernehmen (vgl. KomStat_KMK 2011, 12 f.). Hier findet sich die Systematisierung nach: Grundschule, schulartunabhängige Orientierungsstufe, Hauptschule, Schule mit mehreren Bildungsgängen (in Hessen z. B. kooperative Gesamtschulen), Realschule, Gymnasium, Integrierte Gesamtschule, Freie Waldorfschule, Förderschule, Berufliche Schule, Andere Schule.

Auch die Frage nach der Art der *Ausbildung und Qualifikation* der tätigen Personen ist sowohl im Kontext einer Statistik als auch im Kontext regionaler Erhebungen unverzichtbar, weil sich hierüber Hinweise über die qualitative und fachlich fundierte Ausstattung sozialpädagogischer Handlungsfelder an Schulen finden lassen.

Die Erhebung zur Ausbildung und Qualifikation ist bereits Standard im Rahmen der Kinder- und Jugendhilfestatistik (s. Abb. 19.2). Dabei werden im Schlüssel 2 u. a. als zweite Kategorie die Berufsbildungsabschlüsse für Diplompädagoginnen und -pädagogen und Erziehungswissenschaftlerinnen und -wissenschaftler mit Universitätsabschluss erhoben, ohne weiter nach den im Studium gewählten Schwerpunkten zu fragen (vgl. Fragebogen 2010, S. 1). Für das Feld der Schulsozialarbeit stellt sich hier die Frage, ob eine Differenzierung der universitären Diplompädagoginnen und Diplompädagogen nach ihren Schwerpunkten (zwischen Sozialpädagogik und anderen Schwerpunkten) hilfreiche Erkenntnisse bringen könnte.[3] Denn erst dadurch wird erkennbar, wer über eine Qualifikation im Feld der Sozialen Arbeit (Sozialpädagogik und Sozialarbeit) verfügt und wer demgegenüber keine Ausbildung in der Sozialen Arbeit hat, sondern eine erziehungswissenschaftliche mit anderem Schwerpunkt, wie z. B. der Schulpädagogik, Erwachsenenbildung oder Sonderpädagogik. Überlegt werden muss an dieser Stelle weiterhin, wie die Abschlüsse in den hoch ausdifferenzierten neuen Bachelor- und Masterstudiengängen zukünftig in der Kinder- und Jugendhilfestatistik erfasst werden sollen.

Auch die Fragen nach dem *Beschäftigungsverhältnis* (Befristung, Beschäftigungsumfang, evtl. Bruttoeinkommensspannen) ist für die Erfassung der Schulsozialarbeit sowie der weiteren Sozialen Arbeit an Schulen insofern zentral, als hier sehr häufig die Gefahr von Unterfinanzierungen und zeitlich begrenzten Anstellungsverhältnissen besteht, die einer qualitativen Ausstattung und Ausgestaltung durch z. B. langfristigen Beziehungsaufbau für Hilfebeziehungen entgegenstehen (vgl. z. B. Kooperationsverbund Schulsozialarbeit 2009, S. 44).

Die Beschäftigungsverhältnisse werden in der Kinder- und Jugendhilfestatistik zumindest zum Teil bereits erfasst, indem hier nach dem Beschäftigungsumfang gefragt wird (s. Abb. 19.2). Eine wichtige Ergänzung wäre im Hinblick auf das Arbeitsfeld von Sozialer Arbeit an Schulen die Frage nach der Befristung des Arbeitsverhältnisses. Weiterhin stellt sich die Frage, wie Unterbezahlungen und evtl. prekäre Lohnverhältnisse sichtbar gemacht werden könnten. Am einfachsten wäre hier die Frage nach Bruttoeinkommensspannen. Ob dies im Rahmen einer bundesweiten Kinder- und Jugendhilfestatistik realisierbar ist, stellt aus unserer Sicht eine offene Frage dar.

Auch *soziodemographische Daten* sind wichtige Indikatoren für die Erfassung des Arbeitsfeldes Schulsozialarbeit. Die Frage nach dem *Alter* und dem *Ge-*

---

[3] So wird die Schulsozialarbeit z. B. vom Kooperationsverbund Schulsozialarbeit (2009, S. 34) als „professionelles sozialpädagogisches Angebot" definiert, was wiederum sozialpädagogische Ausbildungsinhalte zu einem Qualitätsstandard werden lässt (vgl. ebd., S. 40 ff.).

schlecht werden in den bestehenden Statistiken standardmäßig erhoben. Vor dem Hintergrund der zunehmenden Bedeutung von Migration ist jedoch zu überlegen, ob der Migrationshintergrund von Fachkräften hier mit erfasst werden sollte. Dafür spricht, dass Schulsozialarbeit wie auch andere sozialpädagogische Angebote an Schulen häufig mit dem Bedarf begründet werden, der durch eine hohe Schülerinnen- und Schülerzahl mit Migrationshintergrund entsteht und Fachkräfte mit Migrationshintergrund für diese Schüler wichtige Ansprechpartner sein könnten.

19.3 Empfohlene Ergänzungen zur Kinder- und Jugendhilfestatistik

Manche der genannten unverzichtbaren Fragen für die Erfassung von Schulsozialarbeit und weiterer sozialpädagogischer Tätigkeiten an Schulen sind im Rahmen der „Kinder- und Jugendhilfestatistik: Teil III.2: Einrichtungen und tätige Personen in der Kinder- und Jugendhilfe (ohne Tageseinrichtungen für Kinder)" (Statistisches Bundesamt Deutschland 2012) bereits enthalten und bedürfen keiner Ergänzung. Für weitere Fragen sind Ergänzungen dieser Teil-Statistik erforderlich. Eine zuverlässige und umfassende Erhebung des Feldes der Schulsozialarbeit und Sozialen Arbeit an Schulen macht darüber hinaus die Ergänzung der Statistik durch Erhebungen im Rahmen der Schulstatistik erforderlich. Für die Erfassung empfehlen wir eine Erweiterung der bestehenden Statistiken durch drei sich ergänzende Ansätze:

1. eine Erweiterung und Ausdifferenzierung des Fragebogens der (vierjährigen) Kinder- und Jugendhilfestatistik für Träger der öffentlichen und freien Jugendhilfe und
2. eine Erweiterung des Kerndatensatzes der bestehenden Schulstatistik um sozialpädagogische Fachkräfte *in schulischer Trägerschaft* und Finanzierung.
3. eine Erfassung weiterer Träger durch Stichprobenerhebungen.

19.3.1 Erweiterung des Fragebogens zur Kinder- und Jugendhilfestatistik Teil III.2

Die Teil-Statistik Teil III.2 Einrichtungen und tätige Personen in der Kinder- und Jugendhilfe (ohne Tageseinrichtungen für Kinder) wird als Total- oder Vollerhebung bei den öffentlichen und freien Trägern der Kinder- und Jugendhilfe und den Einrichtungen im vierjährlichen Abstand zum Jahresende durchgeführt. Der nächste Stichtag ist der 31. 12. 2014. Hier besteht – wie bei vielen amtlichen Statistiken – Auskunftspflicht für die Träger.

Über den Teil C „Art der Einrichtung, Behörde oder Geschäftsstelle" erfolgt die Zuordnung von Fachkräften für einen bestimmten Einrichtungsbereich, wie z. B. unter der Nummer 21 die „Einrichtungen der schulischen und berufsbezogenen Jugendsozialarbeit gemäß § 13 Abs. 1 und 2 SGB VIII" (s. Abb. 19.1). Wie oben ausgeführt, lassen sich aber weder alle in der Schulsozialarbeit tätigen Personen und noch weniger alle in der Sozialen Arbeit an Schulen tätigen Personen über diese Einrichtungen erfassen (vgl. Kap. 2 und 4). Dies zeigen auch die bereits vorliegenden Ergebnisse, nach denen z. B. im Jahr 2010 nur 834 der insgesamt 3025 genannten Personen, die zum pädagogischen und Verwaltungspersonal des Feldes *Schulsozialarbeit* zählen, aus diesen Einrichtungen kommen.

Die weiteren 2191 Personen, die als Personal für den Arbeitsbereich Schulsozialarbeit angegeben werden, finden sich vorwiegend in Jugendämtern (725 Nennungen), Einrichtungen oder Initiativen der mobilen Jugendarbeit (439 Nennungen), Geschäftsstellen eines Trägers der freien Jugendhilfe (386 Nennungen), Jugendzentren u. ä. (219 Nennungen), Jugendberatungsstellen gemäß § 11 SGB VIII (200 Nennungen). Kleinere Nennungen gibt es weiterhin für Erziehungs- und Familienberatungsstellen (79 Nennungen), Gemeinden ohne Jugendamt (59 Nennungen), Arbeitsgemeinschaften oder sonstige Zusammenschlüsse von Trägern (34 Nennungen) und schließlich 32 Einrichtungen des Jugendwohnens nach § 13, Abs. 3 SGB VIII (Statistisches Bundesamt Deutschland 2012, 51).

Die Vielfalt der Einrichtungen für Schulsozialarbeit weist darauf hin, dass alle Kinder- und Jugendhilfeträger eine Einrichtungskategorie finden, zu der ihre Fachkräfte im Feld der Schulsozialarbeit oder anderen Feldern der Sozialen Arbeit an Schule gehören. Dennoch sind zwei Aspekte im Hinblick auf die Einrichtungen zu diskutieren. Zum einen zeigen die bisherigen Ausführungen, dass es Einrichtungen gibt, die Anstellungsträger für Schulsozialarbeit oder weitere so-

Abbildung 19.1 Auszug aus dem Kinder- und Jugendhilfe-Fragebogen (JHE 2010, S. 3)

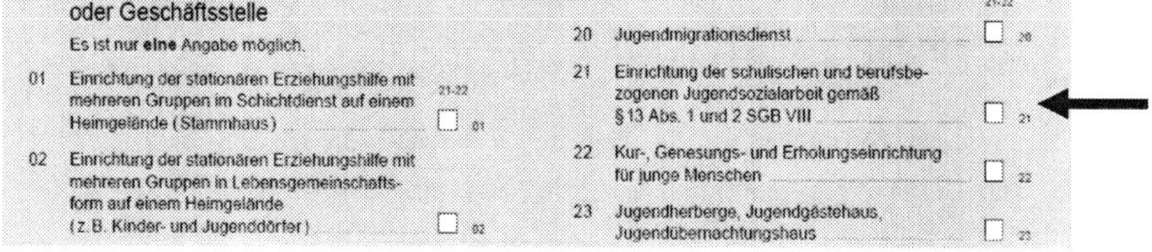

C Art der Einrichtung, Behörde oder Geschäftsstelle

Es ist nur **eine** Angabe möglich.

01 Einrichtung der stationären Erziehungshilfe mit mehreren Gruppen im Schichtdienst auf einem Heimgelände (Stammhaus) ☐ 01

02 Einrichtung der stationären Erziehungshilfe mit mehreren Gruppen in Lebensgemeinschaftsform auf einem Heimgelände (z. B. Kinder- und Jugenddörfer) ☐ 02

20 Jugendmigrationsdienst ☐ 20

21 Einrichtung der schulischen und berufsbezogenen Jugendsozialarbeit gemäß § 13 Abs. 1 und 2 SGB VIII ☐ 21

22 Kur-, Genesungs- und Erholungseinrichtung für junge Menschen ☐ 22

23 Jugendherberge, Jugendgästehaus, Jugendübernachtungshaus ☐ 23

zialpädagogische Tätigkeiten an Schulen sein können, die nicht in den Bereich der Kinder- und Jugendhilfe fallen und somit nicht von der Kinder- und Jugendhilfestatistik erfasst werden. Hierzu gehören „schulische Träger“ wie schulische Fördervereine, Schulträger, Schulministerien aber auch Einrichtungen, die gemäß SGB II (Schulsozialarbeit finanziert über das Bildungs- und Teilhabepaket), SGB III (Berufseinstiegsbegleiter im Auftrag der Agentur für Arbeit) oder SGB XII (Integrationsbegleiter als Schulbegleiter, finanziert und angestellt über das Sozialamt). Auf Möglichkeiten für deren statistische Erfassung wird weiter unten eingegangen.

Zum zweiten stellt sich die Frage, wie im Rahmen der Kinder- und Jugendhilfestatistik unterschieden werden kann zwischen der Einrichtung als Anstellungsträger und dem Arbeitsort Schule, der für eine Statistik der Schulsozialarbeit zentral ist. Eine Erhebung der Schulform müsste erfolgen, indem klar zwischen der *Einrichtung*, wie sie bereits unter Punkt C erfasst wird, und dem *Arbeitsort* unterschieden wird.

Die Zuordnung zum Arbeitsbereich „Schulsozialarbeit“ kann derzeit bereits im Teil F erfolgen, in welchem unter der Rubrik „Angaben zum Personal“ für jede tätige Person eine Zeile ausgefüllt wird, indem u. a. anhand von Schlüsselnummern ein Arbeitsfeld angegeben werden kann (s. Abb. 19.2). Das Arbeitsfeld „Schulsozialarbeit“ findet sich im Schlüssel 3 unter der Schlüsselnummer 12. Weiterhin gibt es unter der Nummer 10 das Arbeitsfeld „Ausbildungsbezogene Jugendsozialarbeit gemäß § 13 Abs. 1 und 2 SGB VIII“ (s. Abb. 19.3). Diese wird z. B.

Abbildung 19.2 Auszug aus dem Kinder- und Jugendhilfe-Fragebogen (JHE 2010, S. 4)

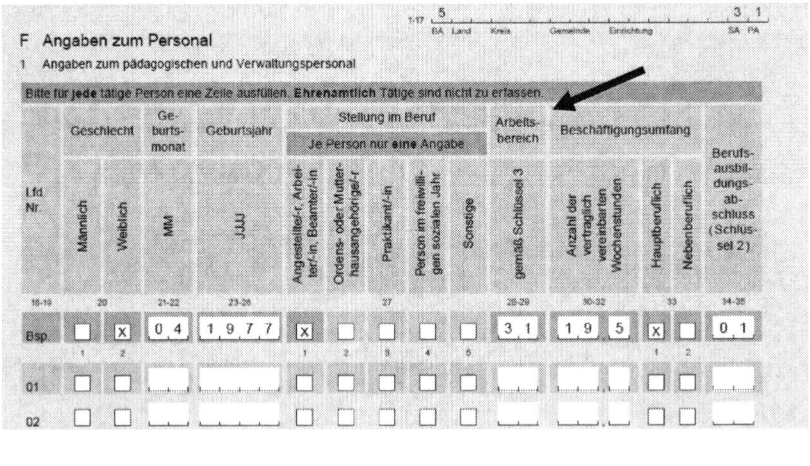
1-17 5 3 1
BA Land Kreis Gemeinde Einrichtung SA PA

F Angaben zum Personal

1 Angaben zum pädagogischen und Verwaltungspersonal

Bitte für **jede** tätige Person eine Zeile ausfüllen. **Ehrenamtlich** Tätige sind nicht zu erfassen.

Lfd. Nr.	Geschlecht		Geburtsmonat	Geburtsjahr	Stellung im Beruf – Je Person nur **eine** Angabe					Arbeitsbereich	Beschäftigungsumfang			Berufsausbildungsabschluss (Schlüssel 2)
	Männlich	Weiblich	MM	JJJJ	Angestellte/-r, Arbeiter/-in, Beamter/-in	Ordens- oder Mutterhausangehörige/-r	Praktikant/-in	Person im freiwilligen sozialen Jahr	Sonstige	gemäß Schlüssel 3	Anzahl der vertraglich vereinbarten Wochenstunden	Hauptberuflich	Nebenberuflich	
18-19	20		21-22	23-26	27					28-29	30-32	33		34-35
Bsp.	☐	☒	0 4	1 9 7 7	☒	☐	☐	☐	☐	3 1	1 9 , 5	☒	☐	0 1
	1	2			1	2	3	4	5			1	2	
01	☐	☐			☐	☐	☐	☐	☐			☐	☐	
02	☐	☐			☐	☐	☐	☐	☐			☐	☐	

unter dem Begriff der „Jugendsozialarbeit an Schulen" häufig ebenfalls am Ort der Schule eingerichtet und entspricht in vielen Aspekten dem Tätigkeitsfeld der Schulsozialarbeit. Um die unterschiedlichen Umsetzungsweisen dieses Arbeitsfeldes sichtbar zu machen und damit das Tätigkeitsfeld der Schulsozialarbeit zuverlässiger zu erfassen, empfehlen wir daher eine Ausdifferenzierung und Erweiterung des Schlüssels 3 in folgender Weise:

Für den Schlüssel Nr. 10: *Ausbildungsbezogene Jugendsozialarbeit gemäß § 13 Abs. 1 und 2 SGB VIII* sollte eine Aufteilung der konkreten Umsetzungsweisen stattfinden in:

- Schlüssel 10.1: Außerschulische Jugendsozialarbeit
- Schlüssel 10.2: Schulsozialarbeit nach § 13 SGB VIII
- Schlüssel 10.3: (Berufsbezogene) Jugendsozialarbeit am Ort Schule

Für den Schlüssel Nr. 12: *Schulsozialarbeit* sollte eine Ausdifferenzierung stattfinden in:

- Schlüssel 12.1: Schulsozialarbeit nach § 11 SGB VIII
- Schlüssel 12.2: Schulsozialarbeit nach § 11 und 13 SGB VIII
- Schlüssel 12.3: Schulsozialarbeit auf weiteren gesetzlichen Grundlagen

Für den Schlüssel Nr. 32: *Betreuung behinderter junger Menschen* sollte eine Ausdifferenzierung stattfinden in:

- Schlüssel 32.1: Betreuung behinderter junger Menschen
- Schlüssel 32.2: Integrationshelfer (Schulbegleiter) nach § 35a SGB VIII

Ein neuer Schlüssel ist für die vielfältigen sozialpädagogischen Tätigkeiten im Ganztagsschulbereich erforderlich, die z. B. benannt werden können als:

- Sozialpädagogische Tätigkeit im Ganztagsschulbereich

In der Abbildung 19.2 wird weiterhin ersichtlich, welche soziodemographischen Daten in der Kinder- und Jugendhilfe-Teilstatistik bereits erhoben werden. Diese sind das Geschlecht, das Alter über die Erfassung von Geburtsmonat und Geburtsjahr, sowie der Berufsbildungsabschluss. Für die genauere Erfassung der beruflichen Qualifikation wurde bereits der Vorschlag angeführt, den Universitätsabschluss unter der Schlüsselnummer 02 für den Berufsbildungsabschluss zu differenzieren in:

- Schlüssel 02.1: Dipl.-Sozialpädagoge/-in, Dipl.-Pädagog/in mit dem Schwerpunkt Sozialpädagogik, Dipl.-Erziehungswissenschaftler/-in mit dem Schwerpunkt Sozialpädagogik (Universität oder vergleichbarer Abschluss)
- Schlüssel 02.2: Dipl.-Pädagog/in oder Dipl.-Erziehungswissenschaftler/-in mit anderem Schwerpunkt (z. B. Schulpädagogik, Erwachsenenbildung u. a.) (Universität oder vergleichbarer Abschluss)

Aussagefähig erscheint weiterhin die Frage nach dem Migrationshintergrund der Fachkräfte. Sie könnte anstelle der Frage nach dem Geburtsmonat gestellt werden. Die Angabe des Geburtsmonats bringt keinen weiteren Erkenntnisgewinn, stellt aber tendenziell ein Risiko für den Datenschutz dar.

Hinsichtlich des Beschäftigungsverhältnisses wird bereits die Anzahl der Wochenarbeitsstunden erhoben sowie weiterhin, ob eine haupt- oder nebenberufliche Tätigkeit vorliegt (s. Abb. 19.2). Für das Arbeitsfeld der Schulsozialarbeit bzw.

Abbildung 19.3 Auszug aus dem Kinder- und Jugendhilfe-Fragebogen (JHE 2010, S. 8)

Schlüsselnummern für Arbeitsbereich
Schlüssel 3

Schl. Nr.	Arbeitsbereich
01	Kulturelle Jugend(bildungs)arbeit
02	Außerschulische Jugendbildungsarbeit (§ 11 Abs. 3 Nr. 1 SGB VIII) und Aus- und Fortbildung von Mitarbeiterinnen und Mitarbeitern freier Träger im Rahmen der Kinder- und Jugendarbeit (§ 74 Abs. 6 SGB VIII)
03	Kinder- und Jugenderholung
04	Internationale Jugendarbeit
05	Freizeitbezogene, offene Jugendarbeit und Jugendpflege
06	Jugendverbandsarbeit
07	Mobile Jugendarbeit
08	Jugendberatung gemäß § 11 Abs. 3 Nr. 6 SGB VIII
09	Spielplatzwesen
10	Ausbildungsbezogene Jugendsozialarbeit gemäß § 13 Abs. 1 und 2 SGB VIII
11	Unterkunftsbezogene Jugendsozialarbeit gemäß § 13 Abs. 3 SGB VIII
12	Schulsozialarbeit
13	Eingliederungsarbeit für Spätaussiedler/-innen

der weiteren sozialpädagogischen Tätigkeiten an Schulen ist die Frage nach einer Befristung des Arbeitsverhältnisses sehr relevant für die Qualität der Arbeit. Daher wird empfohlen, diese Angabe hier mit aufzunehmen.

19.3.2 Erweiterung der Schulstatistik um sozialpädagogische Fachkräfte an Schulen

Verhältnismäßig viele sozialpädagogische Fachkräfte und Tätigkeiten an Schulen finden in einer Form der schulischen Trägerschaft statt, teilweise verbunden mit einer Dienst- und/oder Fachaufsicht bei der Schulleitung. In unserer Erhebung haben beispielsweise 16,7 % der Fachkräfte angegeben, bei einem der schulischen Träger angestellt zu sein. Diese sozialpädagogischen Tätigkeiten und Fachkräfte werden durch die Kinder- und Jugendhilfestatistik nicht erfasst, da sie ausschließlich „als Totalerhebung bei den Trägern der Jugendhilfe und den Einrichtungen", „Behörden und Geschäftsstellen in der Kinder- und Jugendhilfe" durchgeführt wird (JHE 2010, S. 2). Für eine umfassende Statistik der Schulsozialarbeit ist dieser Bereich der „schulischen Träger" aber unerlässlich.

Daher ist u. E. zusätzlich und ergänzend zur o. g. Erweiterung des Fragebogens für die Kinder- und Jugendhilfestatistik eine Erweiterung des „Kerndatensatzes der Schulstatistik" erforderlich. Die Schulstatistik der Kultusministerkonferenz bzw. die Schulstatistik des Statistischen Bundesamtes wird über die Statistischen Landesämter oder die Kultusministerien der Länder bei den Einzelschulen erhoben. Ein Teil der Daten wird beim Statistischen Bundesamt zusammengeführt (vgl. KMK 2011, S. 3f), welches jährliche Berichte veröffentlicht (vgl. Statistisches Bundesamt 2011, S. 1). Der Kerndatensatz der Schulstatistik (KDS) „beschreibt den ‚Kern' an Daten, die in allen Ländern (...) vergleichbar erhoben werden sollen", damit „eine Auswertung einheitlicher Daten auf der nationalen Ebene möglich" wird (KMK 2011, S. 6). Bisher werden im KDS Daten zur Schule (s. Abb. 19.4), den Klassen, Unterrichtseinheiten, Schülerinnen und Schülern und Lehrkräften erfasst, nicht jedoch zu den sozialpädagogisch Tätigen an Schulen (vgl. ebd.).

Um analog zur Erhebung von Schulsozialarbeit und weiterer sozialpädagogisch Tätiger an Schulen durch eine ausdifferenzierte Kinder- und Jugendhilfestatistik auch Daten zur Schulsozialarbeit/Sozialen Arbeit an Schulen in „schulischer" Trägerschaft zu erhalten, ist u. E. zu empfehlen, den KDS der Schulstatistik ebenfalls im vierjährigen Abstand (erste Erhebung in 2014)[4] um einen Erhebungsteil zur

---

4 Ungleich ist allerdings, dass in der Kinder- und Jugendhilfestatistik ein Stichtag, der 31.12., erhoben wird, während sich die Schulstatistik auf ein Kalenderjahr bezieht.

Erfassung der Personen in der Schulsozialarbeit sowie weiteren sozialpädagogisch Tätigen, die *von Schulen angestellt sind und finanziert werden*, zu ergänzen. Einzuschließen sind hier Fachkräfte, die über Fördervereine und Elternbeiräte von der Schule, vom Schulträger oder bei den jeweiligen Kultus- oder Bildungsministerien des Landes angestellt sind. Kriterium für die Schulleitungen ist, ob die Dienst- und/oder Fachaufsicht für diese sozialpädagogisch Tätigen bei ihnen liegt und nicht bei einem außerschulischen Träger.

Die Befragung sollte möglichst analog zur Erhebung in der Kinder- und Jugendhilfestatistik angelegt sein und die o. g. unverzichtbaren Fragen zur Schulsozialarbeit bzw. sozialpädagogisch Tätigen an Schulen enthalten. Dies ist erforderlich, damit die Daten anschließend mit den entsprechenden Daten der Kinder- und Jugendhilfestatistik valide zusammengeführt werden können.

Völlig neu aufgenommen werden müsste in den KDS die Frage nach dem Tätigkeitsfeld und der Funktionsbezeichnung der sozialpädagogisch Tätigen an der Schule, indem die o. g. Kategorien (s. Kap. 19.2.2) bzw. die gleichen Kategorien zur Wahl gestellt werden, wie sie in der Kinder- und Jugendhilfestatistik, nach deren Ergänzung aufgenommen wurden. Verbunden damit könnte auch die Zielgruppe des hier zu erhebenden „Personals in sozialpädagogischen Handlungsfeldern am Ort Schule" definiert werden. Eine höhere Aussagekraft würden die Daten weiterhin dadurch erreichen, dass der KDS zugleich um eine Erhebung des schulpsychologischen Personals und ggf. weiterer an der Schule angestellter Professionen ergänzt wird, weil dadurch die Trennschärfe erhöht werden kann.

Die Frage zur Schulart und darüber hinaus der Ganztagsschulstatus wird in der Schulstatistik bereits erhoben (s. Abb. 19.4). Hinsichtlich der soziodemographischen Daten sollte analog zur Befragung zu den Lehrkräften für das „Personal in sozialpädagogischen Handlungsfeldern am Ort Schule" die Frage nach dem Geschlecht und Alter erfragt werden (s. Abb. 19.5). Ergänzt werden könnte dies um die Frage, ob ein Migrationshintergrund besteht oder nicht.

Sehr differenziert wird der Beschäftigungsumfang für Lehrkräfte erhoben (s. Abb. 19.6). Die hier gestellten Fragen müssen für die sozialpädagogisch Tätigen modifiziert werden, z. B. indem gefragt wird nach: vollbeschäftigt, teilbeschäftigt und der Anzahl der Wochenarbeitsstunden, ob eine bzw. keine Befristung der Stelle vorliegt und – falls dies datenrechtlich zulässig ist – eine Bruttoeinkommensspanne angekreuzt werden kann. Ebenso müsste die Frage nach der Ausbildung und Qualifikation der Fachkräfte analog der wählbaren Angaben aus dem Bogen der Kinder- und Jugendhilfestatistik, Teil III.2 (S. 1 der Erläuterungen) hier anstelle der für Lehrkräfte wählbaren Ausprägungen eingesetzt werden.

Damit würde für die Erhebung der Schulsozialarbeit sowie weiterer sozialpädagogisch Tätiger an Schulen ein ganz eigener Fragebogenteil in vierjährlichem Abstand in die Schulstatistik aufgenommen.

Abbildung 19.4 Auszug aus dem Kerndatensatz der Schulstatistik (KMK 2011, S. 17)

„Kerndatensatz der Länder für schulstatistische Individualdaten, Version 3.0" (KDS 3.0)
– Auszug der nichttechnischen Merkmale
(Beschluss der Kultusministerkonferenz vom 13.11.2008)

Teil A: Allgemein bildende Schulen (ABS) und berufliche Schulen (BBS)

Merkmal	Ausprägungen
Schule	
Berichtszeitraum: Kalenderjahr (1. Jahr des Schuljahres)	Jahreszahl
Schulstandort: Land	Schleswig-Holstein, Hamburg, Niedersachsen, Bremen, Nordrhein-Westfalen, Hessen, Rheinland-Pfalz, Baden-Württemberg, Bayern, Saarland, Berlin, Brandenburg, Mecklenburg-Vorpommern, Sachsen, Sachsen-Anhalt, Thüringen
Schulstandort: Regierungsbezirk	entsprechend bundeseinheitlichen Schlüssel
Schulstandort: Kreis/Gemeinde	(GKZ, 8-stellig)
Schulstandort: Arbeitsagenturbezirk	Nr. des Arbeitsagenturbezirks
Schulart/-typ im Sinne der schulartspezifischen Einrichtung (1-n)	Vorklasse, Vorklasse an Förderschule, Schulkindergarten, Schulkindergarten an Förderschule, Grundschule (1 - 4), Schulartunabhängige Orientierungsstufe, Hauptschule, Schule mit mehreren Bildungsgängen, Realschule, Gymnasium, Integrierte Gesamtschule, Freie Waldorfschule, Förderschule (Sonderschule), Abendhauptschule, Abendrealschule, Abendgymnasium, Kolleg, Teilzeit-Berufsschule, Berufsvorbereitungsjahr, Berufsgrundbildungsjahr in Vollzeitform, Berufsaufbauschule, Berufsfachschule, Berufsoberschule/Technische Oberschule, Fachgymnasium, Fachoberschule, Fachschule, Fachakademie/Berufsakademie, Schule des Gesundheitswesens
Rechtsstatus	öffentlich, privat
Schule: Ganztagsunterricht/-betreuung	Ganztagsschule (GTS) voll gebundene Form, GTS teilweise gebundene Form, GTS offene Form, gemischte GTS, keine

Abbildung 19.5 Auszug aus dem Kerndatensatz der Schulstatistik (KMK 2011, S. 20)

Lehrkraft	
Geschlecht	männlich/ weiblich
Geburtsmonat/-jahr	Monat, Jahreszahl
Staatsangehörigkeit	gem. Liste StBA
Lehramt/angestrebtes Lehramt 1-n	Lehramt Grundschule bzw. des Primarbereichs, übergreifendes Lehramt des Primarbereichs und aller oder einzelner Schularten des Sekundarbereichs I, Lehramt für alle oder einzelne Schularten

Abbildung 19.6 Auszug aus dem Kerndatensatz der Schulstatistik (KMK 2011, S. 20)

Pflichtstundenzahl/Vertraglich vereinbarte Stunden der Lehrkraft/Unterrichtshilfe	Stundenzahl
Beschäftigungsumfang	vollbeschäftigt, teilbeschäftigt, stundenweise beschäftigt (einschl. LAA/Referendare)
Bezahlte Mehrarbeit: Stunden	Stundenanzahl
Mehr-/Minderstunden aus Arbeitszeitregelung: Grund 1-n	Altersteilzeit, Vorgriffs-/Ansparstunden, Sabbatjahr, Sonstige Regelung
Mehr-/Minderstunden aus Arbeitszeitregelung: Stunden (je Grund 1-n)	Stundenanzahl
Abminderungen (AEF): Grund 1-n	Freistellungen für Tätigkeiten in der Personalvertretung, Lehrerausbildung, Fort- und Weiterbildung, Tätigkeit in der Lehrerfort- und -weiterbildung Dritter, Schulübergreifende Aufgaben (Bereich sonderpädagogische Förderung, Schulpsychologische Betreuung / Drogenberatung, Tätigkeit in Bildstellen/Medienberatung, Fachdidaktische Kommissionen / Lehrplanarbeit/Erarbeitung zentraler Prüfungsaufgaben, sonstige schulaufsichtliche (schulbehördliche) Aufgaben, sonstige schulübergreifende Beratungs-, Koordinierungs- und Organisationsaufgaben), Aufgaben/Funktionen/Belastungen in der Einzelschule (Schulleitung, Schulorganisation, Schulverwaltung.

Analog zum Erstellungsprozess des Bildungsberichts (vgl. Autorengruppe Bildungsberichterstattung 2012, 35) müssen die entsprechenden Daten aus der Kinder- und Jugendhilfestatistik und der Schulstatistik anschließend – z. B. durch ein Konsortium „Schulsozialarbeitsbericht" – zusammengeführt werden, um so eine weitgehend umfassende Statistik für Schulsozialarbeit und weitere Soziale Arbeit an Schulen ausarbeiten zu können.

19.3.3 Erfassung weiterer Träger von Sozialer Arbeit an Schulen

Auch wenn nur wenige sozialpädagogisch Tätige an Schulen bei weiteren Trägern angestellt sind, macht es eine umfassende Statistik für Schulsozialarbeit erforderlich, mittel- bis langfristig auch diese zu erfassen. Dies kann jedoch weder über die Schul- noch über die Kinder- und Jugendhilfestatistik erfolgen.

Um einen genaueren Einblick zu bekommen, um welche Träger es sich hier handelt und wie diese empirisch erfasst werden könnten, wurde im Kapitel 12 exemplarisch für Bayern und München exploriert, welche Programme zu Sozialer Arbeit an Schulen beitragen und bei welchen Trägern die Fachkräfte jeweils angestellt sind. Insbesondere bei Bundesprogrammen fanden sich hier auch weitere Träger.

Für das Programm „Schulverweigerung – die 2. Chance" können Daten bei dessen wissenschaftlicher Begleitung erfragt werden (s. Kap. 14.1). Die erforderlichen Daten über den Einsatz von Jugendberufsbegleiterinnen und -begleitern an Schulen durch die Agentur für Arbeit (SGB III, Arbeitsförderung) lassen sich zumindest regional über die Agentur für Arbeit abfragen und ergänzend in einen „Schulsozialarbeitsbericht" integrieren. Ähnlich könnte eine Abfrage der sozialpädagogischen Fachkräfte, die über das SGB XII (Sozialhilfe) als Integrationshelfer (Schulbegleiter) vorwiegend in der Schule tätig sind, regional erfolgen.

Weitere privatrechtlich gewerbliche Träger von Sozialer Arbeit an Schulen werden bisher in keiner Institution systematisch erfasst. Um hierzu einen Zugang zu finden, sind regional begrenzte Stichprobenerhebungen im mehrjährigen Abstand denkbar, die sich mit der Frage nach einer Vollerfassung aller sozialpädagogisch Tätigen an die Schulleitungen wendet. Empfehlungen für regionale Fachkräfte-Erhebungen finden sich im Kapitel 13.

Literatur

Autorengruppe Bildungsberichterstattung (Hg.) (2012). *Bildung in Deutschland 2012: Ein indikatorengestützter Bericht mit einer Analyse zur kulturellen/musisch-ästhetischen Bildung im Lebenslauf.* Bielefeld: W. Bertelsmann Verlag.

KMK 2011 (Sekretariat der ständigen Konferenz der Kultusminister der Länder in der Bundesrepublik Deutschland) (2011). FAQ's – Frequently Asked Questions zum Kerndatensatz und zur Datengewinnungsstrategie. Berlin. In: http://www.kmk.org/fileadmin/pdf/Statistik/FAQ_KDS.pdf. Zugegriffen: 6. Juli 2012.

KomStat_KMK 2011 (Kommission für Statistik im Sekretariat der Kultusministerkonferenz) (2011). Definitionenkatalog zur Schulstatistik. In: http://www.kmk.org/fileadmin/pdf/Statistik/Defkat2011.pdf. Zugegriffen: 6. Juli 2012.

Kooperationsverbund Schulsozialarbeit (2009). Berufsbild und Anforderungsprofil der Schulsozialarbeit. In: Pötter, N.; Segel, G. (Hrsg.): *Profession Schulsozialarbeit. Beiträge zur Qualifikation und Praxis der sozialpädagogischen Arbeit an Schulen* (S. 33–45). Wiesbaden: VS Verlag für Sozialwissenschaften.

Statistisches Bundesamt (2011). Bildung und Kultur. Allgemeinbildende Schulen. Schuljahr 2010/2011. Fachserie 11 Reihe 1. Wiesbaden. In: https://www.destatis.de/DE/Publikationen/Thematisch/BildungForschungKultur/Schulen/AllgemeinbildendeSchulen.html. Zugegriffen: 6. Juli 2012.

Statistisches Bundesamt Deutschland (2012). *Statistiken der Kinder- und Jugendhilfe. Einrichtungen und tätige Personen (ohne Tageseinrichtungen für Kinder). 2010.* Wiesbaden: Statistisches Bundesamt.

JHE 2010 (Statistische Ämter des Bundes und der Länder) (2010). *Statistik der Kinder- und Jugendhilfe. Teil III.2: Einrichtungen und tätige Personen in der Kinder- und Jugendhilfe (ohne Tageseinrichtungen für Kinder).* Wiesbaden: Statistisches Bundesamt.

Anhang

Vorschlag eines Kernfragebogens für Befragungen sozialpädagogischer Fachkräfte an Schulen

Projektspezifische Erläuterungen (Projekt, durchführende Einrichtungen, Erhebungszweck, Zielgruppen, etc.)

Ausfüllhinweise:
Bitte füllen Sie den Fragebogen gut lesbar in Druckbuchstaben und mit Kugelschreiber aus.
   Bitte senden Sie ihn anschließend bis zum __.__.____ an die folgende Adresse zurück:
→ jeweils regionalspezifisch einfüllen

Vielen herzlichen Dank für Ihre Teilnahme!

Folgende Fragen sollen bitte von jeder/jedem sozialpädagogisch Tätigen an jeder Schule einzeln ausgefüllt werden.

Regionalisierungsinformationen (Welche Stadt oder welcher Landkreis)
→ Als geschlossene Frage ODER
→ als Vorcodierung der Fragebögen

1. **Seit wann üben Sie an <u>dieser Schule</u> bereits eine sozialpädagogische Tätigkeit aus?**
   ☐ Seit weniger als 1 Jahr
   ☐ Seit 1–5 Jahren
   ☐ Seit 6–10 Jahren
   ☐ Seit mehr als 10 Jahren

2. Hatten Sie vor Ihrer Tätigkeit an dieser Schule bereits Berufserfahrung im sozialpädagogischen Bereich?
- ☐ Weniger als 1 Jahr
- ☐ 1–5 Jahre
- ☐ 6–10 Jahre
- ☐ Mehr als 10 Jahre

3. Um welche Schulform handelt es sich bei Ihrer Schule?
- ☐ Grundschule
- ☐ Hauptschule
- ☐ Grund- und Hauptschule
- ☐ Realschule
- ☐ Mittelschule oder Sekundarschule
- ☐ Gesamtschule (Haupt-, Realschule und Gymnasium)
- ☐ Sonder-/Förderschule
- ☐ Gymnasium
- ☐ Berufliche Schule/Berufsschulzentrum
- ☐ Andere Schule, und zwar: ....

4. Wie viele Schüler/innen besuchen die Schule insgesamt?
Anzahl der Schüler/innen: ....

5. An wie vielen Schulen üben Sie eine bezahlte sozialpädagogische Tätigkeit aus?
Anzahl der Schulen: ....

6. Wer ist Ihr Anstellungsträger (Arbeitgeber)?
Mehrfachnennungen sind möglich.
- ☐ Öffentlicher Träger der Jugendhilfe (Kommune/Landkreis)
- ☐ Freier Träger der Jugendhilfe (z. B. Wohlfahrtsverband, Verein, Jugendring)
- ☐ Kultusministerium des Bundeslandes
- ☐ Sozialministerium des Bundeslandes
- ☐ Schule (Förderverein)
- ☐ Schulträger (Sachaufwandsträger Kommune/Gemeinde/Landkreis)
- ☐ Privatrechtlicher, Gewerblicher Träger
- ☐ Andere, und zwar: ....

7. Fühlen Sie sich an Ihrer Schule anerkannt?

	Ausprägungsgrad					
	Gar Nicht					Sehr
Von Schüler/innen	☐	☐	☐	☐	☐	☐
Von Lehrer/innen	☐	☐	☐	☐	☐	☐
Von Eltern	☐	☐	☐	☐	☐	☐

8. Nehmen Sie im Rahmen Ihrer sozialpädagogischen Tätigkeit institutionalisierte Angebote zur Reflexion (z. B. Supervision, Praxisberatung, Fallbesprechung) in Anspruch?
   ☐ Nein, ich habe diesbezüglich keinen Bedarf.
   ☐ Nein, dies wird von meinem Arbeitgeber nicht angeboten/unterstützt.
   ☐ Ja, aber zu selten.
   ☐ Ja, nach individuellem Bedarf.
   ☐ Ja, regelmäßig.

9. Wie oft nehmen Sie Angebote der Fort- und Weiterbildung wahr?
   ☐ Gar nicht
   ☐ Ungefähr .... mal pro Jahr

10. Unterstützt Ihr Arbeitgeber Sie in der Wahrnehmung von Fort- und Weiterbildungsangeboten mit einer zeitlichen Freistellung und/oder einer finanziellen Beteiligung?
    Mehrfachnennungen sind möglich.
    ☐ Nein
    ☐ Ja, durch zeitliche Freistellung
    ☐ Ja, durch eine finanzielle Beteiligung
    ☐ Ja, durch ein eigenes Angebot

11. Welchem Arbeitsfeld würden Sie Ihre Haupttätigkeit an dieser Schule zuordnen?

- ☐ Schulsozialarbeit
- ☐ Jugendsozialarbeit (an Schulen)
- ☐ Gestaltung der Ganztagsschule
- ☐ Jugendberufsbegleitung/Jugendberufsorientierung
- ☐ Jugendarbeit/Jugendkulturarbeit
- ☐ Mitwirkung im Unterricht
- ☐ Sonstiges, und zwar: ....
- ☐ Ich habe auf einer <u>geteilten Stelle</u> mehrere Tätigkeitsschwerpunkte, und zwar:
  ....

12. Mit welchem Beschäftigungsumfang (Zeitstunden) sind Sie pro Woche tätig?

- ☐ 38h und mehr
- ☐ 29,25h bis unter 38h
- ☐ 19,5h bis unter 29,25h
- ☐ 9,75h bis unter 19,5h
- ☐ Unter 9,75h

13. Wie schätzen Sie die Bezahlung Ihrer sozialpädagogischen Tätigkeit ein?

- ☐ Die Bezahlung entspricht meiner Qualifikation.
- ☐ Die Bezahlung ist niedriger als für mein Qualifikationsniveau angemessen wäre.
- ☐ Ich arbeite ehrenamtlich.

14. Haben Sie einen unbefristeten Arbeitsvertrag?

- ☐ Ja
- ☐ Nein, ich habe einen befristeten Arbeitsvertrag.
- ☐ Nein, ich habe keinen Vertrag.

15. Durch welche der folgenden rechtlichen Grundlagen sehen Sie Ihre sozialpädagogische Tätigkeit hauptsächlich begründet?
Mehrfachnennungen sind möglich
- ☐ § 11 SGB VIII Jugendarbeit
- ☐ § 13 SGB VIII Jugendsozialarbeit
- ☐ SGB III (Arbeitsförderung)
- ☐ § 46 SGB II (Bildungs- und Teilhabepaket)
- ☐ Schulgesetz, und zwar: ....
- ☐ Ist mir nicht bekannt.

16. An welche Zielgruppen richtet sich Ihre sozialpädagogische Tätigkeit?
Mehrfachnennungen sind möglich
- ☐ An alle Schüler/innen der Schule
- ☐ An die Schüler/innen der folgenden Schulart: ....
- ☐ An die Schüler/innen der folgenden Klassenstufen: ....
- ☐ An die Schüler/innen im Ganztagsbereich
- ☐ An besonders benachteiligte und belastete Schüler/innen
- ☐ Lehrer/innen
- ☐ Eltern
- ☐ Sonstige, und zwar: ....

17. Welche Angebote und Tätigkeiten gehören je wie intensiv zu Ihrer Arbeit?

	nie	selten	Eher selten	eher häufig	häufig	sehr oft
Für Schüler/innen						
Offene Gesprächs-, Kontakt- und Freizeitangebote (z. B. Schülercafé)	☐	☐	☐	☐	☐	☐
Beratung und Begleitung von einzelnen Schüler/innen/Einzelfallhilfe	☐	☐	☐	☐	☐	☐
Sozialpädagogische Gruppenarbeit	☐	☐	☐	☐	☐	☐
Soziales Lernen	☐	☐	☐	☐	☐	☐
Mediation; Streitschlichtung	☐	☐	☐	☐	☐	☐
Sekundär präventives Angebot (z. B. Anti-Gewalt-Training)	☐	☐	☐	☐	☐	☐

	Ausprägungsgrad					
	nie	selten	Eher selten	eher häufig	häufig	sehr oft
Jugend(kultur)arbeit/Freizeitangebote für feste Gruppen	☐	☐	☐	☐	☐	☐
Unterrichtsbezogene Hilfen (z. B. Hausaufgabenbetreuung, Nachhilfe)	☐	☐	☐	☐	☐	☐
Berufsorientierung und Übergang von der Schule in die Berufswelt	☐	☐	☐	☐	☐	☐
Für Eltern							
Arbeit mit Eltern und Personensorgeberechtigten	☐	☐	☐	☐	☐	☐
Für Lehrer/innen							
Kooperation im Unterricht (z. B. Teamteaching, Unterrichtsbesuche)	☐	☐	☐	☐	☐	☐
Kooperation bei Konflikten	☐	☐	☐	☐	☐	☐
Kooperation bei Klassenfahrten	☐	☐	☐	☐	☐	☐
Kooperation bei Projekten (z. B. Klassenprojekte)	☐	☐	☐	☐	☐	☐
Beratung bei (pädagogischen) Fragen	☐	☐	☐	☐	☐	☐
Für die Schulleitung bzw. die Schule als System							
Konfliktbewältigung/Mediation als Schulangebot	☐	☐	☐	☐	☐	☐
Ganztagsschulgestaltung	☐	☐	☐	☐	☐	☐
Mitwirkung an Schulprogrammen und an der Schulentwicklung	☐	☐	☐	☐	☐	☐
Teilnahme an oder Mitwirkung in schulischen Gremien	☐	☐	☐	☐	☐	☐

	Ausprägungsgrad					
	nie	selten	Eher selten	eher häufig	häufig	sehr oft
Vernetzung und Gemeinwesenorientierung						
Vermittlung und Kontaktpflege zum Allgemeinen Sozialen Dienst	☐	☐	☐	☐	☐	☐
Vermittlung und Kontaktpflege zu außerschulischen Hilfen	☐	☐	☐	☐	☐	☐
Weitere Vernetzungen ins Gemeinwesen	☐	☐	☐	☐	☐	☐
Kontaktpflege zu anderen Schulsozialarbeiter/innen	☐	☐	☐	☐	☐	☐
Sonstige, und zwar:						
....	☐	☐	☐	☐	☐	☐
....	☐	☐	☐	☐	☐	☐

Soziodemographische Angaben

18. Welchem sozialen Geschlecht ordnen Sie sich zu?
☐ Weiblich
☐ Männlich
☐ Queer oder Trans

19. In welchem Jahr wurden Sie geboren?
Jahr: ....

20. Welche Qualifikation bzw. Ausbildung haben Sie?
☐ Fachlich einschlägige akademische sozialpädagogische/sozialarbeiterische Qualifikation (Dipl./BA/MA)
☐ Lehramt oder anderes pädagogisches Studium (Examen/Dipl./Mag./BA/MA ohne sozialpädagogischen Schwerpunkt)
☐ Andere akademische Qualifikation
☐ Erzieher/in
☐ Andere Berufsausbildung
☐ Keine Berufsausbildung

21. Haben Sie einen Migrationshintergrund?
(mind. ein Elternteil nicht-deutscher Herkunft)
☐ Ja
☐ Nein

Vielen Dank für Ihre Teilnahme!

Vorschlag eines Kernfragebogens zur Befragung von Schulleitungen zu sozialpädagogischen Fachkräften an Schulen

Projektspezifische Erläuterungen (Projekt, durchführende Einrichtungen, Erhebungszweck, Zielgruppen, etc.)

Ausfüllhinweise:
Bitte füllen Sie den Fragebogen gut lesbar in Druckbuchstaben und mit Kugelschreiber aus.
    Bitte senden Sie ihn anschließend bis zum __.__.____ an die folgende Adresse zurück:

↳ jeweils regionalspezifisch einfüllen

Vielen herzlichen Dank für Ihre Teilnahme!

Regionalisierungsinformationen (Welche Stadt oder welcher Landkreis)

↳ Als geschlossene Frage ODER
↳ als Vorcodierung der Fragebögen

1. **Um welche Schulform handelt es sich bei Ihrer Schule?**
   ☐ Grundschule
   ☐ Hauptschule
   ☐ Grund- und Hauptschule
   ☐ Mittelschule oder Sekundarschule
   ☐ Realschule
   ☐ Gesamtschule (Haupt-, Realschule und Gymnasium)
   ☐ Sonder-/Förderschule
   ☐ Gymnasium
   ☐ Berufliche Schule/Berufsschulzentrum
   ☐ Andere Schule, und zwar: ....

2. **Handelt es sich bei Ihrer Schule um eine Ganztagsschule? Wenn ja, welcher Art?**
   ☐ Nein
   ☐ Ja, offene Ganztagsschule
   ☐ Ja, teilgebundene Ganztagsschule (d. h., nur ein Teil der Schule im gebundenen Ganztag)
   ☐ Ja, gebundene Ganztagsschule
   ☐ Ja, andere und zwar: ....

3. **Handelt es sich bei Ihrer Schule um eine …**
   ☐ Öffentliche Schule
   ☐ Ergänzungsschule oder Ersatzschule (Privatschule)

4. **Wie viele Schüler/innen besuchen die Schule insgesamt?**
   Anzahl der Schüler/innen: ....

5. **Wie groß ist das Lehrerkollegium?**
   Anzahl der Personen: ....

6. **In welchem Umfang waren bezahlte sozialpädagogische Fachkräfte im letzten Schulhalbjahr (Schulhalbjahr .....) an Ihrer Schule tätig?**
   Zwei halbe Stellen entsprechen einem Vollzeitäquivalent (VzÄ). Sollten an Ihrer Schule keine sozialpädagogischen Fachkräfte tätig sein, tragen Sie bitte ein „0" ein.
   Anzahl der Vollzeitäquivalente: ....
   Auf wie viele Personen verteilen sich diese VzÄ? Anzahl der Personen: ....

7. **Werden aus Ihrer Sicht an Ihrer Schule (zusätzliche) sozialpädagogische Fachkräften benötigt?**
   ☐ Nein, wir benötigen keine (weiteren) sozialpädagogischen Fachkräfte.
   ☐ Ja, wir benötigen (weitere) sozialpädagogische Fachkräfte.

8. **Wer gehört zu den Zielgruppen der bezahlten sozialpädagogisch tätigen Fachkräfte?**
   Mehrfachnennungen sind möglich
   ☐ Alle Schüler/innen der Schule
   ☐ Die Schüler/innen der folgenden Schulart: ....
   ☐ Die Schüler/innen der folgenden Klassenstufen: ....
   ☐ Die Schüler/innen im Ganztagsbereich
   ☐ Besonders benachteiligte und belastete Schüler/innen
   ☐ Lehrer/innen
   ☐ Eltern
   ☐ Sonstige, und zwar: ....

9. **Bitte versuchen Sie ganz grob einzuschätzen wie viele der an Ihrer Schule bezahlt sozialpädagogisch tätigen Fachkräfte in den folgenden Bereichen tätig sind.**

Angebotsschwerpunkte:	Personen
Schulsozialarbeit	....
Jugendsozialarbeit (an Schulen)	....
Gestaltung der Ganztagsschule	....
Jugendberufsbegleitung/Jugendberufsorientierung	....
Jugendarbeit/Jugendkulturarbeit	....
Mitwirkung im Unterricht	....
Sonstige, und zwar:	
....	....
....	....
....	....

10. Wer ist der Anstellungsträger (Arbeitgeber) der an Ihrer Schule bezahlt sozialpädagogisch tätigen Fachkräfte?
Mehrfachnennungen sind möglich
☐ Öffentlicher Träger der Jugendhilfe (Kommune/Landkreis)
☐ Freier Träger der Jugendhilfe (z. B. Wohlfahrtsverband, Verein, Jugendring)
☐ Kultusministerium des Bundeslandes
☐ Sozialministerium des Bundeslandes
☐ Schule (Förderverein)
☐ Schulträger (Sachaufwandsträger Kommune/Gemeinde/Landkreis)
☐ Privatrechtliche, Gewerbliche Träger
☐ Sonstige, und zwar: ....
☐ Ist mir nicht bekannt

11. Von wem werden die sozialpädagogischen Fachkräfte finanziert?
Mehrfachnennungen sind möglich
☐ Mittel aus dem Europäischen Sozialfonds (ESF)
☐ Kultusministerium des Bundeslandes
☐ Sozialministerium des Bundeslandes
☐ Öffentlicher Träger der Jugendhilfe (Kommune/Landkreis)
☐ Freier Träger der Jugendhilfe (z. B. Wohlfahrtsverband, Verein, Jugendring)
☐ Schulträger (Sachaufwandsträger Kommune/Gemeinde/Landkreis)
☐ Förderverein der Schule
☐ Bundesagentur für Arbeit
☐ Spenden/Sponsoring
☐ Teilnahmebeiträge
☐ Sonstige, und zwar: ....
☐ Ist mir nicht bekannt

Vielen Dank für Ihre Teilnahme!

Abbildungsverzeichnis

Abbildung 3.1	Stadt Dortmund – Fachbereich Schule, Organigramm	35
Abbildung 3.2	Vorlage für die Visualisierung eines Beratungsnetzwerkes	40
Abbildung 6.1	Verteilung der auswertbaren Fragebögen auf die Erhebungsstandorte	84
Abbildung 6.2	Anteil der Ganztagsschulen am Rücklauf der Schulfragebögen	87
Abbildung 6.3	Anteil der Schulen in Prozent, die mindestens eine sozialpädagogisch tätige Person angegeben haben	89
Abbildung 6.4	Zielgruppen der sozialpädagogisch Tätigen aus Sicht der Schulleitungen	94
Abbildung 6.5	Rechtliche Grundlagen nach Standorten	98
Abbildung 7.1	Verteilung der sozialpädagogischen Fachkräfte nach Region	102
Abbildung 7.2	Altersgruppen	104
Abbildung 7.3	Geschlecht	105
Abbildung 7.4	Qualifikationsgruppen	109
Abbildung 7.5	Dienstbezeichnung/Bezeichnung der sozialpädagogischen Tätigkeit	111
Abbildung 7.6	Beschäftigungsumfang der Tätigkeit/Arbeitszeit	113
Abbildung 7.7	Arbeitszeit und Geschlecht	114
Abbildung 9.1	Cluster von Angeboten und Tätigkeiten für Schülerinnen und Schüler	134
Abbildung 9.2	Verteilung der Cluster nach Stadt und Landkreis München	137
Abbildung 9.3	Cluster von Angeboten und Tätigkeiten für unterschiedliche Zielgruppen	138

Abbildung 9.4	Verteilung der Cluster von Angeboten und Zielgruppen nach Stadt und Landkreis München	140
Abbildung 10.1	Zielgruppen der sozialpädagogisch Fachkräfte im Vergleich	147
Abbildung 10.2	Rechtliche Grundlagen der sozialpädagogisch Tätigen im Vergleich	153
Abbildung 11.1	Schulsozialarbeit an den Erhebungsstandorten	159
Abbildung 11.2	Ansprechperson für Probleme mit Schülern (1)	161
Abbildung 11.3	Ansprechperson für Probleme mit Schülern (2)	162
Abbildung 12.1	Musikpräferenzen der sozialpädagogischen Fachkräfte: Vergleich der mittleren Indexwerte der fünf Musiktypen	170
Abbildung 12.2	Interesse an Mainstream-Musik unter Berücksichtigung von Interaktionseffekten und Alter	172
Abbildung 12.3	Interesse an klassischer Musik unter Berücksichtigung von Interaktionseffekten und Alter	172
Abbildung 12.4	Fernsehpräferenzen der sozialpädagogischen Fachkräfte: Vergleich der mittleren Indexwerte der vier Fernsehtypen	175
Abbildung 12.5	Interesse an Informationssendungen unter Berücksichtigung von Interaktionseffekten und Alter	177
Abbildung 12.6	Interesse an Unterhaltungssendungen unter Berücksichtigung von Interaktionseffekten und Alter	178
Abbildung 12.7	Freizeitbeschäftigungen der sozialpädagogischen Fachkräfte	180
Abbildung 14.1	Schulen der Stadt München nach Schularten	217
Abbildung 14.2	Landkreis München	223
Abbildung 14.3	Schulen im Landkreis München nach Schularten	224
Abbildung 17.1	Vergütung sozialpädagogischer Fachkräfte in Niedersachsen	268
Abbildung 18.1	Regionale Unterschiede der Vollzeitstellen für Schulsozialarbeit je 1000 Schüler	281
Abbildung 19.1	Auszug aus dem Kinder- und Jugendhilfe-Fragebogen	303
Abbildung 19.2	Auszug aus dem Kinder- und Jugendhilfe-Fragebogen	304

Abbildung 19.3 Auszug aus dem Kinder-
und Jugendhilfe-Fragebogen 306
Abbildung 19.4 Auszug aus dem Kerndatensatz der Schulstatistik 309
Abbildung 19.5 Auszug aus dem Kerndatensatz der Schulstatistik 309
Abbildung 19.6 Auszug aus dem Kerndatensatz der Schulstatistik 310

Tabellenverzeichnis

Tabelle 2.1	Begriffe im Landesrecht	24
Tabelle 2.2	Pädagogisches und Verwaltungspersonal in Einrichtungen der schulischen und berufsbezogenen Jugendsozialarbeit	27
Tabelle 2.3	Schulsozialarbeit in Arbeitsfeldern der Jugendhilfe 2010	28
Tabelle 2.4	Pädagogisches und Verwaltungspersonal im Arbeitsbereich Schulsozialarbeit	29
Tabelle 3.1	Verteilung Schulsozialarbeit an Dortmunder Schulen – Regionales Bildungsbüro/Koordinierungsstelle Schulsozialarbeit	37
Tabelle 5.1	Rücklauf der Fragebögen im Vergleich	79
Tabelle 6.1	Umfragebeteiligung der Schulleitungen nach Schulformen	85
Tabelle 6.2	Verteilung der Schüler/innenzahlen insgesamt, der Anzahl der betreuten Schüler und Schülerinnen sowie die Anzahl der sozialpädagogisch Tätigen nach Schulform	91
Tabelle 6.3	Häufigkeiten der Funktionen nach Standorten	92
Tabelle 6.4	Verteilung der sozialpädagogisch Tätigen auf Anstellungsträger nach Standorten in den Bundesländern	96
Tabelle 6.5	Finanzierung der sozialpädagogisch Tätigen nach Standorten in den Bundesländern	97
Tabelle 7.1	Leitungsfunktion nach Geschlecht	106
Tabelle 7.2	Migrationshintergrund der sozialpädagogischen Fachkräfte im Gesamterhebungsgebiet	107

Tabelle 7.3	Migrationshintergrund der sozialpädagogischen Fachkräfte im Vergleich von ländlicher Region und Stadt	108
Tabelle 7.4	Leitungsfunktion nach Ausbildung	110
Tabelle 7.5	Prozentuale Verteilung der Mehrfachantworten zur Frage nach den Zielgruppen	115
Tabelle 7.6	Zielgruppen (Kombinationen von Nennungen)	116
Tabelle 8.1	Tarifbezahlung und Anstellungsverhältnis nach Befragungsregion (Spaltenprozente)	121
Tabelle 8.2	Finanzierung von Supervision nach Befragungsregion	123
Tabelle 8.3	Qualifikation der sozialpädagogisch an Schulen tätigen Personen nach Befragungsregion	125
Tabelle 8.4	Verteilung von Fachkraft Typ C nach Region und Standort	127
Tabelle 9.1	Schwerpunkte der Angebote und Tätigkeiten	131
Tabelle 9.2	Schwerpunkte der Angebote und Tätigkeiten nach Region	132
Tabelle 9.3	Verteilung der Dienstbezeichnungen auf die Cluster von Angeboten	136
Tabelle 9.4	Verteilung der Dienstbezeichnungen auf die Cluster von Zielgruppen	139
Tabelle 10.1	Funktionsbereiche der sozialpädagogischen Fachkräfte im Vergleich	145
Tabelle 10.2	Stellenanteile der sozialpädagogischen Fachkräfte an Schulen im Vergleich	149
Tabelle 10.3	Anstellungsträger der sozialpädagogischen Fachkräfte an Schulen im Vergleich	150
Tabelle 10.4	Finanzierungsquellen der sozialpädagogischen Tätigkeiten an Schulen im Vergleich	151
Tabelle 11.1	Befragungsteilnehmende nach Regionen	156
Tabelle 11.2	Wissensstand zum Tätigkeitsfeld der Schulsozialarbeit bei den Lehrern	157
Tabelle 11.3	Konzept zur Schulsozialarbeit	158
Tabelle 12.1	Regressionsanalyse Musiktypen	171
Tabelle 12.2	Regressionsanalyse Fernsehtypen	176
Tabelle 14.1	Soziale Arbeit an Münchner Schulen durch Programme verschiedener Ebenen	204
Tabelle 14.2	Schulsozialarbeit des Stadtjugendamts München nach Schularten im Verlauf	219
Tabelle 17.1	Häufigste Angebote oder Tätigkeiten je Zielgruppe in Niedersachsen	270

Tabellenverzeichnis

Tabelle 17.2 Fünf Schwerpunkte der Tätigkeiten 271
Tabelle 18.1 Vollzeitstellen Hauptamtlicher Mitarbeiter/innen
der Schulsozialarbeit 280
Tabelle 18.2 Verteilung der Vollzeitstellen für Schulsozialarbeit
nach Schularten 280
Tabelle 19.1 Empfehlungen für eine Ergänzung der Kinder-
und Jugendhilfestatistik 293

Autorinnen und Autoren

Baal, Katharina: M. A. Forschung in der Sozialen Arbeit
Mail: katharina.baal@gmx.de

Busche-Baumann, Maria: Prof. Dr., Professorin für Didaktik und Bildung in der Sozialen Arbeit an der HAWK – Hochschule für angewandte Wissenschaft und Kunst Hildesheim, Holzminden, Göttingen, Fakultät Soziale Arbeit und Gesundheit; Arbeitsschwerpunkt: Schulsozialarbeit
Mail: Busche-Baumann@hawk-hhg.de

Eibeck, Bernhard: Diplompädagoge, Referent für Jugendhilfe und Sozialarbeit beim Hauptvorstand der Gewerkschaft Erziehung und Wissenschaft, Frankfurt am Main. Gründungsmitglied des Kooperationsverbundes Schulsozialarbeit
Mail: bernhard.eibeck@gew.de

Hartmann-Hanff, Susanne: Prof. Dr., Professorin für Theorie und Praxis der Sozialen Arbeit mit Schwerpunkt Hilfen zur Erziehung. Arbeitsschwerpunkte: Schulsozialarbeit, ASD, Justiznahe Soziale Dienste.
Mail: suse@fb4.fh-frankfurt.de

Holbe, Daniel: Forschung in der Sozialen Arbeit
Mail: daniel.j.holbe@web.de

Holtbrink, Laura: B. A. Soziale Arbeit, M. A. Sozialwissenschaften mit dem Schwerpunkt empirische Sozialforschung. Wissenschaftliche Mitarbeiterin an der Fachhochschule Dortmund im Projekt „Evaluation der Schulsozialarbeit im Rahmen des Bildungs- und Teilhabepaketes".
Mail: laura.holtbrink@fh-dortmund.de

Iser, Angelika: Prof. Dr., Professorin mit dem Schwerpunkt Schulsozialarbeit und außerschulische Arbeit mit Kindern an der Hochschule München, Fakultät für Angewandte Sozialwissenschaften, Studiengangsleiterin für den Bachelor Soziale Arbeit, Forschungsschwerpunkte: Schulsozialarbeit, Jugendhilfe und Schule, Ganztagsschule, Supervision und Mediation, partizipative Qualitätsentwicklung in der Sozialen Arbeit
Mail: angelika.iser@hm.edu

Jahn, Marylie: M. A. Forschung in der Sozialen Arbeit
Mail: marylie.jahn@gmx.de

Kastirke, Nicole: Prof. Dr., Professorin für Erziehungswissenschaft mit dem Schwerpunkt Schulsozialarbeit an der Fachhochschule Dortmund, Fachbereich Angewandte Sozialwissenschaften; Arbeitsschwerpunkte: Schulsozialarbeit, Inklusion, Gender, Diskriminierung in Bildungskontexten, Schulentwicklung
Mail: nicole.kastirke@fh-dortmund.de

Kulartz, Stephanie: : B. A. Soziale Arbeit, M. A. Angewandte Forschung in der Sozialen Arbeit.
Mail: s_kulartz@yahoo.de

Lipsmeier, Gero: Prof. Dr., Professor für Methoden der empirischen Sozialforschung und Computeranwendungen in der Sozialen Arbeit an der Fachhochschule Frankfurt am Main, zur Zeit Dekan des Fachbereichs Soziale Arbeit und Gesundheit. Arbeitsschwerpunkte: Empirische Sozialforschung und Sozialstrukturanalyse, insbesondere Armutsforschung.
Mail: lipsmeier@fb4.fh-frankfurt.de

Maier, Sarah: Wissenschaftliche Mitarbeiterin am Forschungszentrum Demografischer Wandel (FZDW), Fachhochschule Frankfurt am Main, Projektmitarbeit: „Bedarfs- und Hilfeanalyse: Berufliche und soziale Integration junger Menschen an der Schnittstelle der SGB VIII und SGB XII"
Mail: sj.maier@fzdw.fh-frankfurt.de

Miehle-Fregin, Werner: Dipl. Päd., Dipl. Theol., Wissenschaftlicher Mitarbeiter für Jugendhilfeplanung und -berichterstattung, Forschung im Kommunalverband für Jugend und Soziales Baden-Württemberg (KVJS), Dezernat Jugend – Landesjugendamt; Arbeitsschwerpunkte: Überörtliche Jugendhilfeplanung und -berichterstattung in den Bereichen Jugendarbeit/Jugendsozialarbeit, Forschungsvorha-

ben zu den Auswirkungen des Ausbaus der Ganztagsschulen auf die Strukturen und Arbeitsweisen der Kinder- und Jugendhilfe in Baden-Württemberg
Mail: Werner.Miehle-Fregin@kvjs.de

Niemeyer, Heike: Dipl. Sozialpädagogin, Koordinatorin für Schulsozialarbeit im Fachbereich Schule, Regionales Bildungsbüro der Stadt Dortmund.
Mail: hNiemeyer@stadtdo.de

Penger, Mathias: B.A. Soziale Arbeit, M.A. Angewandte Forschung in der Sozialen Arbeit
Mail: mathiaspenger@gmx.net

Rezagholinia, Sandra: M.A. Forschung in der Sozialen Arbeit
Mail: sandrarezagholinia@gmx.net

Sittig, Melanie: M.A. Forschung in der Sozialen Arbeit, wissenschaftliche Hilfskraft im Institut für Sozialarbeit und Sozialpädagogik M.A. (Frankfurt am Main) mit dem Schwerpunkt Soziale Dienste.
Mail: MelanieSittig@gmx.de

Streblow, Claudia: Prof. Dr., Professorin für Sozialarbeitswissenschaft an der Fachhochschule Dortmund, Fachbereich Angewandte Sozialwissenschaften; Arbeitsschwerpunkte: Theorien und Methoden Sozialer Arbeit, Rekonstruktive Sozialarbeitsforschung/qualitative Methoden, Evaluation, Kooperation von Jugendhilfe und Schule mit dem Schwerpunkt Schulsozialarbeit und Bildung im Sozialraum.
Mail: claudia.streblow@fh-dortmund.de

Worm, Regina: M.A., Dipl.-Soz.arb./Soz.päd. (FH), Jugendhilfe- und Sozialplanerin in der Stadt Frankfurt am Main
Mail: regina.worm@gmail.com

CPSIA information can be obtained at www.ICGtesting.com
Printed in the USA
LVOW062252300613

340908LV00001B/92/P